中华人民共和国
全国分县市人口统计资料
2011年

公安部治安管理局　编

群众出版社
·北　京·

图书在版编目（CIP）数据

中华人民共和国全国分县市人口统计资料．2011年/公安部治安管理局编．—北京：群众出版社，2013.2

ISBN 978-7-5014-5105-0

Ⅰ．①中…　Ⅱ．①公…　Ⅲ．①人口统计—统计资料—中国—2011　Ⅳ．①C924.25-66

中国版本图书馆CIP数据核字（2013）第029190号

中华人民共和国全国分县市人口统计资料（2011年）

公安部治安管理局　编

出版发行：群众出版社
地　　址：北京市西城区木樨地南里
邮政编码：100038
经　　销：新华书店
印　　刷：北京蓝空印刷厂

版　　次：2013年2月第1版
印　　次：2013年2月第1次
印　　张：21
开　　本：787毫米×1092毫米　1/16
字　　数：540千字
印　　数：1～1100册

书　　号：ISBN 978-7-5014-5105-0
定　　价：45.00元

网　　址：www.qzcbs.com
电子邮箱：qzcbs@sohu.com

营销中心电话：010-83903254
读者服务部电话（门市）：010-83903257
警官读者俱乐部电话（网购、邮购）：010-83903253
公安综合分社电话：010-83901870

主　编　刘绍武
副主编　黄双全
编　辑　陈　浩　缪灵芝

编辑说明

一、《中华人民共和国全国分县市人口统计资料》是由公安部治安管理局编制的人口统计年报汇编资料，是一本人口信息密集的工具书。内容系统翔实，全面真实地反映了全国的人口状况。自1986年起，本资料已连续公开出版发行，不仅为各级人民政府及有关部门制定国民经济和社会发展计划提供了重要依据，而且为人口学界和其他社会各界人士进行人口研究提供了宝贵参考资料。

二、《中华人民共和国全国分县市人口统计资料》（2011年）主要内容：

1. 全国人口主要数据；

2. 全国市、县人口分组情况；

3. 各省、自治区、直辖市分区、市、县人口；

4. 各省、自治区、直辖市镇人口。

三、对2011年度人口数据的说明：

1. 2011年度河北、江苏、安徽、福建、山东、湖北、湖南、广东、重庆、四川、陕西十一个省、直辖市的部分市县农业人口、非农业人口统计数据是参照居民常住户口所在地的城乡性质划分进行统计的。其中，常住户口在城镇（含城市和建制镇）的统计为非农业人口，具体是：

（1）设区市的市区和不设区市的市区所辖街道办事处区域内的常住人口；

（2）镇所辖居民委员会或镇政府驻地村民委员会区域内的常住人口。

2. 本资料中的各项人口数均不含香港、澳门特别行政区和台湾省的人口及服现役人员。

本资料在收集汇总过程中，得到了各级人民政府的关怀和支持，全国治安、户政管理部门和乡村人口统计人员做了大量工作，在此致以衷心感谢。

资料中如有错误，诚望读者指正。

编　者

2012年10月

目　录

全国人口概况

人口自然变动

人口机械变动

全国市人口及分组

全国县人口分组

各省、自治区、直辖市分区、市、县人口

各省、自治区、直辖市镇人口

全 国 人 口 概 况

总　人　口

单位：人

地区别	总户数（户）	总人口			平均每户人数	性别比（女＝100）
		合计	男	女		
全国	428 925 965	1 355 798 582	696 381 199	659 417 383	3.16	105.61
北京市	5 031 503	12 809 157	6 438 446	6 370 711	2.55	101.06
天津市	3 486 710	10 003 986	5 029 165	4 974 821	2.87	101.09
河北省	22 595 303	73 447 625	37 415 631	36 031 994	3.25	103.84
山西省	12 331 273	34 995 004	17 916 487	17 078 517	2.84	104.91
内蒙古自治区	9 085 406	24 659 325	12 584 558	12 074 767	2.71	104.22
辽宁省	14 986 573	42 549 839	21 436 191	21 113 648	2.84	101.53
吉林省	9 679 216	27 265 389	13 778 950	13 486 439	2.82	102.17
黑龙江省	14 335 288	38 343 150	19 376 712	18 966 438	2.67	102.16
上海市	5 220 103	14 193 587	7 063 659	7 129 928	2.72	99.07
江苏省	24 251 086	75 142 501	38 118 435	37 024 066	3.10	102.96
浙江省	16 180 372	47 813 132	24 269 285	23 543 847	2.96	103.08
安徽省	21 214 580	68 865 812	35 722 969	33 142 843	3.25	107.78
福建省	10 209 631	35 517 611	18 284 654	17 232 957	3.48	106.10
江西省	14 613 992	47 525 616	24 873 907	22 651 709	3.25	109.81
山东省	30 366 475	95 909 977	48 695 906	47 214 071	3.16	103.14
河南省	31 020 568	109 224 461	56 414 274	52 810 187	3.52	106.82
湖北省	20 341 788	61 640 616	31 939 446	29 701 170	3.03	107.54
湖南省	22 567 911	71 348 863	37 005 118	34 343 745	3.16	107.75
广东省	23 264 368	86 371 937	44 454 813	41 917 124	3.71	106.05
广西壮族自治区	15 495 617	53 686 353	28 231 236	25 455 117	3.46	110.91
海南省	2 598 528	9 078 227	4 742 212	4 336 015	3.49	109.37
重庆市	12 051 961	33 298 140	17 205 327	16 092 813	2.76	106.91
四川省	31 121 316	90 583 928	46 655 879	43 928 049	2.91	106.21
贵州省	12 043 654	42 384 388	22 057 631	20 326 757	3.52	108.52
云南省	13 468 356	45 622 875	23 504 135	22 118 740	3.39	106.26
西藏自治区	765 746	3 022 736	1 516 338	1 506 398	3.95	100.66
陕西省	12 249 020	39 086 765	20 217 274	18 869 491	3.19	107.14
甘肃省	7 929 200	27 288 792	14 070 877	13 217 915	3.44	106.45
青海省	1 664 530	5 575 850	2 832 075	2 743 775	3.35	103.22
宁夏回族自治区	2 118 925	6 516 310	3 312 257	3 204 053	3.08	103.38
新疆维吾尔自治区	6 636 966	22 026 630	11 217 352	10 809 278	3.32	103.78

总人口和性别比

单位：人

地区别	总人口			占总人口%		性别比
	合计	男	女	男	女	(女=100)
全国	1 355 798 582	696 381 199	659 417 383	51.36	48.64	105.61
北京市	12 809 157	6 438 446	6 370 711	50.26	49.74	101.06
天津市	10 003 986	5 029 165	4 974 821	50.27	49.73	101.09
河北省	73 447 625	37 415 631	36 031 994	50.94	49.06	103.84
山西省	34 995 004	17 916 487	17 078 517	51.20	48.80	104.91
内蒙古自治区	24 659 325	12 584 558	12 074 767	51.03	48.97	104.22
辽宁省	42 549 839	21 436 191	21 113 648	50.38	49.62	101.53
吉林省	27 265 389	13 778 950	13 486 439	50.54	49.46	102.17
黑龙江省	38 343 150	19 376 712	18 966 438	50.54	49.46	102.16
上海市	14 193 587	7 063 659	7 129 928	49.77	50.23	99.07
江苏省	75 142 501	38 118 435	37 024 066	50.73	49.27	102.96
浙江省	47 813 132	24 269 285	23 543 847	50.76	49.24	103.08
安徽省	68 865 812	35 722 969	33 142 843	51.87	48.13	107.78
福建省	35 517 611	18 284 654	17 232 957	51.48	48.52	106.10
江西省	47 525 616	24 873 907	22 651 709	52.34	47.66	109.81
山东省	95 909 977	48 695 906	47 214 071	50.77	49.23	103.14
河南省	109 224 461	56 414 274	52 810 187	51.65	48.35	106.82
湖北省	61 640 616	31 939 446	29 701 170	51.82	48.18	107.54
湖南省	71 348 863	37 005 118	34 343 745	51.87	48.13	107.75
广东省	86 371 937	44 454 813	41 917 124	51.47	48.53	106.05
广西壮族自治区	53 686 353	28 231 236	25 455 117	52.59	47.41	110.91
海南省	9 078 227	4 742 212	4 336 015	52.24	47.76	109.37
重庆市	33 298 140	17 205 327	16 092 813	51.67	48.33	106.91
四川省	90 583 928	46 655 879	43 928 049	51.51	48.49	106.21
贵州省	42 384 388	22 057 631	20 326 757	52.04	47.96	108.52
云南省	45 622 875	23 504 135	22 118 740	51.52	48.48	106.26
西藏自治区	3 022 736	1 516 338	1 506 398	50.16	49.84	100.66
陕西省	39 086 765	20 217 274	18 869 491	51.72	48.28	107.14
甘肃省	27 288 792	14 070 877	13 217 915	51.56	48.44	106.45
青海省	5 575 850	2 832 075	2 743 775	50.79	49.21	103.22
宁夏回族自治区	6 516 310	3 312 257	3 204 053	50.83	49.17	103.38
新疆维吾尔自治区	22 026 630	11 217 352	10 809 278	50.93	49.07	103.78

非农业、农业人口

单位：人

地区别	总人口	非农业人口		农业人口	
		人数	占总人口%	人数	占总人口%
全国	1 355 798 582	470 585 840	34.71	885 212 742	65.29
北京市	12 809 157	10 165 566	79.36	2 643 591	20.64
天津市	10 003 986	6 152 565	61.50	3 851 421	38.50
河北省	73 447 625	23 436 841	31.91	50 010 784	68.09
山西省	34 995 004	11 624 385	33.22	23 370 619	66.78
内蒙古自治区	24 659 325	10 061 660	40.80	14 597 665	59.20
辽宁省	42 549 839	21 769 924	51.16	20 779 915	48.84
吉林省	27 265 389	12 996 959	47.67	14 268 430	52.33
黑龙江省	38 343 150	18 590 546	48.48	19 752 604	51.52
上海市	14 193 587	12 677 572	89.32	1 516 015	10.68
江苏省	75 142 501	40 646 946	54.09	34 495 555	45.91
浙江省	47 813 132	15 018 831	31.41	32 794 301	68.59
安徽省	68 865 812	15 767 488	22.90	53 098 324	77.10
福建省	35 517 611	12 078 339	34.01	23 439 272	65.99
江西省	47 525 616	12 726 331	26.78	34 799 285	73.22
山东省	95 909 977	39 448 864	41.13	56 461 113	58.87
河南省	109 224 461	24 118 384	22.08	85 106 077	77.92
湖北省	61 640 616	21 276 767	34.52	40 363 849	65.48
湖南省	71 348 863	15 935 510	22.33	55 413 353	77.67
广东省	86 371 937	45 056 790	52.17	41 315 147	47.83
广西壮族自治区	53 686 353	10 324 902	19.23	43 361 451	80.77
海南省	9 078 227	3 461 335	38.13	5 616 892	61.87
重庆市	33 298 140	12 776 415	38.37	20 521 725	61.63
四川省	90 583 928	24 627 120	27.19	65 956 808	72.81
贵州省	42 384 388	6 872 567	16.21	35 511 821	83.79
云南省	45 622 875	7 564 766	16.58	38 058 109	83.42
西藏自治区	3 022 736	524 310	17.35	2 498 426	82.65
陕西省	39 086 765	13 905 853	35.58	25 180 912	64.42
甘肃省	27 288 792	7 145 770	26.19	20 143 022	73.81
青海省	5 575 850	1 864 078	33.43	3 711 772	66.57
宁夏回族自治区	6 516 310	2 532 460	38.86	3 983 850	61.14
新疆维吾尔自治区	22 026 630	9 435 996	42.84	12 590 634	57.16

人口地区分布

地区别	总人口 (人)	占全国人口比重 (%)
全国	1 355 798 582	100.00
北京市	12 809 157	0.94
天津市	10 003 986	0.74
河北省	73 447 625	5.42
山西省	34 995 004	2.58
内蒙古自治区	24 659 325	1.82
辽宁省	42 549 839	3.14
吉林省	27 265 389	2.01
黑龙江省	38 343 150	2.83
上海市	14 193 587	1.05
江苏省	75 142 501	5.54
浙江省	47 813 132	3.53
安徽省	68 865 812	5.08
福建省	35 517 611	2.62
江西省	47 525 616	3.51
山东省	95 909 977	7.07
河南省	109 224 461	8.06
湖北省	61 640 616	4.55
湖南省	71 348 863	5.26
广东省	86 371 937	6.37
广西壮族自治区	53 686 353	3.96
海南省	9 078 227	0.67
重庆市	33 298 140	2.46
四川省	90 583 928	6.68
贵州省	42 384 388	3.13
云南省	45 622 875	3.37
西藏自治区	3 022 736	0.22
陕西省	39 086 765	2.88
甘肃省	27 288 792	2.01
青海省	5 575 850	0.41
宁夏回族自治区	6 516 310	0.48
新疆维吾尔自治区	22 026 630	1.62

市 总 人 口

单位：人

地 区 别	总户数（户）	总人口			平均每户人数	性别比（女=100）
		合 计	男	女		
全国	211 180 776	642 554 525	326 941 293	315 613 232	3.04	103.59
北京市	4 691 976	12 101 044	6 082 225	6 018 819	2.58	101.05
天津市	2 892 604	8 201 893	4 112 066	4 089 827	2.84	100.54
河北省	8 289 003	26 905 418	13 597 735	13 307 683	3.25	102.18
山西省	4 758 496	13 889 021	7 079 358	6 809 663	2.92	103.96
内蒙古自治区	3 170 190	8 861 373	4 469 416	4 391 957	2.80	101.76
辽宁省	10 927 333	30 409 554	15 229 317	15 180 237	2.78	100.32
吉林省	6 763 219	18 780 062	9 440 276	9 339 786	2.78	101.08
黑龙江省	8 847 890	22 943 761	11 532 139	11 411 622	2.59	101.06
上海市	4 919 011	13 505 936	6 725 650	6 780 286	2.75	99.19
江苏省	17 091 539	51 027 385	25 667 008	25 360 377	2.99	101.21
浙江省	10 976 444	32 146 157	16 204 560	15 941 597	2.93	101.65
安徽省	7 460 611	23 087 840	11 871 519	11 216 321	3.09	105.84
福建省	5 283 999	18 184 314	9 274 041	8 910 273	3.44	104.08
江西省	5 027 239	15 840 790	8 268 128	7 572 662	3.15	109.18
山东省	17 821 149	54 510 755	27 506 738	27 004 017	3.06	101.86
河南省	10 943 721	37 370 325	19 121 241	18 249 084	3.41	104.78
湖北省	13 025 218	38 797 033	19 996 044	18 800 989	2.98	106.36
湖南省	8 358 193	25 186 908	12 932 878	12 254 030	3.01	105.54
广东省	16 237 014	58 793 809	30 220 157	28 573 652	3.62	105.76
广西壮族自治区	5 562 343	19 048 762	9 966 311	9 082 451	3.42	109.73
海南省	1 596 356	5 569 032	2 892 817	2 676 215	3.49	108.09
重庆市	6 070 848	15 778 209	8 040 703	7 737 506	2.60	103.92
四川省	12 153 608	33 718 969	17 148 722	16 570 247	2.77	103.49
贵州省	3 105 223	10 715 752	5 501 670	5 214 082	3.45	105.52
云南省	3 499 534	10 569 567	5 381 863	5 187 704	3.02	103.74
西藏自治区	123 300	298 372	147 625	150 747	2.42	97.93
陕西省	4 457 497	14 357 769	7 333 602	7 024 167	3.22	104.41
甘肃省	2 733 454	8 804 459	4 516 656	4 287 803	3.22	105.34
青海省	360 443	1 108 648	553 492	555 156	3.08	99.70
宁夏回族自治区	1 111 798	3 182 561	1 604 635	1 577 926	2.86	101.69
新疆维吾尔自治区	2 921 523	8 859 047	4 522 701	4 336 346	3.03	104.30

市总人口和性别比

单位：人

地区别	总人口			占总人口%		性别比（女=100）
	合计	男	女	男	女	
全国	642 554 525	326 941 293	315 613 232	50.88	49.12	103.59
北京市	12 101 044	6 082 225	6 018 819	50.26	49.74	101.05
天津市	8 201 893	4 112 066	4 089 827	50.14	49.86	100.54
河北省	26 905 418	13 597 735	13 307 683	50.54	49.46	102.18
山西省	13 889 021	7 079 358	6 809 663	50.97	49.03	103.96
内蒙古自治区	8 861 373	4 469 416	4 391 957	50.44	49.56	101.76
辽宁省	30 409 554	15 229 317	15 180 237	50.08	49.92	100.32
吉林省	18 780 062	9 440 276	9 339 786	50.27	49.73	101.08
黑龙江省	22 943 761	11 532 139	11 411 622	50.26	49.74	101.06
上海市	13 505 936	6 725 650	6 780 286	49.80	50.20	99.19
江苏省	51 027 385	25 667 008	25 360 377	50.30	49.70	101.21
浙江省	32 146 157	16 204 560	15 941 597	50.41	49.59	101.65
安徽省	23 087 840	11 871 519	11 216 321	51.42	48.58	105.84
福建省	18 184 314	9 274 041	8 910 273	51.00	49.00	104.08
江西省	15 840 790	8 268 128	7 572 662	52.20	47.80	109.18
山东省	54 510 755	27 506 738	27 004 017	50.46	49.54	101.86
河南省	37 370 325	19 121 241	18 249 084	51.17	48.83	104.78
湖北省	38 797 033	19 996 044	18 800 989	51.54	48.46	106.36
湖南省	25 186 908	12 932 878	12 254 030	51.35	48.65	105.54
广东省	58 793 809	30 220 157	28 573 652	51.40	48.60	105.76
广西壮族自治区	19 048 762	9 966 311	9 082 451	52.32	47.68	109.73
海南省	5 569 032	2 892 817	2 676 215	51.94	48.06	108.09
重庆市	15 778 209	8 040 703	7 737 506	50.96	49.04	103.92
四川省	33 718 969	17 148 722	16 570 247	50.86	49.14	103.49
贵州省	10 715 752	5 501 670	5 214 082	51.34	48.66	105.52
云南省	10 569 567	5 381 863	5 187 704	50.92	49.08	103.74
西藏自治区	298 372	147 625	150 747	49.48	50.52	97.93
陕西省	14 357 769	7 333 602	7 024 167	51.08	48.92	104.41
甘肃省	8 804 459	4 516 656	4 287 803	51.30	48.70	105.34
青海省	1 108 648	553 492	555 156	49.92	50.08	99.70
宁夏回族自治区	3 182 561	1 604 635	1 577 926	50.42	49.58	101.69
新疆维吾尔自治区	8 859 047	4 522 701	4 336 346	51.05	48.95	104.30

市非农业、农业人口

单位：人

地区别	总人口	非农业人口		农业人口	
		人数	占总人口%	人数	占总人口%
全国	642 554 525	339 002 277	52.76	303 552 248	47.24
北京市	12 101 044	9 874 999	81.60	2 226 045	18.40
天津市	8 201 893	5 783 704	70.52	2 418 189	29.48
河北省	26 905 418	14 474 868	53.80	12 430 550	46.20
山西省	13 889 021	7 894 842	56.84	5 994 179	43.16
内蒙古自治区	8 861 373	6 189 164	69.84	2 672 209	30.16
辽宁省	30 409 554	18 843 076	61.96	11 566 478	38.04
吉林省	18 780 062	10 571 528	56.29	8 208 534	43.71
黑龙江省	22 943 761	13 726 789	59.83	9 216 972	40.17
上海市	13 505 936	12 401 844	91.83	1 104 092	8.17
江苏省	51 027 385	31 495 136	61.72	19 532 249	38.28
浙江省	32 146 157	11 634 186	36.19	20 511 971	63.81
安徽省	23 087 840	10 046 490	43.51	13 041 350	56.49
福建省	18 184 314	8 239 707	45.31	9 944 607	54.69
江西省	15 840 790	6 711 493	42.37	9 129 297	57.63
山东省	54 510 755	29 943 898	54.93	24 566 857	45.07
河南省	37 370 325	15 092 370	40.39	22 277 955	59.61
湖北省	38 797 033	16 963 114	43.72	21 833 919	56.28
湖南省	25 186 908	9 576 016	38.02	15 610 892	61.98
广东省	58 793 809	39 264 452	66.78	19 529 357	33.22
广西壮族自治区	19 048 762	6 173 448	32.41	12 875 314	67.59
海南省	5 569 032	2 301 890	41.33	3 267 142	58.67
重庆市	15 778 209	8 064 631	51.11	7 713 578	48.89
四川省	33 718 969	14 456 314	42.87	19 262 655	57.13
贵州省	10 715 752	3 926 675	36.64	6 789 077	63.36
云南省	10 569 567	3 999 626	37.84	6 569 941	62.16
西藏自治区	298 372	230 786	77.35	67 586	22.65
陕西省	14 357 769	7 713 950	53.73	6 643 819	46.27
甘肃省	8 804 459	4 611 156	52.37	4 193 303	47.63
青海省	1 108 648	931 012	83.98	177 636	16.02
宁夏回族自治区	3 182 561	1 899 516	59.69	1 283 045	40.31
新疆维吾尔自治区	8 859 047	5 965 597	67.34	2 893 450	32.66

地级市总人口

单位：人

地区别	总户数（户）	总人口			平均每户人数	性别比（女=100）
		合计	男	女		
全国	112 705 651	342 159 616	173 502 659	168 656 957	3.04	102.87
河北省	4 078 360	13 036 395	6 565 918	6 470 477	3.20	101.48
山西省	3 303 766	9 768 299	4 968 256	4 800 043	2.96	103.50
内蒙古自治区	2 130 695	6 100 203	3 072 976	3 027 227	2.86	101.51
辽宁省	6 999 125	18 940 687	9 393 860	9 546 827	2.71	98.40
吉林省	3 244 156	8 703 640	4 334 407	4 369 233	2.68	99.20
黑龙江省	5 447 214	13 676 930	6 824 067	6 852 863	2.51	99.58
江苏省	8 425 847	25 530 413	12 875 973	12 654 440	3.03	101.75
浙江省	5 096 134	15 134 097	7 572 395	7 561 702	2.97	100.14
安徽省	6 466 769	19 867 913	10 221 135	9 646 778	3.07	105.95
福建省	2 749 364	9 236 212	4 653 819	4 582 393	3.36	101.56
江西省	2 907 122	9 088 106	4 699 318	4 388 788	3.13	107.08
山东省	9 223 557	28 084 342	14 147 240	13 937 102	3.04	101.51
河南省	6 070 112	19 926 064	10 091 575	9 834 489	3.28	102.61
湖北省	6 377 857	18 434 336	9 445 154	8 989 182	2.89	105.07
湖南省	4 699 437	13 532 833	6 886 592	6 646 241	2.88	103.62
广东省	9 719 538	33 875 789	17 217 344	16 658 445	3.49	103.36
广西壮族自治区	4 033 564	13 792 673	7 188 272	6 604 401	3.42	108.84
海南省	652 788	2 205 325	1 131 850	1 073 475	3.38	105.44
四川省	8 599 642	24 168 376	12 294 827	11 873 549	2.81	103.55
贵州省	1 519 619	5 180 530	2 639 295	2 541 235	3.41	103.86
云南省	2 097 803	6 112 782	3 103 971	3 008 811	2.91	103.16
西藏自治区	95 299	187 759	92 538	95 221	1.97	97.18
陕西省	4 086 877	13 080 404	6 672 897	6 407 507	3.20	104.14
甘肃省	2 540 446	8 189 096	4 206 827	3 982 269	3.22	105.64
青海省	285 717	909 526	451 221	458 305	3.18	98.45
宁夏回族自治区	922 774	2 678 919	1 346 532	1 332 387	2.90	101.06
新疆维吾尔自治区	932 069	2 717 967	1 404 400	1 313 567	2.92	106.91

地级市总人口和性别比

单位：人

地区别	总人口			占总人口%		性别比 (女=100)
	合计	男	女	男	女	
全国	342 159 616	173 502 659	168 656 957	50.71	49.29	102.87
河北省	13 036 395	6 565 918	6 470 477	50.37	49.63	101.48
山西省	9 768 299	4 968 256	4 800 043	50.86	49.14	103.50
内蒙古自治区	6 100 203	3 072 976	3 027 227	50.37	49.63	101.51
辽宁省	18 940 687	9 393 860	9 546 827	49.60	50.40	98.40
吉林省	8 703 640	4 334 407	4 369 233	49.80	50.20	99.20
黑龙江省	13 676 930	6 824 067	6 852 863	49.89	50.11	99.58
江苏省	25 530 413	12 875 973	12 654 440	50.43	49.57	101.75
浙江省	15 134 097	7 572 395	7 561 702	50.04	49.96	100.14
安徽省	19 867 913	10 221 135	9 646 778	51.45	48.55	105.95
福建省	9 236 212	4 653 819	4 582 393	50.39	49.61	101.56
江西省	9 088 106	4 699 318	4 388 788	51.71	48.29	107.08
山东省	28 084 342	14 147 240	13 937 102	50.37	49.63	101.51
河南省	19 926 064	10 091 575	9 834 489	50.65	49.35	102.61
湖北省	18 434 336	9 445 154	8 989 182	51.24	48.76	105.07
湖南省	13 532 833	6 886 592	6 646 241	50.89	49.11	103.62
广东省	33 875 789	17 217 344	16 658 445	50.82	49.18	103.36
广西壮族自治区	13 792 673	7 188 272	6 604 401	52.12	47.88	108.84
海南省	2 205 325	1 131 850	1 073 475	51.32	48.68	105.44
四川省	24 168 376	12 294 827	11 873 549	50.87	49.13	103.55
贵州省	5 180 530	2 639 295	2 541 235	50.95	49.05	103.86
云南省	6 112 782	3 103 971	3 008 811	50.78	49.22	103.16
西藏自治区	187 759	92 538	95 221	49.29	50.71	97.18
陕西省	13 080 404	6 672 897	6 407 507	51.01	48.99	104.14
甘肃省	8 189 096	4 206 827	3 982 269	51.37	48.63	105.64
青海省	909 526	451 221	458 305	49.61	50.39	98.45
宁夏回族自治区	2 678 919	1 346 532	1 332 387	50.26	49.74	101.06
新疆维吾尔自治区	2 717 967	1 404 400	1 313 567	51.67	48.33	106.91

地级市非农业、农业人口

单位：人

地区别	总人口	非农业人口		农业人口	
		人数	占总人口%	人数	占总人口%
全国	342 159 616	223 372 863	65.28	118 786 753	34.72
河北省	13 036 395	10 693 769	82.03	2 342 626	17.97
山西省	9 768 299	6 579 230	67.35	3 189 069	32.65
内蒙古自治区	6 100 203	4 363 467	71.53	1 736 736	28.47
辽宁省	18 940 687	15 634 692	82.55	3 305 995	17.45
吉林省	8 703 640	6 309 636	72.49	2 394 004	27.51
黑龙江省	13 676 930	10 287 853	75.22	3 389 077	24.78
江苏省	25 530 413	20 149 408	78.92	5 381 005	21.08
浙江省	15 134 097	7 949 857	52.53	7 184 240	47.47
安徽省	19 867 913	9 403 273	47.33	10 464 640	52.67
福建省	9 236 212	5 450 155	59.01	3 786 057	40.99
江西省	9 088 106	4 943 632	54.40	4 144 474	45.60
山东省	28 084 342	19 392 654	69.05	8 691 688	30.95
河南省	19 926 064	11 700 093	58.72	8 225 971	41.28
湖北省	18 434 336	11 182 184	60.66	7 252 152	39.34
湖南省	13 532 833	7 289 667	53.87	6 243 166	46.13
广东省	33 875 789	32 262 588	95.24	1 613 201	4.76
广西壮族自治区	13 792 673	5 397 473	39.13	8 395 200	60.87
海南省	2 205 325	1 268 409	57.52	936 916	42.48
四川省	24 168 376	11 571 238	47.88	12 597 138	52.12
贵州省	5 180 530	2 756 888	53.22	2 423 642	46.78
云南省	6 112 782	2 730 518	44.67	3 382 264	55.33
西藏自治区	187 759	187 759	100.00	0	0.00
陕西省	13 080 404	6 999 600	53.51	6 080 804	46.49
甘肃省	8 189 096	4 316 705	52.71	3 872 391	47.29
青海省	909 526	755 273	83.04	154 253	16.96
宁夏回族自治区	2 678 919	1 695 621	63.29	983 298	36.71
新疆维吾尔自治区	2 717 967	2 101 221	77.31	616 746	22.69

县级市总人口

单位：人

地区别	总户数（户）	总人口			平均每户人数	性别比（女=100）
		合计	男	女		
全国	79 900 686	250 807 827	128 477 990	122 329 837	3.14	105.03
河北省	4 210 643	13 869 023	7 031 817	6 837 206	3.29	102.85
山西省	1 454 730	4 120 722	2 111 102	2 009 620	2.83	105.05
内蒙古自治区	1 039 495	2 761 170	1 396 440	1 364 730	2.66	102.32
辽宁省	3 928 208	11 468 867	5 835 457	5 633 410	2.92	103.59
吉林省	3 519 063	10 076 422	5 105 869	4 970 553	2.86	102.72
黑龙江省	3 400 676	9 266 831	4 708 072	4 558 759	2.72	103.28
江苏省	8 665 692	25 496 972	12 791 035	12 705 937	2.94	100.67
浙江省	5 880 310	17 012 060	8 632 165	8 379 895	2.89	103.01
安徽省	993 842	3 219 927	1 650 384	1 569 543	3.24	105.15
福建省	2 534 635	8 948 102	4 620 222	4 327 880	3.53	106.75
江西省	2 120 117	6 752 684	3 568 810	3 183 874	3.19	112.09
山东省	8 597 592	26 426 413	13 359 498	13 066 915	3.07	102.24
河南省	4 873 609	17 444 261	9 029 666	8 414 595	3.58	107.31
湖北省	6 647 361	20 362 697	10 550 890	9 811 807	3.06	107.53
湖南省	3 658 756	11 654 075	6 046 286	5 607 789	3.19	107.82
广东省	6 517 476	24 918 020	13 002 813	11 915 207	3.82	109.13
广西壮族自治区	1 528 779	5 256 089	2 778 039	2 478 050	3.44	112.11
海南省	943 568	3 363 707	1 760 967	1 602 740	3.56	109.87
四川省	3 553 966	9 550 593	4 853 895	4 696 698	2.69	103.35
贵州省	1 585 604	5 535 222	2 862 375	2 672 847	3.49	107.09
云南省	1 401 731	4 456 785	2 277 892	2 178 893	3.18	104.54
西藏自治区	28 001	110 613	55 087	55 526	3.95	99.21
陕西省	370 620	1 277 365	660 705	616 660	3.45	107.14
甘肃省	193 008	615 363	309 829	305 534	3.19	101.41
青海省	74 726	199 122	102 271	96 851	2.66	105.60
宁夏回族自治区	189 024	503 642	258 103	245 539	2.66	105.12
新疆维吾尔自治区	1 989 454	6 141 080	3 118 301	3 022 779	3.09	103.16

县级市总人口和性别比

单位：人

地区别	总人口			占总人口%		性别比
	合计	男	女	男	女	（女＝100）
全国	250 807 827	128 477 990	122 329 837	51.23	48.77	105.03
河北省	13 869 023	7 031 817	6 837 206	50.70	49.30	102.85
山西省	4 120 722	2 111 102	2 009 620	51.23	48.77	105.05
内蒙古自治区	2 761 170	1 396 440	1 364 730	50.57	49.43	102.32
辽宁省	11 468 867	5 835 457	5 633 410	50.88	49.12	103.59
吉林省	10 076 422	5 105 869	4 970 553	50.67	49.33	102.72
黑龙江省	9 266 831	4 708 072	4 558 759	50.81	49.19	103.28
江苏省	25 496 972	12 791 035	12 705 937	50.17	49.83	100.67
浙江省	17 012 060	8 632 165	8 379 895	50.74	49.26	103.01
安徽省	3 219 927	1 650 384	1 569 543	51.26	48.74	105.15
福建省	8 948 102	4 620 222	4 327 880	51.63	48.37	106.75
江西省	6 752 684	3 568 810	3 183 874	52.85	47.15	112.09
山东省	26 426 413	13 359 498	13 066 915	50.55	49.45	102.24
河南省	17 444 261	9 029 666	8 414 595	51.76	48.24	107.31
湖北省	20 362 697	10 550 890	9 811 807	51.81	48.19	107.53
湖南省	11 654 075	6 046 286	5 607 789	51.88	48.12	107.82
广东省	24 918 020	13 002 813	11 915 207	52.18	47.82	109.13
广西壮族自治区	5 256 089	2 778 039	2 478 050	52.85	47.15	112.11
海南省	3 363 707	1 760 967	1 602 740	52.35	47.65	109.87
四川省	9 550 593	4 853 895	4 696 698	50.82	49.18	103.35
贵州省	5 535 222	2 862 375	2 672 847	51.71	48.29	107.09
云南省	4 456 785	2 277 892	2 178 893	51.11	48.89	104.54
西藏自治区	110 613	55 087	55 526	49.80	50.20	99.21
陕西省	1 277 365	660 705	616 660	51.72	48.28	107.14
甘肃省	615 363	309 829	305 534	50.35	49.65	101.41
青海省	199 122	102 271	96 851	51.36	48.64	105.60
宁夏回族自治区	503 642	258 103	245 539	51.25	48.75	105.12
新疆维吾尔自治区	6 141 080	3 118 301	3 022 779	50.78	49.22	103.16

县级市非农业、农业人口

单位：人

地区别	总人口	非农业人口		农业人口	
		人数	占总人口%	人数	占总人口%
全国	250 807 827	79 504 236	31.70	171 303 591	68.30
河北省	13 869 023	3 781 099	27.26	10 087 924	72.74
山西省	4 120 722	1 315 612	31.93	2 805 110	68.07
内蒙古自治区	2 761 170	1 825 697	66.12	935 473	33.88
辽宁省	11 468 867	3 208 384	27.97	8 260 483	72.03
吉林省	10 076 422	4 261 892	42.30	5 814 530	57.70
黑龙江省	9 266 831	3 438 936	37.11	5 827 895	62.89
江苏省	25 496 972	11 345 728	44.50	14 151 244	55.50
浙江省	17 012 060	3 684 329	21.66	13 327 731	78.34
安徽省	3 219 927	643 217	19.98	2 576 710	80.02
福建省	8 948 102	2 789 552	31.17	6 158 550	68.83
江西省	6 752 684	1 767 861	26.18	4 984 823	73.82
山东省	26 426 413	10 551 244	39.93	15 875 169	60.07
河南省	17 444 261	3 392 277	19.45	14 051 984	80.55
湖北省	20 362 697	5 780 930	28.39	14 581 767	71.61
湖南省	11 654 075	2 286 349	19.62	9 367 726	80.38
广东省	24 918 020	7 001 864	28.10	17 916 156	71.90
广西壮族自治区	5 256 089	775 975	14.76	4 480 114	85.24
海南省	3 363 707	1 033 481	30.72	2 330 226	69.28
四川省	9 550 593	2 885 076	30.21	6 665 517	69.79
贵州省	5 535 222	1 169 787	21.13	4 365 435	78.87
云南省	4 456 785	1 269 108	28.48	3 187 677	71.52
西藏自治区	110 613	43 027	38.90	67 586	61.10
陕西省	1 277 365	714 350	55.92	563 015	44.08
甘肃省	615 363	294 451	47.85	320 912	52.15
青海省	199 122	175 739	88.26	23 383	11.74
宁夏回族自治区	503 642	203 895	40.48	299 747	59.52
新疆维吾尔自治区	6 141 080	3 864 376	62.93	2 276 704	37.07

县总人口

单位：人

地区别	总户数（户）	总人口			平均每户人数	性别比（女=100）
		合计	男	女		
全国	217 745 189	713 244 057	369 439 906	343 804 151	3.28	107.46
北京市	339 527	708 113	356 221	351 892	2.09	101.23
天津市	594 106	1 802 093	917 099	884 994	3.03	103.63
河北省	14 306 300	46 542 207	23 817 896	22 724 311	3.25	104.81
山西省	7 572 777	21 105 983	10 837 129	10 268 854	2.79	105.53
内蒙古自治区	5 915 216	15 797 952	8 115 142	7 682 810	2.67	105.63
辽宁省	4 059 240	12 140 285	6 206 874	5 933 411	2.99	104.61
吉林省	2 915 997	8 485 327	4 338 674	4 146 653	2.91	104.63
黑龙江省	5 487 398	15 399 389	7 844 573	7 554 816	2.81	103.84
上海市	301 092	687 651	338 009	349 642	2.28	96.67
江苏省	7 159 547	24 115 116	12 451 427	11 663 689	3.37	106.75
浙江省	5 203 928	15 666 975	8 064 725	7 602 250	3.01	106.08
安徽省	13 753 969	45 777 972	23 851 450	21 926 522	3.33	108.78
福建省	4 925 632	17 333 297	9 010 613	8 322 684	3.52	108.27
江西省	9 586 753	31 684 826	16 605 779	15 079 047	3.31	110.12
山东省	12 545 326	41 399 222	21 189 168	20 210 054	3.30	104.84
河南省	20 076 847	71 854 136	37 293 033	34 561 103	3.58	107.90
湖北省	7 316 570	22 843 583	11 943 402	10 900 181	3.12	109.57
湖南省	14 209 718	46 161 955	24 072 240	22 089 715	3.25	108.97
广东省	7 027 354	27 578 128	14 234 656	13 343 472	3.92	106.68
广西壮族自治区	9 933 274	34 637 591	18 264 925	16 372 666	3.49	111.56
海南省	1 002 172	3 509 195	1 849 395	1 659 800	3.50	111.42
重庆市	5 981 113	17 519 931	9 164 624	8 355 307	2.93	109.69
四川省	18 967 708	56 864 959	29 507 157	27 357 802	3.00	107.86
贵州省	8 938 431	31 668 636	16 555 961	15 112 675	3.54	109.55
云南省	9 968 822	35 053 308	18 122 272	16 931 036	3.52	107.04
西藏自治区	642 446	2 724 364	1 368 713	1 355 651	4.24	100.96
陕西省	7 791 523	24 728 996	12 883 672	11 845 324	3.17	108.77
甘肃省	5 195 746	18 484 333	9 554 221	8 930 112	3.56	106.99
青海省	1 304 087	4 467 202	2 278 583	2 188 619	3.43	104.11
宁夏回族自治区	1 007 127	3 333 749	1 707 622	1 626 127	3.31	105.01
新疆维吾尔自治区	3 715 443	13 167 583	6 694 651	6 472 932	3.54	103.43

县总人口和性别比

单位：人

地区别	总人口			占总人口%		性别比（女=100）
	合计	男	女	男	女	
全国	713 244 057	369 439 906	343 804 151	51.80	48.20	107.46
北京市	708 113	356 221	351 892	50.31	49.69	101.23
天津市	1 802 093	917 099	884 994	50.89	49.11	103.63
河北省	46 542 207	23 817 896	22 724 311	51.17	48.83	104.81
山西省	21 105 983	10 837 129	10 268 854	51.35	48.65	105.53
内蒙古自治区	15 797 952	8 115 142	7 682 810	51.37	48.63	105.63
辽宁省	12 140 285	6 206 874	5 933 411	51.13	48.87	104.61
吉林省	8 485 327	4 338 674	4 146 653	51.13	48.87	104.63
黑龙江省	15 399 389	7 844 573	7 554 816	50.94	49.06	103.84
上海市	687 651	338 009	349 642	49.15	50.85	96.67
江苏省	24 115 116	12 451 427	11 663 689	51.63	48.37	106.75
浙江省	15 666 975	8 064 725	7 602 250	51.48	48.52	106.08
安徽省	45 777 972	23 851 450	21 926 522	52.10	47.90	108.78
福建省	17 333 297	9 010 613	8 322 684	51.98	48.02	108.27
江西省	31 684 826	16 605 779	15 079 047	52.41	47.59	110.12
山东省	41 399 222	21 189 168	20 210 054	51.18	48.82	104.84
河南省	71 854 136	37 293 033	34 561 103	51.90	48.10	107.90
湖北省	22 843 583	11 943 402	10 900 181	52.28	47.72	109.57
湖南省	46 161 955	24 072 240	22 089 715	52.15	47.85	108.97
广东省	27 578 128	14 234 656	13 343 472	51.62	48.38	106.68
广西壮族自治区	34 637 591	18 264 925	16 372 666	52.73	47.27	111.56
海南省	3 509 195	1 849 395	1 659 800	52.70	47.30	111.42
重庆市	17 519 931	9 164 624	8 355 307	52.31	47.69	109.69
四川省	56 864 959	29 507 157	27 357 802	51.89	48.11	107.86
贵州省	31 668 636	16 555 961	15 112 675	52.28	47.72	109.55
云南省	35 053 308	18 122 272	16 931 036	51.70	48.30	107.04
西藏自治区	2 724 364	1 368 713	1 355 651	50.24	49.76	100.96
陕西省	24 728 996	12 883 672	11 845 324	52.10	47.90	108.77
甘肃省	18 484 333	9 554 221	8 930 112	51.69	48.31	106.99
青海省	4 467 202	2 278 583	2 188 619	51.01	48.99	104.11
宁夏回族自治区	3 333 749	1 707 622	1 626 127	51.22	48.78	105.01
新疆维吾尔自治区	13 167 583	6 694 651	6 472 932	50.84	49.16	103.43

县非农业、农业人口

单位：人

地区别	总人口	非农业人口		农业人口	
		人数	占总人口%	人数	占总人口%
全国	713 244 057	131 583 563	18.45	581 660 494	81.55
北京市	708 113	290 567	41.03	417 546	58.97
天津市	1 802 093	368 861	20.47	1 433 232	79.53
河北省	46 542 207	8 961 973	19.26	37 580 234	80.74
山西省	21 105 983	3 729 543	17.67	17 376 440	82.33
内蒙古自治区	15 797 952	3 872 496	24.51	11 925 456	75.49
辽宁省	12 140 285	2 926 848	24.11	9 213 437	75.89
吉林省	8 485 327	2 425 431	28.58	6 059 896	71.42
黑龙江省	15 399 389	4 863 757	31.58	10 535 632	68.42
上海市	687 651	275 728	40.10	411 923	59.90
江苏省	24 115 116	9 151 810	37.95	14 963 306	62.05
浙江省	15 666 975	3 384 645	21.60	12 282 330	78.40
安徽省	45 777 972	5 720 998	12.50	40 056 974	87.50
福建省	17 333 297	3 838 632	22.15	13 494 665	77.85
江西省	31 684 826	6 014 838	18.98	25 669 988	81.02
山东省	41 399 222	9 504 966	22.96	31 894 256	77.04
河南省	71 854 136	9 026 014	12.56	62 828 122	87.44
湖北省	22 843 583	4 313 653	18.88	18 529 930	81.12
湖南省	46 161 955	6 359 494	13.78	39 802 461	86.22
广东省	27 578 128	5 792 338	21.00	21 785 790	79.00
广西壮族自治区	34 637 591	4 151 454	11.99	30 486 137	88.01
海南省	3 509 195	1 159 445	33.04	2 349 750	66.96
重庆市	17 519 931	4 711 784	26.89	12 808 147	73.11
四川省	56 864 959	10 170 806	17.89	46 694 153	82.11
贵州省	31 668 636	2 945 892	9.30	28 722 744	90.70
云南省	35 053 308	3 565 140	10.17	31 488 168	89.83
西藏自治区	2 724 364	293 524	10.77	2 430 840	89.23
陕西省	24 728 996	6 191 903	25.04	18 537 093	74.96
甘肃省	18 484 333	2 534 614	13.71	15 949 719	86.29
青海省	4 467 202	933 066	20.89	3 534 136	79.11
宁夏回族自治区	3 333 749	632 944	18.99	2 700 805	81.01
新疆维吾尔自治区	13 167 583	3 470 399	26.36	9 697 184	73.64

镇总人口

单位：人

地区别	总户数（户）	总人口			平均每户人数	性别比（女=100）
		合计	男	女		
全国	244 029 595	779 782 567	401 829 972	377 952 595	3.20	106.32
北京市	1 848 506	3 926 525	1 959 527	1 966 998	2.12	99.62
天津市	1 318 636	3 902 427	1 965 615	1 936 812	2.96	101.49
河北省	12 330 400	39 625 275	20 200 088	19 425 187	3.21	103.99
山西省	6 157 758	16 708 709	8 572 457	8 136 252	2.71	105.36
内蒙古自治区	5 733 816	15 380 217	7 884 754	7 495 463	2.68	105.19
辽宁省	5 560 492	16 585 459	8 436 996	8 148 463	2.98	103.54
吉林省	4 776 078	13 882 504	7 082 828	6 799 676	2.91	104.16
黑龙江省	5 958 311	16 231 194	8 241 565	7 989 629	2.72	103.15
上海市	2 387 504	6 213 325	3 089 332	3 123 993	2.60	98.89
江苏省	17 105 343	53 524 347	27 211 323	26 313 024	3.13	103.41
浙江省	9 533 065	28 402 758	14 474 568	13 928 190	2.98	103.92
安徽省	14 249 964	46 876 225	24 364 662	22 511 563	3.29	108.23
福建省	6 487 948	23 218 666	11 966 766	11 251 900	3.58	106.35
江西省	8 827 685	28 526 208	14 960 473	13 565 735	3.23	110.28
山东省	17 981 643	58 392 783	29 734 572	28 658 211	3.25	103.76
河南省	14 100 317	49 885 608	25 842 378	24 043 230	3.54	107.48
湖北省	11 771 949	37 206 164	19 359 957	17 846 207	3.16	108.48
湖南省	13 339 443	42 498 605	22 083 653	20 414 952	3.19	108.17
广东省	15 362 220	60 270 584	31 100 198	29 170 386	3.92	106.62
广西壮族自治区	11 178 509	38 743 473	20 465 365	18 278 108	3.47	111.97
海南省	1 904 992	6 904 933	3 603 612	3 301 321	3.62	109.16
重庆市	7 367 199	20 588 000	10 744 965	9 843 035	2.79	109.16
四川省	19 292 220	54 683 985	28 140 292	26 543 693	2.83	106.01
贵州省	6 827 701	23 765 167	12 334 555	11 430 612	3.48	107.91
云南省	7 076 318	23 707 197	12 146 160	11 561 037	3.35	105.06
西藏自治区	250 837	882 998	443 419	439 579	3.52	100.87
陕西省	7 465 759	23 639 269	12 291 924	11 347 345	3.17	108.32
甘肃省	3 797 655	12 880 176	6 649 390	6 230 786	3.39	106.72
青海省	873 439	2 819 232	1 436 097	1 383 135	3.23	103.83
宁夏回族自治区	1 094 864	3 315 537	1 689 290	1 626 247	3.03	103.88
新疆维吾尔自治区	2 069 024	6 595 017	3 353 191	3 241 826	3.19	103.44

镇总人口和性别比

单位：人

地区别	总人口			占总人口%		性别比（女=100）
	合计	男	女	男	女	
全国	779 782 567	401 829 972	377 952 595	51.53	48.47	106.32
北京市	3 926 525	1 959 527	1 966 998	49.90	50.10	99.62
天津市	3 902 427	1 965 615	1 936 812	50.37	49.63	101.49
河北省	39 625 275	20 200 088	19 425 187	50.98	49.02	103.99
山西省	16 708 709	8 572 457	8 136 252	51.31	48.69	105.36
内蒙古自治区	15 380 217	7 884 754	7 495 463	51.27	48.73	105.19
辽宁省	16 585 459	8 436 996	8 148 463	50.87	49.13	103.54
吉林省	13 882 504	7 082 828	6 799 676	51.02	48.98	104.16
黑龙江省	16 231 194	8 241 565	7 989 629	50.78	49.22	103.15
上海市	6 213 325	3 089 332	3 123 993	49.72	50.28	98.89
江苏省	53 524 347	27 211 323	26 313 024	50.84	49.16	103.41
浙江省	28 402 758	14 474 568	13 928 190	50.96	49.04	103.92
安徽省	46 876 225	24 364 662	22 511 563	51.98	48.02	108.23
福建省	23 218 666	11 966 766	11 251 900	51.54	48.46	106.35
江西省	28 526 208	14 960 473	13 565 735	52.44	47.56	110.28
山东省	58 392 783	29 734 572	28 658 211	50.92	49.08	103.76
河南省	49 885 608	25 842 378	24 043 230	51.80	48.20	107.48
湖北省	37 206 164	19 359 957	17 846 207	52.03	47.97	108.48
湖南省	42 498 605	22 083 653	20 414 952	51.96	48.04	108.17
广东省	60 270 584	31 100 198	29 170 386	51.60	48.40	106.62
广西壮族自治区	38 743 473	20 465 365	18 278 108	52.82	47.18	111.97
海南省	6 904 933	3 603 612	3 301 321	52.19	47.81	109.16
重庆市	20 588 000	10 744 965	9 843 035	52.19	47.81	109.16
四川省	54 683 985	28 140 292	26 543 693	51.46	48.54	106.01
贵州省	23 765 167	12 334 555	11 430 612	51.90	48.10	107.91
云南省	23 707 197	12 146 160	11 561 037	51.23	48.77	105.06
西藏自治区	882 998	443 419	439 579	50.22	49.78	100.87
陕西省	23 639 269	12 291 924	11 347 345	52.00	48.00	108.32
甘肃省	12 880 176	6 649 390	6 230 786	51.62	48.38	106.72
青海省	2 819 232	1 436 097	1 383 135	50.94	49.06	103.83
宁夏回族自治区	3 315 537	1 689 290	1 626 247	50.95	49.05	103.88
新疆维吾尔自治区	6 595 017	3 353 191	3 241 826	50.84	49.16	103.44

镇非农业、农业人口

单位：人

地区别	总人口	非农业人口		农业人口	
		人数	占总人口%	人数	占总人口%
全国	779 782 567	184 630 235	23.68	595 152 332	76.32
北京市	3 926 525	1 658 848	42.25	2 267 677	57.75
天津市	3 902 427	816 905	20.93	3 085 522	79.07
河北省	39 625 275	11 450 568	28.90	28 174 707	71.10
山西省	16 708 709	3 942 832	23.60	12 765 877	76.40
内蒙古自治区	15 380 217	4 565 258	29.68	10 814 959	70.32
辽宁省	16 585 459	3 484 052	21.01	13 101 407	78.99
吉林省	13 882 504	4 146 784	29.87	9 735 720	70.13
黑龙江省	16 231 194	5 491 747	33.83	10 739 447	66.17
上海市	6 213 325	4 767 346	76.73	1 445 979	23.27
江苏省	53 524 347	23 130 679	43.22	30 393 668	56.78
浙江省	28 402 758	4 721 517	16.62	23 681 241	83.38
安徽省	46 876 225	6 581 870	14.04	40 294 355	85.96
福建省	23 218 666	5 122 479	22.06	18 096 187	77.94
江西省	28 526 208	6 473 368	22.69	22 052 840	77.31
山东省	58 392 783	7 521 811	12.88	50 870 972	87.12
河南省	49 885 608	8 442 228	16.92	41 443 380	83.08
湖北省	37 206 164	7 069 634	19.00	30 136 530	81.00
湖南省	42 498 605	7 009 660	16.49	35 488 945	83.51
广东省	60 270 584	20 881 795	34.65	39 388 789	65.35
广西壮族自治区	38 743 473	5 960 539	15.38	32 782 934	84.62
海南省	6 904 933	1 532 312	22.19	5 372 621	77.81
重庆市	20 588 000	4 853 927	23.58	15 734 073	76.42
四川省	54 683 985	13 237 140	24.21	41 446 845	75.79
贵州省	23 765 167	3 204 138	13.48	20 561 029	86.52
云南省	23 707 197	3 230 560	13.63	20 476 637	86.37
西藏自治区	882 998	214 047	24.24	668 951	75.76
陕西省	23 639 269	6 815 727	28.83	16 823 542	71.17
甘肃省	12 880 176	2 981 222	23.15	9 898 954	76.85
青海省	2 819 232	896 323	31.79	1 922 909	68.21
宁夏回族自治区	3 315 537	1 016 282	30.65	2 299 255	69.35
新疆维吾尔自治区	6 595 017	3 408 637	51.69	3 186 380	48.31

人 口 自 然 变 动

全国人口自然变动

单位：人

地区别	出生人口			死亡人口		
	合计	男	女	合计	男	女
全国	16 851 104	8 951 460	7 899 644	8 028 244	4 573 330	3 454 914
北京市	127 712	65 955	61 757	53 302	28 054	25 248
天津市	97 777	50 966	46 811	42 999	23 539	19 460
河北省	1 164 340	617 814	546 526	695 592	373 449	322 143
山西省	388 152	201 116	187 036	113 345	72 898	40 447
内蒙古自治区	229 739	118 929	110 810	82 074	51 652	30 422
辽宁省	313 791	162 169	151 622	303 580	173 814	129 766
吉林省	220 600	114 537	106 063	141 573	84 443	57 130
黑龙江省	299 169	154 089	145 080	222 134	131 714	90 420
上海市	101 507	52 288	49 219	111 142	59 144	51 998
江苏省	849 277	450 689	398 588	471 676	255 459	216 217
浙江省	497 853	261 656	236 197	298 024	169 137	128 887
安徽省	859 294	464 932	394 362	365 936	213 610	152 326
福建省	462 889	254 794	208 095	273 105	149 956	123 149
江西省	747 181	404 186	342 995	170 484	102 203	68 281
山东省	1 144 935	620 001	524 934	675 865	369 323	306 542
河南省	1 528 265	828 011	700 254	682 039	377 586	304 453
湖北省	664 677	362 131	302 546	368 409	207 694	160 715
湖南省	883 710	481 828	401 882	469 500	275 379	194 121
广东省	1 292 332	682 802	609 530	406 741	229 726	177 015
广西壮族自治区	861 990	454 481	407 509	421 495	247 963	173 532
海南省	143 822	78 476	65 346	35 604	21 956	13 648
重庆市	412 695	211 740	200 955	195 543	114 409	81 134
四川省	912 688	475 334	437 354	479 209	280 544	198 665
贵州省	590 398	317 255	273 143	223 390	131 129	92 261
云南省	561 614	288 581	273 033	185 349	112 150	73 199
西藏自治区	93 262	47 331	45 931	21 675	11 738	9 937
陕西省	466 553	246 227	220 326	205 401	118 302	87 099
甘肃省	374 953	194 524	180 429	154 473	91 303	63 170
青海省	100 332	51 433	48 899	32 431	18 598	13 833
宁夏回族自治区	102 031	53 006	49 025	25 704	15 600	10 104
新疆维吾尔自治区	357 566	184 179	173 387	100 450	60 858	39 592

全国人口自然增长率

地区别	平均人口 (人)	出生率 (‰)	死亡率 (‰)	自然增长率 (‰)
全国	1 350 556 218	12.48	5.94	6.53
北京市	12 713 080	10.05	4.19	5.85
天津市	9 949 807	9.83	4.32	5.51
河北省	73 214 062	15.90	9.50	6.40
山西省	34 865 626	11.13	3.25	7.88
内蒙古自治区	24 595 646	9.34	3.34	6.00
辽宁省	42 533 297	7.38	7.14	0.24
吉林省	27 251 764	8.09	5.20	2.90
黑龙江省	38 385 505	7.79	5.79	2.01
上海市	14 158 395	7.17	7.85	-0.68
江苏省	74 904 203	11.34	6.30	5.04
浙江省	47 646 337	10.45	6.25	4.19
安徽省	68 558 416	12.53	5.34	7.20
福建省	35 407 256	13.07	7.71	5.36
江西省	47 230 534	15.82	3.61	12.21
山东省	95 635 934	11.97	7.07	4.90
河南省	108 610 403	14.07	6.28	7.79
湖北省	61 565 059	10.80	5.98	4.81
湖南省	71 019 616	12.44	6.61	5.83
广东省	85 793 715	15.06	4.74	10.32
广西壮族自治区	53 500 323	16.11	7.88	8.23
海南省	9 019 550	15.95	3.95	12.00
重庆市	33 166 319	12.44	5.90	6.55
四川省	90 298 313	10.11	5.31	4.80
贵州省	42 137 170	14.01	5.30	8.71
云南省	45 452 536	12.36	4.08	8.28
西藏自治区	2 981 138	31.28	7.27	24.01
陕西省	38 912 745	11.99	5.28	6.71
甘肃省	27 205 004	13.78	5.68	8.10
青海省	5 537 784	18.12	5.86	12.26
宁夏回族自治区	6 471 185	15.77	3.97	11.79
新疆维吾尔自治区	21 835 504	16.38	4.60	11.78

市人口自然变动

单位：人

地区别	出生人口			死亡人口		
	合计	男	女	合计	男	女
全国	7 139 274	3 778 843	3 360 431	3 677 117	2 088 628	1 588 489
北京市	121 475	62 797	58 678	48 725	25 488	23 237
天津市	72 635	37 640	34 995	35 513	19 155	16 358
河北省	360 335	190 168	170 167	219 692	118 660	101 032
山西省	148 557	76 687	71 870	44 238	28 134	16 104
内蒙古自治区	75 164	38 727	36 437	32 465	19 880	12 585
辽宁省	217 177	112 040	105 137	218 714	125 187	93 527
吉林省	148 673	77 140	71 533	101 346	60 327	41 019
黑龙江省	167 030	86 254	80 776	149 422	87 825	61 597
上海市	97 951	50 423	47 528	104 610	55 710	48 900
江苏省	486 999	257 238	229 761	327 834	178 575	149 259
浙江省	318 048	167 116	150 932	197 045	110 467	86 578
安徽省	262 264	140 890	121 374	110 043	64 470	45 573
福建省	225 963	122 814	103 149	131 186	72 674	58 512
江西省	222 101	120 447	101 654	46 907	28 530	18 377
山东省	555 771	295 631	260 140	370 839	205 353	165 486
河南省	490 419	264 410	226 009	202 418	115 130	87 288
湖北省	419 986	229 933	190 053	238 043	132 218	105 825
湖南省	291 475	157 842	133 633	143 608	84 385	59 223
广东省	873 670	464 992	408 678	275 767	154 736	121 031
广西壮族自治区	313 370	164 535	148 835	131 649	77 212	54 437
海南省	87 300	47 860	39 440	21 410	12 799	8 611
重庆市	174 744	89 171	85 573	86 298	50 356	35 942
四川省	315 574	162 751	152 823	170 757	100 757	70 000
贵州省	148 031	78 748	69 283	57 486	33 946	23 540
云南省	115 879	59 795	56 084	41 757	25 373	16 384
西藏自治区	3 872	2 077	1 795	1 435	849	586
陕西省	167 720	87 483	80 237	66 439	38 577	27 862
甘肃省	104 238	54 533	49 705	48 704	29 347	19 357
青海省	8 659	4 426	4 233	5 680	3 434	2 246
宁夏回族自治区	43 453	22 622	20 831	13 330	8 098	5 232
新疆维吾尔自治区	100 741	51 653	49 088	33 757	20 976	12 781

市人口自然增长率

地　区　别	平均人口（人）	出生率（‰）	死亡率（‰）	自然增长率（‰）
全国	639 957 262	11.15	5.76	5.39
北京市	12 005 354	10.12	4.06	6.06
天津市	8 159 193	8.90	4.35	4.55
河北省	26 815 757	13.44	8.19	5.24
山西省	13 848 115	10.73	3.19	7.53
内蒙古自治区	8 835 351	8.51	3.67	4.83
辽宁省	30 326 421	7.16	7.21	-0.05
吉林省	18 773 805	7.92	5.40	2.52
黑龙江省	22 977 948	7.27	6.50	0.77
上海市	13 469 823	7.27	7.77	-0.49
江苏省	50 882 086	9.57	6.44	3.13
浙江省	32 034 997	9.93	6.15	3.78
安徽省	22 946 512	11.43	4.80	6.63
福建省	18 110 270	12.48	7.24	5.23
江西省	15 751 824	14.10	2.98	11.12
山东省	54 223 667	10.25	6.84	3.41
河南省	37 026 930	13.24	5.47	7.78
湖北省	39 260 193	10.93	6.21	4.72
湖南省	24 765 885	11.77	5.80	5.97
广东省	58 370 630	14.97	4.72	10.24
广西壮族自治区	18 960 200	16.53	6.94	9.58
海南省	5 531 723	15.78	3.87	11.91
重庆市	15 692 821	11.14	5.50	5.64
四川省	33 601 522	9.39	5.08	4.31
贵州省	10 660 719	13.89	5.39	8.49
云南省	10 523 340	9.51	3.97	5.54
西藏自治区	295 070	13.12	4.86	8.26
陕西省	14 297 954	11.73	4.65	7.08
甘肃省	8 784 088	11.87	5.54	6.32
青海省	1 103 985	7.84	5.14	2.70
宁夏回族自治区	3 156 265	13.77	4.22	9.54
新疆维吾尔自治区	8 764 819	11.49	3.85	7.64

地级市人口自然变动

单位：人

地区别	出生人口			死亡人口		
	合计	男	女	合计	男	女
全国	3 729 308	1 969 339	1 759 969	1 837 209	1 051 560	785 649
河北省	142 647	73 945	68 702	74 380	41 958	32 422
山西省	99 452	50 963	48 489	28 997	18 862	10 135
内蒙古自治区	54 865	28 378	26 487	20 682	12 443	8 239
辽宁省	128 268	66 315	61 953	138 733	79 628	59 105
吉林省	66 621	34 697	31 924	46 640	27 509	19 131
黑龙江省	92 744	47 760	44 984	92 379	54 863	37 516
江苏省	269 157	141 747	127 410	136 749	75 234	61 515
浙江省	152 333	78 853	73 480	86 991	48 479	38 512
安徽省	230 900	124 305	106 595	90 365	53 230	37 135
福建省	111 541	59 955	51 586	59 916	32 021	27 895
江西省	121 243	65 266	55 977	28 162	17 074	11 088
山东省	311 745	166 704	145 041	175 873	96 456	79 417
河南省	254 908	137 190	117 718	112 107	64 227	47 880
湖北省	179 764	96 411	83 353	119 744	66 352	53 392
湖南省	157 132	84 007	73 125	76 687	44 525	32 162
广东省	445 897	237 363	208 534	154 091	86 000	68 091
广西壮族自治区	198 680	105 489	93 191	89 481	51 969	37 512
海南省	32 757	17 488	15 269	5 489	3 296	2 193
四川省	227 281	117 064	110 217	120 259	70 614	49 645
贵州省	67 836	36 018	31 818	24 983	15 050	9 933
云南省	68 574	35 284	33 290	23 209	13 909	9 300
西藏自治区	2 399	1 304	1 095	871	523	348
陕西省	151 544	78 912	72 632	60 530	35 102	25 428
甘肃省	95 784	50 152	45 632	45 976	27 683	18 293
青海省	6 387	3 269	3 118	4 880	2 904	1 976
宁夏回族自治区	36 135	18 802	17 333	11 459	6 907	4 552
新疆维吾尔自治区	22 714	11 698	11 016	7 576	4 742	2 834

地级市人口自然增长率

地　区　别	平均人口（人）	出生率（‰）	死亡率（‰）	自然增长率（‰）
全国	340 498 884	10.95	5.396	5.56
河北省	12 993 784	10.98	5.724	5.25
山西省	9 746 455	10.20	2.975	7.23
内蒙古自治区	6 073 237	9.03	3.405	5.63
辽宁省	18 864 799	6.80	7.354	-0.55
吉林省	8 697 979	7.66	5.362	2.30
黑龙江省	13 690 856	6.77	6.747	0.03
江苏省	25 433 239	10.58	5.377	5.21
浙江省	15 071 086	10.11	5.772	4.34
安徽省	19 733 156	11.70	4.579	7.12
福建省	9 181 881	12.15	6.525	5.62
江西省	9 040 067	13.41	3.115	10.30
山东省	27 835 553	11.20	6.318	4.88
河南省	19 556 961	13.03	5.732	7.30
湖北省	18 965 400	9.48	6.314	3.16
湖南省	13 161 938	11.94	5.826	6.11
广东省	33 606 790	13.27	4.585	8.68
广西壮族自治区	13 735 378	14.46	6.515	7.95
海南省	2 189 912	14.96	2.506	12.45
四川省	24 070 851	9.44	4.996	4.45
贵州省	5 157 219	13.15	4.844	8.31
云南省	6 079 873	11.28	3.817	7.46
西藏自治区	184 866	12.98	4.712	8.27
陕西省	13 026 879	11.63	4.647	6.99
甘肃省	8 173 143	11.72	5.625	6.09
青海省	906 190	7.05	5.385	1.66
宁夏回族自治区	2 655 439	13.61	4.315	9.29
新疆维吾尔自治区	2 665 959	8.52	2.842	5.68

县级市人口自然变动

单位：人

地区别	出生人口			死亡人口		
	合计	男	女	合计	男	女
全国	2 943 161	1 569 473	1 373 688	1 564 762	886 359	678 403
河北省	217 688	116 223	101 465	145 312	76 702	68 610
山西省	49 105	25 724	23 381	15 241	9 272	5 969
内蒙古自治区	20 299	10 349	9 950	11 783	7 437	4 346
辽宁省	88 909	45 725	43 184	79 981	45 559	34 422
吉林省	82 052	42 443	39 609	54 706	32 818	21 888
黑龙江省	74 286	38 494	35 792	57 043	32 962	24 081
江苏省	217 842	115 491	102 351	191 085	103 341	87 744
浙江省	165 715	88 263	77 452	110 054	61 988	48 066
安徽省	31 364	16 585	14 779	19 678	11 240	8 438
福建省	114 422	62 859	51 563	71 270	40 653	30 617
江西省	100 858	55 181	45 677	18 745	11 456	7 289
山东省	244 026	128 927	115 099	194 966	108 897	86 069
河南省	235 511	127 220	108 291	90 311	50 903	39 408
湖北省	240 222	133 522	106 700	118 299	65 866	52 433
湖南省	134 343	73 835	60 508	66 921	39 860	27 061
广东省	427 773	227 629	200 144	121 676	68 736	52 940
广西壮族自治区	114 690	59 046	55 644	42 168	25 243	16 925
海南省	54 543	30 372	24 171	15 921	9 503	6 418
四川省	88 293	45 687	42 606	50 498	30 143	20 355
贵州省	80 195	42 730	37 465	32 503	18 896	13 607
云南省	47 305	24 511	22 794	18 548	11 464	7 084
西藏自治区	1 473	773	700	564	326	238
陕西省	16 176	8 571	7 605	5 909	3 475	2 434
甘肃省	8 454	4 381	4 073	2 728	1 664	1 064
青海省	2 272	1 157	1 115	800	530	270
宁夏回族自治区	7 318	3 820	3 498	1 871	1 191	680
新疆维吾尔自治区	78 027	39 955	38 072	26 181	16 234	9 947

县级市人口自然增长率

地区别	平均人口（人）	出生率（‰）	死亡率（‰）	自然增长率（‰）
全国	250 131 188	11.77	6.26	5.51
河北省	13 821 973	15.75	10.51	5.24
山西省	4 101 661	11.97	3.72	8.26
内蒙古自治区	2 762 115	7.35	4.27	3.08
辽宁省	11 461 622	7.76	6.98	0.78
吉林省	10 075 826	8.14	5.43	2.71
黑龙江省	9 287 092	8.00	6.14	1.86
江苏省	25 448 847	8.56	7.51	1.05
浙江省	16 963 911	9.77	6.49	3.28
安徽省	3 213 357	9.76	6.12	3.64
福建省	8 928 389	12.82	7.98	4.83
江西省	6 711 757	15.03	2.79	12.23
山东省	26 388 115	9.25	7.39	1.86
河南省	17 469 969	13.48	5.17	8.31
湖北省	20 294 794	11.84	5.83	6.01
湖南省	11 603 948	11.58	5.77	5.81
广东省	24 763 840	17.27	4.91	12.36
广西壮族自治区	5 224 822	21.95	8.07	13.88
海南省	3 341 811	16.32	4.76	11.56
四川省	9 530 671	9.26	5.30	3.97
贵州省	5 503 500	14.57	5.91	8.67
云南省	4 443 467	10.65	4.17	6.47
西藏自治区	110 204	13.37	5.12	8.25
陕西省	1 271 075	12.73	4.65	8.08
甘肃省	610 946	13.84	4.47	9.37
青海省	197 795	11.49	4.04	7.44
宁夏回族自治区	500 827	14.61	3.74	10.88
新疆维吾尔自治区	6 098 861	12.79	4.29	8.50

县人口自然变动

单位：人

地区别	出生人口			死亡人口		
	合计	男	女	合计	男	女
全国	9 711 830	5 172 617	4 539 213	4 351 127	2 484 702	1 866 425
北京市	6 237	3 158	3 079	4 577	2 566	2 011
天津市	25 142	13 326	11 816	7 486	4 384	3 102
河北省	804 005	427 646	376 359	475 900	254 789	221 111
山西省	239 595	124 429	115 166	69 107	44 764	24 343
内蒙古自治区	154 575	80 202	74 373	49 609	31 772	17 837
辽宁省	96 614	50 129	46 485	84 866	48 627	36 239
吉林省	71 927	37 397	34 530	40 227	24 116	16 111
黑龙江省	132 139	67 835	64 304	72 712	43 889	28 823
上海市	3 556	1 865	1 691	6 532	3 434	3 098
江苏省	362 278	193 451	168 827	143 842	76 884	66 958
浙江省	179 805	94 540	85 265	100 979	58 670	42 309
安徽省	597 030	324 042	272 988	255 893	149 140	106 753
福建省	236 926	131 980	104 946	141 919	77 282	64 637
江西省	525 080	283 739	241 341	123 577	73 673	49 904
山东省	589 164	324 370	264 794	305 026	163 970	141 056
河南省	1 037 846	563 601	474 245	479 621	262 456	217 165
湖北省	244 691	132 198	112 493	130 366	75 476	54 890
湖南省	592 235	323 986	268 249	325 892	190 994	134 898
广东省	418 662	217 810	200 852	130 974	74 990	55 984
广西壮族自治区	548 620	289 946	258 674	289 846	170 751	119 095
海南省	56 522	30 616	25 906	14 194	9 157	5 037
重庆市	237 951	122 569	115 382	109 245	64 053	45 192
四川省	597 114	312 583	284 531	308 452	179 787	128 665
贵州省	442 367	238 507	203 860	165 904	97 183	68 721
云南省	445 735	228 786	216 949	143 592	86 777	56 815
西藏自治区	89 390	45 254	44 136	20 240	10 889	9 351
陕西省	298 833	158 744	140 089	138 962	79 725	59 237
甘肃省	270 715	139 991	130 724	105 769	61 956	43 813
青海省	91 673	47 007	44 666	26 751	15 164	11 587
宁夏回族自治区	58 578	30 384	28 194	12 374	7 502	4 872
新疆维吾尔自治区	256 825	132 526	124 299	66 693	39 882	26 811

县人口自然增长率

地　　区　　别	平均人口（人）	出生率（‰）	死亡率（‰）	自然增长率（‰）
全国	710 598 957	13.67	6.12	7.54
北京市	707 727	8.81	6.47	2.35
天津市	1 790 614	14.04	4.18	9.86
河北省	46 398 306	17.33	10.26	7.07
山西省	21 017 511	11.40	3.29	8.11
内蒙古自治区	15 760 295	9.81	3.15	6.66
辽宁省	12 206 876	7.91	6.95	0.96
吉林省	8 477 960	8.48	4.74	3.74
黑龙江省	15 407 557	8.58	4.72	3.86
上海市	688 572	5.16	9.49	-4.32
江苏省	24 022 117	15.08	5.99	9.09
浙江省	15 611 340	11.52	6.47	5.05
安徽省	45 611 904	13.09	5.61	7.48
福建省	17 296 986	13.70	8.20	5.49
江西省	31 478 710	16.68	3.93	12.75
山东省	41 412 267	14.23	7.37	6.86
河南省	71 583 473	14.50	6.70	7.80
湖北省	22 304 866	10.97	5.84	5.13
湖南省	46 253 731	12.80	7.05	5.76
广东省	27 423 085	15.27	4.78	10.49
广西壮族自治区	34 540 124	15.88	8.39	7.49
海南省	3 487 827	16.21	4.07	12.14
重庆市	17 473 498	13.62	6.25	7.37
四川省	56 696 791	10.53	5.44	5.09
贵州省	31 476 452	14.05	5.27	8.78
云南省	34 929 196	12.76	4.11	8.65
西藏自治区	2 686 068	33.28	7.54	25.74
陕西省	24 614 791	12.14	5.65	6.49
甘肃省	18 420 916	14.70	5.74	8.95
青海省	4 433 799	20.68	6.03	14.64
宁夏回族自治区	3 314 920	17.67	3.73	13.94
新疆维吾尔自治区	13 070 685	19.65	5.10	14.55

镇人口自然变动

单位：人

地区别	出生人口			死亡人口		
	合计	男	女	合计	男	女
全国	10 050 363	5 352 134	4 698 229	4 801 264	2 732 559	2 068 705
北京市	43 200	22 312	20 888	23 633	12 729	10 904
天津市	47 595	24 973	22 622	17 470	9 928	7 542
河北省	635 313	338 250	297 063	391 931	210 693	181 238
山西省	192 410	100 255	92 155	56 939	36 903	20 036
内蒙古自治区	146 904	76 347	70 557	49 903	31 705	18 198
辽宁省	131 287	67 753	63 534	123 827	70 616	53 211
吉林省	116 689	60 603	56 086	70 243	42 440	27 803
黑龙江省	134 450	68 969	65 481	90 722	53 395	37 327
上海市	45 125	23 297	21 828	46 865	24 940	21 925
江苏省	626 932	333 599	293 333	358 894	193 347	165 547
浙江省	291 980	153 751	138 229	190 782	108 195	82 587
安徽省	598 443	324 031	274 412	261 568	152 421	109 147
福建省	315 438	174 161	141 277	182 753	99 653	83 100
江西省	459 773	250 250	209 523	104 292	62 732	41 560
山东省	724 383	393 182	331 201	456 715	247 056	209 659
河南省	706 319	383 143	323 176	309 915	171 324	138 591
湖北省	415 452	228 051	187 401	229 878	130 045	99 833
湖南省	536 665	292 711	243 954	285 134	167 696	117 438
广东省	974 780	512 454	462 326	293 467	165 580	127 887
广西壮族自治区	640 772	338 272	302 500	309 251	182 950	126 301
海南省	116 317	63 553	52 764	26 958	16 576	10 382
重庆市	274 770	140 971	133 799	128 601	75 271	53 330
四川省	553 861	288 049	265 812	298 461	175 749	122 712
贵州省	330 751	177 745	153 006	125 786	73 524	52 262
云南省	287 609	148 034	139 575	93 549	56 351	37 198
西藏自治区	28 884	14 809	14 075	7 107	3 878	3 229
陕西省	285 650	151 362	134 288	134 778	77 299	57 479
甘肃省	184 103	96 004	88 099	69 250	41 409	27 841
青海省	53 286	27 237	26 049	17 135	9 808	7 327
宁夏回族自治区	55 635	28 945	26 690	13 979	8 571	5 408
新疆维吾尔自治区	95 587	49 061	46 526	31 478	19 775	11 703

镇人口自然增长率

地　区　别	平均人口（人）	出生率（‰）	死亡率（‰）	自然增长率（‰）
全国	778 392 468	12.91	6.17	6.74
北京市	3 900 553	11.08	6.06	5.02
天津市	3 886 973	12.24	4.49	7.75
河北省	38 948 027	16.31	10.06	6.25
山西省	16 750 791	11.49	3.40	8.09
内蒙古自治区	15 388 062	9.55	3.24	6.30
辽宁省	16 630 302	7.89	7.45	0.45
吉林省	13 847 209	8.43	5.07	3.35
黑龙江省	16 255 959	8.27	5.58	2.69
上海市	6 181 923	7.30	7.58	-0.28
江苏省	53 584 021	11.70	6.70	5.00
浙江省	28 325 485	10.31	6.74	3.57
安徽省	46 769 434	12.80	5.59	7.20
福建省	23 120 158	13.64	7.90	5.74
江西省	28 292 876	16.25	3.69	12.56
山东省	58 550 251	12.37	7.80	4.57
河南省	49 025 489	14.41	6.32	8.09
湖北省	37 076 806	11.21	6.20	5.01
湖南省	42 205 545	12.72	6.76	5.96
广东省	61 152 971	15.94	4.80	11.14
广西壮族自治区	38 466 838	16.66	8.04	8.62
海南省	6 838 303	17.01	3.94	13.07
重庆市	20 592 479	13.34	6.25	7.10
四川省	54 771 591	10.11	5.45	4.66
贵州省	23 636 324	13.99	5.32	8.67
云南省	24 847 780	11.57	3.76	7.81
西藏自治区	873 422	33.07	8.14	24.93
陕西省	22 990 373	12.42	5.86	6.56
甘肃省	12 816 831	14.36	5.40	8.96
青海省	2 809 572	18.97	6.10	12.87
宁夏回族自治区	3 316 374	16.78	4.22	12.56
新疆维吾尔自治区	6 539 754	14.62	4.81	9.80

人 口 机 械 变 动

全国人口机械变动

单位：人

地区别	迁入			迁出		
	合计	省内迁入	省外迁入	合计	迁往省内	迁往省外
全国	16 278 411	11 734 502	4 543 909	15 308 393	10 850 096	4 458 297
北京市	221 725	10 261	211 464	92 336	10 203	82 133
天津市	139 364	11 751	127 613	79 366	12 650	66 716
河北省	667 661	443 213	224 448	662 420	429 688	232 732
山西省	455 366	370 450	84 916	601 395	339 242	262 153
内蒙古自治区	227 367	145 144	82 223	235 454	138 968	96 486
辽宁省	400 427	252 789	147 638	399 374	272 065	127 309
吉林省	337 887	260 407	77 480	383 147	253 692	129 455
黑龙江省	379 939	286 544	93 395	527 923	321 544	206 379
上海市	138 473	6 958	131 515	60 257	6 984	53 273
江苏省	846 889	555 705	291 184	759 640	546 500	213 140
浙江省	461 975	254 598	207 377	329 878	246 367	83 511
安徽省	744 475	570 680	173 795	696 595	486 533	210 062
福建省	552 983	418 623	134 360	555 058	414 871	140 187
江西省	542 329	391 041	151 288	546 508	358 979	187 529
山东省	748 018	526 590	221 428	698 405	501 338	197 067
河南省	1 069 432	876 014	193 418	919 441	662 728	256 713
湖北省	582 663	349 676	232 987	637 034	341 034	296 000
湖南省	500 296	351 909	148 387	498 332	294 120	204 212
广东省	944 654	557 051	387 603	653 730	493 700	160 030
广西壮族自治区	477 483	362 406	115 077	514 639	364 071	150 568
海南省	85 950	50 731	35 219	83 282	50 840	32 442
重庆市	2 024 951	1 878 955	145 996	1 988 068	1 880 696	107 372
四川省	1 063 033	859 651	203 382	1 050 862	780 997	269 865
贵州省	546 358	376 712	169 646	469 522	322 160	147 362
云南省	465 391	402 689	62 702	417 782	329 835	87 947
西藏自治区	26 212	17 825	8 387	24 909	18 374	6 535
陕西省	497 648	339 741	157 907	437 543	293 036	144 507
甘肃省	392 382	323 698	68 684	445 248	284 269	160 979
青海省	111 773	78 425	33 348	89 271	68 151	21 120
宁夏回族自治区	137 562	95 887	41 675	119 145	89 250	29 895
新疆维吾尔自治区	487 745	308 378	179 367	331 829	237 211	94 618

全国人口迁移率

地区别	平均人口（人）	迁入率（‰）	迁出率（‰）	总迁移率（‰）	净迁移率（‰）
全国	1 350 556 218	12.05	11.33	23.39	0.72
北京市	12 713 080	17.44	7.26	24.70	10.18
天津市	9 949 807	14.01	7.98	21.98	6.03
河北省	73 214 062	9.12	9.05	18.17	0.07
山西省	34 865 626	13.06	17.25	30.31	-4.19
内蒙古自治区	24 595 646	9.24	9.57	18.82	-0.33
辽宁省	42 533 297	9.41	9.39	18.80	0.02
吉林省	27 251 764	12.40	14.06	26.46	-1.66
黑龙江省	38 385 505	9.90	13.75	23.65	-3.86
上海市	14 158 395	9.78	4.26	14.04	5.52
江苏省	74 904 203	11.31	10.14	21.45	1.16
浙江省	47 646 337	9.70	6.92	16.62	2.77
安徽省	68 558 416	10.86	10.16	21.02	0.70
福建省	35 407 256	15.62	15.68	31.29	-0.06
江西省	47 230 534	11.48	11.57	23.05	-0.09
山东省	95 635 934	7.82	7.30	15.12	0.52
河南省	108 610 403	9.85	8.47	18.31	1.38
湖北省	61 565 059	9.46	10.35	19.81	-0.88
湖南省	71 019 616	7.04	7.02	14.06	0.03
广东省	85 793 715	11.01	7.62	18.63	3.39
广西壮族自治区	53 500 323	8.92	9.62	18.54	-0.69
海南省	9 019 550	9.53	9.23	18.76	0.30
重庆市	33 166 319	61.05	59.94	121.00	1.11
四川省	90 298 313	11.77	11.64	23.41	0.13
贵州省	42 137 170	12.97	11.14	24.11	1.82
云南省	45 452 536	10.24	9.19	19.43	1.05
西藏自治区	2 981 138	8.79	8.36	17.15	0.44
陕西省	38 912 745	12.79	11.24	24.03	1.54
甘肃省	27 205 004	14.42	16.37	30.79	-1.94
青海省	5 537 784	20.18	16.12	36.30	4.06
宁夏回族自治区	6 471 185	21.26	18.41	39.67	2.85
新疆维吾尔自治区	21 835 504	22.34	15.20	37.53	7.14

市人口机械变动

单位：人

地区别	迁入			迁出		
	合计	省内迁入	省外迁入	合计	迁往省内	迁往省外
全国	9 937 232	6 969 371	2 967 861	8 841 072	6 141 239	2 699 833
北京市	212 921	3 976	208 945	83 100	1 362	81 738
天津市	128 120	9 158	118 962	73 303	9 608	63 695
河北省	371 015	243 492	127 523	376 712	241 636	135 076
山西省	239 211	192 091	47 120	394 330	183 281	211 049
内蒙古自治区	123 659	81 658	42 001	108 674	63 357	45 317
辽宁省	332 194	207 829	124 365	275 690	169 542	106 148
吉林省	251 334	190 154	61 180	278 725	174 821	103 904
黑龙江省	261 754	198 369	63 385	349 511	208 752	140 759
上海市	133 360	3 731	129 629	56 348	3 393	52 955
江苏省	658 285	418 250	240 035	517 529	364 428	153 101
浙江省	326 111	173 149	152 962	225 959	163 063	62 896
安徽省	347 018	280 262	66 756	349 190	255 199	93 991
福建省	360 597	282 401	78 196	327 610	250 143	77 467
江西省	252 743	187 504	65 239	272 442	181 057	91 385
山东省	390 646	235 545	155 101	326 499	197 309	129 190
河南省	545 497	453 459	92 038	439 442	323 232	116 210
湖北省	363 045	229 704	133 341	413 999	217 605	196 394
湖南省	293 233	228 078	65 155	268 905	166 508	102 397
广东省	750 654	404 351	346 303	460 577	330 420	130 157
广西壮族自治区	256 349	201 164	55 185	250 989	192 804	58 185
海南省	63 379	35 095	28 284	59 771	33 466	26 305
重庆市	1 454 046	1 351 306	102 740	1 372 666	1 307 462	65 204
四川省	538 445	426 031	112 414	457 292	335 721	121 571
贵州省	217 875	168 592	49 283	205 132	156 524	48 608
云南省	220 360	185 806	34 554	173 383	142 971	30 412
西藏自治区	6 344	3 844	2 500	5 772	3 632	2 140
陕西省	245 005	159 043	85 962	223 943	133 366	90 577
甘肃省	199 762	165 744	34 018	214 554	144 252	70 302
青海省	30 358	14 061	16 297	18 058	8 176	9 882
宁夏回族自治区	97 380	66 709	30 671	75 357	54 792	20 565
新疆维吾尔自治区	266 532	168 815	97 717	185 610	123 357	62 253

市人口迁移率

地区别	平均人口（人）	迁入率（‰）	迁出率（‰）	总迁移率（‰）	净迁移率（‰）
全国	639 957 262	15.53	13.82	29.34	1.71
北京市	12 005 354	17.74	6.92	24.66	10.81
天津市	8 159 193	15.70	8.98	24.69	6.72
河北省	26 815 757	13.84	14.05	27.88	-0.21
山西省	13 848 115	17.27	28.48	45.75	-11.20
内蒙古自治区	8 835 351	14.00	12.30	26.30	1.70
辽宁省	30 326 421	10.95	9.09	20.04	1.86
吉林省	18 773 805	13.39	14.85	28.23	-1.46
黑龙江省	22 977 948	11.39	15.21	26.60	-3.82
上海市	13 469 823	9.90	4.18	14.08	5.72
江苏省	50 882 086	12.94	10.17	23.11	2.77
浙江省	32 034 997	10.18	7.05	17.23	3.13
安徽省	22 946 512	15.12	15.22	30.34	-0.09
福建省	18 110 270	19.91	18.09	38.00	1.82
江西省	15 751 824	16.05	17.30	33.34	-1.25
山东省	54 223 667	7.20	6.02	13.23	1.18
河南省	37 026 930	14.73	11.87	26.60	2.86
湖北省	39 260 193	9.25	10.55	19.79	-1.30
湖南省	24 765 885	11.84	10.86	22.70	0.98
广东省	58 370 630	12.86	7.89	20.75	4.97
广西壮族自治区	18 960 200	13.52	13.24	26.76	0.28
海南省	5 531 723	11.46	10.81	22.26	0.65
重庆市	15 692 821	92.66	87.47	180.13	5.19
四川省	33 601 522	16.02	13.61	29.63	2.42
贵州省	10 660 719	20.44	19.24	39.68	1.20
云南省	10 523 340	20.94	16.48	37.42	4.46
西藏自治区	295 070	21.50	19.56	41.06	1.94
陕西省	14 297 954	17.14	15.66	32.80	1.47
甘肃省	8 784 088	22.74	24.43	47.17	-1.68
青海省	1 103 985	27.50	16.36	43.86	11.14
宁夏回族自治区	3 156 265	30.85	23.88	54.73	6.98
新疆维吾尔自治区	8 764 819	30.41	21.18	51.59	9.23

地级市人口机械变动

单位：人

地区别	迁入			迁出		
	合计	省内迁入	省外迁入	合计	迁往省内	迁往省外
全国	5 804 265	4 059 026	1 745 239	5 192 727	3 359 855	1 832 872
河北省	232 110	158 956	73 154	265 187	168 931	96 256
山西省	193 527	154 838	38 689	353 452	153 377	200 075
内蒙古自治区	97 275	65 921	31 354	75 941	44 766	31 175
辽宁省	260 834	162 616	98 218	181 792	97 269	84 523
吉林省	132 679	91 024	41 655	133 998	65 792	68 206
黑龙江省	193 087	145 966	47 121	216 244	114 032	102 212
江苏省	423 570	262 405	161 165	354 099	251 901	102 198
浙江省	187 659	86 539	101 120	122 698	81 433	41 265
安徽省	323 899	263 954	59 945	325 390	241 765	83 625
福建省	264 712	211 982	52 730	216 539	177 993	38 546
江西省	187 381	140 548	46 833	208 803	137 005	71 798
山东省	257 303	154 462	102 841	223 280	130 780	92 500
河南省	397 993	332 034	65 959	321 282	234 179	87 103
湖北省	215 162	138 773	76 389	274 513	140 698	133 815
湖南省	235 491	191 182	44 309	208 972	131 471	77 501
广东省	570 762	268 278	302 484	282 760	187 997	94 763
广西壮族自治区	227 699	180 018	47 681	220 635	174 019	46 616
海南省	31 015	10 030	20 985	31 240	12 111	19 129
四川省	470 524	376 079	94 445	384 752	281 402	103 350
贵州省	143 177	116 850	26 327	138 324	107 652	30 672
云南省	162 027	134 626	27 401	122 320	98 470	23 850
西藏自治区	3 781	1 862	1 919	3 120	1 486	1 634
陕西省	230 338	147 631	82 707	210 464	122 362	88 102
甘肃省	174 471	141 488	32 983	192 372	123 956	68 416
青海省	24 289	10 705	13 584	13 171	5 206	7 965
宁夏回族自治区	89 305	60 474	28 831	67 526	48 123	19 403
新疆维吾尔自治区	74 195	49 785	24 410	43 853	25 679	18 174

地级市人口迁移率

地　区　别	平均人口（人）	迁入率（‰）	迁出率（‰）	总迁移率（‰）	净迁移率（‰）
全国	340 498 884	17.05	15.25	32.30	1.80
河北省	12 993 784	17.86	20.41	38.27	-2.55
山西省	9 746 455	19.86	36.26	56.12	-16.41
内蒙古自治区	6 073 237	16.02	12.50	28.52	3.51
辽宁省	18 864 799	13.83	9.64	23.46	4.19
吉林省	8 697 979	15.25	15.41	30.66	-0.15
黑龙江省	13 690 856	14.10	15.79	29.90	-1.69
江苏省	25 433 239	16.65	13.92	30.58	2.73
浙江省	15 071 086	12.45	8.14	20.59	4.31
安徽省	19 733 156	16.41	16.49	32.90	-0.08
福建省	9 181 881	28.83	23.58	52.41	5.25
江西省	9 040 067	20.73	23.10	43.83	-2.37
山东省	27 835 553	9.24	8.02	17.27	1.22
河南省	19 556 961	20.35	16.43	36.78	3.92
湖北省	18 965 400	11.34	14.47	25.82	-3.13
湖南省	13 161 938	17.89	15.88	33.77	2.01
广东省	33 606 790	16.98	8.41	25.40	8.57
广西壮族自治区	13 735 378	16.58	16.06	32.64	0.51
海南省	2 189 912	14.16	14.27	28.43	-0.10
四川省	24 070 851	19.55	15.98	35.53	3.56
贵州省	5 157 219	27.76	26.82	54.58	0.94
云南省	6 079 873	26.65	20.12	46.77	6.53
西藏自治区	184 866	20.45	16.88	37.33	3.58
陕西省	13 026 879	17.68	16.16	33.84	1.53
甘肃省	8 173 143	21.35	23.54	44.88	-2.19
青海省	906 190	26.80	14.53	41.34	12.27
宁夏回族自治区	2 655 439	33.63	25.43	59.06	8.20
新疆维吾尔自治区	2 665 959	27.83	16.45	44.28	11.38

县级市人口机械变动

单位：人

地区别	迁入			迁出		
	合计	省内迁入	省外迁入	合计	迁往省内	迁往省外
全国	2 204 520	1 542 174	662 346	2 062 928	1 459 559	603 369
河北省	138 905	84 536	54 369	111 525	72 705	38 820
山西省	45 684	37 253	8 431	40 878	29 904	10 974
内蒙古自治区	26 384	15 737	10 647	32 733	18 591	14 142
辽宁省	71 360	45 213	26 147	93 898	72 273	21 625
吉林省	118 655	99 130	19 525	144 727	109 029	35 698
黑龙江省	68 667	52 403	16 264	133 267	94 720	38 547
江苏省	234 715	155 845	78 870	163 430	112 527	50 903
浙江省	138 452	86 610	51 842	103 261	81 630	21 631
安徽省	23 119	16 308	6 811	23 800	13 434	10 366
福建省	95 885	70 419	25 466	111 071	72 150	38 921
江西省	65 362	46 956	18 406	63 639	44 052	19 587
山东省	133 343	81 083	52 260	103 219	66 529	36 690
河南省	147 504	121 425	26 079	118 160	89 053	29 107
湖北省	147 883	90 931	56 952	139 486	76 907	62 579
湖南省	57 742	36 896	20 846	59 933	35 037	24 896
广东省	179 892	136 073	43 819	177 817	142 423	35 394
广西壮族自治区	28 650	21 146	7 504	30 354	18 785	11 569
海南省	32 364	25 065	7 299	28 531	21 355	7 176
四川省	67 921	49 952	17 969	72 540	54 319	18 221
贵州省	74 698	51 742	22 956	66 808	48 872	17 936
云南省	58 333	51 180	7 153	51 063	44 501	6 562
西藏自治区	2 563	1 982	581	2 652	2 146	506
陕西省	14 667	11 412	3 255	13 479	11 004	2 475
甘肃省	25 291	24 256	1 035	22 182	20 296	1 886
青海省	6 069	3 356	2 713	4 887	2 970	1 917
宁夏回族自治区	8 075	6 235	1 840	7 831	6 669	1 162
新疆维吾尔自治区	192 337	119 030	73 307	141 757	97 678	44 079

县级市人口迁移率

地　区　别	平均人口（人）	迁入率（‰）	迁出率（‰）	总迁移率（‰）	净迁移率（‰）
全国	250 131 188	8.81	8.25	17.06	0.57
河北省	13 821 973	10.05	8.07	18.12	1.98
山西省	4 101 661	11.14	9.97	21.10	1.17
内蒙古自治区	2 762 115	9.55	11.85	21.40	-2.30
辽宁省	11 461 622	6.23	8.19	14.42	-1.97
吉林省	10 075 826	11.78	14.36	26.14	-2.59
黑龙江省	9 287 092	7.39	14.35	21.74	-6.96
江苏省	25 448 847	9.22	6.42	15.64	2.80
浙江省	16 963 911	8.16	6.09	14.25	2.07
安徽省	3 213 357	7.19	7.41	14.60	-0.21
福建省	8 928 389	10.74	12.44	23.18	-1.70
江西省	6 711 757	9.74	9.48	19.22	0.26
山东省	26 388 115	5.05	3.91	8.96	1.14
河南省	17 469 969	8.44	6.76	15.21	1.68
湖北省	20 294 794	7.29	6.87	14.16	0.41
湖南省	11 603 948	4.98	5.16	10.14	-0.19
广东省	24 763 840	7.26	7.18	14.44	0.08
广西壮族自治区	5 224 822	5.48	5.81	11.29	-0.33
海南省	3 341 811	9.68	8.54	18.22	1.15
四川省	9 530 671	7.13	7.61	14.74	-0.48
贵州省	5 503 500	13.57	12.14	25.71	1.43
云南省	4 443 467	13.13	11.49	24.62	1.64
西藏自治区	110 204	23.26	24.06	47.32	-0.81
陕西省	1 271 075	11.54	10.60	22.14	0.93
甘肃省	610 946	41.40	36.31	77.70	5.09
青海省	197 795	30.68	24.71	55.39	5.98
宁夏回族自治区	500 827	16.12	15.64	31.76	0.49
新疆维吾尔自治区	6 098 861	31.54	23.24	54.78	8.29

县人口机械变动

单位：人

地区别	迁入			迁出		
	合计	省内迁入	省外迁入	合计	迁往省内	迁往省外
全国	6 341 179	4 765 131	1 576 048	6 467 321	4 708 857	1 758 464
北京市	8 804	6 285	2 519	9 236	8 841	395
天津市	11 244	2 593	8 651	6 063	3 042	3 021
河北省	296 646	199 721	96 925	285 708	188 052	97 656
山西省	216 155	178 359	37 796	207 065	155 961	51 104
内蒙古自治区	103 708	63 486	40 222	126 780	75 611	51 169
辽宁省	68 233	44 960	23 273	123 684	102 523	21 161
吉林省	86 553	70 253	16 300	104 422	78 871	25 551
黑龙江省	118 185	88 175	30 010	178 412	112 792	65 620
上海市	5 113	3 227	1 886	3 909	3 591	318
江苏省	188 604	137 455	51 149	242 111	182 072	60 039
浙江省	135 864	81 449	54 415	103 919	83 304	20 615
安徽省	397 457	290 418	107 039	347 405	231 334	116 071
福建省	192 386	136 222	56 164	227 448	164 728	62 720
江西省	289 586	203 537	86 049	274 066	177 922	96 144
山东省	357 372	291 045	66 327	371 906	304 029	67 877
河南省	523 935	422 555	101 380	479 999	339 496	140 503
湖北省	219 618	119 972	99 646	223 035	123 429	99 606
湖南省	207 063	123 831	83 232	229 427	127 612	101 815
广东省	194 000	152 700	41 300	193 153	163 280	29 873
广西壮族自治区	221 134	161 242	59 892	263 650	171 267	92 383
海南省	22 571	15 636	6 935	23 511	17 374	6 137
重庆市	570 905	527 649	43 256	615 402	573 234	42 168
四川省	524 588	433 620	90 968	593 570	445 276	148 294
贵州省	328 483	208 120	120 363	264 390	165 636	98 754
云南省	245 031	216 883	28 148	244 399	186 864	57 535
西藏自治区	19 868	13 981	5 887	19 137	14 742	4 395
陕西省	252 643	180 698	71 945	213 600	159 670	53 930
甘肃省	192 620	157 954	34 666	230 694	140 017	90 677
青海省	81 415	64 364	17 051	71 213	59 975	11 238
宁夏回族自治区	40 182	29 178	11 004	43 788	34 458	9 330
新疆维吾尔自治区	221 213	139 563	81 650	146 219	113 854	32 365

县人口迁移率

地　区　别	平均人口（人）	迁入率（‰）	迁出率（‰）	总迁移率（‰）	净迁移率（‰）
全国	710 598 957	8.92	9.10	18.02	-0.18
北京市	707 727	12.44	13.05	25.49	-0.61
天津市	1 790 614	6.28	3.39	9.67	2.89
河北省	46 398 306	6.39	6.16	12.55	0.24
山西省	21 017 511	10.28	9.85	20.14	0.43
内蒙古自治区	15 760 295	6.58	8.04	14.62	-1.46
辽宁省	12 206 876	5.59	10.13	15.72	-4.54
吉林省	8 477 960	10.21	12.32	22.53	-2.11
黑龙江省	15 407 557	7.67	11.58	19.25	-3.91
上海市	688 572	7.43	5.68	13.10	1.75
江苏省	24 022 117	7.85	10.08	17.93	-2.23
浙江省	15 611 340	8.70	6.66	15.36	2.05
安徽省	45 611 904	8.71	7.62	16.33	1.10
福建省	17 296 986	11.12	13.15	24.27	-2.03
江西省	31 478 710	9.20	8.71	17.91	0.49
山东省	41 412 267	8.63	8.98	17.61	-0.35
河南省	71 583 473	7.32	6.71	14.02	0.61
湖北省	22 304 866	9.85	10.00	19.85	-0.15
湖南省	46 253 731	4.48	4.96	9.44	-0.48
广东省	27 423 085	7.07	7.04	14.12	0.03
广西壮族自治区	34 540 124	6.40	7.63	14.04	-1.23
海南省	3 487 827	6.47	6.74	13.21	-0.27
重庆市	17 473 498	32.67	35.22	67.89	-2.55
四川省	56 696 791	9.25	10.47	19.72	-1.22
贵州省	31 476 452	10.44	8.40	18.84	2.04
云南省	34 929 196	7.02	7.00	14.01	0.02
西藏自治区	2 686 068	7.40	7.12	14.52	0.27
陕西省	24 614 791	10.26	8.68	18.94	1.59
甘肃省	18 420 916	10.46	12.52	22.98	-2.07
青海省	4 433 799	18.36	16.06	34.42	2.30
宁夏回族自治区	3 314 920	12.12	13.21	25.33	-1.09
新疆维吾尔自治区	13 070 685	16.92	11.19	28.11	5.74

镇人口机械变动

单位：人

地区别	迁入			迁出		
	合计	省内迁入	省外迁入	合计	迁往省内	迁往省外
全国	6 960 962	5 016 335	1 944 627	6 684 223	4 810 536	1 873 687
北京市	31 542	4 445	27 097	12 491	6 188	6 303
天津市	35 571	5 182	30 389	22 087	5 584	16 503
河北省	311 988	202 796	109 192	258 925	170 371	88 554
山西省	184 431	150 934	33 497	157 982	119 921	38 061
内蒙古自治区	108 731	65 811	42 920	131 377	79 131	52 246
辽宁省	88 256	54 960	33 296	117 989	90 961	27 028
吉林省	123 739	98 345	25 394	154 271	112 544	41 727
黑龙江省	119 096	92 269	26 827	220 464	147 339	73 125
上海市	45 545	4 911	40 634	18 028	4 632	13 396
江苏省	463 904	318 838	145 066	418 594	303 207	115 387
浙江省	215 324	121 580	93 744	151 705	117 270	34 435
安徽省	425 061	314 517	110 544	403 584	282 785	120 799
福建省	264 086	192 277	71 809	279 835	198 648	81 187
江西省	268 810	192 083	76 727	272 359	172 842	99 517
山东省	347 272	256 189	91 083	343 284	261 901	81 383
河南省	417 551	342 274	75 277	357 476	257 908	99 568
湖北省	315 729	181 587	134 142	299 727	164 462	135 265
湖南省	218 288	138 680	79 608	237 570	143 990	93 580
广东省	434 886	305 029	129 857	381 449	303 916	77 533
广西壮族自治区	294 706	224 902	69 804	326 137	221 802	104 335
海南省	59 804	41 833	17 971	54 557	40 066	14 491
重庆市	492 384	430 978	61 406	530 815	488 581	42 234
四川省	522 252	422 866	99 386	558 675	420 997	137 678
贵州省	273 733	183 776	89 957	211 627	134 886	76 741
云南省	190 561	168 801	21 760	162 612	127 410	35 202
西藏自治区	12 297	7 782	4 515	9 795	7 258	2 537
陕西省	256 416	184 925	71 491	214 585	161 422	53 163
甘肃省	169 670	140 372	29 298	178 868	116 557	62 311
青海省	65 459	50 523	14 936	47 870	39 627	8 243
宁夏回族自治区	52 108	36 258	15 850	46 880	35 564	11 316
新疆维吾尔自治区	151 762	80 612	71 150	102 605	72 766	29 839

镇人口迁移率

地 区 别	平均人口（人）	迁入率（‰）	迁出率（‰）	总迁移率（‰）	净迁移率（‰）
全国	778 392 468	8.97	8.62	17.59	0.36
北京市	3 900 553	8.18	3.24	11.42	4.94
天津市	3 886 973	8.81	5.47	14.29	3.34
河北省	38 948 027	8.21	6.81	15.02	1.40
山西省	16 750 791	11.06	9.47	20.53	1.59
内蒙古自治区	15 388 062	7.09	8.57	15.66	-1.48
辽宁省	16 630 302	5.26	7.03	12.29	-1.77
吉林省	13 847 209	8.98	11.19	20.17	-2.22
黑龙江省	16 255 959	7.19	13.30	20.49	-6.12
上海市	6 181 923	7.48	2.96	10.44	4.52
江苏省	53 584 021	8.61	7.77	16.38	0.84
浙江省	28 325 485	7.64	5.38	13.03	2.26
安徽省	46 769 434	9.08	8.62	17.69	0.46
福建省	23 120 158	11.53	12.22	23.75	-0.69
江西省	28 292 876	9.68	9.81	19.49	-0.13
山东省	58 550 251	5.92	5.85	11.77	0.07
河南省	49 025 489	8.76	7.50	16.27	1.26
湖北省	37 076 806	8.52	8.08	16.60	0.43
湖南省	42 205 545	5.14	5.59	10.74	-0.45
广东省	61 152 971	7.05	6.18	13.24	0.87
广西壮族自治区	38 466 838	7.80	8.63	16.42	-0.83
海南省	6 838 303	8.92	8.14	17.06	0.78
重庆市	20 592 479	23.77	25.62	49.39	-1.86
四川省	54 771 591	9.51	10.17	19.67	-0.66
贵州省	23 636 324	11.78	9.11	20.88	2.67
云南省	24 847 780	7.41	6.32	13.73	1.09
西藏自治区	873 422	14.48	11.53	26.01	2.95
陕西省	22 990 373	11.49	9.62	21.11	1.87
甘肃省	12 816 831	13.34	14.07	27.41	-0.72
青海省	2 809 572	23.61	17.27	40.88	6.34
宁夏回族自治区	3 316 374	15.88	14.29	30.17	1.59
新疆维吾尔自治区	6 539 754	24.04	16.25	40.29	7.79

全国市人口及分组

市　人　口

单位：人

地　区　别	总　户　数（户）	总　人　口合　计	平均每户人数	总人口中非农业人口数	
				人　　数	占总人口%
全国	211 180 776	642 554 525	3.04	339 002 277	52.76
北京市	4 691 976	12 101 044	2.58	9 874 999	81.60
市辖区	4 691 976	12 101 044	2.58	9 874 999	81.60
东城区	217 367	623 472	2.87	623 472	100.00
西城区	265 870	815 600	3.07	815 600	100.00
崇文区	126 393	338 238	2.68	338 217	99.99
宣武区	203 624	548 650	2.69	548 648	100.00
朝阳区	751 215	1 938 304	2.58	1 795 911	92.65
丰台区	448 183	1 080 805	2.41	960 207	88.84
石景山区	138 233	366 065	2.65	366 065	100.00
海淀区	683 307	2 274 290	3.33	2 188 246	96.22
门头沟区	118 113	247 504	2.10	190 618	77.02
房山区	357 191	774 641	2.17	425 550	54.94
通州区	328 227	672 916	2.05	343 435	51.04
顺义区	262 945	587 715	2.24	311 590	53.02
昌平区	240 889	548 295	2.28	346 583	63.21
大兴区	249 247	610 468	2.45	301 710	49.42
怀柔区	133 048	277 626	2.09	122 670	44.19
平谷区	168 124	396 455	2.36	196 477	49.56
天津市	2 892 604	8 201 893	2.84	5 783 704	70.52
市辖区	2 892 604	8 201 893	2.84	5 783 704	70.52
和平区	135 094	403 236	2.98	402 197	99.74
河东区	283 617	744 851	2.63	744 258	99.92
河西区	280 964	807 081	2.87	800 276	99.16
南开区	304 225	869 551	2.86	851 011	97.87
河北区	239 983	632 863	2.64	631 605	99.80
红桥区	209 042	539 426	2.58	535 863	99.34
东丽区	135 558	356 285	2.63	161 437	45.31
西青区	130 574	375 864	2.88	126 752	33.72
津南区	148 235	421 269	2.84	129 196	30.67
北辰区	140 818	378 222	2.69	175 058	46.28
武清区	272 091	855 866	3.15	162 816	19.02
宝坻区	200 825	676 283	3.37	134 974	19.96
滨海新区	411 578	1 141 096	2.77	928 261	81.35
河北省	8 289 003	26 905 418	3.25	14 474 868	53.80
石家庄市	1 476 454	5 326 795	3.61	3 283 840	61.65
市辖区	652 928	2 467 361	3.78	2 467 361	100.00
长安区	122 781	432 237	3.52	432 237	100.00
桥东区	95 220	384 499	4.04	384 499	100.00
桥西区	126 701	506 800	4.00	506 800	100.00
新华区	137 813	489 653	3.55	489 653	100.00
井陉矿区	28 652	96 321	3.36	96 321	100.00
裕华区	141 761	557 851	3.94	557 851	100.00

市 人 口

单位：人

地区别	总户数（户）	总人口合计	平均每户人数	总人口中非农业人口数	
				人数	占总人口%
辛集市	207 797	626 759	3.02	254 640	40.63
藁城市	215 076	798 368	3.71	243 123	30.45
晋州市	153 364	543 246	3.54	93 507	17.21
新乐市	131 939	499 853	3.79	128 133	25.63
鹿泉市	115 350	391 208	3.39	97 076	24.81
唐山市	1 439 076	4 535 838	3.15	2 023 910	44.62
市辖区	975 816	3 077 113	3.15	1 769 561	57.51
路南区	121 455	370 011	3.05	324 968	87.83
路北区	220 568	655 736	2.97	633 425	96.60
古冶区	124 087	358 322	2.89	265 915	74.21
开平区	84 063	241 473	2.87	136 084	56.36
丰润区	274 503	926 332	3.37	278 706	30.09
丰南区	151 140	525 239	3.48	130 463	24.84
遵化市	230 328	731 675	3.18	108 637	14.85
迁安市	232 932	727 050	3.12	145 712	20.04
秦皇岛市	315 386	872 033	2.76	872 022	100.00
市辖区	315 386	872 033	2.76	872 022	100.00
海港区	230 572	658 634	2.86	658 631	100.00
山海关区	55 340	144 470	2.61	144 462	99.99
北戴河区	29 474	68 929	2.34	68 929	100.00
邯郸市	676 215	2 279 556	3.37	1 438 823	63.12
市辖区	435 621	1 488 322	3.42	1 264 089	84.93
邯山区	101 093	356 312	3.52	323 920	90.91
丛台区	102 949	364 254	3.54	363 964	99.92
复兴区	74 810	258 079	3.45	258 017	99.98
峰峰矿区	156 769	509 677	3.25	318 188	62.43
武安市	240 594	791 234	3.29	174 734	22.08
邢台市	502 346	1 682 915	3.35	831 780	49.42
市辖区	238 288	717 813	3.01	628 277	87.53
桥东区	114 917	326 792	2.84	237 256	72.60
桥西区	123 371	391 021	3.17	391 021	100.00
南宫市	127 404	475 788	3.73	84 047	17.66
沙河市	136 654	489 314	3.58	119 456	24.41
保定市	1 228 555	3 960 319	3.22	1 878 567	47.43
市辖区	347 641	1 080 610	3.11	1 074 290	99.42
新市区	149 234	483 707	3.24	483 367	99.93
北市区	107 425	319 722	2.98	319 678	99.99
南市区	90 982	277 181	3.05	271 245	97.86
涿州市	236 421	644 705	2.73	191 094	29.64
定州市	338 653	1 211 805	3.58	280 313	23.13
安国市	135 016	410 656	3.04	106 015	25.82
高碑店市	170 824	612 543	3.59	226 855	37.03
张家口市	337 965	899 339	2.66	753 291	83.76
市辖区	337 965	899 339	2.66	753 291	83.76

市 人 口

单位：人

地 区 别	总 户 数（户）	总 人 口 合 计	平均每户人数	总人口中非农业人口数	
				人 数	占总人口%
桥东区	98 407	277 627	2.82	235 817	84.94
桥西区	93 567	238 121	2.54	206 736	86.82
宣化区	115 693	315 839	2.73	269 695	85.39
下花园区	30 298	67 752	2.24	41 043	60.58
承德市	217 359	585 326	2.69	498 203	85.12
市辖区	217 359	585 326	2.69	498 203	85.12
双桥区	138 221	373 701	2.70	322 733	86.36
双滦区	53 859	145 164	2.70	114 867	79.13
鹰手营子矿区	25 279	66 461	2.63	60 603	91.19
沧州市	1 060 063	3 340 493	3.15	1 432 613	42.89
市辖区	161 821	542 260	3.35	542 260	100.00
新华区	68 831	243 627	3.54	243 627	100.00
运河区	92 990	298 633	3.21	298 633	100.00
泊头市	192 153	603 690	3.14	196 789	32.60
任丘市	322 418	833 451	2.59	305 819	36.69
黄骅市	155 742	544 426	3.50	204 987	37.65
河间市	227 929	816 666	3.58	182 758	22.38
廊坊市	578 829	1 990 534	3.44	961 747	48.32
市辖区	248 774	809 555	3.25	493 207	60.92
安次区	101 590	348 992	3.44	83 069	23.80
广阳区	147 184	460 563	3.13	410 138	89.05
霸州市	165 992	619 613	3.73	250 460	40.42
三河市	164 063	561 366	3.42	218 080	38.85
衡水市	456 755	1 432 270	3.14	500 072	34.91
市辖区	146 761	496 663	3.38	331 208	66.69
桃城区	146 761	496 663	3.38	331 208	66.69
冀州市	128 466	366 129	2.85	72 576	19.82
深州市	181 528	569 478	3.14	96 288	16.91
山西省	4 758 496	13 889 021	2.92	7 894 842	56.84
太原市	855 378	3 059 558	3.58	2 488 263	81.33
市辖区	775 808	2 836 785	3.66	2 342 950	82.59
小店区	152 052	608 704	4.00	465 434	76.46
迎泽区	144 661	520 021	3.59	495 600	95.30
杏花岭区	168 660	588 072	3.49	556 351	94.61
尖草坪区	103 658	356 777	3.44	253 344	71.01
万柏林区	146 478	564 552	3.85	494 427	87.58
晋源区	60 299	198 659	3.29	77 794	39.16
古交市	79 570	222 773	2.80	145 313	65.23
大同市	570 823	1 565 462	2.74	1 292 976	82.59
市辖区	570 823	1 565 462	2.74	1 292 976	82.59
城区	239 614	671 500	2.80	671 376	99.98
矿区	165 073	485 671	2.94	485 671	100.00
南郊区	119 487	301 981	2.53	118 982	39.40
新荣区	46 649	106 310	2.28	16 947	15.94
阳泉市	233 306	696 795	2.99	565 458	81.15

市　人　口

单位：人

地　区　别	总　户　数 （户）	总　人　口 合　计	平均每户人数	总人口中非农业人口数	
				人　　数	占总人口%
市辖区	233 306	696 795	2.99	565 458	81.15
城区	63 055	228 554	3.62	228 554	100.00
矿区	73 414	258 880	3.53	258 880	100.00
郊区	96 837	209 361	2.16	78 024	37.27
长治市	292 980	957 621	3.27	648 957	67.77
市辖区	216 696	731 132	3.37	599 774	82.03
城区	117 180	418 189	3.57	418 189	100.00
郊区	99 516	312 943	3.14	181 585	58.02
潞城市	76 284	226 489	2.97	49 183	21.72
晋城市	281 144	833 043	2.96	374 394	44.94
市辖区	129 494	354 208	2.74	290 670	82.06
城区	129 494	354 208	2.74	290 670	82.06
高平市	151 650	478 835	3.16	83 724	17.48
朔州市	253 825	661 672	2.61	211 299	31.93
市辖区	253 825	661 672	2.61	211 299	31.93
朔城区	171 048	431 801	2.52	171 351	39.68
平鲁区	82 777	229 871	2.78	39 948	17.38
晋中市	359 176	1 008 213	2.81	439 155	43.56
市辖区	197 954	598 410	3.02	314 965	52.63
榆次区	197 954	598 410	3.02	314 965	52.63
介休市	161 222	409 803	2.54	124 190	30.30
运城市	481 571	1 502 442	3.12	437 984	29.15
市辖区	219 948	667 123	3.03	239 172	35.85
盐湖区	219 948	667 123	3.03	239 172	35.85
永济市	135 349	438 170	3.24	91 254	20.83
河津市	126 274	397 149	3.15	107 558	27.08
忻州市	399 448	1 023 512	2.56	337 611	32.99
市辖区	215 397	533 951	2.48	201 869	37.81
忻府区	215 397	533 951	2.48	201 869	37.81
原平市	184 051	489 561	2.66	135 742	27.73
临汾市	589 409	1 396 410	2.37	641 294	45.92
市辖区	381 093	840 556	2.21	384 020	45.69
尧都区	381 093	840 556	2.21	384 020	45.69
侯马市	84 825	245 453	2.89	132 458	53.96
霍州市	123 491	310 401	2.51	124 816	40.21
吕梁市	441 436	1 184 293	2.68	457 451	38.63
市辖区	109 422	282 205	2.58	136 077	48.22
离石区	109 422	282 205	2.58	136 077	48.22
孝义市	177 275	482 356	2.72	231 257	47.94
汾阳市	154 739	419 732	2.71	90 117	21.47
内蒙古自治区	3 170 190	8 861 373	2.80	6 189 164	69.84
呼和浩特市	437 246	1 225 007	2.80	940 380	76.77
市辖区	437 246	1 225 007	2.80	940 380	76.77
新城区	128 464	367 522	2.86	317 257	86.32

市　人　口

单位：人

地　区　别	总　户　数（户）	总　人　口合　计	平均每户人数	总人口中非农业人口数	
				人　　数	占总人口%
回民区	86 753	239 331	2.76	208 543	87.14
玉泉区	78 951	201 257	2.55	150 801	74.93
赛罕区	143 078	416 897	2.91	263 779	63.27
包头市	528 778	1 524 507	2.88	1 249 042	81.93
市辖区	528 778	1 524 507	2.88	1 249 042	81.93
东河区	157 315	433 279	2.75	351 377	81.10
昆都伦区	161 017	496 279	3.08	455 015	91.69
青山区	120 029	361 760	3.01	337 304	93.24
石拐区	28 136	66 323	2.36	41 826	63.06
白云矿区	6 646	18 889	2.84	18 755	99.29
九原区	55 635	147 977	2.66	44 765	30.25
乌海市	164 877	445 823	2.70	445 651	99.96
市辖区	164 877	445 823	2.70	445 651	99.96
海勃湾区	75 627	224 119	2.96	224 119	100.00
海南区	38 685	93 457	2.42	93 348	99.88
乌达区	50 565	128 247	2.54	128 184	99.95
赤峰市	435 336	1 222 144	2.81	562 804	46.05
市辖区	435 336	1 222 144	2.81	562 804	46.05
红山区	137 501	354 527	2.58	271 128	76.48
元宝山区	111 879	325 255	2.91	180 424	55.47
松山区	185 956	542 362	2.92	111 252	20.51
通辽市	315 641	925 759	2.93	545 706	58.95
市辖区	286 726	843 254	2.94	463 305	54.94
科尔沁区	286 726	843 254	2.94	463 305	54.94
霍林郭勒市	28 915	82 505	2.85	82 401	99.87
鄂尔多斯市	87 563	263 024	3.00	182 403	69.35
市辖区	87 563	263 024	3.00	182 403	69.35
东胜区	87 563	263 024	3.00	182 403	69.35
呼伦贝尔市	554 599	1 478 460	2.67	1 181 699	79.93
市辖区	83 694	273 266	3.27	257 316	94.16
海拉尔区	83 694	273 266	3.27	257 316	94.16
满洲里市	72 330	169 550	2.34	169 389	99.91
扎兰屯市	160 679	428 200	2.66	166 947	38.99
牙克石市	147 913	366 391	2.48	353 685	96.53
根河市	56 661	157 308	2.78	157 239	99.96
额尔古纳市	33 322	83 745	2.51	77 123	92.09
乌兰察布市	247 131	643 749	2.60	364 456	56.61
市辖区	106 475	303 178	2.85	262 566	86.60
集宁区	106 475	303 178	2.85	262 566	86.60
丰镇市	140 656	340 571	2.42	101 890	29.92
兴安盟	138 336	367 917	2.66	290 214	78.88
乌兰浩特市	117 336	319 492	2.72	241 789	75.68
阿尔山市	21 000	48 425	2.31	48 425	100.00
锡林郭勒盟	74 309	199 948	2.69	175 615	87.83

市 人 口

单位：人

地区别	总户数（户）	总人口合计	平均每户人数	总人口中非农业人口数	
				人数	占总人口%
二连浩特市	9 329	26 297	2.82	24 806	94.33
锡林浩特市	64 980	173 651	2.67	150 809	86.85
巴彦淖尔盟	186 374	565 035	3.03	251 194	44.46
临河市	186 374	565 035	3.03	251 194	44.46
辽宁省	10 927 333	30 409 554	2.78	18 843 076	61.96
沈阳市	2 101 356	5 888 980	2.80	4 459 602	75.73
市辖区	1 855 742	5 190 707	2.80	4 308 771	83.01
和平区	228 281	654 827	2.87	626 793	95.72
沈河区	266 972	742 516	2.78	722 824	97.35
大东区	252 753	696 905	2.76	677 327	97.19
皇姑区	282 889	809 368	2.86	800 426	98.90
铁西区	318 505	871 870	2.74	835 180	95.79
苏家屯区	158 156	429 022	2.71	224 104	52.24
东陵区	95 017	264 326	2.78	94 136	35.61
沈北新区	111 024	319 824	2.88	138 698	43.37
于洪区	142 145	402 049	2.83	189 283	47.08
新民市	245 614	698 273	2.84	150 831	21.60
大连市	2 066 058	5 812 386	2.81	3 608 710	62.09
市辖区	1 099 718	2 971 247	2.70	2 700 650	90.89
中山区	134 405	356 613	2.65	356 613	100.00
西岗区	114 851	300 111	2.61	300 111	100.00
沙河口区	236 871	659 582	2.78	659 582	100.00
甘井子区	283 556	772 895	2.73	772 895	100.00
旅顺口区	86 868	218 285	2.51	168 962	77.40
金州区	243 167	663 761	2.73	442 487	66.66
瓦房店市	355 434	1 002 600	2.82	355 374	35.45
普兰店市	325 897	931 846	2.86	313 107	33.60
庄河市	285 009	906 693	3.18	239 579	26.42
鞍山市	899 316	2 618 003	2.91	1 584 204	60.51
市辖区	545 082	1 520 940	2.79	1 298 738	85.39
铁东区	170 401	500 602	2.94	496 228	99.13
铁西区	123 647	317 100	2.56	296 452	93.49
立山区	160 762	437 728	2.72	421 259	96.24
千山区	90 272	265 510	2.94	84 799	31.94
海城市	354 234	1 097 063	3.10	285 466	26.02
抚顺市	574 660	1 448 481	2.52	1 242 367	85.77
市辖区	574 660	1 448 481	2.52	1 242 367	85.77
新抚区	122 709	314 419	2.56	291 691	92.77
东洲区	133 281	317 707	2.38	262 093	82.50
望花区	153 608	384 657	2.50	312 575	81.26
顺城区	165 062	431 698	2.62	376 008	87.10
本溪市	363 019	949 277	2.61	833 538	87.81
市辖区	363 019	949 277	2.61	833 538	87.81
平山区	122 962	327 261	2.66	307 789	94.05

市　人　口

单位：人

地　区　别	总　户　数（户）	总　人　口　合　计	平均每户人数	总人口中非农业人口数	
				人　　数	占总人口%
溪湖区	85 268	209 201	2.45	177 833	85.01
明山区	123 320	334 110	2.71	298 242	89.26
南芬区	31 469	78 705	2.50	49 674	63.11
丹东市	694 869	1 976 996	2.85	928 223	46.95
市辖区	297 462	787 988	2.65	605 205	76.80
元宝区	74 220	185 908	2.50	168 380	90.57
振兴区	159 308	425 960	2.67	359 530	84.40
振安区	63 934	176 120	2.75	77 295	43.89
东港市	197 377	608 869	3.08	140 728	23.11
凤城市	200 030	580 139	2.90	182 290	31.42
锦州市	688 850	2 026 889	2.94	1 000 598	49.37
市辖区	341 290	936 558	2.74	763 765	81.55
古塔区	90 650	250 296	2.76	245 809	98.21
凌河区	169 017	458 817	2.71	392 334	85.51
太和区	81 623	227 445	2.79	125 622	55.23
凌海市	190 335	568 535	2.99	124 340	21.87
北镇市	157 225	521 796	3.32	112 493	21.56
营口市	885 048	2 354 521	2.66	1 135 961	48.25
市辖区	366 025	910 958	2.49	726 697	79.77
站前区	109 058	269 504	2.47	269 504	100.00
西市区	66 528	157 740	2.37	157 740	100.00
鲅鱼圈区	139 216	357 900	2.57	251 674	70.32
老边区	51 223	125 814	2.46	47 779	37.98
盖州市	252 795	723 239	2.86	188 335	26.04
大石桥市	266 228	720 324	2.71	220 929	30.67
阜新市	298 724	780 673	2.61	696 429	89.21
市辖区	298 724	780 673	2.61	696 429	89.21
海州区	103 265	272 764	2.64	258 668	94.83
新邱区	35 415	87 389	2.47	69 294	79.29
太平区	68 986	170 156	2.47	158 936	93.41
清河门区	26 540	70 654	2.66	47 521	67.26
细河区	64 518	179 710	2.79	162 010	90.15
辽阳市	480 047	1 253 898	2.61	703 836	56.13
市辖区	293 893	748 715	2.55	605 575	80.88
白塔区	85 129	209 502	2.46	202 014	96.43
文圣区	76 155	183 992	2.42	178 049	96.77
宏伟区	52 352	137 770	2.63	98 501	71.50
弓长岭区	35 716	86 776	2.43	60 088	69.24
太子河区	44 541	130 675	2.93	66 923	51.21
灯塔市	186 154	505 183	2.71	98 261	19.45
盘锦市	234 705	651 180	2.77	578 433	88.83
市辖区	234 705	651 180	2.77	578 433	88.83
双台子区	77 228	212 755	2.75	170 879	80.32
兴隆台区	157 477	438 425	2.78	407 554	92.96

市 人 口

单位：人

地区别	总户数（户）	总人口合计	平均每户人数	总人口中非农业人口数	
				人数	占总人口%
铁岭市	453 817	1 271 680	2.80	690 926	54.33
市辖区	162 466	445 646	2.74	364 068	81.69
银州区	129 487	348 467	2.69	328 342	94.22
清河区	32 979	97 179	2.95	35 726	36.76
调兵山市	92 051	240 964	2.62	179 455	74.47
开原市	199 300	585 070	2.94	147 403	25.19
朝阳市	623 546	1 834 251	2.94	695 495	37.92
市辖区	198 486	606 987	3.06	359 939	59.30
双塔区	132 833	398 678	3.00	305 152	76.54
龙城区	65 653	208 309	3.17	54 787	26.30
北票市	221 842	582 282	2.62	201 293	34.57
凌源市	203 218	644 982	3.17	134 263	20.82
葫芦岛市	563 318	1 542 339	2.74	684 754	44.40
市辖区	367 853	991 330	2.69	550 517	55.53
连山区	220 099	598 690	2.72	296 667	49.55
龙港区	84 477	220 355	2.61	186 569	84.67
南票区	63 277	172 285	2.72	67 281	39.05
兴城市	195 465	551 009	2.82	134 237	24.36
吉林省	6 763 219	18 780 062	2.78	10 571 528	56.29
长春市	2 210 053	6 502 113	2.94	3 132 227	48.17
市辖区	1 278 611	3 648 045	2.85	2 595 730	71.15
南关区	221 164	664 805	3.01	565 418	85.05
宽城区	244 503	665 140	2.72	405 779	61.01
朝阳区	246 729	739 547	3.00	655 326	88.61
二道区	206 233	558 910	2.71	343 179	61.40
绿园区	226 321	629 146	2.78	520 853	82.79
双阳区	133 661	390 497	2.92	105 175	26.93
九台市	246 004	710 735	2.89	180 372	25.38
榆树市	432 635	1 306 100	3.02	206 808	15.83
德惠市	252 803	837 233	3.31	149 317	17.83
吉林市	1 391 068	3 938 183	2.83	2 013 803	51.14
市辖区	653 728	1 830 415	2.80	1 282 438	70.06
昌邑区	226 211	623 830	2.76	473 523	75.91
龙潭区	170 603	479 371	2.81	289 456	60.38
船营区	163 863	463 811	2.83	351 325	75.75
丰满区	93 051	263 403	2.83	168 134	63.83
蛟河市	147 040	451 733	3.07	170 438	37.73
桦甸市	168 169	454 154	2.70	191 173	42.09
舒兰市	240 970	662 436	2.75	196 487	29.66
磐石市	181 161	539 445	2.98	173 267	32.12
四平市	779 437	2 126 245	2.73	1 557 552	73.25
市辖区	261 803	605 722	2.31	549 322	90.69
铁西区	115 155	271 581	2.36	271 581	100.00
铁东区	146 648	334 141	2.28	277 741	83.12

市 人 口

单位：人

地 区 别	总 户 数 (户)	总 人 口 合 计	平均每户人数	总人口中非农业人口数	
				人 数	占总人口%
公主岭市	355 003	1 099 359	3.10	847 083	77.05
双辽市	162 631	421 164	2.59	161 147	38.26
辽源市	179 212	473 377	2.64	382 281	80.76
市辖区	179 212	473 377	2.64	382 281	80.76
龙山区	102 763	294 985	2.87	233 161	79.04
西安区	76 449	178 392	2.33	149 120	83.59
通化市	460 821	1 286 489	2.79	754 598	58.66
市辖区	159 630	445 642	2.79	388 022	87.07
东昌区	110 150	315 751	2.87	281 292	89.09
二道江区	49 480	129 891	2.63	106 730	82.17
梅河口市	216 593	618 416	2.86	258 206	41.75
集安市	84 598	222 431	2.63	108 370	48.72
白山市	333 585	763 839	2.29	576 857	75.52
市辖区	261 412	593 159	2.27	468 088	78.91
浑江区	147 200	348 786	2.37	283 130	81.18
江源区	114 212	244 373	2.14	184 958	75.69
临江市	72 173	170 680	2.36	108 769	63.73
松原市	235 325	597 273	2.54	357 941	59.93
市辖区	235 325	597 273	2.54	357 941	59.93
宁江区	235 325	597 273	2.54	357 941	59.93
白城市	557 818	1 363 585	2.44	585 500	42.94
市辖区	214 435	510 007	2.38	285 814	56.04
洮北区	214 435	510 007	2.38	285 814	56.04
洮南市	181 804	437 739	2.41	154 000	35.18
大安市	161 579	415 839	2.57	145 686	35.03
延边州	615 900	1 728 958	2.81	1 210 769	70.03
延吉市	183 624	519 972	2.83	448 662	86.29
图们市	46 570	126 606	2.72	100 448	79.34
敦化市	171 316	483 598	2.82	267 327	55.28
珲春市	72 473	226 530	3.13	163 465	72.16
龙井市	67 161	177 257	2.64	109 590	61.83
和龙市	74 756	194 995	2.61	121 277	62.19
黑龙江省	8 847 890	22 943 761	2.59	13 726 789	59.83
哈尔滨市	2 671 155	7 162 362	2.68	4 042 286	56.44
市辖区	1 831 003	4 715 198	2.58	3 397 101	72.05
道里区	294 382	715 412	2.43	606 988	84.84
南岗区	368 440	997 644	2.71	956 795	95.91
道外区	301 325	689 297	2.29	566 099	82.13
松北区	76 021	198 930	2.62	60 192	30.26
香坊区	288 255	752 674	2.61	665 539	88.42
平房区	66 942	160 492	2.40	136 906	85.30
呼兰区	214 334	620 992	2.90	167 597	26.99
阿城区	221 304	579 757	2.62	236 985	40.88
双城市	277 899	826 343	2.97	172 705	20.90

市　人　口

单位：人

地区别	总户数（户）	总人口合计	平均每户人数	总人口中非农业人口数	
				人数	占总人口%
尚志市	214 896	617 270	2.87	244 053	39.54
五常市	347 357	1 003 551	2.89	228 427	22.76
齐齐哈尔市	860 888	2 143 307	2.49	1 239 641	57.84
市辖区	576 990	1 406 871	2.44	1 105 626	78.59
龙沙区	119 051	294 297	2.47	273 094	92.80
建华区	97 000	243 795	2.51	231 297	94.87
铁锋区	119 682	292 451	2.44	266 392	91.09
昂昂溪区	34 562	80 152	2.32	43 976	54.87
富拉尔基区	106 245	246 271	2.32	205 239	83.34
碾子山区	34 030	78 516	2.31	54 727	69.70
梅里斯达斡尔族区	66 420	171 389	2.58	30 901	18.03
讷河市	283 898	736 436	2.59	134 015	18.20
鸡西市	657 786	1 592 202	2.42	1 103 809	69.33
市辖区	376 066	872 747	2.32	726 705	83.27
鸡冠区	132 017	336 235	2.55	306 385	91.12
恒山区	76 160	166 272	2.18	128 105	77.05
滴道区	49 724	114 541	2.30	83 567	72.96
梨树区	40 123	84 747	2.11	74 304	87.68
城子河区	63 681	137 672	2.16	117 672	85.47
麻山区	14 361	33 280	2.32	16 672	50.10
虎林市	120 941	292 032	2.41	195 022	66.78
密山市	160 779	427 423	2.66	182 082	42.60
鹤岗市	335 413	673 217	2.01	605 616	89.96
市辖区	335 413	673 217	2.01	605 616	89.96
向阳区	52 214	98 038	1.88	97 993	99.95
工农区	87 042	173 004	1.99	154 291	89.18
南山区	65 811	130 421	1.98	129 146	99.02
兴安区	66 477	141 057	2.12	115 374	81.79
东山区	35 794	79 090	2.21	61 812	78.15
兴山区	28 075	51 607	1.84	47 000	91.07
双鸭山市	228 440	502 122	2.20	456 270	90.87
市辖区	228 440	502 122	2.20	456 270	90.87
尖山区	103 457	237 876	2.30	217 273	91.34
岭东区	35 931	74 003	2.06	68 930	93.14
四方台区	31 873	66 662	2.09	49 965	74.95
宝山区	57 179	123 581	2.16	120 102	97.18
大庆市	496 005	1 348 647	2.72	1 106 470	82.04
市辖区	496 005	1 348 647	2.72	1 106 470	82.04
萨尔图区	122 531	325 606	2.66	325 601	100.00
龙凤区	70 606	185 666	2.63	167 355	90.14
让胡路区	163 902	457 964	2.79	431 798	94.29
红岗区	52 367	134 091	2.56	104 527	77.95
大同区	86 599	245 320	2.83	77 189	31.46
伊春市	497 855	1 187 993	2.39	1 050 763	88.45

市　人　口

单位：人

地区别	总户数（户）	总人口合计	平均每户人数	总人口中非农业人口数	
				人数	占总人口%
市辖区	341 043	803 352	2.36	775 027	96.47
伊春区	64 181	161 360	2.51	160 207	99.29
南岔区	57 143	129 421	2.26	113 735	87.88
友好区	28 199	64 831	2.30	63 556	98.03
西林区	21 381	49 542	2.32	47 763	96.41
翠峦区	19 785	50 329	2.54	49 966	99.28
新青区	19 917	47 607	2.39	47 542	99.86
美溪区	18 095	42 527	2.35	41 570	97.75
金山屯区	18 824	45 203	2.40	44 335	98.08
五营区	16 452	36 880	2.24	36 658	99.40
乌马河区	13 790	35 037	2.54	33 324	95.11
汤旺河区	15 552	34 472	2.22	33 569	97.38
带岭区	15 111	35 474	2.35	33 427	94.23
乌伊岭区	10 581	24 071	2.27	23 031	95.68
红星区	12 107	24 935	2.06	24 761	99.30
上甘岭区	9 925	21 663	2.18	21 583	99.63
铁力市	156 812	384 641	2.45	275 736	71.69
佳木斯市	572 653	1 471 451	2.57	904 323	61.46
市辖区	326 636	816 088	2.50	613 372	75.16
向阳区	91 846	225 738	2.46	216 807	96.04
前进区	64 879	161 281	2.49	159 398	98.83
东风区	61 373	147 906	2.41	111 466	75.36
郊区	108 538	281 163	2.59	125 701	44.71
同江市	72 368	179 348	2.48	104 983	58.54
富锦市	173 649	476 015	2.74	185 968	39.07
七台河市	220 272	571 045	2.59	407 418	71.35
市辖区	220 272	571 045	2.59	407 418	71.35
新兴区	76 533	220 115	2.88	166 180	75.50
桃山区	84 236	201 974	2.40	186 513	92.35
茄子河区	59 503	148 956	2.50	54 725	36.74
牡丹江市	786 163	2 085 477	2.65	1 250 348	59.96
市辖区	332 611	885 860	2.66	672 237	75.89
东安区	69 494	186 403	2.68	155 019	83.16
阳明区	84 278	230 644	2.74	121 123	52.52
爱民区	85 953	226 531	2.64	203 332	89.76
西安区	92 886	242 282	2.61	192 763	79.56
绥芬河市	26 418	66 691	2.52	55 211	82.79
海林市	158 656	404 096	2.55	245 400	60.73
宁安市	160 430	436 401	2.72	146 493	33.57
穆棱市	108 048	292 429	2.71	131 007	44.80
黑河市	404 273	1 018 809	2.52	614 188	60.28
市辖区	76 379	189 725	2.48	133 404	70.31
爱辉区	76 379	189 725	2.48	133 404	70.31
北安市	181 170	465 800	2.57	281 664	60.47

市　人　口

单位：人

地　区　别	总　户　数（户）	总　人　口 合　计	平均每户人数	总人口中非农业人口数	
				人　　数	占总人口%
五大连池市	146 724	363 284	2.48	199 120	54.81
绥化市	1 116 987	3 187 129	2.85	945 657	29.67
市辖区	306 356	892 058	2.91	288 607	32.35
北林区	306 356	892 058	2.91	288 607	32.35
安达市	186 022	509 135	2.74	197 224	38.74
肇东市	357 507	936 009	2.62	284 215	30.36
海伦市	267 102	849 927	3.18	175 611	20.66
上海市	4 919 011	13 505 936	2.75	12 401 844	91.83
市辖区	4 919 011	13 505 936	2.75	12 401 844	91.83
黄浦区	287 252	905 643	3.15	905 642	100.00
徐汇区	326 581	914 621	2.80	914 579	100.00
长宁区	215 345	620 483	2.88	620 470	100.00
静安区	102 529	302 269	2.95	302 267	100.00
普陀区	331 076	881 106	2.66	880 977	99.99
闸北区	250 136	688 940	2.75	688 934	100.00
虹口区	276 482	790 492	2.86	790 492	100.00
杨浦区	379 991	1 092 280	2.87	1 092 269	100.00
闵行区	384 723	984 778	2.56	922 615	93.69
宝山区	351 643	895 144	2.55	844 362	94.33
嘉定区	199 158	562 086	2.82	474 998	84.51
浦东区	1 073 227	2 785 271	2.60	2 486 253	89.26
金山区	178 334	516 806	2.90	337 340	65.27
松江区	194 647	579 186	2.98	481 044	83.06
青浦区	164 390	463 315	2.82	314 365	67.85
奉贤区	203 497	523 516	2.57	345 237	65.95
江苏省	17 091 539	51 027 385	2.99	31 495 136	61.72
南京市	1 839 524	5 515 533	3.00	5 144 893	93.28
市辖区	1 839 524	5 515 533	3.00	5 144 893	93.28
玄武区	142 025	512 515	3.61	512 515	100.00
白下区	160 013	462 451	2.89	462 451	100.00
秦淮区	101 474	253 798	2.50	253 772	99.99
建邺区	91 828	251 480	2.74	251 480	100.00
鼓楼区	189 823	646 162	3.40	646 162	100.00
下关区	115 444	310 412	2.69	310 412	100.00
浦口区	199 345	580 360	2.91	493 477	85.03
栖霞区	142 728	433 268	3.04	433 268	100.00
雨花台区	82 461	231 937	2.81	231 937	100.00
江宁区	324 721	939 678	2.89	939 678	100.00
六合区	289 662	893 472	3.08	609 741	68.24
无锡市	1 563 094	4 679 632	2.99	3 398 117	72.62
市辖区	816 943	2 394 734	2.93	2 273 126	94.92
崇安区	69 181	185 101	2.68	185 101	100.00
南长区	121 884	328 670	2.70	328 670	100.00

市　人　口

单位：人

地区别	总户数（户）	总人口合计	平均每户人数	总人口中非农业人口数	
				人数	占总人口%
北塘区	97 973	254 327	2.60	254 327	100.00
锡山区	124 757	418 125	3.35	296 517	70.92
惠山区	130 506	425 376	3.26	425 376	100.00
滨湖区	272 642	783 135	2.87	783 135	100.00
江阴市	365 928	1 208 800	3.30	532 573	44.06
宜兴市	380 223	1 076 098	2.83	592 418	55.05
徐州市	1 354 218	4 735 103	3.50	3 410 499	72.03
市辖区	589 845	1 901 746	3.22	1 722 753	90.59
鼓楼区	151 149	483 745	3.20	482 584	99.76
云龙区	100 538	307 122	3.05	307 076	99.99
贾汪区	142 067	505 099	3.56	327 536	64.85
泉山区	196 091	605 780	3.09	605 557	99.96
新沂市	318 078	1 047 009	3.29	585 941	55.96
邳州市	446 295	1 786 348	4.00	1 101 805	61.68
常州市	1 280 965	3 628 615	2.83	1 860 199	51.26
市辖区	805 282	2 289 831	2.84	1 247 384	54.47
天宁区	137 241	378 068	2.75	377 773	99.92
钟楼区	128 791	358 737	2.79	357 530	99.66
戚墅堰区	28 347	78 836	2.78	78 804	99.96
新北区	147 518	460 515	3.12	155 956	33.87
武进区	363 385	1 013 675	2.79	277 321	27.36
溧阳市	265 333	787 333	2.97	305 218	38.77
金坛市	210 350	551 451	2.62	307 597	55.78
苏州市	2 132 385	6 423 336	3.01	4 362 592	67.92
市辖区	812 080	2 452 484	3.02	2 452 484	100.00
沧浪区	119 503	326 462	2.73	326 462	100.00
平江区	84 683	226 461	2.67	226 461	100.00
金阊区	76 441	201 795	2.64	201 795	100.00
虎丘区	221 910	712 943	3.21	712 943	100.00
吴中区	185 191	603 271	3.26	603 271	100.00
相城区	124 352	381 552	3.07	381 552	100.00
常熟市	334 107	1 067 183	3.19	561 859	52.65
张家港市	339 136	907 868	2.68	395 012	43.51
昆山市	244 096	723 644	2.96	421 611	58.26
吴江市	255 870	801 784	3.13	330 374	41.20
太仓市	147 096	470 373	3.20	201 252	42.79
南通市	2 104 330	5 664 114	2.69	2 975 191	52.53
市辖区	319 955	864 930	2.70	864 847	99.99
崇川区	245 601	675 544	2.75	675 506	99.99
港闸区	74 354	189 386	2.55	189 341	99.98
启东市	461 779	1 124 087	2.43	317 516	28.25
如皋市	457 888	1 422 619	3.11	869 296	61.11
通州市	481 190	1 252 545	2.60	489 552	39.08
海门市	383 518	999 933	2.61	433 980	43.40

市　人　口

单位：人

地　区　别	总　户　数（户）	总　人　口合　计	平均每户人数	总人口中非农业人口数	
				人　　数	占总人口%
连云港市	294 026	955 324	3.25	639 240	66.91
市辖区	294 026	955 324	3.25	639 240	66.91
连云区	82 252	251 158	3.05	190 937	76.02
新浦区	142 519	467 957	3.28	319 427	68.26
海州区	69 255	236 209	3.41	128 876	54.56
淮安市	852 919	2 814 021	3.30	1 067 078	37.92
市辖区	852 919	2 814 021	3.30	1 067 078	37.92
清河区	131 399	398 677	3.03	398 544	99.97
楚州区	338 513	1 176 805	3.48	194 599	16.54
淮阴区	276 230	913 359	3.31	248 378	27.19
清浦区	106 777	325 180	3.05	225 557	69.36
盐城市	1 251 361	3 508 447	2.80	1 665 263	47.46
市辖区	563 121	1 649 203	2.93	935 684	56.74
亭湖区	311 821	935 269	3.00	558 931	59.76
盐都区	251 300	713 934	2.84	376 753	52.77
东台市	406 043	1 133 970	2.79	464 011	40.92
大丰市	282 197	725 274	2.57	265 568	36.62
扬州市	1 237 753	3 686 302	2.98	2 366 534	64.20
市辖区	400 204	1 198 771	3.00	1 198 771	100.00
广陵区	173 084	496 479	2.87	496 479	100.00
邗江区	227 120	702 292	3.09	702 292	100.00
仪征市	203 753	598 348	2.94	300 844	50.28
高邮市	264 812	820 624	3.10	294 748	35.92
江都市	368 984	1 068 559	2.90	572 171	53.55
镇江市	1 022 381	2 718 562	2.66	1 443 220	53.09
市辖区	402 340	1 036 483	2.58	790 986	76.31
京口区	197 393	501 805	2.54	424 882	84.67
润州区	101 967	247 992	2.43	247 949	99.98
丹徒区	102 980	286 686	2.78	118 155	41.21
丹阳市	286 109	812 875	2.84	277 282	34.11
扬中市	108 970	280 062	2.57	78 996	28.21
句容市	224 962	589 142	2.62	295 956	50.24
泰州市	1 715 820	5 071 193	2.96	1 905 249	37.57
市辖区	286 845	830 150	2.89	555 101	66.87
海陵区	203 849	567 757	2.79	292 708	51.56
高港区	82 996	262 393	3.16	262 393	100.00
兴化市	531 936	1 572 992	2.96	286 485	18.21
靖江市	221 154	671 503	3.04	351 566	52.36
泰兴市	398 968	1 202 071	3.01	434 622	36.16
姜堰市	276 917	794 477	2.87	277 475	34.93
宿迁市	442 763	1 627 203	3.68	1 257 061	77.25
市辖区	442 763	1 627 203	3.68	1 257 061	77.25
宿城区	249 410	909 425	3.65	909 425	100.00

市 人 口

单位：人

地区别	总户数（户）	总人口合计	平均每户人数	总人口中非农业人口数	
				人数	占总人口%
宿豫区	193 353	717 778	3.71	347 636	48.43
浙江省	10 976 444	32 146 157	2.93	11 634 186	36.19
杭州市	1 883 663	6 095 817	3.24	3 556 453	58.34
市辖区	1 301 379	4 403 388	3.38	3 176 324	72.13
上城区	115 229	327 912	2.85	327 892	99.99
下城区	127 027	403 667	3.18	403 655	100.00
江干区	120 961	452 754	3.74	438 873	96.93
拱墅区	107 335	314 015	2.93	313 973	99.99
西湖区	168 758	639 679	3.79	573 026	89.58
滨江区	42 826	159 924	3.73	148 498	92.86
萧山区	376 139	1 228 744	3.27	506 481	41.22
余杭区	243 104	876 693	3.61	463 926	52.92
建德市	172 139	511 623	2.97	130 055	25.42
富阳市	220 734	653 832	2.96	139 807	21.38
临安市	189 411	526 974	2.78	110 267	20.92
宁波市	1 819 845	4 607 429	2.53	1 871 376	40.62
市辖区	898 104	2 247 378	2.50	1 386 850	61.71
海曙区	112 571	300 047	2.67	300 036	100.00
江东区	105 832	278 472	2.63	278 472	100.00
江北区	99 999	240 498	2.41	155 843	64.80
北仑区	153 468	380 081	2.48	206 123	54.23
镇海区	91 916	226 140	2.46	164 720	72.84
鄞州区	334 318	822 140	2.46	281 656	34.26
余姚市	311 331	834 611	2.68	186 617	22.36
慈溪市	427 423	1 041 503	2.44	189 741	18.22
奉化市	182 987	483 937	2.64	108 168	22.35
温州市	1 135 475	3 949 695	3.48	1 031 792	26.12
市辖区	438 832	1 478 239	3.37	677 852	45.86
鹿城区	233 097	720 614	3.09	548 864	76.17
龙湾区	85 304	341 939	4.01	65 564	19.17
瓯海区	120 431	415 686	3.45	63 424	15.26
瑞安市	321 603	1 211 186	3.77	230 333	19.02
乐清市	375 040	1 260 270	3.36	123 607	9.81
嘉兴市	790 611	2 670 579	3.38	1 165 700	43.65
市辖区	275 974	842 778	3.05	438 231	52.00
南湖区	165 637	475 709	2.87	332 709	69.94
秀洲区	110 337	367 069	3.33	105 522	28.75
海宁市	183 903	663 138	3.61	228 845	34.51
平湖市	146 604	487 797	3.33	233 726	47.91
桐乡市	184 130	676 866	3.68	264 898	39.14
湖州市	347 057	1 093 067	3.15	454 775	41.61
市辖区	347 057	1 093 067	3.15	454 775	41.61
吴兴区	202 907	602 038	2.97	330 650	54.92
南浔区	144 150	491 029	3.41	124 125	25.28

市 人 口

单位：人

地 区 别	总 户 数（户）	总 人 口 合 计	平均每户人数	总人口中非农业人口数	
				人 数	占总人口%
绍兴市	1 199 602	3 236 657	2.70	1 111 560	34.34
市辖区	234 517	652 593	2.78	488 726	74.89
越城区	234 517	652 593	2.78	488 726	74.89
诸暨市	404 577	1 071 988	2.65	168 640	15.73
上虞市	294 128	777 433	2.64	274 478	35.31
嵊州市	266 380	734 643	2.76	179 716	24.46
金华市	1 476 537	3 750 314	2.54	943 114	25.15
市辖区	373 688	935 662	2.50	324 917	34.73
婺城区	243 255	623 523	2.56	290 480	46.59
金东区	130 433	312 139	2.39	34 437	11.03
兰溪市	229 650	666 438	2.90	131 975	19.80
义乌市	324 868	747 392	2.30	232 389	31.09
东阳市	321 994	823 384	2.56	151 192	18.36
永康市	226 337	577 438	2.55	102 641	17.78
衢州市	500 676	1 433 152	2.86	381 157	26.60
市辖区	303 658	831 879	2.74	278 569	33.49
柯城区	166 591	432 976	2.60	241 538	55.79
衢江区	137 067	398 903	2.91	37 031	9.28
江山市	197 018	601 273	3.05	102 588	17.06
舟山市	256 104	700 380	2.73	285 643	40.78
市辖区	256 104	700 380	2.73	285 643	40.78
定海区	144 315	378 246	2.62	163 896	43.33
普陀区	111 789	322 134	2.88	121 747	37.79
台州市	1 309 427	3 928 736	3.00	665 261	16.93
市辖区	501 408	1 558 485	3.11	313 254	20.10
椒江区	173 144	513 780	2.97	140 132	27.27
黄岩区	192 925	598 871	3.10	109 916	18.35
路桥区	135 339	445 834	3.29	63 206	14.18
温岭市	423 539	1 199 321	2.83	201 768	16.82
临海市	384 480	1 170 930	3.05	150 239	12.83
丽水市	257 447	680 331	2.64	167 355	24.60
市辖区	165 413	390 248	2.36	124 716	31.96
莲都区	165 413	390 248	2.36	124 716	31.96
龙泉市	92 034	290 083	3.15	42 639	14.70
安徽省	7 460 611	23 087 840	3.09	10 046 490	43.51
合肥市	1 026 598	3 079 278	3.00	2 056 778	66.79
市辖区	703 557	2 183 371	3.10	1 817 964	83.26
瑶海区	199 696	579 721	2.90	452 758	78.10
庐阳区	142 902	464 932	3.25	431 675	92.85
蜀山区	197 438	645 787	3.27	573 138	88.75
包河区	163 521	492 931	3.01	360 393	73.11
巢湖市	323 041	895 907	2.77	238 814	26.66
芜湖市	425 870	1 240 895	2.91	1 240 895	100.00
市辖区	425 870	1 240 895	2.91	1 240 895	100.00

市 人 口

单位：人

地区别	总户数（户）	总人口合计	平均每户人数	总人口中非农业人口数	
				人数	占总人口%
镜湖区	162 530	468 406	2.88	468 406	100.00
弋江区	78 341	225 061	2.87	225 061	100.00
鸠江区	124 372	360 043	2.89	360 043	100.00
三山区	60 627	187 385	3.09	187 385	100.00
蚌埠市	312 886	927 073	2.96	661 368	71.34
市辖区	312 886	927 073	2.96	661 368	71.34
龙子湖区	79 480	229 172	2.88	171 360	74.77
蚌山区	92 193	278 580	3.02	253 499	91.00
禹会区	83 532	241 643	2.89	191 192	79.12
淮上区	57 681	177 678	3.08	45 317	25.51
淮南市	529 432	1 687 585	3.19	972 970	57.65
市辖区	529 432	1 687 585	3.19	972 970	57.65
大通区	68 936	188 102	2.73	77 004	40.94
田家庵区	168 995	544 063	3.22	433 293	79.64
谢家集区	107 752	335 434	3.11	230 491	68.71
八公山区	55 330	169 402	3.06	143 134	84.49
潘集区	128 419	450 584	3.51	89 048	19.76
马鞍山市	208 712	639 031	3.06	532 588	83.34
市辖区	208 712	639 031	3.06	532 588	83.34
金家庄区	35 651	105 992	2.97	88 522	83.52
花山区	87 243	268 981	3.08	241 893	89.93
雨山区	85 818	264 058	3.08	202 173	76.56
淮北市	355 246	1 106 522	3.11	802 695	72.54
市辖区	355 246	1 106 522	3.11	802 695	72.54
杜集区	116 901	341 834	2.92	280 627	82.09
相山区	125 267	409 778	3.27	335 312	81.83
烈山区	113 078	354 910	3.14	186 756	52.62
铜陵市	148 107	448 371	3.03	388 001	86.54
市辖区	148 107	448 371	3.03	388 001	86.54
铜官山区	87 156	272 400	3.13	272 336	99.98
狮子山区	34 301	99 364	2.90	67 895	68.33
郊区	26 650	76 607	2.87	47 770	62.36
安庆市	468 639	1 490 486	3.18	583 388	39.14
市辖区	257 549	735 024	2.85	464 818	63.24
迎江区	75 660	208 604	2.76	171 869	82.39
大观区	92 876	272 495	2.93	207 821	76.27
宜秀区	89 013	253 925	2.85	85 128	33.52
桐城市	211 090	755 462	3.58	118 570	15.70
黄山市	150 011	439 223	2.93	203 103	46.24
市辖区	150 011	439 223	2.93	203 103	46.24
屯溪区	58 058	175 382	3.02	136 976	78.10
黄山区	57 425	162 818	2.84	39 259	24.11
徽州区	34 528	101 023	2.93	26 868	26.60
滁州市	609 540	1 823 910	2.99	554 959	30.43

市 人 口

单位：人

地区别	总户数（户）	总人口合计	平均每户人数	总人口中非农业人口数	
				人数	占总人口%
市辖区	198 003	538 975	2.72	261 908	48.59
琅琊区	104 611	279 093	2.67	204 338	73.22
南谯区	93 392	259 882	2.78	57 570	22.15
天长市	194 931	634 956	3.26	169 157	26.64
明光市	216 606	649 979	3.00	123 894	19.06
阜阳市	811 924	2 893 128	3.56	669 827	23.15
市辖区	580 119	2 101 128	3.62	518 978	24.70
颍州区	215 844	741 233	3.43	266 280	35.92
颍东区	168 624	647 629	3.84	131 535	20.31
颍泉区	195 651	712 266	3.64	121 163	17.01
界首市	231 805	792 000	3.42	150 849	19.05
宿州市	575 400	1 879 256	3.27	419 990	22.35
市辖区	575 400	1 879 256	3.27	419 990	22.35
埇桥区	575 400	1 879 256	3.27	419 990	22.35
六安市	639 376	1 874 013	2.93	344 269	18.37
市辖区	639 376	1 874 013	2.93	344 269	18.37
金安区	301 401	869 604	2.89	191 720	22.05
裕安区	337 975	1 004 409	2.97	152 549	15.19
亳州市	519 547	1 638 176	3.15	218 468	13.34
市辖区	519 547	1 638 176	3.15	218 468	13.34
谯城区	519 547	1 638 176	3.15	218 468	13.34
池州市	239 406	667 493	2.79	146 126	21.89
市辖区	239 406	667 493	2.79	146 126	21.89
贵池区	239 406	667 493	2.79	146 126	21.89
宣城市	439 917	1 253 400	2.85	251 065	20.03
市辖区	300 507	865 870	2.88	170 318	19.67
宣州区	300 507	865 870	2.88	170 318	19.67
宁国市	139 410	387 530	2.78	80 747	20.84
福建省	5 283 999	18 184 314	3.44	8 239 707	45.31
福州市	1 223 405	3 872 693	3.17	2 193 125	56.63
市辖区	627 569	1 900 164	3.03	1 583 290	83.32
鼓楼区	174 170	578 623	3.32	578 623	100.00
台江区	120 149	327 201	2.72	327 201	100.00
仓山区	154 743	470 092	3.04	292 361	62.19
马尾区	51 255	165 140	3.22	55 336	33.51
晋安区	127 252	359 108	2.82	329 769	91.83
福清市	382 182	1 282 346	3.36	367 461	28.66
长乐市	213 654	690 183	3.23	242 374	35.12
厦门市	597 153	1 852 646	3.10	1 495 039	80.70
市辖区	597 153	1 852 646	3.10	1 495 039	80.70
思明区	206 277	651 141	3.16	651 141	100.00
海沧区	41 164	132 461	3.22	103 499	78.14
湖里区	76 960	232 996	3.03	232 996	100.00
集美区	62 552	208 752	3.34	147 090	70.46

市　人　口

单位：人

地　区　别	总　户　数（户）	总　人　口合　计	平均每户人数	总人口中非农业人口数	
				人　　数	占总人口%
同安区	109 395	328 120	3.00	147 517	44.96
翔安区	100 805	299 176	2.97	212 796	71.13
莆田市	508 976	2 174 249	4.27	435 180	20.02
市辖区	508 976	2 174 249	4.27	435 180	20.02
城厢区	88 606	384 798	4.34	130 080	33.80
涵江区	112 877	434 207	3.85	104 921	24.16
荔城区	119 746	512 025	4.28	129 717	25.33
秀屿区	187 747	843 219	4.49	70 462	8.36
三明市	187 302	607 801	3.25	386 879	63.65
市辖区	91 673	282 168	3.08	218 906	77.58
梅列区	45 351	140 102	3.09	124 091	88.57
三元区	46 322	142 066	3.07	94 815	66.74
永安市	95 629	325 633	3.41	167 973	51.58
泉州市	1 064 703	3 929 466	3.69	1 466 307	37.32
市辖区	294 129	1 031 965	3.51	625 872	60.65
鲤城区	79 324	252 725	3.19	252 725	100.00
丰泽区	67 165	219 616	3.27	219 616	100.00
洛江区	45 786	175 972	3.84	40 869	23.22
泉港区	101 854	383 652	3.77	112 662	29.37
石狮市	85 563	317 550	3.71	97 415	30.68
晋江市	288 461	1 069 677	3.71	366 756	34.29
南安市	396 550	1 510 274	3.81	376 264	24.91
漳州市	399 520	1 383 697	3.46	523 020	37.80
市辖区	176 677	560 156	3.17	363 183	64.84
芗城区	141 747	431 407	3.04	331 697	76.89
龙文区	34 930	128 749	3.69	31 486	24.46
龙海市	222 843	823 541	3.70	159 837	19.41
南平市	561 963	1 915 107	3.41	786 349	41.06
市辖区	147 464	497 340	3.37	260 245	52.33
延平区	147 464	497 340	3.37	260 245	52.33
邵武市	92 923	303 662	3.27	134 871	44.41
武夷山市	65 047	230 359	3.54	79 989	34.72
建瓯市	162 210	540 334	3.33	163 892	30.33
建阳市	94 319	343 412	3.64	147 352	42.91
龙岩市	246 833	766 561	3.11	411 218	53.64
市辖区	164 710	485 855	2.95	325 878	67.07
新罗区	164 710	485 855	2.95	325 878	67.07
漳平市	82 123	280 706	3.42	85 340	30.40
宁德市	494 144	1 682 094	3.40	542 590	32.26
市辖区	141 013	451 669	3.20	142 562	31.56
蕉城区	141 013	451 669	3.20	142 562	31.56
福安市	190 808	648 195	3.40	193 326	29.83
福鼎市	162 323	582 230	3.59	206 702	35.50

市 人 口

单位：人

地区别	总户数(户)	总人口合计	平均每户人数	总人口中非农业人口数	
				人数	占总人口%
江西省	5 027 239	15 840 790	3.15	6 711 493	42.37
南昌市	645 806	2 179 857	3.38	1 707 064	78.31
市辖区	645 806	2 179 857	3.38	1 707 064	78.31
东湖区	164 653	591 085	3.59	571 670	96.72
西湖区	144 186	443 986	3.08	439 267	98.94
青云谱区	81 418	264 560	3.25	243 491	92.04
湾里区	32 743	82 792	2.53	33 336	40.26
青山湖区	222 806	797 434	3.58	419 300	52.58
景德镇市	445 320	1 360 686	3.06	576 873	42.40
市辖区	178 571	462 763	2.59	374 542	80.94
昌江区	65 305	178 349	2.73	90 128	50.53
珠山区	113 266	284 414	2.51	284 414	100.00
乐平市	266 749	897 923	3.37	202 331	22.53
萍乡市	287 066	862 249	3.00	444 119	51.51
市辖区	287 066	862 249	3.00	444 119	51.51
安源区	153 346	454 962	2.97	336 291	73.92
湘东区	133 720	407 287	3.05	107 828	26.47
九江市	385 440	1 093 517	2.84	604 544	55.28
市辖区	238 807	642 727	2.69	485 866	75.59
庐山区	135 653	358 805	2.65	203 520	56.72
浔阳区	103 154	283 922	2.75	282 346	99.44
瑞昌市	146 633	450 790	3.07	118 678	26.33
新余市	279 326	863 166	3.09	333 480	38.63
市辖区	279 326	863 166	3.09	333 480	38.63
渝水区	279 326	863 166	3.09	333 480	38.63
鹰潭市	254 331	840 874	3.31	264 000	31.40
市辖区	84 821	229 333	2.70	144 568	63.04
月湖区	84 821	229 333	2.70	144 568	63.04
贵溪市	169 510	611 541	3.61	119 432	19.53
赣州市	656 334	2 141 539	3.26	650 140	30.36
市辖区	194 737	649 406	3.33	375 241	57.78
章贡区	194 737	649 406	3.33	375 241	57.78
瑞金市	181 533	674 616	3.72	133 318	19.76
南康市	280 064	817 517	2.92	141 581	17.32
吉安市	211 224	713 591	3.38	290 506	40.71
市辖区	163 538	550 571	3.37	247 521	44.96
吉州区	102 384	343 194	3.35	209 742	61.11
青原区	61 154	207 377	3.39	37 779	18.22
井冈山市	47 686	163 020	3.42	42 985	26.37
宜春市	1 240 190	3 886 980	3.13	1 150 506	29.60
市辖区	326 460	1 076 832	3.30	267 633	24.85
袁州区	326 460	1 076 832	3.30	267 633	24.85
丰城市	426 875	1 382 982	3.24	523 975	37.89
樟树市	184 379	591 560	3.21	158 293	26.76

市　人　口

单位：人

地区别	总户数（户）	总人口合计	平均每户人数	总人口中非农业人口数	
				人数	占总人口%
高安市	302 476	835 606	2.76	200 605	24.01
抚州市	386 488	1 167 334	3.02	351 147	30.08
市辖区	386 488	1 167 334	3.02	351 147	30.08
临川区	386 488	1 167 334	3.02	351 147	30.08
上饶市	235 714	730 997	3.10	339 114	46.39
市辖区	121 502	403 868	3.32	212 451	52.60
信州区	121 502	403 868	3.32	212 451	52.60
德兴市	114 212	327 129	2.86	126 663	38.72
山东省	17 821 149	54 510 755	3.06	29 943 898	54.93
济南市	1 453 210	4 512 139	3.10	3 918 051	86.83
市辖区	1 147 497	3 494 419	3.05	3 494 419	100.00
历下区	172 310	542 647	3.15	542 647	100.00
市中区	197 651	575 507	2.91	575 507	100.00
槐荫区	133 910	384 361	2.87	384 361	100.00
天桥区	181 958	506 925	2.79	506 925	100.00
历城区	296 085	927 590	3.13	927 590	100.00
长清区	165 583	557 389	3.37	557 389	100.00
章丘市	305 713	1 017 720	3.33	423 632	41.63
青岛市	2 479 406	7 663 612	3.09	4 826 811	62.98
市辖区	946 894	2 770 929	2.93	2 770 929	100.00
市南区	171 299	548 467	3.20	548 467	100.00
市北区	186 052	494 844	2.66	494 844	100.00
四方区	135 323	372 070	2.75	372 070	100.00
黄岛区	89 231	314 663	3.53	314 663	100.00
崂山区	77 127	249 130	3.23	249 130	100.00
李沧区	115 617	309 744	2.68	309 744	100.00
城阳区	172 245	482 011	2.80	482 011	100.00
胶州市	249 270	807 140	3.24	388 274	48.10
即墨市	341 361	1 131 794	3.32	499 854	44.16
平度市	423 884	1 376 204	3.25	446 083	32.41
胶南市	267 437	841 222	3.15	393 253	46.75
莱西市	250 560	736 323	2.94	328 418	44.60
淄博市	982 049	2 808 282	2.86	1 617 899	57.61
市辖区	982 049	2 808 282	2.86	1 617 899	57.61
淄川区	241 747	672 658	2.78	262 709	39.06
张店区	262 343	744 376	2.84	612 990	82.35
博山区	169 087	458 442	2.71	232 973	50.82
临淄区	200 436	611 409	3.05	314 720	51.47
周村区	108 436	321 397	2.96	194 507	60.52
枣庄市	1 189 667	3 941 781	3.31	1 368 676	34.72
市辖区	663 273	2 251 754	3.39	840 556	37.33
市中区	158 779	529 498	3.33	309 724	58.49
薛城区	144 079	508 971	3.53	206 972	40.66
峄城区	126 526	390 829	3.09	124 888	31.95

市 人 口

单位：人

地 区 别	总户数（户）	总人口合计	平均每户人数	总人口中非农业人口数	
				人 数	占总人口%
台儿庄区	105 412	313 221	2.97	77 226	24.66
山亭区	128 477	509 235	3.96	121 746	23.91
滕州市	526 394	1 690 027	3.21	528 120	31.25
东营市	300 908	837 989	2.78	675 483	80.61
市辖区	300 908	837 989	2.78	675 483	80.61
东营区	222 348	622 349	2.80	504 150	81.01
河口区	78 560	215 640	2.74	171 333	79.45
烟台市	2 324 934	6 474 552	2.78	3 224 898	49.81
市辖区	649 784	1 796 372	2.76	1 364 386	75.95
芝罘区	246 003	682 700	2.78	682 700	100.00
福山区	159 233	442 760	2.78	302 304	68.28
牟平区	168 599	455 843	2.70	164 313	36.05
莱山区	75 949	215 069	2.83	215 069	100.00
龙口市	241 566	634 970	2.63	366 040	57.65
莱阳市	290 535	873 694	3.01	293 967	33.65
莱州市	270 699	858 063	3.17	365 986	42.65
蓬莱市	171 297	450 019	2.63	178 415	39.65
招远市	207 117	570 360	2.75	255 721	44.84
栖霞市	248 849	626 075	2.52	188 214	30.06
海阳市	245 087	664 999	2.71	212 169	31.91
潍坊市	2 272 320	7 284 291	3.21	4 012 026	55.08
市辖区	587 100	1 829 130	3.12	1 623 235	88.74
潍城区	116 533	366 251	3.14	366 251	100.00
寒亭区	151 648	430 130	2.84	430 130	100.00
坊子区	163 698	537 622	3.28	331 727	61.70
奎文区	155 221	495 127	3.19	495 127	100.00
青州市	281 440	917 543	3.26	317 993	34.66
诸城市	316 675	1 085 066	3.43	489 123	45.08
寿光市	324 286	1 046 317	3.23	486 157	46.46
安丘市	284 622	950 306	3.34	407 332	42.86
高密市	293 458	873 602	2.98	377 405	43.20
昌邑市	184 739	582 327	3.15	310 781	53.37
济宁市	1 078 068	3 566 491	3.31	1 751 139	49.10
市辖区	346 112	1 134 009	3.28	790 777	69.73
市中区	195 887	594 777	3.04	357 004	60.02
任城区	150 225	539 232	3.59	433 773	80.44
曲阜市	188 752	638 304	3.38	274 606	43.02
兖州市	196 986	636 789	3.23	287 581	45.16
邹城市	346 218	1 157 389	3.34	398 175	34.40
泰安市	1 345 977	3 973 023	2.95	1 497 547	37.69
市辖区	530 051	1 590 311	3.00	655 455	41.22
泰山区	225 301	622 370	2.76	491 995	79.05
岱岳区	304 750	967 941	3.18	163 460	16.89
新泰市	492 683	1 399 209	2.84	458 773	32.79

市 人 口

单位：人

地区别	总户数（户）	总人口合计	平均每户人数	总人口中非农业人口数	
				人数	占总人口%
肥城市	323 243	983 503	3.04	383 319	38.97
威海市	918 227	2 538 425	2.76	1 300 735	51.24
市辖区	218 491	651 864	2.98	484 836	74.38
环翠区	218 491	651 864	2.98	484 836	74.38
文登市	247 620	644 578	2.60	253 734	39.36
荣成市	239 324	670 780	2.80	401 043	59.79
乳山市	212 792	571 203	2.68	161 122	28.21
日照市	419 535	1 239 771	2.96	596 333	48.10
市辖区	419 535	1 239 771	2.96	596 333	48.10
东港区	273 023	816 204	2.99	490 750	60.13
岚山区	146 512	423 567	2.89	105 583	24.93
莱芜市	471 067	1 269 512	2.69	581 498	45.80
市辖区	471 067	1 269 512	2.69	581 498	45.80
莱城区	364 404	969 003	2.66	425 003	43.86
钢城区	106 663	300 509	2.82	156 495	52.08
临沂市	749 818	2 468 527	3.29	1 607 202	65.11
市辖区	749 818	2 468 527	3.29	1 607 202	65.11
兰山区	343 800	1 118 677	3.25	586 870	52.46
罗庄区	182 790	608 237	3.33	458 585	75.40
河东区	223 228	741 613	3.32	561 747	75.75
德州市	584 713	1 829 110	3.13	782 637	42.79
市辖区	202 438	605 354	2.99	428 688	70.82
德城区	202 438	605 354	2.99	428 688	70.82
乐陵市	214 281	696 817	3.25	185 324	26.60
禹城市	167 994	526 939	3.14	168 625	32.00
聊城市	593 445	1 937 672	3.27	926 025	47.79
市辖区	350 735	1 170 541	3.34	604 020	51.60
东昌府区	350 735	1 170 541	3.34	604 020	51.60
临清市	242 710	767 131	3.16	322 005	41.98
滨州市	214 166	643 643	3.01	533 511	82.89
市辖区	214 166	643 643	3.01	533 511	82.89
滨城区	214 166	643 643	3.01	533 511	82.89
菏泽市	443 639	1 521 935	3.43	723 427	47.53
市辖区	443 639	1 521 935	3.43	723 427	47.53
牡丹区	443 639	1 521 935	3.43	723 427	47.53
河南省	10 943 721	37 370 325	3.41	15 092 370	40.39
郑州市	1 878 472	6 795 940	3.62	3 075 123	45.25
市辖区	902 255	3 024 101	3.35	2 275 777	75.25
中原区	192 046	696 699	3.63	530 349	76.12
二七区	168 540	552 099	3.28	433 152	78.46
管城回族区	140 721	438 784	3.12	303 675	69.21
金水区	302 500	1 022 340	3.38	883 756	86.44
上街区	38 735	116 082	3.00	72 484	62.44
惠济区	59 713	198 097	3.32	52 361	26.43

市 人 口

单位：人

地区别	总户数（户）	总人口合计	平均每户人数	总人口中非农业人口数	
				人数	占总人口%
巩义市	218 215	822 014	3.77	153 132	18.63
荥阳市	177 044	659 508	3.73	105 741	16.03
新密市	212 311	876 721	4.13	184 895	21.09
新郑市	192 064	714 626	3.72	155 568	21.77
登封市	176 583	698 970	3.96	200 010	28.61
开封市	291 924	863 708	2.96	592 933	68.65
市辖区	291 924	863 708	2.96	592 933	68.65
龙亭区	41 099	121 357	2.95	66 390	54.71
顺河回族区	86 242	252 843	2.93	189 891	75.10
鼓楼区	56 696	158 052	2.79	133 100	84.21
禹王台区	48 192	135 799	2.82	95 784	70.53
金明区	59 695	195 657	3.28	107 768	55.08
洛阳市	795 765	2 564 920	3.22	1 274 989	49.71
市辖区	613 812	1 946 422	3.17	1 183 652	60.81
老城区	63 394	172 287	2.72	129 844	75.36
西工区	105 210	333 916	3.17	295 951	88.63
瀍河回族区	65 896	179 890	2.73	145 970	81.14
涧西区	171 566	539 463	3.14	450 433	83.50
吉利区	21 787	69 042	3.17	34 031	49.29
洛龙区	185 959	651 824	3.51	127 423	19.55
偃师市	181 953	618 498	3.40	91 337	14.77
平顶山市	700 529	2 478 400	3.54	1 028 595	41.50
市辖区	292 692	1 046 998	3.58	805 630	76.95
新华区	105 346	407 747	3.87	330 930	81.16
卫东区	89 915	322 725	3.59	282 861	87.65
石龙区	23 563	63 677	2.70	42 202	66.28
湛河区	73 868	252 849	3.42	149 637	59.18
舞钢市	107 043	342 406	3.20	108 479	31.68
汝州市	300 794	1 088 996	3.62	114 486	10.51
安阳市	660 615	2 180 577	3.30	917 613	42.08
市辖区	346 803	1 110 643	3.20	736 520	66.31
文峰区	126 805	408 553	3.22	280 360	68.62
北关区	79 456	247 682	3.12	209 314	84.51
殷都区	74 078	247 243	3.34	189 433	76.62
龙安区	66 464	207 165	3.12	57 413	27.71
林州市	313 812	1 069 934	3.41	181 093	16.93
鹤壁市	207 177	627 030	3.03	426 787	68.06
市辖区	207 177	627 030	3.03	426 787	68.06
鹤山区	42 507	117 178	2.76	75 229	64.20
山城区	74 928	230 247	3.07	177 407	77.05
淇滨区	89 742	279 605	3.12	174 151	62.28
新乡市	713 467	2 380 354	3.34	1 209 173	50.80
市辖区	307 185	1 027 666	3.35	754 428	73.41
红旗区	101 420	335 602	3.31	236 491	70.47

市 人 口

单位：人

地区别	总户数（户）	总人口合计	平均每户人数	总人口中非农业人口数	
				人数	占总人口%
卫滨区	70 015	238 382	3.40	223 792	93.88
凤泉区	38 926	140 381	3.61	39 827	28.37
牧野区	96 824	313 301	3.24	254 318	81.17
卫辉市	155 769	517 839	3.32	125 253	24.19
辉县市	250 513	834 849	3.33	329 492	39.47
焦作市	455 173	1 727 463	3.80	806 251	46.67
市辖区	233 609	846 934	3.63	656 829	77.55
解放区	85 831	295 569	3.44	295 569	100.00
中站区	34 529	120 802	3.50	76 013	62.92
马村区	37 178	149 164	4.01	67 517	45.26
山阳区	76 071	281 399	3.70	217 730	77.37
沁阳市	109 161	499 815	4.58	93 809	18.77
孟州市	112 403	380 714	3.39	55 613	14.61
濮阳市	229 440	689 651	3.01	441 506	64.02
市辖区	229 440	689 651	3.01	441 506	64.02
华龙区	229 440	689 651	3.01	441 506	64.02
许昌市	724 452	2 463 975	3.40	776 677	31.52
市辖区	143 580	416 924	2.90	416 924	100.00
魏都区	143 580	416 924	2.90	416 924	100.00
禹州市	368 422	1 282 028	3.48	202 949	15.83
长葛市	212 450	765 023	3.60	156 804	20.50
漯河市	410 247	1 408 114	3.43	563 671	40.03
市辖区	410 247	1 408 114	3.43	563 671	40.03
源汇区	111 242	333 081	2.99	184 485	55.39
郾城区	150 918	528 031	3.50	195 831	37.09
召陵区	148 087	547 002	3.69	183 355	33.52
三门峡市	356 052	1 224 625	3.44	489 088	39.94
市辖区	90 104	294 970	3.27	230 926	78.29
湖滨区	90 104	294 970	3.27	230 926	78.29
义马市	44 444	170 517	3.84	136 004	79.76
灵宝市	221 504	759 138	3.43	122 158	16.09
南阳市	1 092 117	3 694 106	3.38	760 438	20.59
市辖区	603 518	1 910 287	3.17	587 603	30.76
宛城区	289 039	904 673	3.13	262 065	28.97
卧龙区	314 479	1 005 614	3.20	325 538	32.37
邓州市	488 599	1 783 819	3.65	172 835	9.69
商丘市	921 985	3 303 994	3.58	1 162 509	35.18
市辖区	489 357	1 792 662	3.66	958 282	53.46
梁园区	249 795	905 584	3.63	607 242	67.06
睢阳区	239 562	887 078	3.70	351 040	39.57
永城市	432 628	1 511 332	3.49	204 227	13.51
信阳市	484 150	1 491 327	3.08	520 260	34.89
市辖区	484 150	1 491 327	3.08	520 260	34.89
浉河区	214 455	648 061	3.02	291 463	44.97

市 人 口

单位：人

地区别	总户数（户）	总人口合计	平均每户人数	总人口中非农业人口数	
				人数	占总人口%
平桥区	269 695	843 266	3.13	228 797	27.13
周口市	578 331	1 974 024	3.41	493 915	25.02
市辖区	183 596	615 337	3.35	257 965	41.92
川汇区	183 596	615 337	3.35	257 965	41.92
项城市	394 735	1 358 687	3.44	235 950	17.37
驻马店市	240 663	813 290	3.38	290 400	35.71
市辖区	240 663	813 290	3.38	290 400	35.71
驿城区	240 663	813 290	3.38	290 400	35.71
省直辖行政单位	203 162	688 827	3.39	262 442	38.10
济源市	203 162	688 827	3.39	262 442	38.10
湖北省	13 025 218	38 797 033	2.98	16 963 114	43.72
武汉市	2 765 003	8 272 385	2.99	5 630 647	68.07
市辖区	2 765 003	8 272 385	2.99	5 630 647	68.07
江岸区	256 989	683 528	2.66	683 528	100.00
江汉区	183 322	480 332	2.62	480 332	100.00
硚口区	202 996	533 257	2.63	531 166	99.61
汉阳区	204 297	527 656	2.58	527 656	100.00
武昌区	338 783	1 155 465	3.41	1 151 353	99.64
青山区	149 210	448 653	3.01	448 636	100.00
洪山区	202 687	768 708	3.79	768 708	100.00
东西湖区	100 156	268 946	2.69	85 324	31.73
汉南区	41 642	109 852	2.64	28 449	25.90
蔡甸区	158 081	472 940	2.99	150 790	31.88
江夏区	243 892	732 339	3.00	361 004	49.29
黄陂区	371 596	1 129 843	3.04	200 794	17.77
新洲区	311 352	960 866	3.09	212 907	22.16
黄石市	477 847	1 581 054	3.31	1 012 563	64.04
市辖区	209 384	635 402	3.03	597 726	94.07
黄石港区	65 901	201 689	3.06	196 586	97.47
西塞山区	73 206	225 920	3.09	198 171	87.72
下陆区	50 003	152 964	3.06	152 340	99.59
铁山区	20 274	54 829	2.70	50 629	92.34
大冶市	268 463	945 652	3.52	414 837	43.87
十堰市	360 482	995 836	2.76	681 038	68.39
市辖区	200 375	535 911	2.67	487 304	90.93
茅箭区	101 823	273 231	2.68	257 355	94.19
张湾区	98 552	262 680	2.67	229 949	87.54
丹江口市	160 107	459 925	2.87	193 734	42.12
宜昌市	1 001 023	2 623 495	2.62	1 107 641	42.22
市辖区	459 936	1 245 873	2.71	727 103	58.36
西陵区	142 882	416 012	2.91	408 621	98.22
伍家岗区	59 302	156 590	2.64	139 587	89.14
点军区	40 348	103 274	2.56	18 177	17.60
猇亭区	19 851	50 800	2.56	31 846	62.69

市 人 口

单位：人

地区别	总户数（户）	总人口合计	平均每户人数	总人口中非农业人口数	
				人数	占总人口%
夷陵区	197 553	519 197	2.63	128 872	24.82
宜都市	149 997	395 596	2.64	115 026	29.08
当阳市	194 940	485 664	2.49	127 266	26.20
枝江市	196 150	496 362	2.53	138 246	27.85
襄阳市	1 573 840	4 478 520	2.85	2 346 523	52.40
市辖区	774 414	2 252 544	2.91	1 343 258	59.63
襄城区	164 619	455 277	2.77	245 668	53.96
樊城区	264 089	739 463	2.80	516 987	69.91
襄州区	345 706	1 057 804	3.06	580 603	54.89
老河口市	183 873	533 083	2.90	251 176	47.12
枣阳市	426 063	1 120 522	2.63	511 666	45.66
宜城市	189 490	572 371	3.02	240 423	42.00
鄂州市	370 524	1 094 323	2.95	357 091	32.63
市辖区	370 524	1 094 323	2.95	357 091	32.63
梁子湖区	53 196	186 130	3.50	17 589	9.45
华容区	87 161	257 510	2.95	23 758	9.23
鄂城区	230 167	650 683	2.83	315 744	48.53
荆门市	637 575	1 773 474	2.78	591 725	33.37
市辖区	292 638	703 832	2.41	347 515	49.37
东宝区	153 431	380 658	2.48	193 718	50.89
掇刀区	139 207	323 174	2.32	153 797	47.59
钟祥市	344 937	1 069 642	3.10	244 210	22.83
孝感市	1 069 125	3 389 918	3.17	991 934	29.26
市辖区	307 047	956 015	3.11	352 662	36.89
孝南区	307 047	956 015	3.11	352 662	36.89
应城市	213 538	678 626	3.18	302 147	44.52
安陆市	206 465	626 912	3.04	118 851	18.96
汉川市	342 075	1 128 365	3.30	218 274	19.34
荆州市	1 197 724	3 591 647	3.00	1 150 676	32.04
市辖区	391 782	1 127 239	2.88	642 349	56.98
沙市区	192 632	549 443	2.85	396 339	72.13
荆州区	199 150	577 796	2.90	246 010	42.58
石首市	224 771	671 299	2.99	162 038	24.14
洪湖市	293 776	941 352	3.20	180 818	19.21
松滋市	287 395	851 757	2.96	165 471	19.43
黄冈市	797 813	2 312 080	2.90	581 907	25.17
市辖区	153 686	360 920	2.35	206 551	57.23
黄州区	153 686	360 920	2.35	206 551	57.23
麻城市	391 355	1 163 405	2.97	211 404	18.17
武穴市	252 772	787 755	3.12	163 952	20.81
咸宁市	353 492	1 129 617	3.20	420 821	37.25
市辖区	198 168	607 606	3.07	245 772	40.45
咸安区	198 168	607 606	3.07	245 772	40.45
赤壁市	155 324	522 011	3.36	175 049	33.53

市 人 口

单位：人

地区别	总户数（户）	总人口合计	平均每户人数	总人口中非农业人口数	
				人数	占总人口%
随州市	563 585	1 589 579	2.82	417 837	26.29
市辖区	567 710	1 621 434	2.86	333 799	20.59
曾都区	254 900	642 286	2.52	244 206	38.02
广水市	308 685	947 293	3.07	173 631	18.33
恩施土家族苗族自治州	573 370	1 711 510	2.99	341 472	19.95
恩施市	269 997	805 367	2.98	206 415	25.63
利川市	303 373	906 143	2.99	135 057	14.90
省直辖行政单位	1 283 815	4 253 595	3.31	1 331 239	31.30
仙桃市	443 769	1 551 360	3.50	415 175	26.76
潜江市	335 179	1 029 660	3.07	499 272	48.49
天门市	504 867	1 672 575	3.31	416 792	24.92
湖南省	8 358 193	25 186 908	3.01	9 576 016	38.02
长沙市	1 389 192	4 391 375	3.16	2 149 071	48.94
市辖区	976 443	2 967 851	3.04	1 993 663	67.18
芙蓉区	129 787	409 726	3.16	372 622	90.94
天心区	137 841	398 395	2.89	360 766	90.55
岳麓区	207 216	662 289	3.20	376 666	56.87
开福区	163 459	426 620	2.61	341 403	80.03
雨花区	173 577	550 721	3.17	470 103	85.36
望城区	164 563	520 100	3.16	72 103	13.86
浏阳市	412 749	1 423 524	3.45	155 408	10.92
株洲市	595 297	1 975 937	3.32	794 016	40.18
市辖区	312 023	931 648	2.99	641 788	68.89
荷塘区	72 356	210 164	2.90	155 995	74.23
芦淞区	81 387	241 165	2.96	166 303	68.96
石峰区	83 116	247 499	2.98	176 847	71.45
天元区	75 164	232 820	3.10	142 643	61.27
醴陵市	283 274	1 044 289	3.69	152 228	14.58
湘潭市	638 426	1 919 263	3.01	712 013	37.10
市辖区	300 515	882 555	2.94	562 554	63.74
雨湖区	181 481	536 274	2.95	306 855	57.22
岳塘区	119 034	346 281	2.91	255 699	73.84
湘乡市	305 771	930 892	3.04	133 151	14.30
韶山市	32 140	105 816	3.29	16 308	15.41
衡阳市	999 272	3 315 635	3.32	1 079 317	32.55
市辖区	343 486	985 512	2.87	680 109	69.01
珠晖区	95 743	291 731	3.05	185 926	63.73
雁峰区	69 212	196 248	2.84	157 056	80.03
石鼓区	74 501	207 612	2.79	153 516	73.94
蒸湘区	83 347	233 970	2.81	161 967	69.23
南岳区	20 683	55 951	2.71	21 644	38.68
耒阳市	378 314	1 394 773	3.69	223 531	16.03
常宁市	277 472	935 350	3.37	175 677	18.78
邵阳市	461 231	1 503 496	3.26	535 711	35.63

市 人 口

单位：人

地区别	总户数（户）	总人口合计	平均每户人数	总人口中非农业人口数	
				人数	占总人口%
渝北区	425 467	1 076 081	2.53	630 800	58.62
巴南区	349 689	890 648	2.55	369 042	41.44
黔江区	201 337	541 321	2.69	230 343	42.55
长寿区	359 595	906 472	2.52	289 904	31.98
江津区	605 499	1 504 096	2.48	555 632	36.94
合川区	582 158	1 559 162	2.68	494 801	31.74
永川区	379 901	1 128 802	2.97	360 442	31.93
南川区	250 733	679 900	2.71	174 394	25.65
四川省	12 153 608	33 718 969	2.77	14 456 314	42.87
成都市	3 077 269	8 197 089	2.66	5 624 111	68.61
市辖区	2 053 665	5 447 824	2.65	4 516 128	82.90
锦江区	162 282	438 597	2.70	438 597	100.00
青羊区	200 475	585 986	2.92	585 986	100.00
金牛区	274 495	722 676	2.63	722 676	100.00
武侯区	350 776	959 385	2.74	959 385	100.00
成华区	253 054	660 479	2.61	660 479	100.00
龙泉驿区	224 936	598 804	2.66	301 179	50.30
青白江区	171 203	413 876	2.42	153 291	37.04
新都区	271 004	690 471	2.55	394 905	57.19
温江区	145 440	377 550	2.60	299 630	79.36
都江堰市	240 803	611 791	2.54	396 554	64.82
彭州市	294 100	805 259	2.74	265 338	32.95
邛崃市	232 336	660 452	2.84	246 271	37.29
崇州市	256 365	671 763	2.62	199 820	29.75
自贡市	500 201	1 498 359	3.00	646 523	43.15
市辖区	500 201	1 498 359	3.00	646 523	43.15
自流井区	119 431	353 224	2.96	282 924	80.10
贡井区	102 049	296 231	2.90	103 744	35.02
大安区	159 246	458 364	2.88	171 240	37.36
沿滩区	119 475	390 540	3.27	88 615	22.69
攀枝花市	224 780	690 639	3.07	538 258	77.94
市辖区	224 780	690 639	3.07	538 258	77.94
东区	100 354	315 717	3.15	305 980	96.92
西区	54 183	151 329	2.79	141 028	93.19
仁和区	70 243	223 593	3.18	91 250	40.81
泸州市	460 106	1 471 930	3.20	518 260	35.21
市辖区	460 106	1 471 930	3.20	518 260	35.21
江阳区	192 339	641 150	3.33	277 369	43.26
纳溪区	151 254	482 303	3.19	94 652	19.63
龙马潭区	116 513	348 477	2.99	146 239	41.97
德阳市	905 455	2 223 964	2.46	838 346	37.70
市辖区	271 028	676 475	2.50	394 529	58.32
旌阳区	271 028	676 475	2.50	394 529	58.32
广汉市	226 561	604 625	2.67	213 707	35.35

市 人 口

单位：人

地区别	总户数（户）	总人口合计	平均每户人数	总人口中非农业人口数	
				人数	占总人口%
什邡市	175 302	436 902	2.49	96 738	22.14
绵竹市	232 564	505 962	2.18	133 372	26.36
绵阳市	775 807	2 113 260	2.72	949 826	44.95
市辖区	460 039	1 230 017	2.67	684 527	55.65
涪城区	255 309	684 804	2.68	488 295	71.30
游仙区	204 730	545 213	2.66	196 232	35.99
江油市	315 768	883 243	2.80	265 299	30.04
广元市	343 978	928 142	2.70	335 929	36.19
市辖区	343 978	928 142	2.70	335 929	36.19
市中区	199 201	480 594	2.41	295 560	61.50
元坝区	79 665	240 403	3.02	23 927	9.95
朝天区	65 112	207 145	3.18	16 442	7.94
遂宁市	521 418	1 517 665	2.91	424 643	27.98
市辖区	521 418	1 517 665	2.91	424 643	27.98
船山区	271 669	699 252	2.57	366 980	52.48
安居区	249 749	818 413	3.28	57 663	7.05
内江市	489 018	1 419 501	2.90	370 459	26.10
市辖区	489 018	1 419 501	2.90	370 459	26.10
市中区	185 789	533 493	2.87	227 690	42.68
东兴区	303 229	886 008	2.92	142 769	16.11
乐山市	592 624	1 589 930	2.68	703 296	44.23
市辖区	434 039	1 155 435	2.66	520 842	45.08
市中区	218 490	593 800	2.72	300 348	50.58
沙湾区	72 045	190 811	2.65	71 043	37.23
五通桥区	123 438	317 764	2.57	134 648	42.37
金口河区	20 066	53 060	2.64	14 803	27.90
峨眉山市	158 585	434 495	2.74	182 454	41.99
南充市	975 292	2 817 999	2.89	872 176	30.95
市辖区	654 685	1 944 146	2.97	646 719	33.26
顺庆区	229 604	648 368	2.82	378 560	58.39
高坪区	196 412	598 972	3.05	153 784	25.67
嘉陵区	228 669	696 806	3.05	114 375	16.41
阆中市	320 607	873 853	2.73	225 457	25.80
眉山市	336 888	861 749	2.56	336 686	39.07
市辖区	336 888	861 749	2.56	336 686	39.07
东坡区	336 888	861 749	2.56	336 686	39.07
宜宾市	266 148	813 604	3.06	380 596	46.78
市辖区	266 148	813 604	3.06	380 596	46.78
翠屏区	266 148	813 604	3.06	380 596	46.78
广安市	547 073	1 618 071	2.96	391 963	24.22
市辖区	406 336	1 255 695	3.09	285 015	22.70
广安区	406 336	1 255 695	3.09	285 015	22.70
华蓥市	140 737	362 376	2.57	106 948	29.51
达州市	409 900	1 029 802	2.51	372 477	36.17

市 人 口

单位：人

地区别	总户数（户）	总人口合计	平均每户人数	总人口中非农业人口数	
				人数	占总人口%
市辖区	170 802	431 705	2.53	274 599	63.61
通川区	170 802	431 705	2.53	274 599	63.61
万源市	239 098	598 097	2.50	97 878	16.36
雅安市	136 466	346 991	2.54	165 641	47.74
市辖区	136 466	346 991	2.54	165 641	47.74
雨城区	136 466	346 991	2.54	165 641	47.74
巴中市	444 929	1 383 289	3.11	281 566	20.35
市辖区	444 929	1 383 289	3.11	281 566	20.35
巴州区	444 929	1 383 289	3.11	281 566	20.35
资阳市	922 534	2 571 542	2.79	507 758	19.75
市辖区	425 116	1 095 210	2.58	250 318	22.86
雁江区	425 116	1 095 210	2.58	250 318	22.86
简阳市	497 418	1 476 332	2.97	257 440	17.44
凉山彝族自治州	223 722	625 443	2.80	197 800	31.63
西昌市	223 722	625 443	2.80	197 800	31.63
贵州省	3 105 223	10 715 752	3.45	3 926 675	36.64
贵阳市	800 344	2 753 928	3.44	1 720 652	62.48
市辖区	650 217	2 237 447	3.44	1 613 922	72.13
南明区	171 287	561 736	3.28	503 281	89.59
云岩区	187 256	645 479	3.45	598 937	92.79
花溪区	77 345	325 912	4.21	104 590	32.09
乌当区	104 805	337 570	3.22	143 876	42.62
白云区	56 340	200 370	3.56	126 345	63.06
小河区	53 184	166 380	3.13	136 893	82.28
清镇市	150 127	516 481	3.44	106 730	20.66
六盘水市	325 600	1 193 200	3.66	460 207	38.57
市辖区	325 600	1 193 200	3.66	460 207	38.57
钟山区	137 519	497 341	3.62	318 354	64.01
六枝特区	188 081	695 859	3.70	141 853	20.39
遵义市	566 386	1 856 347	3.28	629 990	33.94
市辖区	303 693	874 805	2.88	459 871	52.57
红花岗区	180 705	517 514	2.86	300 096	57.99
汇川区	122 988	357 291	2.91	159 775	44.72
赤水市	100 250	311 493	3.11	73 518	23.60
仁怀市	162 443	670 049	4.12	96 601	14.42
安顺市	240 109	875 078	3.64	222 888	25.47
市辖区	240 109	875 078	3.64	222 888	25.47
西秀区	240 109	875 078	3.64	222 888	25.47
铜仁地区	122 788	389 277	3.17	139 198	35.76
铜仁市	122 788	389 277	3.17	139 198	35.76
黔西南州	263 021	821 975	3.13	149 159	18.15
兴义市	263 021	821 975	3.13	149 159	18.15
毕节地区	374 962	1 513 990	4.04	189 810	12.54
毕节市	374 962	1 513 990	4.04	189 810	12.54

市　人　口

单位：人

地　区　别	总　户　数（户）	总　人　口合　计	平均每户人数	总人口中非农业人口数	
				人　　数	占总人口%
黔东南苗族侗族自治州	146 733	501 022	3.41	184 604	36.85
凯里市	146 733	501 022	3.41	184 604	36.85
黔南布依族苗族自治州	265 280	810 935	3.06	230 167	28.38
都匀市	147 832	482 618	3.26	166 942	34.59
福泉市	117 448	328 317	2.80	63 225	19.26
云南省	3 499 534	10 569 567	3.02	3 999 626	37.84
昆明市	1 095 044	2 805 531	2.56	2 000 604	71.31
市辖区	981 398	2 540 513	2.59	1 856 355	73.07
五华区	239 324	650 580	2.72	597 715	91.87
盘龙区	191 023	515 374	2.70	406 978	78.97
官渡区	220 267	551 849	2.51	375 923	68.12
西山区	227 229	507 880	2.24	401 906	79.13
东川区	103 555	314 830	3.04	73 833	23.45
安宁市	113 646	265 018	2.33	144 249	54.43
曲靖市	688 895	2 198 376	3.19	403 525	18.36
市辖区	241 678	705 062	2.92	258 318	36.64
麒麟区	241 678	705 062	2.92	258 318	36.64
宣威市	447 217	1 493 314	3.34	145 207	9.72
玉溪市	158 221	426 095	2.69	144 465	33.90
市辖区	158 221	426 095	2.69	144 465	33.90
红塔区	158 221	426 095	2.69	144 465	33.90
保山市	254 778	905 324	3.55	127 452	14.08
市辖区	254 778	905 324	3.55	127 452	14.08
隆阳区	254 778	905 324	3.55	127 452	14.08
昭通市	255 376	845 882	3.31	125 136	14.79
市辖区	255 376	845 882	3.31	125 136	14.79
昭阳区	255 376	845 882	3.31	125 136	14.79
丽江市	45 156	152 947	3.39	67 223	43.95
市辖区	45 156	152 947	3.39	67 223	43.95
古城区	45 156	152 947	3.39	67 223	43.95
普洱市	70 690	220 927	3.13	93 582	42.36
市辖区	70 690	220 927	3.13	93 582	42.36
思茅区	70 690	220 927	3.13	93 582	42.36
临沧市	90 506	316 032	3.49	57 987	18.35
市辖区	90 506	316 032	3.49	57 987	18.35
临翔区	90 506	316 032	3.49	57 987	18.35
楚雄彝族自治州	161 685	514 053	3.18	157 721	30.68
楚雄市	161 685	514 053	3.18	157 721	30.68
红河哈尼族彝族自治州	226 868	674 217	2.97	317 350	47.07
个旧市	136 017	393 205	2.89	211 693	53.84
开远市	90 851	281 012	3.09	105 657	37.60
西双版纳傣族自治州	122 943	403 538	3.28	163 400	40.49
景洪市	122 943	403 538	3.28	163 400	40.49
大理白族自治州	194 114	609 867	3.14	212 228	34.80

市 人 口

单位：人

地 区 别	总 户 数（户）	总 人 口 合 计	平均每户人数	总人口中非农业人口数	
				人 数	占总人口%
大理市	194 114	609 867	3.14	212 228	34.80
德宏傣族景颇族自治州	135 258	496 778	3.67	128 953	25.96
瑞丽市	40 346	127 090	3.15	47 963	37.74
潞西市	94 912	369 688	3.90	80 990	21.91
西藏自治区	123 300	298 372	2.42	230 786	77.35
拉萨市	95 299	187 759	1.97	187 759	100.00
市辖区	95 299	187 759	1.97	187 759	100.00
城关区	95 299	187 759	1.97	187 759	100.00
日喀则地区	28 001	110 613	3.95	43 027	38.90
日喀则市	28 001	110 613	3.95	43 027	38.90
陕西省	4 457 497	14 357 769	3.22	7 713 950	53.73
西安市	1 709 204	5 687 675	3.33	3 563 927	62.66
市辖区	1 709 204	5 687 675	3.33	3 563 927	62.66
新城区	168 602	504 683	2.99	504 683	100.00
碑林区	206 196	724 747	3.51	724 747	100.00
莲湖区	218 583	644 598	2.95	644 598	100.00
灞桥区	169 986	516 168	3.04	246 377	47.73
未央区	167 061	537 349	3.22	381 610	71.02
雁塔区	230 517	802 085	3.48	689 469	85.96
阎良区	74 371	254 941	3.43	88 294	34.63
临潼区	194 436	703 953	3.62	119 533	16.98
长安区	279 452	999 151	3.58	164 616	16.48
铜川市	243 885	759 844	3.12	405 892	53.42
市辖区	243 885	759 844	3.12	405 892	53.42
王益区	71 325	207 881	2.91	170 693	82.11
印台区	71 330	228 149	3.20	145 730	63.87
耀州区	101 230	323 814	3.20	89 469	27.63
宝鸡市	433 121	1 432 785	3.31	829 298	57.88
市辖区	433 121	1 432 785	3.31	829 298	57.88
渭滨区	144 424	440 524	3.05	353 841	80.32
金台区	126 700	387 590	3.06	298 986	77.14
陈仓区	161 997	604 671	3.73	176 471	29.18
咸阳市	480 792	1 700 580	3.54	1 009 276	59.35
市辖区	320 480	1 095 965	3.42	672 517	61.36
秦都区	148 386	494 435	3.33	306 987	62.09
杨陵区	49 601	189 295	3.82	116 062	61.31
渭城区	122 493	412 235	3.37	249 468	60.52
兴平市	160 312	604 615	3.77	336 759	55.70
渭南市	528 079	1 657 835	3.14	792 320	47.79
市辖区	317 771	985 085	3.10	414 729	42.10
临渭区	317 771	985 085	3.10	414 729	42.10
韩城市	125 522	403 958	3.22	236 196	58.47
华阴市	84 786	268 792	3.17	141 395	52.60
延安市	173 853	462 389	2.66	236 027	51.05

市 人 口

单位：人

地区别	总户数（户）	总人口合计	平均每户人数	总人口中非农业人口数	
				人数	占总人口%
市辖区	173 853	462 389	2.66	236 027	51.05
宝塔区	173 853	462 389	2.66	236 027	51.05
汉中市	200 952	555 058	2.76	269 636	48.58
市辖区	200 952	555 058	2.76	269 636	48.58
汉台区	200 952	555 058	2.76	269 636	48.58
榆林市	209 330	534 304	2.55	193 768	36.27
市辖区	209 330	534 304	2.55	193 768	36.27
榆阳区	209 330	534 304	2.55	193 768	36.27
安康市	325 110	1 012 605	3.11	222 563	21.98
市辖区	325 110	1 012 605	3.11	222 563	21.98
汉滨区	325 110	1 012 605	3.11	222 563	21.98
商洛市	153 171	554 694	3.62	191 243	34.48
市辖区	153 171	554 694	3.62	191 243	34.48
商州区	153 171	554 694	3.62	191 243	34.48
甘肃省	2 733 454	8 804 459	3.22	4 611 156	52.37
兰州市	685 544	2 090 599	3.05	1 872 471	89.57
市辖区	685 544	2 090 599	3.05	1 872 471	89.57
城关区	305 196	932 620	3.06	918 537	98.49
七里河区	156 928	472 902	3.01	387 336	81.91
西固区	112 371	329 254	2.93	271 325	82.41
安宁区	60 576	213 279	3.52	200 341	93.93
红古区	50 473	142 544	2.82	94 932	66.60
嘉峪关市	62 634	194 506	3.11	194 506	100.00
市辖区	62 634	194 506	3.11	194 506	100.00
嘉峪关区	62 634	194 506	3.11	194 506	100.00
金昌市	75 847	207 183	2.73	159 489	76.98
市辖区	75 847	207 183	2.73	159 489	76.98
金川区	75 847	207 183	2.73	159 489	76.98
白银市	164 370	501 734	3.05	327 355	65.24
市辖区	164 370	501 734	3.05	327 355	65.24
白银区	97 862	287 641	2.94	217 021	75.45
平川区	66 508	214 093	3.22	110 334	51.54
天水市	372 275	1 310 025	3.52	648 862	49.53
市辖区	372 275	1 310 025	3.52	648 862	49.53
秦州区	194 367	686 871	3.53	341 081	49.66
麦积区	177 908	623 154	3.50	307 781	49.39
武威市	300 481	1 028 385	3.42	230 989	22.46
市辖区	300 481	1 028 385	3.42	230 989	22.46
凉州区	300 481	1 028 385	3.42	230 989	22.46
张掖市	171 016	517 036	3.02	189 455	36.64
市辖区	171 016	517 036	3.02	189 455	36.64
甘州区	171 016	517 036	3.02	189 455	36.64
平凉市	158 991	518 488	3.26	172 556	33.28
市辖区	158 991	518 488	3.26	172 556	33.28

市 人 口

单位：人

地 区 别	总 户 数（户）	总 人 口 合 计	平均每户人数	总人口中非农业人口数 人 数	占总人口%
崆峒区	158 991	518 488	3.26	172 556	33.28
酒泉市	224 121	692 193	3.09	265 545	38.36
市辖区	129 984	406 392	3.13	176 682	43.48
肃州区	129 984	406 392	3.13	176 682	43.48
玉门市	44 894	143 858	3.20	48 188	33.50
敦煌市	49 243	141 943	2.88	40 675	28.66
庆阳市	111 522	365 741	3.28	109 757	30.01
市辖区	111 522	365 741	3.28	109 757	30.01
西峰区	111 522	365 741	3.28	109 757	30.01
定西市	138 054	469 831	3.40	96 733	20.59
市辖区	138 054	469 831	3.40	96 733	20.59
安定区	138 054	469 831	3.40	96 733	20.59
陇南市	169 728	579 176	3.41	137 850	23.80
市辖区	169 728	579 176	3.41	137 850	23.80
武都区	169 728	579 176	3.41	137 850	23.80
临夏回族自治州	71 271	238 168	3.34	149 652	62.83
临夏市	71 271	238 168	3.34	149 652	62.83
甘南藏族自治州	27 600	91 394	3.31	55 936	61.20
合作市	27 600	91 394	3.31	55 936	61.20
青海省	360 443	1 108 648	3.08	931 012	83.98
西宁市	285 717	909 526	3.18	755 273	83.04
市辖区	285 717	909 526	3.18	755 273	83.04
城东区	77 160	250 702	3.25	216 492	86.35
城中区	76 305	232 678	3.05	193 565	83.19
城西区	64 605	211 259	3.27	192 094	90.93
城北区	67 647	214 887	3.18	153 122	71.26
海西蒙古族藏族自治州	74 726	199 122	2.66	175 739	88.26
格尔木市	47 981	125 140	2.61	119 441	95.45
德令哈市	26 745	73 982	2.77	56 298	76.10
宁夏回族自治区	1 111 798	3 182 561	2.86	1 899 516	59.69
银川市	432 387	1 205 522	2.79	963 954	79.96
市辖区	341 787	972 170	2.84	846 540	87.08
兴庆区	187 491	528 191	2.82	472 312	89.42
西夏区	75 875	233 923	3.08	202 278	86.47
金凤区	78 421	210 056	2.68	171 950	81.86
灵武市	90 600	233 352	2.58	117 414	50.32
石嘴山市	165 653	456 683	2.76	379 204	83.03
市辖区	165 653	456 683	2.76	379 204	83.03
大武口区	91 894	269 637	2.93	237 870	88.22
惠农区	73 759	187 046	2.54	141 334	75.56
吴忠市	232 217	664 511	2.86	278 149	41.86
市辖区	133 793	394 221	2.95	191 668	48.62
利通区	133 793	394 221	2.95	191 668	48.62
青铜峡市	98 424	270 290	2.75	86 481	32.00

市 人 口

单位：人

地区别	总户数（户）	总人口合计	平均每户人数	总人口中非农业人口数	
				人数	占总人口%
固原市	141 536	458 670	3.24	125 524	27.37
市辖区	141 536	458 670	3.24	125 524	27.37
原州区	141 536	458 670	3.24	125 524	27.37
中卫市	140 005	397 175	2.84	152 685	38.44
市辖区	140 005	397 175	2.84	152 685	38.44
城区	140 005	397 175	2.84	152 685	38.44
新疆维吾尔自治区	2 921 523	8 859 047	3.03	5 965 597	67.34
乌鲁木齐市	826 458	2 435 700	2.95	1 822 778	74.84
市辖区	826 458	2 435 700	2.95	1 822 778	74.84
天山区	178 402	557 883	3.13	466 362	83.59
沙依巴克区	179 273	527 404	2.94	450 449	85.41
新市区	174 765	528 815	3.03	371 566	70.26
水磨沟区	100 596	281 956	2.80	190 112	67.43
头屯河区	81 491	219 538	2.69	175 637	80.00
达坂城区	15 121	44 377	2.93	18 777	42.31
米东区	96 810	275 727	2.85	149 875	54.36
克拉玛依市	105 611	282 267	2.67	278 443	98.65
市辖区	105 611	282 267	2.67	278 443	98.65
独山子区	20 800	56 038	2.69	56 031	99.99
克拉玛依区	68 753	182 602	2.66	180 555	98.88
白碱滩区	15 219	41 367	2.72	41 122	99.41
乌尔禾区	839	2 260	2.69	735	32.52
吐鲁番地区	78 661	283 536	3.60	86 037	30.34
吐鲁番市	78 661	283 536	3.60	86 037	30.34
哈密地区	162 540	457 903	2.82	297 832	65.04
哈密市	162 540	457 903	2.82	297 832	65.04
昌吉回族自治州	177 898	530 830	2.98	330 334	62.23
昌吉市	121 350	363 270	2.99	234 310	64.50
阜康市	56 548	167 560	2.96	96 024	57.31
博尔塔拉蒙古自治州	95 229	266 887	2.80	164 405	61.60
博乐市	95 229	266 887	2.80	164 405	61.60
巴音郭楞蒙古自治州	178 977	541 951	3.03	338 987	62.55
库尔勒市	178 977	541 951	3.03	338 987	62.55
阿克苏地区	146 315	496 183	3.39	267 655	53.94
阿克苏市	146 315	496 183	3.39	267 655	53.94
克孜勒苏柯尔克孜自治州	59 247	250 881	4.23	85 859	34.22
阿图什市	59 247	250 881	4.23	85 859	34.22
喀什地区	137 886	480 202	3.48	286 617	59.69
喀什市	137 886	480 202	3.48	286 617	59.69
和田地区	87 221	321 366	3.68	138 008	42.94
和田市	87 221	321 366	3.68	138 008	42.94
伊犁哈萨克自治州	272 014	811 401	2.98	613 477	75.61
奎屯市	110 641	307 457	2.78	277 349	90.21
伊宁市	161 373	503 944	3.12	336 128	66.70

市 人 口

单位：人

地 区 别	总 户 数（户）	总 人 口 合 计	平均每户人数	总人口中非农业人口数	
				人 数	占总人口%
塔城地区	130 095	398 152	3.06	187 081	46.99
塔城市	56 863	170 441	3.00	106 935	62.74
乌苏市	73 232	227 711	3.11	80 146	35.20
阿勒泰地区	75 239	234 845	3.12	152 433	64.91
阿勒泰市	75 239	234 845	3.12	152 433	64.91
直辖行政单位	388 132	1 066 943	2.75	915 651	85.82
石河子市	231 439	624 435	2.70	568 590	91.06
阿拉尔市	74 552	190 978	2.56	119 862	62.76
图木舒克市	46 371	160 512	3.46	139 956	87.19
五家渠市	35 770	91 018	2.54	87 243	95.85

全国市按人口数分组

单位：人

地区别	市数合计	400万以上	200万至400万	100万至200万	80万至100万	50万至80万	30万至50万	10万至30万	10万以下
全国	655	13	30	153	90	189	111	61	8
北京市	1	1	—	—	—	—	—	—	—
天津市	1	1	—	—	—	—	—	—	—
河北省	33	—	2	3	5	17	6	—	—
山西省	22	—	1	1	1	6	9	4	—
内蒙古自治区	20	—	—	3	1	1	6	5	4
辽宁省	31	1	1	4	7	16	1	1	—
吉林省	28	—	1	3	2	8	8	6	—
黑龙江省	30	1	—	3	5	8	8	4	1
上海市	1	1	—	—	—	—	—	—	—
江苏省	40	1	4	18	7	8	1	1	—
浙江省	33	1	1	9	5	13	3	1	—
安徽省	22	—	2	6	3	8	3	—	—
福建省	23	—	1	6	1	5	7	3	—
江西省	21	—	1	3	4	7	4	2	—
山东省	48	—	5	16	10	16	1	—	—
河南省	38	—	1	14	8	9	4	2	—
湖北省	36	1	1	10	7	14	3	—	—
湖南省	29	—	1	8	6	8	4	2	—
广东省	44	2	3	17	5	10	7	—	—
广西壮族自治区	21	—	1	8	1	4	4	3	—
海南省	8	—	—	2	—	4	1	1	—
重庆市	1	1	—	—	—	—	—	—	—
四川省	32	1	—	11	4	11	5	—	—
贵州省	13	—	1	2	3	3	4	—	—
云南省	17	—	1	1	2	3	5	5	—
西藏自治区	2	—	—	—	—	—	—	2	—
陕西省	13	1	—	3	1	4	3	1	—
甘肃省	16	—	1	2	—	4	3	5	1
青海省	3	—	—	—	1	—	—	1	1
宁夏回族自治区	7	—	—	—	1	—	4	2	—
新疆维吾尔自治区	21	—	1	—	—	2	7	10	1

全国市按非农业人口数分组

单位：人

地区别	市数合计	400万以上	200万至400万	100万至200万	80万至100万	50万至80万	30万至50万	10万至30万	10万以下
全国	655	10	14	39	19	77	122	321	53
北京市	1	1	—	—	—	—	—	—	—
天津市	1	1	—	—	—	—	—	—	—
河北省	33	—	1	3	1	4	3	16	5
山西省	22	—	1	1	—	2	2	12	4
内蒙古自治区	20	—	—	1	1	1	3	10	4
辽宁省	31	1	1	2	1	7	3	15	1
吉林省	28	—	1	1	1	1	6	18	—
黑龙江省	30	—	1	2	—	5	3	18	1
上海市	1	1	—	—	—	—	—	—	—
江苏省	40	1	2	6	3	6	14	7	1
浙江省	33	—	1	1	—	1	5	24	1
安徽省	22	—	—	3	3	2	3	10	1
福建省	23	—	—	2	—	1	6	11	3
江西省	21	—	—	1	—	1	6	12	1
山东省	48	—	2	4	1	10	19	12	—
河南省	38	—	1	1	1	7	5	21	2
湖北省	36	1	—	—	—	4	11	20	—
湖南省	29	—	—	1	—	5	4	18	1
广东省	44	2	2	5	3	7	12	12	1
广西壮族自治区	21	—	—	1	1	2	1	13	3
海南省	8	—	—	—	1	—	1	5	1
重庆市	1	1	—	—	—	—	—	—	—
四川省	32	1		—	—	6	6	17	2
贵州省	13	—	—	1	—	—	2	7	3
云南省	17	—	—	1	—	—	—	11	5
西藏自治区	2	—	—	—	—	—	—	1	1
陕西省	13	—	1	—	1	2	3	6	—
甘肃省	16	—	—	1	—	1	1	9	4
青海省	3	—	—	—	—	1	—	—	2
宁夏回族自治区	7	—	—	—	1	—	1	4	1
新疆维吾尔自治区	21	—	—	1	—	1	2	12	5

市总人口分组一览表

单位：人

组　　别	城市个数	城市名称	人　　数	组　　别	城市个数	城市名称	人　　数
全国	655		642 554 525			阜阳市	2 101 128
400 万以上	13		100 753 120			兰州市	2 090 599
		重庆市	15 778 209	100 万—200 万	153		206 088 918
		上海市	13 505 936			洛阳市	1 946 422
		北京市	12 101 044			南充市	1 944 146
		武汉市	8 272 385			贵港市	1 910 555
		天津市	8 201 893			南阳市	1 910 287
		广州市	6 713 181			徐州市	1 901 746
		西安市	5 687 675			桂平市	1 901 043
		南京市	5 515 533			福州市	1 900 164
		成都市	5 447 824			宿州市	1 879 256
		汕头市	5 220 147			六安市	1 874 013
		沈阳市	5 190 707			厦门市	1 852 646
		哈尔滨市	4 715 198			东莞市	1 847 691
		杭州市	4 403 388			吉林市	1 830 415
200 万—400 万	30		78 811 408			潍坊市	1 829 130
		佛山市	3 747 651			烟台市	1 796 372
		长春市	3 648 045			陆丰市	1 795 669
		济南市	3 494 419			商丘市	1 792 662
		唐山市	3 077 113			邳州市	1 786 348
		郑州市	3 024 101			邓州市	1 783 819
		大连市	2 971 247			高州市	1 726 343
		长沙市	2 967 851			廉江市	1 722 632
		太原市	2 836 785			雷州市	1 711 772
		淮安市	2 814 021			滕州市	1 690 027
		淄博市	2 808 282			淮南市	1 687 585
		深圳市	2 793 700			天门市	1 672 575
		青岛市	2 770 929			化州市	1 652 505
		南宁市	2 728 181			盐城市	1 649 203
		昆明市	2 540 513			亳州市	1 638 176
		临沂市	2 468 527			宿迁市	1 627 203
		石家庄市	2 467 361			海口市	1 623 884
		苏州市	2 452 484			泰安市	1 590 311
		乌鲁木齐市	2 435 700			兴化市	1 572 992
		无锡市	2 394 734			大同市	1 565 462
		普宁市	2 361 606			湛江市	1 560 326
		常州市	2 289 831			台州市	1 558 485
		襄阳市	2 252 544			仙桃市	1 551 360
		枣庄市	2 251 754			包头市	1 524 507
		宁波市	2 247 378			菏泽市	1 521 935
		贵阳市	2 237 447			鞍山市	1 520 940
		合肥市	2 183 371			遂宁市	1 517 665
		南昌市	2 179 857			毕节市	1 513 990
		莆田市	2 174 249			永城市	1 511 332

市总人口分组一览表

单位：人

组　　别	城市个数	城市名称	人　　数	组　　别	城市个数	城市名称	人　　数
		南安市	1 510 274			罗定市	1 224 488
		中山市	1 507 294			赤峰市	1 222 144
		自贡市	1 498 359			定州市	1 211 805
		宣威市	1 493 314			瑞安市	1 211 186
		信阳市	1 491 327			江阴市	1 208 800
		邯郸市	1 488 322			泰兴市	1 202 071
		温州市	1 478 239			温岭市	1 199 321
		简阳市	1 476 332			扬州市	1 198 771
		泸州市	1 471 930			六盘水市	1 193 200
		抚顺市	1 448 481			兴宁市	1 174 123
		宝鸡市	1 432 785			临海市	1 170 930
		浏阳市	1 423 524			聊城市	1 170 541
		如皋市	1 422 619			涟源市	1 168 359
		常德市	1 420 003			抚州市	1 167 334
		钦州市	1 419 905			永州市	1 164 937
		内江市	1 419 501			麻城市	1 163 405
		信宜市	1 416 405			邹城市	1 157 389
		漯河市	1 408 114			乐山市	1 155 435
		齐齐哈尔市	1 406 871			阳春市	1 145 181
		北流市	1 399 269			济宁市	1 134 009
		新泰市	1 399 209			东台市	1 133 970
		耒阳市	1 394 773			即墨市	1 131 794
		江门市	1 389 873			汉川市	1 128 365
		巴中市	1 383 289			荆州市	1 127 239
		丰城市	1 382 982			启东市	1 124 087
		平度市	1 376 204			吴川市	1 121 863
		惠州市	1 375 169			枣阳市	1 120 522
		项城市	1 358 687			英德市	1 120 176
		茂名市	1 357 524			安阳市	1 110 643
		大庆市	1 348 647			淮北市	1 106 522
		益阳市	1 329 333			公主岭市	1 099 359
		天水市	1 310 025			海城市	1 097 063
		榆树市	1 306 100			咸阳市	1 095 965
		福清市	1 282 346			资阳市	1 095 210
		禹州市	1 282 028			岳阳市	1 095 123
		莱芜市	1 269 512			鄂州市	1 094 323
		乐清市	1 260 270			湖州市	1 093 067
		广安市	1 255 695			儋州市	1 091 876
		通州市	1 252 545			汝州市	1 088 996
		宜昌市	1 245 873			来宾市	1 088 942
		芜湖市	1 240 895			诸城市	1 085 066
		日照市	1 239 771			保定市	1 080 610
		绵阳市	1 230 017			宜春市	1 076 832
		呼和浩特市	1 225 007			宜兴市	1 076 098

市总人口分组一览表

单位：人

组　别	城市个数	城市名称	人　数	组　别	城市个数	城市名称	人　数
		诸暨市	1 071 988			普兰店市	931 846
		林州市	1 069 934			株洲市	931 648
		晋江市	1 069 677			湘乡市	930 892
		钟祥市	1 069 642			广元市	928 142
		江都市	1 068 559			蚌埠市	927 073
		常熟市	1 067 183			青州市	917 543
		珠海市	1 060 148			营口市	910 958
		柳州市	1 058 041			西宁市	909 526
		贺州市	1 054 807			张家港市	907 868
		新沂市	1 047 009			岑溪市	907 357
		平顶山市	1 046 998			庄河市	906 693
		寿光市	1 046 317			利川市	906 143
		醴陵市	1 044 289			保山市	905 324
		慈溪市	1 041 503			张家口市	899 339
		镇江市	1 036 483			乐平市	897 923
		玉林市	1 032 812			巢湖市	895 907
		泉州市	1 031 965			绥化市	892 058
		潜江市	1 029 660			牡丹江市	885 860
		武威市	1 028 385			江油市	883 243
		新乡市	1 027 666			湘潭市	882 555
		章丘市	1 017 720			新密市	876 721
		安康市	1 012 605			安顺市	875 078
		五常市	1 003 551			遵义市	874 805
		瓦房店市	1 002 600			阆中市	873 853
80万—100万	90		79 183 552			莱阳市	873 694
		海门市	999 933			高密市	873 602
		葫芦岛市	991 330			鸡西市	872 747
		台山市	986 640			秦皇岛市	872 033
		衡阳市	985 512			宣城市	865 870
		渭南市	985 085			南通市	864 930
		肥城市	983 503			开封市	863 708
		银川市	972 170			新余市	863 166
		孝感市	956 015			萍乡市	862 249
		连云港市	955 324			眉山市	861 749
		安丘市	950 306			莱州市	858 063
		本溪市	949 277			松滋市	851 757
		广水市	947 293			海伦市	849 927
		大冶市	945 652			焦作市	846 934
		洪湖市	941 352			昭通市	845 882
		锦州市	936 558			增城市	845 790
		肇东市	936 009			通辽市	843 254
		金华市	935 662			嘉兴市	842 778
		常宁市	935 350			胶南市	841 222
		韶关市	935 115			临汾市	840 556

市总人口分组一览表

单位：人

组别	城市个数	城市名称	人数	组别	城市个数	城市名称	人数
		东营市	837 989			汨罗市	753 512
		德惠市	837 233			辽阳市	748 715
		高安市	835 606			义乌市	747 392
		辉县市	834 849			讷河市	736 436
		余姚市	834 611			莱西市	736 323
		任丘市	833 451			安庆市	735 024
		衢州市	831 879			嵊州市	734 643
		泰州市	830 150			遵化市	731 675
		双城市	826 343			沅江市	731 633
		龙海市	823 541			长治市	731 132
		东阳市	823 384			郴州市	729 712
		巩义市	822 014			迁安市	727 050
		兴义市	821 975			大丰市	725 274
		武冈市	821 054			昆山市	723 644
		高邮市	820 624			盖州市	723 239
		南康市	817 517			大石桥市	720 324
		河间市	816 666			邢台市	717 813
		佳木斯市	816 088			新郑市	714 626
		宜宾市	813 604			九台市	710 735
		驻马店市	813 290			揭阳市	705 975
		丹阳市	812 875			曲靖市	705 062
		廊坊市	809 555			荆门市	703 832
		胶州市	807 140			舟山市	700 380
		恩施市	805 367			登封市	698 970
		彭州市	805 259			新民市	698 273
		伊春市	803 352			乐陵市	696 817
		吴江市	801 784			阳泉市	696 795
50万—80万	189		118 841 424			攀枝花市	690 639
		藁城市	798 368			开平市	690 504
		姜堰市	794 477			长乐市	690 183
		界首市	792 000			濮阳市	689 651
		武安市	791 234			济源市	688 827
		丹东市	787 988			阳江市	688 362
		武穴市	787 755			邵阳市	682 442
		溧阳市	787 333			应城市	678 626
		高要市	783 332			桐乡市	676 866
		阜新市	780 673			德阳市	676 475
		上虞市	777 433			瑞金市	674 616
		临清市	767 131			鹤岗市	673 217
		长葛市	765 023			崇州市	671 763
		桂林市	760 746			靖江市	671 503
		铜川市	759 844			石首市	671 299
		灵宝市	759 138			荣成市	670 780
		桐城市	755 462			仁怀市	670 049

市总人口分组一览表

单位：人

组　　别	城市个数	城市名称	人　　数	组　　别	城市个数	城市名称	人　　数
		池州市	667 493			都江堰市	611 791
		运城市	667 123			贵溪市	611 541
		兰溪市	666 438			大理市	609 867
		海阳市	664 999			东港市	608 869
		宜州市	663 181			咸宁市	607 606
		海宁市	663 138			朝阳市	606 987
		舒兰市	662 436			四平市	605 722
		朔州市	661 672			德州市	605 354
		清远市	661 569			广汉市	604 625
		邛崃市	660 452			兴平市	604 615
		荥阳市	659 508			泊头市	603 690
		富阳市	653 832			江山市	601 273
		绍兴市	652 593			晋中市	598 410
		威海市	651 864			仪征市	598 348
		盘锦市	651 180			万源市	598 097
		明光市	649 979			松原市	597 273
		赣州市	649 406			文昌市	593 905
		福安市	648 195			白山市	593 159
		凌源市	644 982			樟树市	591 560
		涿州市	644 705			句容市	589 142
		文登市	644 578			从化市	586 826
		滨州市	643 643			承德市	585 326
		九江市	642 727			开原市	585 070
		随州市	642 286			昌邑市	582 327
		马鞍山市	639 031			北票市	582 282
		曲阜市	638 304			福鼎市	582 230
		兖州市	636 789			三亚市	581 441
		黄石市	635 402			凤城市	580 139
		龙口市	634 970			陇南市	579 176
		天长市	634 956			永康市	577 438
		鹤壁市	627 030			宜城市	572 371
		安陆市	626 912			乳山市	571 203
		辛集市	626 759			七台河市	571 045
		栖霞市	626 075			招远市	570 360
		北海市	625 528			深州市	569 478
		西昌市	625 443			凌海市	568 535
		石河子市	624 435			临河市	565 035
		霸州市	619 613			三河市	561 366
		偃师市	618 498			漳州市	560 156
		梅河口市	618 416			汉中市	555 058
		尚志市	617 270			商洛市	554 694
		周口市	615 337			金坛市	551 451
		万宁市	614 226			兴城市	551 009
		高碑店市	612 543			吉安市	550 571

市总人口分组一览表

单位：人

组　　别	城市个数	城市名称	人　　数	组　　别	城市个数	城市名称	人　　数
		黄骅市	544 426			南平市	497 340
		晋州市	543 246			衡水市	496 663
		沧州市	542 260			枝江市	496 362
		库尔勒市	541 951			阿克苏市	496 183
		防城港市	541 732			原平市	489 561
		建瓯市	540 334			沙河市	489 314
		磐石市	539 445			平湖市	487 797
		滁州市	538 975			龙岩市	485 855
		十堰市	535 911			当阳市	485 664
		榆林市	534 304			奉化市	483 937
		忻州市	533 951			敦化市	483 598
		老河口市	533 083			都匀市	482 618
		乐昌市	530 445			孝义市	482 356
		连州市	530 144			喀什市	480 202
		临湘市	528 354			高平市	478 835
		临安市	526 974			富锦市	476 015
		禹城市	526 939			南宫市	475 788
		赤壁市	522 011			南雄市	473 469
		北镇市	521 796			辽源市	473 377
		延吉市	519 972			太仓市	470 373
		平凉市	518 488			定西市	469 831
		卫辉市	517 839			北安市	465 800
		张家界市	517 679			景德镇市	462 763
		张掖市	517 036			娄底市	462 501
		清镇市	516 481			延安市	462 389
		梧州市	514 430			丹江口市	459 925
		楚雄市	514 053			固原市	458 670
		肇庆市	513 790			哈密市	457 903
		汕尾市	512 622			石嘴山市	456 683
		建德市	511 623			桦甸市	454 154
		白城市	510 007			蛟河市	451 733
		安达市	509 135			宁德市	451 669
		洪江市	507 734			瑞昌市	450 790
		绵竹市	505 962			蓬莱市	450 019
		灯塔市	505 183			东方市	449 074
		伊宁市	503 944			铜陵市	448 371
		双鸭山市	502 122			四会市	448 028
		恩平市	501 888			乌海市	445 823
		白银市	501 734			铁岭市	445 646
		琼海市	501 717			通化市	445 642
		凯里市	501 022			黄山市	439 223
30万—50万	111		45 489 860			永济市	438 170
		新乐市	499 853			洮南市	437 739
		沁阳市	499 815			什邡市	436 902

市总人口分组一览表

单位：人

组　　别	城市个数	城市名称	人　　数	组　　别	城市个数	城市名称	人　　数
		宁安市	436 401			雅安市	346 991
		峨眉山市	434 495			建阳市	343 412
		达州市	431 705			舞钢市	342 406
		扎兰屯市	428 200			丰镇市	340 571
		密山市	427 423			河池市	338 406
		玉溪市	426 095			福泉市	328 317
		双辽市	421 164			德兴市	327 129
		汾阳市	419 732			永安市	325 633
		许昌市	416 924			和田市	321 366
		大安市	415 839			梅州市	319 884
		安国市	410 656			乌兰浩特市	319 492
		介休市	409 803			石狮市	317 550
		酒泉市	406 392			临沧市	316 032
		海林市	404 096			赤水市	311 493
		韩城市	403 958			霍州市	310 401
		上饶市	403 868			河源市	308 805
		景洪市	403 538			奎屯市	307 457
		中卫市	397 175			云浮市	305 653
		河津市	397 149			吉首市	304 881
		宜都市	395 596			邵武市	303 662
		吴忠市	394 221			乌兰察布市	303 178
		个旧市	393 205	10 万—30 万	61		12 822 186
		鹿泉市	391 208			三门峡市	294 970
		丽水市	390 248			穆棱市	292 429
		铜仁市	389 277			虎林市	292 032
		宁国市	387 530			龙泉市	290 083
		铁力市	384 641			吐鲁番市	283 536
		孟州市	380 714			克拉玛依市	282 267
		资兴市	371 989			吕梁市	282 205
		潞西市	369 688			三明市	282 168
		鹤山市	368 191			开远市	281 012
		牙克石市	366 391			漳平市	280 706
		冀州市	366 129			扬中市	280 062
		冷水江市	365 843			呼伦贝尔市	273 266
		庆阳市	365 741			青铜峡市	270 290
		崇左市	365 652			华阴市	268 792
		怀化市	363 537			博乐市	266 887
		五大连池市	363 284			津市市	266 072
		昌吉市	363 270			安宁市	265 018
		华蓥市	362 376			鄂尔多斯市	263 024
		黄冈市	360 920			阿图什市	250 881
		晋城市	354 208			侯马市	245 453
		百色市	352 936			调兵山市	240 964
		潮州市	351 310			临夏市	238 168

市总人口分组一览表

单位：人

组　　别	城市个数	城市名称	人　　数	组　　别	城市个数	城市名称	人　　数
		阿勒泰市	234 845			德令哈市	73 982
		灵武市	233 352			绥芬河市	66 691
		武夷山市	230 359			阿尔山市	48 425
		鹰潭市	229 333			二连浩特市	26 297
		乌苏市	227 711				
		珲春市	226 530				
		潞城市	226 489				
		古交市	222 773				
		集安市	222 431				
		普洱市	220 927				
		金昌市	207 183				
		和龙市	194 995				
		嘉峪关市	194 506				
		阿拉尔市	190 978				
		黑河市	189 725				
		拉萨市	187 759				
		同江市	179 348				
		龙井市	177 257				
		锡林浩特市	173 651				
		临江市	170 680				
		义马市	170 517				
		塔城市	170 441				
		满洲里市	169 550				
		阜康市	167 560				
		井冈山市	163 020				
		图木舒克市	160 512				
		根河市	157 308				
		丽江市	152 947				
		玉门市	143 858				
		敦煌市	141 943				
		合山市	141 006				
		东兴市	132 509				
		瑞丽市	127 090				
		图们市	126 606				
		格尔木市	125 140				
		五指山市	112 909				
		凭祥市	111 724				
		日喀则市	110 613				
		韶山市	105 816				
10 万以下	8		564 057				
		合作市	91 394				
		五家渠市	91 018				
		额尔古纳市	83 745				
		霍林郭勒市	82 505				

市非农业人口分组一览表

单位：人

组别	城市个数	城市名称	人数
全国	655		339 002 277
400 万以上	10		67 658 945
		上海市	12 401 844
		北京市	9 874 999
		重庆市	8 064 631
		广州市	6 713 181
		天津市	5 783 704
		武汉市	5 630 647
		汕头市	5 220 147
		南京市	5 144 893
		成都市	4 516 128
		沈阳市	4 308 771
200 万—400 万	14		40 052 129
		佛山市	3 747 651
		西安市	3 563 927
		济南市	3 494 419
		哈尔滨市	3 397 101
		杭州市	3 176 324
		深圳市	2 793 700
		青岛市	2 770 929
		大连市	2 700 650
		长春市	2 595 730
		石家庄市	2 467 361
		苏州市	2 452 484
		太原市	2 342 950
		郑州市	2 275 777
		无锡市	2 273 126
100 万—200 万	39		55 540 772
		长沙市	1 993 663
		兰州市	1 872 471
		昆明市	1 856 355
		乌鲁木齐市	1 822 778
		合肥市	1 817 964
		唐山市	1 769 561
		徐州市	1 722 753
		南昌市	1 707 064
		潍坊市	1 623 235
		淄博市	1 617 899
		贵阳市	1 613 922
		临沂市	1 607 202
		福州市	1 583 290
		湛江市	1 560 326
		厦门市	1 495 039
		江门市	1 389 873
		南宁市	1 387 360
		宁波市	1 386 850
		惠州市	1 375 169
		烟台市	1 364 386
		茂名市	1 357 524
		襄阳市	1 343 258
		鞍山市	1 298 738
		大同市	1 292 976
		吉林市	1 282 438
		邯郸市	1 264 089
		宿迁市	1 257 061
		包头市	1 249 042
		常州市	1 247 384
		抚顺市	1 242 367
		芜湖市	1 240 895
		扬州市	1 198 771
		洛阳市	1 183 652
		大庆市	1 106 470
		齐齐哈尔市	1 105 626
		邳州市	1 101 805
		保定市	1 074 290
		淮安市	1 067 078
		珠海市	1 060 148
80 万—100 万	19		16 755 892
		海口市	975 689
		淮南市	972 970
		商丘市	958 282
		东莞市	940 912
		呼和浩特市	940 380
		盐城市	935 684
		韶关市	935 115
		柳州市	884 470
		秦皇岛市	872 022
		如皋市	869 296
		南通市	864 847
		公主岭市	847 083
		银川市	846 540
		枣庄市	840 556
		本溪市	833 538
		宝鸡市	829 298
		平顶山市	805 630
		淮北市	802 695
		中山市	800 885
50 万—80 万	77		48 030 938

市非农业人口分组一览表

单位：人

组别	城市个数	城市名称	人数	组别	城市个数	城市名称	人数
		镇江市	790 986			日照市	596 333
		济宁市	790 777			开封市	592 933
		伊春市	775 027			宜兴市	592 418
		锦州市	763 765			南阳市	587 603
		西宁市	755 273			新沂市	585 941
		新乡市	754 428			莱芜市	581 498
		张家口市	753 291			盘锦市	578 433
		安阳市	736 520			江都市	572 171
		宜昌市	727 103			石河子市	568 590
		鸡西市	726 705			阳泉市	565 458
		营口市	726 697			漯河市	563 671
		菏泽市	723 427			赤峰市	562 804
		岳阳市	714 576			湘潭市	562 554
		揭阳市	705 975			常熟市	561 859
		阜新市	696 429			泰州市	555 101
		阳江市	688 362			葫芦岛市	550 517
		普宁市	686 981			四平市	549 322
		绵阳市	684 527			沧州市	542 260
		陆丰市	683 795			攀枝花市	538 258
		衡阳市	680 109			防城港市	537 886
		温州市	677 852			滨州市	533 511
		东营市	675 483			马鞍山市	532 588
		咸阳市	672 517			江阴市	532 573
		牡丹江市	672 237			常德市	531 759
		清远市	661 569			滕州市	528 120
		蚌埠市	661 368			丰城市	523 975
		焦作市	656 829			乐山市	520 842
		泰安市	655 455			信阳市	520 260
		天水市	648 862			阜阳市	518 978
		南充市	646 719			泸州市	518 260
		自贡市	646 523			肇庆市	513 790
		荆州市	642 349			汕尾市	512 622
		株洲市	641 788			枣阳市	511 666
		连云港市	639 240	30万—50万	122		47 224 173
		桂林市	637 403			即墨市	499 854
		邢台市	628 277			潜江市	499 272
		泉州市	625 872			承德市	498 203
		佳木斯市	613 372			高州市	495 194
		鹤岗市	605 616			廊坊市	493 207
		辽阳市	605 575			通州市	489 552
		丹东市	605 205			诸城市	489 123
		聊城市	604 020			绍兴市	488 726
		长治市	599 774			十堰市	487 304
		黄石市	597 726			寿光市	486 157

市非农业人口分组一览表

单位：人

组别	城市个数	城市名称	人数	组别	城市个数	城市名称	人数
		九江市	485 866			通化市	388 022
		威海市	484 836			铜陵市	388 001
		白山市	468 088			临汾市	384 020
		安庆市	464 818			肥城市	383 319
		东台市	464 011			辽源市	382 281
		通辽市	463 305			宜宾市	380 596
		六盘水市	460 207			石嘴山市	379 204
		遵义市	459 871			高密市	377 405
		新泰市	458 773			南安市	376 264
		双鸭山市	456 270			信宜市	376 216
		湖州市	454 775			赣州市	375 241
		延吉市	448 662			景德镇市	374 542
		平度市	446 083			内江市	370 459
		乌海市	445 651			廉江市	368 219
		萍乡市	444 119			福清市	367 461
		濮阳市	441 506			晋江市	366 756
		嘉兴市	438 231			龙口市	366 040
		莆田市	435 180			莱州市	365 986
		泰兴市	434 622			铁岭市	364 068
		海门市	433 980			漳州市	363 183
		罗定市	430 953			朝阳市	359 939
		邵阳市	429 549			松原市	357 941
		德州市	428 688			鄂州市	357 091
		鹤壁市	426 787			瓦房店市	355 374
		遂宁市	424 643			永州市	354 753
		章丘市	423 632			牙克石市	353 685
		昆山市	421 611			孝感市	352 662
		宿州市	419 990			靖江市	351 566
		许昌市	416 924			潮州市	351 310
		天门市	416 792			抚州市	351 147
		仙桃市	415 175			荆门市	347 515
		大冶市	414 837			增城市	344 387
		渭南市	414 729			六安市	344 269
		儋州市	409 302			郴州市	341 899
		七台河市	407 418			益阳市	339 335
		安丘市	407 332			库尔勒市	338 987
		铜川市	405 892			雷州市	337 041
		荣成市	401 043			兴平市	336 759
		邹城市	398 175			眉山市	336 686
		都江堰市	396 554			伊宁市	336 128
		张家港市	395 012			广元市	335 929
		德阳市	394 529			新余市	333 480
		胶南市	393 253			衡水市	331 208
		胶州市	388 274			吴江市	330 374

市非农业人口分组一览表

单位：人

组别	城市个数	城市名称	人数	组别	城市个数	城市名称	人数
		辉县市	329 492			巴中市	281 566
		莱西市	328 418			定州市	280 313
		白银市	327 355			贵港市	280 284
		龙岩市	325 878			衢州市	278 569
		兴宁市	325 461			克拉玛依市	278 443
		金华市	324 917			姜堰市	277 475
		临清市	322 005			奎屯市	277 349
		梅州市	319 884			丹阳市	277 282
		吴川市	318 283			铁力市	275 736
		青州市	317 993			曲阜市	274 606
		启东市	317 516			达州市	274 599
		晋中市	314 965			上虞市	274 478
		台州市	313 254			汉中市	269 636
		普兰店市	313 107			阿克苏市	267 655
		昌邑市	310 781			宜春市	267 633
		河源市	308 805			敦化市	267 327
		金坛市	307 597			大丰市	265 568
		任丘市	305 819			彭州市	265 338
		云浮市	305 640			江油市	265 299
		溧阳市	305 218			从化市	265 207
		北海市	305 176			桐乡市	264 898
		应城市	302 147			台山市	262 671
		仪征市	300 844			乌兰察布市	262 566
		阳春市	300 330			济源市	262 442
10万—30万	321		59 889 453			滁州市	261 908
		哈密市	297 832			化州市	261 898
		句容市	295 956			南平市	260 245
		高邮市	294 748			曲靖市	258 318
		娄底市	294 163			梅河口市	258 206
		莱阳市	293 967			周口市	257 965
		三亚市	292 720			简阳市	257 440
		梧州市	291 895			呼伦贝尔市	257 316
		晋城市	290 670			招远市	255 721
		驻马店市	290 400			辛集市	254 640
		绥化市	288 607			文登市	253 734
		兖州市	287 581			临河市	251 194
		喀什市	286 617			老河口市	251 176
		兴化市	286 485			霸州市	250 460
		白城市	285 814			资阳市	250 318
		舟山市	285 643			吉安市	247 521
		海城市	285 466			邛崃市	246 271
		广安市	285 015			咸宁市	245 772
		肇东市	284 215			海林市	245 400
		北安市	281 664			乐昌市	244 518

市非农业人口分组一览表

单位：人

组别	城市个数	城市名称	人数	组别	城市个数	城市名称	人数
		钟祥市	244 210			朔州市	211 299
		随州市	244 206			榆树市	206 808
		尚志市	244 053			福鼎市	206 702
		藁城市	243 123			黄冈市	206 551
		长乐市	242 374			恩施市	206 415
		怀化市	242 107			黄骅市	204 987
		乌兰浩特市	241 789			永城市	204 227
		宜城市	240 423			黄山市	203 103
		开平市	239 971			禹州市	202 949
		庄河市	239 579			乐平市	202 331
		运城市	239 172			忻州市	201 869
		巢湖市	238 814			温岭市	201 768
		韩城市	236 196			北票市	201 293
		延安市	236 027			太仓市	201 252
		项城市	235 950			高安市	200 605
		昌吉市	234 310			登封市	200 010
		平湖市	233 726			英德市	199 885
		义乌市	232 389			崇州市	199 820
		孝义市	231 257			五大连池市	199 120
		武威市	230 989			西昌市	197 800
		三门峡市	230 926			安达市	197 224
		瑞安市	230 333			泊头市	196 789
		海宁市	228 845			舒兰市	196 487
		五常市	228 427			虎林市	195 022
		高碑店市	226 855			嘉峪关市	194 506
		阆中市	225 457			榆林市	193 768
		耒阳市	223 531			丹江口市	193 734
		安顺市	222 888			福安市	193 326
		安康市	222 563			吴忠市	191 668
		大石桥市	220 929			商洛市	191 243
		玉林市	218 987			桦甸市	191 173
		三明市	218 906			涿州市	191 094
		亳州市	218 468			毕节市	189 810
		汉川市	218 274			慈溪市	189 741
		钦州市	218 125			张掖市	189 455
		三河市	218 080			盖州市	188 335
		四会市	217 965			栖霞市	188 214
		广汉市	213 707			冷水江市	188 100
		恩平市	212 610			拉萨市	187 759
		上饶市	212 451			余姚市	186 617
		大理市	212 228			万宁市	186 241
		海阳市	212 169			富锦市	185 968
		个旧市	211 693			乐陵市	185 324
		麻城市	211 404			新密市	184 895

市非农业人口分组一览表

单位：人

组　　别	城市个数	城市名称	人　　数	组　　别	城市个数	城市名称	人　　数
		凯里市	184 604			石首市	162 038
		河间市	182 758			双辽市	161 147
		峨眉山市	182 454			乳山市	161 122
		鄂尔多斯市	182 403			龙海市	159 837
		凤城市	182 290			金昌市	159 489
		密山市	182 082			樟树市	158 293
		林州市	181 093			楚雄市	157 721
		洪湖市	180 818			根河市	157 239
		九台市	180 372			长葛市	156 804
		嵊州市	179 716			新郑市	155 568
		调兵山市	179 455			浏阳市	155 408
		蓬莱市	178 415			贺州市	155 199
		沅江市	177 597			洮南市	154 000
		酒泉市	176 682			巩义市	153 132
		常宁市	175 677			中卫市	152 685
		海伦市	175 611			阿勒泰市	152 433
		赤壁市	175 049			醴陵市	152 228
		武安市	174 734			琼海市	151 296
		广水市	173 631			东阳市	151 192
		磐石市	173 267			界首市	150 849
		邓州市	172 835			新民市	150 831
		双城市	172 705			锡林浩特市	150 809
		平凉市	172 556			临海市	150 239
		汨罗市	172 090			临夏市	149 652
		蛟河市	170 438			德惠市	149 317
		宣城市	170 318			兴义市	149 159
		满洲里市	169 389			开原市	147 403
		天长市	169 157			建阳市	147 352
		诸暨市	168 640			宁安市	146 493
		禹城市	168 625			池州市	146 126
		永安市	167 973			迁安市	145 712
		桂平市	167 391			大安市	145 686
		来宾市	167 097			古交市	145 313
		扎兰屯市	166 947			宣威市	145 207
		都匀市	166 942			鹰潭市	144 568
		雅安市	165 641			玉溪市	144 465
		松滋市	165 471			安宁市	144 249
		涟源市	165 245			岑溪市	143 226
		博乐市	164 405			宁德市	142 562
		武穴市	163 952			南康市	141 581
		建瓯市	163 892			华阴市	141 395
		珲春市	163 465			东港市	140 728
		张家界市	163 412			图木舒克市	139 956
		景洪市	163 400			富阳市	139 807

市非农业人口分组一览表

单位：人

组　　别	城市个数	城市名称	人　　数	组　　别	城市个数	城市名称	人　　数
		铜仁市	139 198			南雄市	119 772
		枝江市	138 246			沙河市	119 456
		和田市	138 008			格尔木市	119 441
		陇南市	137 850			贵溪市	119 432
		北流市	137 178			安陆市	118 851
		吕梁市	136 077			瑞昌市	118 678
		义马市	136 004			桐城市	118 570
		原平市	135 742			灵武市	117 414
		利川市	135 057			高要市	116 320
		邵武市	134 871			河池市	116 264
		凌源市	134 263			宜都市	115 026
		兴城市	134 237			汝州市	114 486
		吉首市	134 178			津市市	114 017
		讷河市	134 015			东方市	112 703
		黑河市	133 404			北镇市	112 493
		绵竹市	133 372			临安市	110 267
		瑞金市	133 318			庆阳市	109 757
		湘乡市	133 151			龙井市	109 590
		侯马市	132 458			临江市	108 769
		东兴市	132 117			遵化市	108 637
		兰溪市	131 975			舞钢市	108 479
		穆棱市	131 007			集安市	108 370
		建德市	130 055			奉化市	108 168
		新乐市	128 133			河津市	107 558
		保山市	127 452			鹤山市	107 210
		当阳市	127 266			华蓥市	106 948
		德兴市	126 663			塔城市	106 935
		百色市	126 168			清镇市	106 730
		固原市	125 524			武冈市	106 162
		卫辉市	125 253			安国市	106 015
		昭通市	125 136			荥阳市	105 741
		资兴市	124 893			开远市	105 657
		霍州市	124 816			同江市	104 983
		丽水市	124 716			宜州市	104 039
		凌海市	124 340			永康市	102 641
		介休市	124 190			江山市	102 588
		洪江市	123 915			丰镇市	101 890
		明光市	123 894			图们市	100 448
		临湘市	123 849	10 万以下	53		3 849 975
		乐清市	123 607			灯塔市	98 261
		灵宝市	122 158			万源市	97 878
		文昌市	121 653			石狮市	97 415
		和龙市	121 277			鹿泉市	97 076
		阿拉尔市	119 862			什邡市	96 738

市非农业人口分组一览表

单位：人

组　　别	城市个数	城市名称	人　　数	组　　别	城市个数	城市名称	人　　数
		定西市	96 733			敦煌市	40 675
		仁怀市	96 601			凭祥市	32 873
		深州市	96 288			二连浩特市	24 806
		阜康市	96 024			韶山市	16 308
		沁阳市	93 809				
		普洱市	93 582				
		晋州市	93 507				
		偃师市	91 337				
		永济市	91 254				
		汾阳市	90 117				
		五家渠市	87 243				
		连州市	86 977				
		青铜峡市	86 481				
		吐鲁番市	86 037				
		阿图什市	85 859				
		漳平市	85 340				
		南宫市	84 047				
		高平市	83 724				
		霍林郭勒市	82 401				
		潞西市	80 990				
		宁国市	80 747				
		乌苏市	80 146				
		武夷山市	79 989				
		扬中市	78 996				
		额尔古纳市	77 123				
		赤水市	73 518				
		冀州市	72 576				
		崇左市	71 159				
		丽江市	67 223				
		福泉市	63 225				
		合山市	59 151				
		临沧市	57 987				
		德令哈市	56 298				
		合作市	55 936				
		孟州市	55 613				
		绥芬河市	55 211				
		五指山市	52 286				
		潞城市	49 183				
		阿尔山市	48 425				
		玉门市	48 188				
		瑞丽市	47 963				
		日喀则市	43 027				
		井冈山市	42 985				
		龙泉市	42 639				

全国县人口分组

全国县按人口数分组

单位：人

地区别	县数合计	100万以上	80万至100万	50万至80万	30万至50万	10万至30万	10万以下
全国	1 632	134	91	277	466	468	196
北京市	2	—	—	—	1	1	—
天津市	3	—	1	1	1	—	—
河北省	114	1	2	23	57	31	—
山西省	85	—	—	4	21	55	5
内蒙古自治区	69	—	—	3	21	29	16
辽宁省	27	1	—	9	13	3	1
吉林省	20	1	—	4	8	6	1
黑龙江省	46	—	—	7	17	18	4
上海市	1	—	—	1	—	—	—
江苏省	25	14	4	3	4	—	—
浙江省	36	1	2	6	18	8	1
安徽省	56	17	6	16	8	8	1
福建省	44	2	2	7	15	18	—
江西省	70	4	4	13	29	20	—
山东省	60	10	10	23	14	2	1
河南省	88	21	18	31	17	1	—
湖北省	40	6	1	11	17	5	—
湖南省	71	11	14	18	18	10	—
广东省	44	8	6	12	9	8	1
广西壮族自治区	68	8	1	12	31	16	—
海南省	10	—	—	2	4	4	—
重庆市	21	4	9	6	1	1	—
四川省	124	18	7	19	20	32	28
贵州省	67	5	3	12	29	18	—
云南省	108	2	1	10	34	57	4
西藏自治区	71	—	—	—	—	1	70
陕西省	80	—	—	12	26	32	10
甘肃省	65	—	—	9	17	30	9
青海省	37	—	—	—	4	10	23
宁夏回族自治区	12	—	—	1	3	8	—
新疆维吾尔自治区	68	—	—	2	9	36	21

各省、自治区、直辖市分区、市、县人口

北京市市县人口

单位：人

地区别	总户数（户）	总人口 合计	总人口 男	总人口 女	总人口中非农业人口
北京市	5 031 503	12 809 157	6 438 446	6 370 711	10 165 566
市辖区	4 691 976	12 101 044	6 082 225	6 018 819	9 874 999
东城区	217 367	623 472	307 396	316 076	623 472
西城区	265 870	815 600	407 275	408 325	815 600
崇文区	126 393	338 238	168 547	169 691	338 217
宣武区	203 624	548 650	273 817	274 833	548 648
朝阳区	751 215	1 938 304	973 105	965 199	1 795 911
丰台区	448 183	1 080 805	548 984	531 821	960 207
石景山区	138 233	366 065	189 314	176 751	366 065
海淀区	683 307	2 274 290	1 150 879	1 123 411	2 188 246
门头沟区	118 113	247 504	126 968	120 536	190 618
房山区	357 191	774 641	388 946	385 695	425 550
通州区	328 227	672 916	334 235	338 681	343 435
顺义区	262 945	587 715	291 327	296 388	311 590
昌平区	240 889	548 295	277 100	271 195	346 583
大兴区	249 247	610 468	305 126	305 342	301 710
怀柔区	133 048	277 626	139 496	138 130	122 670
平谷区	168 124	396 455	199 710	196 745	196 477
县	339 527	708 113	356 221	351 892	290 567
密云县	203 511	428 829	214 967	213 862	173 029
延庆县	136 016	279 284	141 254	138 030	117 538

天津市市县人口

单位：人

地区别	总户数（户）	总人口			总人口中非农业人口
		合计	男	女	
天津市	3 486 710	10 003 986	5 029 165	4 974 821	6 152 565
市辖区	2 892 604	8 201 893	4 112 066	4 089 827	5 783 704
和平区	135 094	403 236	194 006	209 230	402 197
河东区	283 617	744 851	376 035	368 816	744 258
河西区	280 964	807 081	397 369	409 712	800 276
南开区	304 225	869 551	436 851	432 700	851 011
河北区	239 983	632 863	319 190	313 673	631 605
红桥区	209 042	539 426	271 970	267 456	535 863
东丽区	135 558	356 285	179 596	176 689	161 437
西青区	130 574	375 864	183 201	192 663	126 752
津南区	148 235	421 269	209 831	211 438	129 196
北辰区	140 818	378 222	188 416	189 806	175 058
武清区	272 091	855 866	426 440	429 426	162 816
宝坻区	200 825	676 283	340 654	335 629	134 974
滨海新区	411 578	1 141 096	588 507	552 589	928 261
县	594 106	1 802 093	917 099	884 994	368 861
宁河县	131 386	387 544	196 733	190 811	103 667
静海县	199 928	571 623	290 981	280 642	114 656
蓟　县	262 792	842 926	429 385	413 541	150 538

河北省市县人口

单位：人

地区别	总户数（户）	总人口 合计	男	女	总人口中非农业人口
河北省	22 595 303	73 447 625	37 415 631	36 031 994	23 436 841
石家庄市	2 818 571	9 972 927	5 023 631	4 949 296	4 135 938
市辖区	652 928	2 467 361	1 216 716	1 250 645	2 467 361
长安区	122 781	432 237	212 847	219 390	432 237
桥东区	95 220	384 499	194 777	189 722	384 499
桥西区	126 701	506 800	246 982	259 818	506 800
新华区	137 813	489 653	240 189	249 464	489 653
井陉矿区	28 652	96 321	50 269	46 052	96 321
裕华区	141 761	557 851	271 652	286 199	557 851
井陉县	107 102	329 288	169 527	159 761	73 007
正定县	126 136	475 478	234 759	240 719	113 135
栾城县	88 287	327 492	164 837	162 655	75 193
行唐县	140 930	450 247	228 498	221 749	63 780
灵寿县	101 142	335 312	170 322	164 990	73 559
高邑县	52 151	191 848	98 396	93 452	54 298
深泽县	81 357	257 983	131 047	126 936	37 540
赞皇县	84 899	261 612	136 044	125 568	34 469
无极县	140 851	516 754	262 647	254 107	77 863
平山县	154 680	485 198	248 945	236 253	70 194
元氏县	98 632	426 561	219 251	207 310	81 167
赵县	165 950	588 359	305 378	282 981	97 893
辛集市	207 797	626 759	313 893	312 866	254 640
藁城市	215 076	798 368	399 752	398 616	243 123
晋州市	153 364	543 246	276 901	266 345	93 507
新乐市	131 939	499 853	253 575	246 278	128 133
鹿泉市	115 350	391 208	193 143	198 065	97 076
唐山市	2 290 350	7 370 677	3 737 745	3 632 932	2 472 079
市辖区	975 816	3 077 113	1 551 617	1 525 496	1 769 561
路南区	121 455	370 011	189 111	180 900	324 968
路北区	220 568	655 736	327 043	328 693	633 425
古冶区	124 087	358 322	179 912	178 410	265 915
开平区	84 063	241 473	120 174	121 299	136 084
丰润区	274 503	926 332	470 650	455 682	278 706
丰南区	151 140	525 239	264 727	260 512	130 463
滦县	160 215	553 817	282 984	270 833	95 975
滦南县	168 748	568 400	288 389	280 011	84 307
乐亭县	161 240	493 533	248 896	244 637	88 987
迁西县	108 188	385 371	197 854	187 517	49 655
玉田县	200 221	676 811	345 070	331 741	109 622
唐海县	52 662	156 907	77 743	79 164	19 623
遵化市	230 328	731 675	370 117	361 558	108 637
迁安市	232 932	727 050	375 075	351 975	145 712

河北省市县人口

单位：人

地区别	总户数（户）	总人口 合计	男	女	总人口中非农业人口
秦皇岛市	1 067 100	2 897 973	1 475 784	1 422 189	1 305 499
市辖区	315 386	872 033	433 872	438 161	872 022
海港区	230 572	658 634	328 930	329 704	658 631
山海关区	55 340	144 470	72 069	72 401	144 462
北戴河区	29 474	68 929	32 873	36 056	68 929
青龙满族自治县	186 933	549 825	291 854	257 971	87 818
昌黎县	216 751	559 207	282 372	276 835	153 175
抚宁县	193 663	494 425	250 745	243 680	98 613
卢龙县	154 367	422 483	216 941	205 542	93 871
邯郸市	2 588 068	9 799 478	5 014 644	4 784 834	3 084 760
市辖区	435 621	1 488 322	783 819	704 503	1 264 089
邯山区	101 093	356 312	183 599	172 713	323 920
丛台区	102 949	364 254	182 903	181 351	363 964
复兴区	74 810	258 079	147 623	110 456	258 017
峰峰矿区	156 769	509 677	269 694	239 983	318 188
邯郸县	98 067	426 841	212 652	214 189	126 422
临漳县	170 100	698 191	357 446	340 745	132 089
成安县	114 270	432 443	217 708	214 735	39 668
大名县	219 942	875 694	447 042	428 652	176 398
涉县	146 005	405 917	210 775	195 142	47 589
磁县	204 837	689 607	353 261	336 346	91 669
肥乡县	88 684	373 696	188 106	185 590	119 062
永年县	253 762	1 035 741	527 373	508 368	208 641
邱县	64 183	243 658	123 163	120 495	73 405
鸡泽县	61 478	297 060	152 548	144 512	174 703
广平县	69 488	286 258	143 951	142 307	79 711
馆陶县	81 898	343 047	174 399	168 648	67 602
魏县	222 606	952 691	484 834	467 857	265 522
曲周县	116 533	459 078	234 683	224 395	43 456
武安市	240 594	791 234	402 884	388 350	174 734
邢台市	2 207 437	7 369 032	3 771 957	3 597 075	1 754 871
市辖区	238 288	717 813	367 462	350 351	628 277
桥东区	114 917	326 792	164 263	162 529	237 256
桥西区	123 371	391 021	203 199	187 822	391 021
邢台县	136 440	392 044	197 876	194 168	60 062
临城县	73 589	209 653	107 287	102 366	26 932
内丘县	83 137	277 021	141 528	135 493	45 410
柏乡县	65 170	197 572	102 097	95 475	31 631
隆尧县	151 161	524 783	269 711	255 072	92 984
任县	94 791	354 133	181 804	172 329	84 766
南和县	105 334	356 934	182 952	173 982	58 091
宁晋县	239 685	790 121	407 202	382 919	162 776

河北省市县人口

单位：人

地区别	总户数（户）	总人口 合计	男	女	总人口中非农业人口
巨鹿县	124 162	396 892	202 264	194 628	44 227
新河县	58 156	172 289	87 002	85 287	17 209
广宗县	94 246	311 359	158 696	152 663	18 360
平乡县	87 983	328 798	168 455	160 343	45 174
威县	175 192	593 452	305 069	288 383	122 355
清河县	114 670	406 542	210 614	195 928	47 509
临西县	101 375	374 524	193 196	181 328	65 605
南宫市	127 404	475 788	240 710	235 078	84 047
沙河市	136 654	489 314	248 032	241 282	119 456
保定市	3 565 839	11 607 160	5 891 113	5 716 047	3 412 153
市辖区	347 641	1 080 610	537 709	542 901	1 074 290
新市区	149 234	483 707	242 573	241 134	483 367
北市区	107 425	319 722	156 916	162 806	319 678
南市区	90 982	277 181	138 220	138 961	271 245
满城县	121 674	391 297	198 291	193 006	49 598
清苑县	169 241	654 957	333 653	321 304	111 171
涞水县	144 060	351 845	178 317	173 528	62 910
阜平县	80 232	223 104	113 802	109 302	43 165
徐水县	188 466	590 814	299 058	291 756	118 285
定兴县	163 145	583 243	296 221	287 022	122 883
唐县	172 502	583 399	297 384	286 015	48 637
高阳县	107 287	338 150	171 965	166 185	72 857
容城县	80 553	266 415	135 836	130 579	96 651
涞源县	97 376	282 448	149 225	133 223	80 348
望都县	77 564	267 822	135 030	132 792	63 002
安新县	139 093	443 809	227 020	216 789	74 004
易县	192 249	567 483	290 890	276 593	112 849
曲阳县	179 179	614 274	311 954	302 320	166 566
蠡县	143 232	526 523	270 790	255 733	102 005
顺平县	94 008	313 201	160 584	152 617	48 244
博野县	74 512	268 942	136 355	132 587	50 536
雄县	112 911	379 115	193 494	185 621	109 875
涿州市	236 421	644 705	325 532	319 173	191 094
定州市	338 653	1 211 805	611 882	599 923	280 313
安国市	135 016	410 656	206 388	204 268	106 015
高碑店市	170 824	612 543	309 733	302 810	226 855
张家口市	1 795 583	4 674 141	2 412 873	2 261 268	1 544 958
市辖区	337 965	899 339	453 353	445 986	753 291
桥东区	98 407	277 627	139 337	138 290	235 817
桥西区	93 567	238 121	117 990	120 131	206 736
宣化区	115 693	315 839	161 182	154 657	269 695
下花园区	30 298	67 752	34 844	32 908	41 043

河北省市县人口

单位：人

地区别	总户数（户）	总人口			总人口中非农业人口
		合计	男	女	
宣化县	121 294	306 527	160 079	146 448	50 087
张北县	156 338	385 586	198 086	187 500	79 898
康保县	106 998	279 970	143 668	136 302	48 297
沽源县	89 491	232 961	120 533	112 428	30 554
尚义县	75 756	194 299	99 776	94 523	50 126
蔚县	171 027	494 725	262 277	232 448	80 004
阳原县	107 963	280 441	145 685	134 756	80 226
怀安县	96 010	247 117	126 868	120 249	81 266
万全县	84 915	227 557	116 566	110 991	41 814
怀来县	134 260	354 479	181 872	172 607	106 941
涿鹿县	141 748	349 458	182 581	166 877	60 515
赤城县	121 009	296 377	156 865	139 512	53 933
崇礼县	50 809	125 305	64 664	60 641	28 006
承德市	1 297 748	3 743 084	1 937 280	1 805 804	1 132 125
市辖区	217 359	585 326	293 404	291 922	498 203
双桥区	138 221	373 701	185 294	188 407	322 733
双滦区	53 859	145 164	74 258	70 906	114 867
鹰手营子矿区	25 279	66 461	33 852	32 609	60 603
承德县	142 978	419 331	220 364	198 967	63 393
兴隆县	114 404	325 629	167 330	158 299	76 322
平泉县	160 943	475 010	246 211	228 799	132 985
滦平县	112 873	317 932	163 382	154 550	69 747
隆化县	145 273	438 961	230 894	208 067	80 476
丰宁满族自治县	146 590	399 071	206 857	192 214	69 491
宽城满族自治县	77 712	249 287	130 879	118 408	49 146
围场满族蒙古族自治县	179 616	532 537	277 959	254 578	92 362
沧州市	2 303 600	7 348 168	3 765 688	3 582 480	2 246 246
市辖区	161 821	542 260	272 326	269 934	542 260
新华区	68 831	243 627	124 425	119 202	243 627
运河区	92 990	298 633	147 901	150 732	298 633
沧县	188 973	692 336	355 589	336 747	67 358
青县	132 156	413 876	211 319	202 557	120 186
东光县	118 839	369 701	188 535	181 166	78 941
海兴县	78 673	233 703	119 586	114 117	57 452
盐山县	136 761	457 805	236 921	220 884	108 173
肃宁县	115 811	344 728	176 180	168 548	78 488
南皮县	114 723	379 496	196 336	183 160	62 008
吴桥县	108 651	286 772	144 206	142 566	51 484
献县	177 173	611 485	314 069	297 416	123 007
孟村回族自治县	71 777	217 773	112 484	105 289	66 536
泊头市	192 153	603 690	308 646	295 044	196 789
任丘市	322 418	833 451	425 328	408 123	305 819

河北省市县人口

单位：人

地区别	总户数（户）	总人口			总人口中非农业人口
		合计	男	女	
黄骅市	155 742	544 426	283 318	261 108	204 987
河间市	227 929	816 666	420 845	395 821	182 758
廊坊市	1 290 965	4 249 226	2 150 983	2 098 243	1 324 202
市辖区	248 774	809 555	407 759	401 796	493 207
安次区	101 590	348 992	175 927	173 065	83 069
广阳区	147 184	460 563	231 832	228 731	410 138
固安县	131 553	439 209	222 141	217 068	85 541
永清县	109 888	388 024	197 139	190 885	42 279
香河县	110 402	326 089	162 109	163 980	82 980
大城县	167 902	487 691	252 499	235 192	61 001
文安县	141 659	495 979	256 336	239 643	54 799
大厂回族自治县	50 732	121 700	60 252	61 448	35 855
霸州市	165 992	619 613	314 876	304 737	250 460
三河市	164 063	561 366	277 872	283 494	218 080
衡水市	1 370 042	4 415 759	2 233 933	2 181 826	1 024 010
市辖区	146 761	496 663	247 881	248 782	331 208
桃城区	146 761	496 663	247 881	248 782	331 208
枣强县	123 989	405 198	204 680	200 518	70 801
武邑县	101 899	330 145	167 136	163 009	50 042
武强县	66 694	218 844	110 898	107 946	34 785
饶阳县	83 225	290 587	147 805	142 782	50 477
安平县	98 315	328 866	167 316	161 550	102 490
故城县	158 775	514 598	261 132	253 466	92 750
景县	160 265	539 546	273 156	266 390	76 068
阜城县	120 125	355 705	180 614	175 091	46 525
冀州市	128 466	366 129	183 042	183 087	72 576
深州市	181 528	569 478	290 273	279 205	96 288

山西省市县人口

单位：人

地区别	总户数（户）	总人口			总人口中非农业人口
		合计	男	女	
山西省	12 331 273	34 995 004	17 916 487	17 078 517	11 624 385
太原市	1 070 862	3 650 188	1 862 956	1 787 232	2 617 064
市辖区	775 808	2 836 785	1 445 675	1 391 110	2 342 950
小店区	152 052	608 704	304 441	304 263	465 434
迎泽区	144 661	520 021	254 527	265 494	495 600
杏花岭区	168 660	588 072	301 219	286 853	556 351
尖草坪区	103 658	356 777	186 866	169 911	253 344
万柏林区	146 478	564 552	298 862	265 690	494 427
晋源区	60 299	198 659	99 760	98 899	77 794
清徐县	109 998	316 480	158 040	158 440	67 712
阳曲县	59 828	147 643	76 475	71 168	33 133
娄烦县	45 658	126 507	66 194	60 313	27 956
古交市	79 570	222 773	116 572	106 201	145 313
大同市	1 234 559	3 188 778	1 633 914	1 554 864	1 599 365
市辖区	570 823	1 565 462	800 703	764 759	1 292 976
城区	239 614	671 500	336 898	334 602	671 376
矿区	165 073	485 671	258 040	227 631	485 671
南郊区	119 487	301 981	150 336	151 645	118 982
新荣区	46 649	106 310	55 429	50 881	16 947
阳高县	120 787	288 310	147 072	141 238	49 532
天镇县	93 008	218 529	110 850	107 679	37 764
广灵县	71 541	181 120	95 797	85 323	33 851
灵丘县	98 182	243 592	126 019	117 573	38 916
浑源县	131 879	359 577	182 305	177 272	62 744
左云县	66 796	149 569	76 173	73 396	42 289
大同县	81 543	182 619	94 995	87 624	41 293
阳泉市	495 161	1 314 388	681 419	632 969	703 691
市辖区	233 306	696 795	366 528	330 267	565 458
城区	63 055	228 554	117 487	111 067	228 554
矿区	73 414	258 880	139 603	119 277	258 880
郊区	96 837	209 361	109 438	99 923	78 024
平定县	134 730	316 072	160 800	155 272	74 404
盂县	127 125	301 521	154 091	147 430	63 829
长治市	1 108 647	3 342 915	1 716 120	1 626 795	1 055 099
市辖区	216 696	731 132	369 276	361 856	599 774
城区	117 180	418 189	208 757	209 432	418 189
郊区	99 516	312 943	160 519	152 424	181 585
长治县	115 388	339 852	169 078	170 774	47 455
襄垣县	82 797	261 951	142 356	119 595	74 853
屯留县	85 058	269 133	137 489	131 644	48 519
平顺县	56 467	155 274	79 541	75 733	19 717
黎城县	63 708	167 513	86 919	80 594	39 631

山西省市县人口

单位：人

地区别	总户数（户）	总人口 合计	男	女	总人口中非农业人口
壶关县	102 838	292 866	148 091	144 775	32 388
长子县	119 497	357 954	181 650	176 304	38 861
武乡县	72 716	208 181	110 912	97 269	32 308
沁县	58 859	175 370	92 675	82 695	44 581
沁源县	58 339	157 200	82 641	74 559	27 829
潞城市	76 284	226 489	115 492	110 997	49 183
晋城市	799 567	2 174 770	1 093 921	1 080 849	580 001
市辖区	129 494	354 208	179 414	174 794	290 670
城区	129 494	354 208	179 414	174 794	290 670
沁水县	96 449	205 564	104 061	101 503	43 885
阳城县	168 241	383 770	191 939	191 831	75 503
陵川县	85 256	255 699	131 638	124 061	31 411
泽洲县	168 477	496 694	249 670	247 024	54 808
高平市	151 650	478 835	237 199	241 636	83 724
朔州市	641 535	1 612 875	829 540	783 335	436 746
市辖区	253 825	661 672	338 535	323 137	211 299
朔城区	171 048	431 801	221 669	210 132	171 351
平鲁区	82 777	229 871	116 866	113 005	39 948
山阴县	100 875	240 507	122 423	118 084	61 261
应县	121 544	310 321	160 546	149 775	44 790
右玉县	46 739	113 826	58 151	55 675	20 044
怀仁县	118 552	286 549	149 885	136 664	99 352
晋中市	1 226 297	3 232 832	1 658 678	1 574 154	925 455
市辖区	197 954	598 410	301 241	297 169	314 965
榆次区	197 954	598 410	301 241	297 169	314 965
榆社县	55 173	142 230	75 215	67 015	27 973
左权县	63 578	163 851	84 941	78 910	32 574
和顺县	54 115	140 830	72 869	67 961	30 768
昔阳县	99 104	235 768	123 270	112 498	37 534
寿阳县	83 017	211 103	110 705	100 398	48 046
太谷县	111 644	290 693	146 791	143 902	76 491
祁县	108 297	269 348	137 616	131 732	64 737
平遥县	190 389	512 685	264 112	248 573	81 072
灵石县	101 804	258 111	132 668	125 443	87 105
介休市	161 222	409 803	209 250	200 553	124 190
运城市	1 591 817	5 084 097	2 592 249	2 491 848	938 302
市辖区	219 948	667 123	336 594	330 529	239 172
盐湖区	219 948	667 123	336 594	330 529	239 172
芮城县	137 443	382 254	194 652	187 602	49 310
临猗县	165 858	553 938	278 352	275 586	58 885
万荣县	133 152	435 995	221 961	214 034	39 966
新绛县	93 541	326 854	166 174	160 680	43 618

山 西 省 市 县 人 口

单位：人

地 区 别	总户数（户）	总人口			总人口中非农业人口
		合 计	男	女	
稷山县	104 848	354 434	182 037	172 397	40 492
闻喜县	121 637	403 964	205 660	198 304	67 299
夏县	102 457	361 744	187 534	174 210	36 494
绛县	83 334	286 384	145 307	141 077	57 320
平陆县	86 109	248 282	127 212	121 070	35 077
垣曲县	81 867	227 806	118 129	109 677	71 857
永济市	135 349	438 170	221 523	216 647	91 254
河津市	126 274	397 149	207 114	190 035	107 558
忻州市	1 241 465	3 101 248	1 606 346	1 494 902	733 471
市辖区	215 397	533 951	270 111	263 840	201 869
忻府区	215 397	533 951	270 111	263 840	201 869
定襄县	95 470	220 707	112 578	108 129	39 318
五台县	135 242	317 908	163 526	154 382	53 956
代县	86 433	208 115	108 205	99 910	46 464
繁峙县	95 130	276 221	143 335	132 886	38 852
宁武县	72 461	169 114	89 663	79 451	47 770
静乐县	55 735	161 161	86 386	74 775	24 846
神池县	43 176	103 697	54 713	48 984	20 255
五寨县	51 736	116 012	60 090	55 922	24 550
岢岚县	33 298	84 033	44 734	39 299	16 437
河曲县	66 175	147 209	76 637	70 572	32 000
保德县	64 210	163 938	85 147	78 791	27 010
偏关县	42 951	109 621	57 316	52 305	24 402
原平市	184 051	489 561	253 905	235 656	135 742
临汾市	1 546 517	4 400 950	2 234 599	2 166 351	1 152 407
市辖区	381 093	840 556	416 885	423 671	384 020
尧都区	381 093	840 556	416 885	423 671	384 020
曲沃县	63 888	237 030	118 398	118 632	37 238
翼城县	102 006	319 132	159 575	159 557	68 143
襄汾县	150 873	498 476	250 496	247 980	57 510
洪洞县	243 221	770 360	390 885	379 475	101 498
古县	35 336	92 201	47 426	44 775	22 582
安泽县	33 658	84 874	43 469	41 405	19 438
浮山县	45 975	134 825	69 199	65 626	30 456
吉县	37 273	110 928	57 060	53 868	16 789
乡宁县	73 933	244 873	127 042	117 831	44 231
大宁县	23 598	70 115	36 528	33 587	22 617
隰县	39 238	113 336	58 561	54 775	28 443
永和县	23 353	68 552	35 837	32 715	13 083
蒲县	34 652	111 249	57 172	54 077	24 447
汾西县	50 104	148 589	77 716	70 873	24 638
侯马市	84 825	245 453	126 044	119 409	132 458

山西省市县人口

单位：人

地区别	总户数（户）	总人口			总人口中非农业人口
		合计	男	女	
霍州市	123 491	310 401	162 306	148 095	124 816
吕梁市	1 374 846	3 891 963	2 006 745	1 885 218	882 784
市辖区	109 422	282 205	143 294	138 911	136 077
离石区	109 422	282 205	143 294	138 911	136 077
文水县	142 544	446 531	227 536	218 995	54 519
交城县	84 078	226 026	115 515	110 511	63 307
兴县	106 702	317 029	164 335	152 694	38 247
临县	225 285	642 687	334 460	308 227	58 710
柳林县	118 101	335 442	173 862	161 580	58 068
石楼县	38 933	123 044	64 317	58 727	20 080
岚县	63 643	189 326	98 491	90 835	24 624
方山县	58 269	151 360	79 939	71 421	29 889
中阳县	52 411	152 976	79 590	73 386	52 723
交口县	43 444	123 249	63 709	59 540	25 166
孝义市	177 275	482 356	247 607	234 749	231 257
汾阳市	154 739	419 732	214 090	205 642	90 117

内蒙古自治区市县人口

单位：人

地区别	总户数（户）	总人口			总人口中非农业人口
		合计	男	女	
内蒙古自治区	9 085 406	24 659 325	12 584 558	12 074 767	10 061 660
呼和浩特市	827 571	2 322 563	1 186 523	1 136 040	1 118 315
市辖区	437 246	1 225 007	614 454	610 553	940 380
新城区	128 464	367 522	183 044	184 478	317 257
回民区	86 753	239 331	120 039	119 292	208 543
玉泉区	78 951	201 257	101 211	100 046	150 801
赛罕区	143 078	416 897	210 160	206 737	263 779
土默特左旗	120 160	367 036	191 995	175 041	48 501
托克托县	78 848	207 109	105 790	101 319	46 938
和林格尔县	75 217	200 397	105 107	95 290	29 491
清水河县	54 096	147 007	76 360	70 647	22 882
武川县	62 004	176 007	92 817	83 190	30 123
包头市	800 551	2 217 543	1 124 572	1 092 971	1 373 978
市辖区	528 778	1 524 507	765 039	759 468	1 249 042
东河区	157 315	433 279	216 290	216 989	351 377
昆都伦区	161 017	496 279	249 292	246 987	455 015
青山区	120 029	361 760	180 692	181 068	337 304
石拐区	28 136	66 323	34 342	31 981	41 826
白云矿区	6 646	18 889	9 828	9 061	18 755
九原区	55 635	147 977	74 595	73 382	44 765
土默特右旗	145 034	365 894	189 027	176 867	57 930
固阳县	83 457	212 526	111 393	101 133	35 756
达尔罕茂明安联合旗	43 282	114 616	59 113	55 503	31 250
乌海市	164 877	445 823	229 336	216 487	445 651
市辖区	164 877	445 823	229 336	216 487	445 651
海勃湾区	75 627	224 119	115 382	108 737	224 119
海南区	38 685	93 457	48 903	44 554	93 348
乌达区	50 565	128 247	65 051	63 196	128 184
赤峰市	1 704 761	4 599 424	2 362 340	2 237 084	1 109 425
市辖区	435 336	1 222 144	622 924	599 220	562 804
红山区	137 501	354 527	175 972	178 555	271 128
元宝山区	111 879	325 255	165 188	160 067	180 424
松山区	185 956	542 362	281 764	260 598	111 252
阿鲁科尔沁旗	125 120	300 315	152 671	147 644	55 277
巴林左旗	137 531	357 666	182 006	175 660	58 090
巴林右旗	78 505	184 747	93 806	90 941	57 686
林西县	99 239	239 716	121 066	118 650	59 316
克什克腾旗	99 939	251 316	128 273	123 043	53 289
翁牛特旗	174 679	483 360	249 471	233 889	68 408
喀喇沁旗	130 319	351 941	183 236	168 705	44 891
宁城县	210 964	604 994	315 689	289 305	79 787
敖汉旗	213 129	603 225	313 198	290 027	69 877

内蒙古自治区市县人口

单位：人

地区别	总户数（户）	总人口			总人口中非农业人口
		合计	男	女	
通辽市	1 097 143	3 200 598	1 624 369	1 576 229	1 216 231
市辖区	286 726	843 254	421 548	421 706	463 305
科尔沁区	286 726	843 254	421 548	421 706	463 305
科尔沁左翼中旗	175 255	537 787	274 410	263 377	119 323
科尔沁左翼后旗	137 224	407 916	208 882	199 034	129 706
开鲁县	141 526	397 279	201 364	195 915	130 629
库伦旗	58 521	179 083	92 372	86 711	39 942
奈曼旗	145 378	442 774	226 349	216 425	132 660
扎鲁特旗	123 598	310 000	156 558	153 442	118 265
霍林郭勒市	28 915	82 505	42 886	39 619	82 401
鄂尔多斯市	620 767	1 541 812	784 625	757 187	488 700
市辖区	87 563	263 024	132 124	130 900	182 403
东胜区	87 563	263 024	132 124	130 900	182 403
达拉特旗	153 445	368 664	188 798	179 866	67 303
准格尔旗	134 555	312 632	158 777	153 855	80 538
鄂托克前旗	27 893	76 085	38 600	37 485	21 589
鄂托克旗	40 234	98 852	50 091	48 761	39 717
杭锦旗	63 678	146 626	75 327	71 299	29 642
乌审旗	41 185	108 925	55 597	53 328	26 231
伊金霍洛旗	72 214	167 004	85 311	81 693	41 277
呼伦贝尔市	1 014 896	2 704 414	1 378 911	1 325 503	1 790 038
市辖区	83 694	273 266	134 199	139 067	257 316
海拉尔区	83 694	273 266	134 199	139 067	257 316
阿荣旗	125 716	329 614	169 751	159 863	100 698
莫力达瓦达斡尔族自治旗	120 130	342 110	176 606	165 504	83 182
鄂伦春自治旗	104 578	273 984	140 966	133 018	207 243
鄂温克族自治旗	53 739	144 251	74 967	69 284	126 254
新巴尔虎右旗	14 249	35 480	18 017	17 463	19 632
新巴尔虎左旗	18 279	41 728	20 938	20 790	23 525
陈巴尔虎旗	23 606	58 787	30 316	28 471	47 805
满洲里市	72 330	169 550	85 196	84 354	169 389
扎兰屯市	160 679	428 200	219 988	208 212	166 947
牙克石市	147 913	366 391	185 101	181 290	353 685
根河市	56 661	157 308	80 310	76 998	157 239
额尔古纳市	33 322	83 745	42 556	41 189	77 123
乌兰察布市	1 153 838	2 887 674	1 490 723	1 396 951	757 258
市辖区	106 475	303 178	153 352	149 826	262 566
集宁区	106 475	303 178	153 352	149 826	262 566
卓资县	94 659	220 043	117 054	102 989	43 607
化德县	74 035	177 861	90 144	87 717	30 151
商都县	139 931	347 174	177 957	169 217	58 006
兴和县	125 987	334 112	172 209	161 903	51 610

内蒙古自治区市县人口

单位：人

地区别	总户数（户）	总人口			总人口中非农业人口
		合计	男	女	
凉城县	101 458	248 669	131 212	117 457	44 065
察哈尔右翼前旗	109 221	254 969	130 462	124 507	50 661
察哈尔右翼中旗	93 527	223 824	117 653	106 171	32 608
察哈尔右翼后旗	85 679	220 732	112 479	108 253	38 251
四子王旗	82 210	216 541	112 044	104 497	43 843
丰镇市	140 656	340 571	176 157	164 414	101 890
兴安盟	579 923	1 673 911	852 978	820 933	561 892
乌兰浩特市	117 336	319 492	158 170	161 322	241 789
阿尔山市	21 000	48 425	24 400	24 025	48 425
科尔沁右翼前旗	115 383	338 258	174 644	163 614	43 909
科尔沁右翼中旗	77 407	257 670	130 388	127 282	76 484
扎赉特旗	139 203	396 861	204 927	191 934	81 807
突泉县	109 594	313 205	160 449	152 756	69 478
锡林郭勒盟	388 234	1 012 089	512 944	499 145	456 723
二连浩特市	9 329	26 297	13 503	12 794	24 806
锡林浩特市	64 980	173 651	86 982	86 669	150 809
阿巴嘎旗	16 328	45 230	22 896	22 334	22 258
苏尼特左旗	11 068	33 997	16 995	17 002	14 968
苏尼特右旗	26 720	69 132	34 726	34 406	38 128
东乌珠穆沁旗	28 135	78 511	39 631	38 880	38 909
西乌珠穆沁旗	28 253	78 560	39 390	39 170	34 929
太仆寺旗	86 276	212 107	109 023	103 084	39 489
镶黄旗	11 921	31 109	15 423	15 686	13 765
正镶白旗	28 848	73 635	37 575	36 060	16 953
正蓝旗	33 583	82 902	41 807	41 095	30 444
多伦县	42 793	106 958	54 993	51 965	31 265
巴彦淖尔盟	656 953	1 868 355	943 752	924 603	629 107
临河市	186 374	565 035	281 191	283 844	251 194
五原县	106 450	298 970	152 190	146 780	71 353
磴口县	43 082	123 445	62 886	60 559	54 572
乌拉特前旗	126 042	343 037	175 561	167 476	95 574
乌拉特中旗	58 899	145 551	73 898	71 653	39 546
乌拉特后旗	25 424	65 988	33 676	32 312	34 321
杭锦后旗	110 682	326 329	164 350	161 979	82 547
阿拉善盟	75 892	185 119	93 485	91 634	114 342
阿拉善左旗	58 266	142 289	72 173	70 116	86 179
阿拉善右旗	9 998	25 181	12 530	12 651	15 886
额济纳旗	7 628	17 649	8 782	8 867	12 277

辽宁省市县人口

单位：人

地区别	总户数（户）	总人口 合计	男	女	总人口中非农业人口
辽宁省	14 986 573	42 549 839	21 436 191	21 113 648	21 769 924
沈阳市	2 550 684	7 226 910	3 595 345	3 631 565	4 742 542
市辖区	1 855 742	5 190 707	2 560 089	2 630 618	4 308 771
和平区	228 281	654 827	319 610	335 217	626 793
沈河区	266 972	742 516	363 014	379 502	722 824
大东区	252 753	696 905	344 641	352 264	677 327
皇姑区	282 889	809 368	397 438	411 930	800 426
铁西区	318 505	871 870	430 242	441 628	835 180
苏家屯区	158 156	429 022	213 994	215 028	224 104
东陵区	95 017	264 326	130 347	133 979	94 136
沈北新区	111 024	319 824	159 898	159 926	138 698
于洪区	142 145	402 049	200 905	201 144	189 283
辽中县	192 478	539 980	274 826	265 154	109 875
康平县	118 564	351 422	177 142	174 280	85 770
法库县	138 286	446 528	228 704	217 824	87 295
新民市	245 614	698 273	354 584	343 689	150 831
大连市	2 092 313	5 885 366	2 948 438	2 936 928	3 676 965
市辖区	1 099 718	2 971 247	1 478 395	1 492 852	2 700 650
中山区	134 405	356 613	175 060	181 553	356 613
西岗区	114 851	300 111	147 978	152 133	300 111
沙河口区	236 871	659 582	325 217	334 365	659 582
甘井子区	283 556	772 895	394 963	377 932	772 895
旅顺口区	86 868	218 285	107 648	110 637	168 962
金州区	243 167	663 761	327 529	336 232	442 487
长海县	26 255	72 980	36 422	36 558	68 255
瓦房店市	355 434	1 002 600	506 884	495 716	355 374
普兰店市	325 897	931 846	470 833	461 013	313 107
庄河市	285 009	906 693	455 904	450 789	239 579
鞍山市	1 186 530	3 515 573	1 776 922	1 738 651	1 764 273
市辖区	545 082	1 520 940	755 095	765 845	1 298 738
铁东区	170 401	500 602	245 658	254 944	496 228
铁西区	123 647	317 100	158 047	159 053	296 452
立山区	160 762	437 728	220 285	217 443	421 259
千山区	90 272	265 510	131 105	134 405	84 799
台安县	134 276	379 652	192 663	186 989	74 044
岫岩县	152 938	517 918	265 713	252 205	106 025
海城市	354 234	1 097 063	563 451	533 612	285 466
抚顺市	837 333	2 201 138	1 102 220	1 098 918	1 445 418
市辖区	574 660	1 448 481	718 230	730 251	1 242 367
新抚区	122 709	314 419	153 790	160 629	291 691
东洲区	133 281	317 707	158 458	159 249	262 093
望花区	153 608	384 657	192 251	192 406	312 575

辽宁省市县人口

单位：人

地区别	总户数（户）	总人口 合计	男	女	总人口中非农业人口
顺城区	165 062	431 698	213 731	217 967	376 008
抚顺县	41 374	116 127	59 685	56 442	11 638
新宾县	100 651	300 730	153 036	147 694	84 752
清原县	120 648	335 800	171 269	164 531	106 661
本溪市	570 675	1 543 434	773 666	769 768	1 038 943
市辖区	363 019	949 277	470 605	478 672	833 538
平山区	122 962	327 261	162 137	165 124	307 789
溪湖区	85 268	209 201	104 333	104 868	177 833
明山区	123 320	334 110	164 682	169 428	298 242
南芬区	31 469	78 705	39 453	39 252	49 674
本溪满族自治县	101 665	292 429	148 912	143 517	116 882
桓仁满族自治县	105 991	301 728	154 149	147 579	88 523
丹东市	836 103	2 410 701	1 212 053	1 198 648	1 037 344
市辖区	297 462	787 988	387 983	400 005	605 205
元宝区	74 220	185 908	90 705	95 203	168 380
振兴区	159 308	425 960	208 366	217 594	359 530
振安区	63 934	176 120	88 912	87 208	77 295
宽甸县	141 234	433 705	221 893	211 812	109 121
东港市	197 377	608 869	306 848	302 021	140 728
凤城市	200 030	580 139	295 329	284 810	182 290
锦州市	1 040 089	3 083 008	1 550 133	1 532 875	1 250 050
市辖区	341 290	936 558	460 032	476 526	763 765
古塔区	90 650	250 296	121 923	128 373	245 809
凌河区	169 017	458 817	224 673	234 144	392 334
太和区	81 623	227 445	113 436	114 009	125 622
黑山县	217 800	622 869	315 045	307 824	169 524
义县	133 439	433 250	222 090	211 160	79 928
凌海市	190 335	568 535	287 760	280 775	124 340
北镇市	157 225	521 796	265 206	256 590	112 493
营口市	885 048	2 354 521	1 191 947	1 162 574	1 135 961
市辖区	366 025	910 958	455 620	455 338	726 697
站前区	109 058	269 504	133 164	136 340	269 504
西市区	66 528	157 740	77 923	79 817	157 740
鲅鱼圈区	139 216	357 900	181 372	176 528	251 674
老边区	51 223	125 814	63 161	62 653	47 779
盖州市	252 795	723 239	367 802	355 437	188 335
大石桥市	266 228	720 324	368 525	351 799	220 929
阜新市	667 484	1 920 506	958 154	962 352	866 985
市辖区	298 724	780 673	381 431	399 242	696 429
海州区	103 265	272 764	132 949	139 815	258 668
新邱区	35 415	87 389	42 778	44 611	69 294
太平区	68 986	170 156	83 167	86 989	158 936

辽宁省市县人口

单位：人

地区别	总户数（户）	总人口			总人口中非农业人口
		合计	男	女	
清河门区	26 540	70 654	34 737	35 917	47 521
细河区	64 518	179 710	87 800	91 910	162 010
阜新蒙古族自治县	226 561	725 264	367 423	357 841	90 767
彰武县	142 199	414 569	209 300	205 269	79 789
辽阳市	683 860	1 824 310	925 171	899 139	798 347
市辖区	293 893	748 715	373 145	375 570	605 575
白塔区	85 129	209 502	104 774	104 728	202 014
文圣区	76 155	183 992	91 111	92 881	178 049
宏伟区	52 352	137 770	67 992	69 778	98 501
弓长岭区	35 716	86 776	43 775	43 001	60 088
太子河区	44 541	130 675	65 493	65 182	66 923
辽阳县	203 813	570 412	293 607	276 805	94 511
灯塔市	186 154	505 183	258 419	246 764	98 261
盘锦市	474 783	1 312 329	661 003	651 326	1 084 446
市辖区	234 705	651 180	329 809	321 371	578 433
双台子区	77 228	212 755	106 732	106 023	170 879
兴隆台区	157 477	438 425	223 077	215 348	407 554
大洼县	146 660	383 198	192 319	190 879	345 379
盘山县	93 418	277 951	138 875	139 076	160 634
铁岭市	1 057 932	3 049 253	1 549 233	1 500 020	1 013 242
市辖区	162 466	445 646	222 337	223 309	364 068
银州区	129 487	348 467	172 891	175 576	328 342
清河区	32 979	97 179	49 446	47 733	35 726
铁岭县	135 538	390 193	199 553	190 640	33 185
西丰县	120 988	346 455	177 684	168 771	71 623
昌图县	347 589	1 040 925	529 337	511 588	217 508
调兵山市	92 051	240 964	121 454	119 510	179 455
开原市	199 300	585 070	298 868	286 202	147 403
朝阳市	1 133 833	3 409 624	1 748 519	1 661 105	1 025 365
市辖区	198 486	606 987	303 418	303 569	359 939
双塔区	132 833	398 678	198 086	200 592	305 152
龙城区	65 653	208 309	105 332	102 977	54 787
朝阳县	172 467	564 901	293 514	271 387	112 981
建平县	199 168	584 525	300 286	284 239	127 714
喀喇沁左翼蒙古族自治县	138 652	425 947	220 759	205 188	89 175
北票市	221 842	582 282	295 847	286 435	201 293
凌源市	203 218	644 982	334 695	310 287	134 263
葫芦岛市	969 906	2 813 166	1 443 387	1 369 779	890 043
市辖区	367 853	991 330	497 671	493 659	550 517
连山区	220 099	598 690	300 182	298 508	296 667
龙港区	84 477	220 355	110 113	110 242	186 569
南票区	63 277	172 285	87 376	84 909	67 281

辽宁省市县人口

单位：人

地区别	总户数（户）	总人口			总人口中非农业人口
		合计	男	女	
绥中县	219 913	640 211	330 991	309 220	124 839
建昌县	186 675	630 616	331 677	298 939	80 450
兴城市	195 465	551 009	283 048	267 961	134 237

吉林省市县人口

单位：人

地区别	总户数（户）	总人口			总人口中非农业人口
		合计	男	女	
吉林省	9 679 216	27 265 389	13 778 950	13 486 439	12 996 959
长春市	2 556 925	7 617 663	3 835 334	3 782 329	3 450 120
市辖区	1 278 611	3 648 045	1 810 869	1 837 176	2 595 730
南关区	221 164	664 805	323 510	341 295	565 418
宽城区	244 503	665 140	330 928	334 212	405 779
朝阳区	246 729	739 547	365 177	374 370	655 326
二道区	206 233	558 910	277 199	281 711	343 179
绿园区	226 321	629 146	315 818	313 328	520 853
双阳区	133 661	390 497	198 237	192 260	105 175
农安县	346 872	1 115 550	570 960	544 590	317 893
九台市	246 004	710 735	362 870	347 865	180 372
榆树市	432 635	1 306 100	665 430	640 670	206 808
德惠市	252 803	837 233	425 205	412 028	149 317
吉林市	1 525 464	4 333 204	2 190 849	2 142 355	2 104 215
市辖区	653 728	1 830 415	912 715	917 700	1 282 438
昌邑区	226 211	623 830	309 401	314 429	473 523
龙潭区	170 603	479 371	240 675	238 696	289 456
船营区	163 863	463 811	232 094	231 717	351 325
丰满区	93 051	263 403	130 545	132 858	168 134
永吉县	134 396	395 021	201 639	193 382	90 412
蛟河市	147 040	451 733	230 450	221 283	170 438
桦甸市	168 169	454 154	231 659	222 495	191 173
舒兰市	240 970	662 436	337 827	324 609	196 487
磐石市	181 161	539 445	276 559	262 886	173 267
四平市	1 221 727	3 411 365	1 727 934	1 683 431	1 806 863
市辖区	261 803	605 722	299 468	306 254	549 322
铁西区	115 155	271 581	131 572	140 009	271 581
铁东区	146 648	334 141	167 896	166 245	277 741
梨树县	277 664	805 135	411 932	393 203	164 328
伊通满族自治县	164 626	479 985	246 885	233 100	84 983
公主岭市	355 003	1 099 359	555 742	543 617	847 083
双辽市	162 631	421 164	213 907	207 257	161 147
辽源市	436 030	1 225 434	623 152	602 282	554 894
市辖区	179 212	473 377	235 571	237 806	382 281
龙山区	102 763	294 985	145 770	149 215	233 161
西安区	76 449	178 392	89 801	88 591	149 120
东丰县	131 560	401 227	206 206	195 021	103 497
东辽县	125 258	350 830	181 375	169 455	69 116
通化市	797 232	2 259 919	1 147 513	1 112 406	1 098 380
市辖区	159 630	445 642	221 011	224 631	388 022
东昌区	110 150	315 751	155 419	160 332	281 292
二道江区	49 480	129 891	65 592	64 299	106 730

吉林省市县人口

单位：人

地区别	总户数（户）	总人口 合计	男	女	总人口中非农业人口
通化县	90 466	245 974	126 103	119 871	84 743
辉南县	119 053	353 952	180 156	173 796	153 969
柳河县	126 892	373 504	192 380	181 124	105 070
梅河口市	216 593	618 416	314 591	303 825	258 206
集安市	84 598	222 431	113 272	109 159	108 370
白山市	558 152	1 285 054	659 251	625 803	884 434
市辖区	261 412	593 159	301 974	291 185	468 088
浑江区	147 200	348 786	177 926	170 860	283 130
江源区	114 212	244 373	124 048	120 325	184 958
抚松县	120 279	287 452	151 134	136 318	189 828
靖宇县	65 018	147 423	75 226	72 197	69 736
长白县	39 270	86 340	43 829	42 511	48 013
临江市	72 173	170 680	87 088	83 592	108 769
松原市	964 058	2 921 377	1 482 187	1 439 190	824 445
市辖区	235 325	597 273	299 431	297 842	357 941
宁江区	235 325	597 273	299 431	297 842	357 941
前郭尔罗斯县	197 101	598 406	302 683	295 723	154 137
长岭县	177 000	642 806	324 734	318 072	112 984
乾安县	123 127	311 184	162 998	148 186	88 991
扶余县	231 505	771 708	392 341	379 367	110 392
白城市	827 695	2 025 436	1 023 138	1 002 298	808 072
市辖区	214 435	510 007	253 368	256 639	285 814
洮北区	214 435	510 007	253 368	256 639	285 814
镇赉县	124 399	293 873	151 355	142 518	104 882
通榆县	145 478	367 978	186 057	181 921	117 690
洮南市	181 804	437 739	221 559	216 180	154 000
大安市	161 579	415 839	210 799	205 040	145 686
延边朝鲜族自治州	791 933	2 185 937	1 089 592	1 096 345	1 465 536
延吉市	183 624	519 972	252 460	267 512	448 662
图们市	46 570	126 606	62 404	64 202	100 448
敦化市	171 316	483 598	244 152	239 446	267 327
珲春市	72 473	226 530	114 207	112 323	163 465
龙井市	67 161	177 257	87 799	89 458	109 590
和龙市	74 756	194 995	97 889	97 106	121 277
汪清县	98 725	242 339	121 818	120 521	142 451
安图县	77 308	214 640	108 863	105 777	112 316

黑龙江省市县人口

单位：人

地区别	总户数（户）	总人口			总人口中非农业人口
		合计	男	女	
黑龙江省	14 335 288	38 343 150	19 376 712	18 966 438	18 590 546
哈尔滨市	3 666 459	9 932 679	5 006 215	4 926 464	4 764 517
市辖区	1 831 003	4 715 198	2 343 048	2 372 150	3 397 101
道里区	294 382	715 412	347 734	367 678	606 988
南岗区	368 440	997 644	492 228	505 416	956 795
道外区	301 325	689 297	340 589	348 708	566 099
松北区	76 021	198 930	99 874	99 056	60 192
香坊区	288 255	752 674	373 354	379 320	665 539
平房区	66 942	160 492	80 730	79 762	136 906
呼兰区	214 334	620 992	315 571	305 421	167 597
阿城区	221 304	579 757	292 968	286 789	236 985
依兰县	146 861	408 814	209 294	199 520	129 311
方正县	97 042	232 500	118 520	113 980	111 197
宾县	219 272	629 387	321 417	307 970	110 684
巴彦县	234 004	712 562	363 966	348 596	119 476
木兰县	98 280	276 982	142 437	134 545	67 129
通河县	100 026	240 919	122 326	118 593	109 443
延寿县	99 819	269 153	138 290	130 863	74 991
双城市	277 899	826 343	419 897	406 446	172 705
尚志市	214 896	617 270	315 360	301 910	244 053
五常市	347 357	1 003 551	511 660	491 891	228 427
齐齐哈尔市	2 062 563	5 673 498	2 880 637	2 792 861	2 022 721
市辖区	576 990	1 406 871	699 946	706 925	1 105 626
龙沙区	119 051	294 297	147 013	147 284	273 094
建华区	97 000	243 795	119 611	124 184	231 297
铁锋区	119 682	292 451	144 126	148 325	266 392
昂昂溪区	34 562	80 152	40 485	39 667	43 976
富拉尔基区	106 245	246 271	122 318	123 953	205 239
碾子山区	34 030	78 516	39 254	39 262	54 727
梅里斯达斡尔族区	66 420	171 389	87 139	84 250	30 901
龙江县	204 798	612 943	313 103	299 840	108 438
依安县	163 263	500 089	255 395	244 694	87 226
泰来县	112 876	329 377	169 913	159 464	81 660
甘南县	140 246	396 707	201 831	194 876	132 305
富裕县	110 874	297 680	151 263	146 417	120 177
克山县	174 018	498 305	254 681	243 624	112 284
克东县	104 413	299 076	152 472	146 604	60 468
拜泉县	191 187	596 014	304 703	291 311	80 522
讷河市	283 898	736 436	377 330	359 106	134 015
鸡西市	767 564	1 888 624	952 394	936 230	1 203 551
市辖区	376 066	872 747	438 651	434 096	726 705

黑龙江省市县人口

单位：人

地区别	总户数（户）	总人口 合计	男	女	总人口中非农业人口
鸡冠区	132 017	336 235	167 101	169 134	306 385
恒山区	76 160	166 272	83 549	82 723	128 105
滴道区	49 724	114 541	58 364	56 177	83 567
梨树区	40 123	84 747	42 906	41 841	74 304
城子河区	63 681	137 672	69 787	67 885	117 672
麻山区	14 361	33 280	16 944	16 336	16 672
鸡东县	109 778	296 422	150 438	145 984	99 742
虎林市	120 941	292 032	147 388	144 644	195 022
密山市	160 779	427 423	215 917	211 506	182 082
鹤岗市	495 824	1 088 229	547 262	540 967	878 466
市辖区	335 413	673 217	337 965	335 252	605 616
向阳区	52 214	98 038	48 971	49 067	97 993
工农区	87 042	173 004	85 937	87 067	154 291
南山区	65 811	130 421	65 263	65 158	129 146
兴安区	66 477	141 057	71 297	69 760	115 374
东山区	35 794	79 090	39 647	39 443	61 812
兴山区	28 075	51 607	26 850	24 757	47 000
萝北县	87 965	224 446	112 938	111 508	177 131
绥滨县	72 446	190 566	96 359	94 207	95 719
双鸭山市	617 180	1 512 405	763 862	748 543	967 675
市辖区	228 440	502 122	252 456	249 666	456 270
尖山区	103 457	237 876	117 930	119 946	217 273
岭东区	35 931	74 003	37 433	36 570	68 930
四方台区	31 873	66 662	34 392	32 270	49 965
宝山区	57 179	123 581	62 701	60 880	120 102
集贤县	113 708	319 662	162 677	156 985	121 383
友谊县	53 594	124 045	61 865	62 180	107 869
宝清县	162 578	422 423	213 601	208 822	198 908
饶河县	58 860	144 153	73 263	70 890	83 245
大庆市	1 030 251	2 815 508	1 410 360	1 405 148	1 434 560
市辖区	496 005	1 348 647	664 726	683 921	1 106 470
萨尔图区	122 531	325 606	159 335	166 271	325 601
龙凤区	70 606	185 666	90 953	94 713	167 355
让胡路区	163 902	457 964	225 465	232 499	431 798
红岗区	52 367	134 091	65 982	68 109	104 527
大同区	86 599	245 320	122 991	122 329	77 189
肇州县	159 126	466 380	238 114	228 266	90 603
肇源县	176 788	475 068	240 737	234 331	102 272
林甸县	100 122	273 286	139 167	134 119	62 271
杜尔伯特蒙古族自治县	98 210	252 127	127 616	124 511	72 944
伊春市	526 826	1 262 624	631 295	631 329	1 085 203

黑龙江省市县人口

单位：人

地区别	总户数（户）	总人口			总人口中非农业人口
		合计	男	女	
市辖区	341 043	803 352	400 106	403 246	775 027
伊春区	64 181	161 360	79 226	82 134	160 207
南岔区	57 143	129 421	64 869	64 552	113 735
友好区	28 199	64 831	32 148	32 683	63 556
西林区	21 381	49 542	25 173	24 369	47 763
翠峦区	19 785	50 329	24 869	25 460	49 966
新青区	19 917	47 607	23 714	23 893	47 542
美溪区	18 095	42 527	21 351	21 176	41 570
金山屯区	18 824	45 203	22 558	22 645	44 335
五营区	16 452	36 880	18 482	18 398	36 658
乌马河区	13 790	35 037	17 397	17 640	33 324
汤旺河区	15 552	34 472	17 221	17 251	33 569
带岭区	15 111	35 474	17 784	17 690	33 427
乌伊岭区	10 581	24 071	12 204	11 867	23 031
红星区	12 107	24 935	12 445	12 490	24 761
上甘岭区	9 925	21 663	10 665	10 998	21 583
嘉荫县	28 971	74 631	38 202	36 429	34 440
铁力市	156 812	384 641	192 987	191 654	275 736
佳木斯市	940 124	2 505 054	1 266 636	1 238 418	1 259 807
市辖区	326 636	816 088	408 987	407 101	613 372
向阳区	91 846	225 738	112 183	113 555	216 807
前进区	64 879	161 281	79 429	81 852	159 398
东风区	61 373	147 906	74 400	73 506	111 466
郊区	108 538	281 163	142 975	138 188	125 701
桦南县	153 038	458 782	233 525	225 257	143 774
桦川县	81 101	221 663	111 539	110 124	56 127
汤原县	100 157	266 256	135 046	131 210	102 919
抚远县	33 175	86 902	44 672	42 230	52 664
同江市	72 368	179 348	91 499	87 849	104 983
富锦市	173 649	476 015	241 368	234 647	185 968
七台河市	341 751	926 606	476 760	449 846	543 634
市辖区	220 272	571 045	296 564	274 481	407 418
新兴区	76 533	220 115	115 049	105 066	166 180
桃山区	84 236	201 974	103 392	98 582	186 513
茄子河区	59 503	148 956	78 123	70 833	54 725
勃利县	121 479	355 561	180 196	175 365	136 216
牡丹江市	1 001 483	2 672 093	1 342 685	1 329 408	1 469 988
市辖区	332 611	885 860	438 832	447 028	672 237
东安区	69 494	186 403	91 761	94 642	155 019
阳明区	84 278	230 644	115 988	114 656	121 123
爱民区	85 953	226 531	111 910	114 621	203 332

黑龙江省市县人口

单位：人

地区别	总户数（户）	总人口			总人口中非农业人口
		合计	男	女	
西安区	92 886	242 282	119 173	123 109	192 763
东宁县	82 163	210 294	105 934	104 360	101 042
林口县	133 157	376 322	192 809	183 513	118 598
绥芬河市	26 418	66 691	33 533	33 158	55 211
海林市	158 656	404 096	203 760	200 336	245 400
宁安市	160 430	436 401	219 655	216 746	146 493
穆棱市	108 048	292 429	148 162	144 267	131 007
黑河市	679 095	1 730 744	878 958	851 786	978 560
市辖区	76 379	189 725	94 703	95 022	133 404
爱辉区	76 379	189 725	94 703	95 022	133 404
嫩江县	193 684	504 345	255 419	248 926	267 892
逊克县	41 853	103 152	52 295	50 857	47 180
孙吴县	39 285	104 438	52 855	51 583	49 300
北安市	181 170	465 800	236 936	228 864	281 664
五大连池市	146 724	363 284	186 750	176 534	199 120
绥化市	2 001 417	5 818 696	2 955 722	2 862 974	1 532 801
市辖区	306 356	892 058	448 083	443 975	288 607
北林区	306 356	892 058	448 083	443 975	288 607
望奎县	158 847	492 430	250 640	241 790	86 215
兰西县	177 219	538 980	275 747	263 233	95 149
青冈县	158 773	482 202	245 980	236 222	108 819
庆安县	146 588	412 917	209 271	203 646	90 784
明水县	120 452	369 186	190 120	179 066	74 499
绥棱县	122 551	335 852	170 011	165 841	131 678
安达市	186 022	509 135	259 602	249 533	197 224
肇东市	357 507	936 009	473 006	463 003	284 215
海伦市	267 102	849 927	433 262	416 665	175 611
大兴安岭地区	204 751	516 390	263 926	252 464	449 063
呼玛县	134 521	335 667	170 250	165 417	288 300
塔河县	37 241	94 222	48 993	45 229	82 651
漠河县	32 989	86 501	44 683	41 818	78 112

上海市市县人口

单位：人

地区别	总户数（户）	总人口			总人口中非农业人口
		合计	男	女	
上海市	5 220 103	14 193 587	7 063 659	7 129 928	12 677 572
市辖区	4 919 011	13 505 936	6 725 650	6 780 286	12 401 844
黄浦区	287 252	905 643	443 345	462 298	905 642
徐汇区	326 581	914 621	451 322	463 299	914 579
长宁区	215 345	620 483	307 697	312 786	620 470
静安区	102 529	302 269	146 257	156 012	302 267
普陀区	331 076	881 106	438 508	442 598	880 977
闸北区	250 136	688 940	344 317	344 623	688 934
虹口区	276 482	790 492	387 789	402 703	790 492
杨浦区	379 991	1 092 280	551 881	540 399	1 092 269
闵行区	384 723	984 778	498 789	485 989	922 615
宝山区	351 643	895 144	458 229	436 915	844 362
嘉定区	199 158	562 086	279 883	282 203	474 998
浦东区	1 073 227	2 785 271	1 388 737	1 396 534	2 486 253
金山区	178 334	516 806	256 683	260 123	337 340
松江区	194 647	579 186	285 767	293 419	481 044
青浦区	164 390	463 315	227 873	235 442	314 365
奉贤区	203 497	523 516	258 573	264 943	345 237
县	301 092	687 651	338 009	349 642	275 728
崇明县	301 092	687 651	338 009	349 642	275 728

江苏省市县人口

单位：人

地区别	总户数（户）	总人口 合计	男	女	总人口中非农业人口
江苏省	24 251 086	75 142 501	38 118 435	37 024 066	40 646 946
南京市	2 131 732	6 363 641	3 209 041	3 154 600	5 469 155
市辖区	1 839 524	5 515 533	2 774 850	2 740 683	5 144 893
玄武区	142 025	512 515	263 394	249 121	512 515
白下区	160 013	462 451	231 857	230 594	462 451
秦淮区	101 474	253 798	125 492	128 306	253 772
建邺区	91 828	251 480	125 231	126 249	251 480
鼓楼区	189 823	646 162	324 849	321 313	646 162
下关区	115 444	310 412	159 717	150 695	310 412
浦口区	199 345	580 360	290 017	290 343	493 477
栖霞区	142 728	433 268	218 117	215 151	433 268
雨花台区	82 461	231 937	120 853	111 084	231 937
江宁区	324 721	939 678	465 715	473 963	939 678
六合区	289 662	893 472	449 608	443 864	609 741
溧水县	142 911	417 051	212 249	204 802	168 443
高淳县	149 297	431 057	221 942	209 115	155 819
无锡市	1 563 094	4 679 632	2 326 681	2 352 951	3 398 117
市辖区	816 943	2 394 734	1 186 786	1 207 948	2 273 126
崇安区	69 181	185 101	92 707	92 394	185 101
南长区	121 884	328 670	163 968	164 702	328 670
北塘区	97 973	254 327	126 386	127 941	254 327
锡山区	124 757	418 125	204 977	213 148	296 517
惠山区	130 506	425 376	210 315	215 061	425 376
滨湖区	272 642	783 135	388 433	394 702	783 135
江阴市	365 928	1 208 800	606 801	601 999	532 573
宜兴市	380 223	1 076 098	533 094	543 004	592 418
徐州市	2 732 110	9 766 634	5 057 233	4 709 401	6 254 954
市辖区	589 845	1 901 746	980 108	921 638	1 722 753
鼓楼区	151 149	483 745	247 600	236 145	482 584
云龙区	100 538	307 122	153 156	153 966	307 076
贾汪区	142 067	505 099	263 824	241 275	327 536
泉山区	196 091	605 780	315 528	290 252	605 557
丰县	310 019	1 150 811	600 331	550 480	646 320
沛县	351 746	1 215 456	624 499	590 957	669 250
铜山县	381 021	1 310 659	678 704	631 955	783 756
睢宁县	335 106	1 354 605	704 386	650 219	745 129
新沂市	318 078	1 047 009	541 479	505 530	585 941
邳州市	446 295	1 786 348	927 726	858 622	1 101 805
常州市	1 280 965	3 628 615	1 808 623	1 819 992	1 860 199
市辖区	805 282	2 289 831	1 134 471	1 155 360	1 247 384
天宁区	137 241	378 068	186 070	191 998	377 773
钟楼区	128 791	358 737	178 863	179 874	357 530

江苏省市县人口

单位：人

地区别	总户数（户）	总人口			总人口中非农业人口
		合计	男	女	
戚墅堰区	28 347	78 836	40 164	38 672	78 804
新北区	147 518	460 515	228 860	231 655	155 956
武进区	363 385	1 013 675	500 514	513 161	277 321
溧阳市	265 333	787 333	398 769	388 564	305 218
金坛市	210 350	551 451	275 383	276 068	307 597
苏州市	2 132 385	6 423 336	3 164 805	3 258 531	4 362 592
市辖区	812 080	2 452 484	1 212 046	1 240 438	2 452 484
沧浪区	119 503	326 462	160 555	165 907	326 462
平江区	84 683	226 461	113 318	113 143	226 461
金阊区	76 441	201 795	99 036	102 759	201 795
虎丘区	221 910	712 943	356 135	356 808	712 943
吴中区	185 191	603 271	295 993	307 278	603 271
相城区	124 352	381 552	187 009	194 543	381 552
常熟市	334 107	1 067 183	519 492	547 691	561 859
张家港市	339 136	907 868	447 285	460 583	395 012
昆山市	244 096	723 644	361 197	362 447	421 611
吴江市	255 870	801 784	396 376	405 408	330 374
太仓市	147 096	470 373	228 409	241 964	201 252
南通市	2 827 570	7 648 790	3 780 124	3 868 666	3 667 135
市辖区	319 955	864 930	426 093	438 837	864 847
崇川区	245 601	675 544	333 673	341 871	675 506
港闸区	74 354	189 386	92 420	96 966	189 341
海安县	347 212	937 136	465 082	472 054	516 518
如东县	376 028	1 047 540	517 985	529 555	175 426
启东市	461 779	1 124 087	552 035	572 052	317 516
如皋市	457 888	1 422 619	710 537	712 082	869 296
通州市	481 190	1 252 545	615 193	637 352	489 552
海门市	383 518	999 933	493 199	506 734	433 980
连云港市	1 402 373	5 051 752	2 632 851	2 418 901	1 917 314
市辖区	294 026	955 324	487 546	467 778	639 240
连云区	82 252	251 158	128 596	122 562	190 937
新浦区	142 519	467 957	238 942	229 015	319 427
海州区	69 255	236 209	120 008	116 201	128 876
赣榆县	341 932	1 140 671	598 016	542 655	515 733
东海县	291 782	1 162 357	603 546	558 811	332 775
灌云县	267 471	1 018 190	533 727	484 463	161 175
灌南县	207 162	775 210	410 016	365 194	268 391
淮安市	1 609 680	5 432 394	2 797 903	2 634 491	1 739 147
市辖区	852 919	2 814 021	1 451 880	1 362 141	1 067 078
清河区	131 399	398 677	201 329	197 348	398 544
楚州区	338 513	1 176 805	612 675	564 130	194 599
淮阴区	276 230	913 359	473 805	439 554	248 378

江苏省市县人口

单位：人

地区别	总户数（户）	总人口			总人口中非农业人口
		合计	男	女	
清浦区	106 777	325 180	164 071	161 109	225 557
涟水县	282 747	1 103 401	572 627	530 774	173 240
洪泽县	124 255	383 170	193 526	189 644	197 186
盱眙县	220 197	774 675	401 033	373 642	191 763
金湖县	129 562	357 127	178 837	178 290	109 880
盐城市	2 777 896	8 206 925	4 224 695	3 982 230	3 484 469
市辖区	563 121	1 649 203	849 125	800 078	935 684
亭湖区	311 821	935 269	477 142	458 127	558 931
盐都区	251 300	713 934	371 983	341 951	376 753
响水县	177 449	615 715	321 665	294 050	277 985
滨海县	348 796	1 200 467	629 228	571 239	296 615
阜宁县	367 171	1 103 717	576 579	527 138	369 164
射阳县	327 429	973 723	499 138	474 585	469 832
建湖县	305 690	804 856	415 633	389 223	405 610
东台市	406 043	1 133 970	570 788	563 182	464 011
大丰市	282 197	725 274	362 539	362 735	265 568
扬州市	1 532 388	4 600 509	2 304 553	2 295 956	2 682 473
市辖区	400 204	1 198 771	595 656	603 115	1 198 771
广陵区	173 084	496 479	246 739	249 740	496 479
邗江区	227 120	702 292	348 917	353 375	702 292
宝应县	294 635	914 207	462 224	451 983	315 939
仪征市	203 753	598 348	302 162	296 186	300 844
高邮市	264 812	820 624	409 028	411 596	294 748
江都市	368 984	1 068 559	535 483	533 076	572 171
镇江市	1 022 381	2 718 562	1 353 997	1 364 565	1 443 220
市辖区	402 340	1 036 483	519 412	517 071	790 986
京口区	197 393	501 805	252 435	249 370	424 882
润州区	101 967	247 992	125 997	121 995	247 949
丹徒区	102 980	286 686	140 980	145 706	118 155
丹阳市	286 109	812 875	402 985	409 890	277 282
扬中市	108 970	280 062	137 839	142 223	78 996
句容市	224 962	589 142	293 761	295 381	295 956
泰州市	1 715 820	5 071 193	2 585 952	2 485 241	1 905 249
市辖区	286 845	830 150	416 477	413 673	555 101
海陵区	203 849	567 757	283 320	284 437	292 708
高港区	82 996	262 393	133 157	129 236	262 393
兴化市	531 936	1 572 992	821 699	751 293	286 485
靖江市	221 154	671 503	334 226	337 277	351 566
泰兴市	398 968	1 202 071	612 209	589 862	434 622
姜堰市	276 917	794 477	401 341	393 136	277 475
宿迁市	1 522 692	5 550 518	2 871 977	2 678 541	2 462 922
市辖区	442 763	1 627 203	841 523	785 680	1 257 061

江苏省市县人口

单位：人

地区别	总户数（户）	总人口			总人口中非农业人口
		合计	男	女	
宿城区	249 410	909 425	467 522	441 903	909 425
宿豫区	193 353	717 778	374 001	343 777	347 636
沭阳县	502 688	1 864 532	965 628	898 904	430 698
泗阳县	284 587	1 033 238	536 238	497 000	436 163
泗洪县	292 654	1 025 545	528 588	496 957	339 000

浙江省市县人口

单位：人

地区别	总户数（户）	总人口			总人口中非农业人口
		合计	男	女	
浙江省	16 180 372	47 813 132	24 269 285	23 543 847	15 018 831
杭州市	2 182 564	6 957 117	3 490 867	3 466 250	3 760 320
市辖区	1 301 379	4 403 388	2 198 588	2 204 800	3 176 324
上城区	115 229	327 912	164 806	163 106	327 892
下城区	127 027	403 667	204 396	199 271	403 655
江干区	120 961	452 754	226 505	226 249	438 873
拱墅区	107 335	314 015	159 150	154 865	313 973
西湖区	168 758	639 679	327 773	311 906	573 026
滨江区	42 826	159 924	81 061	78 863	148 498
萧山区	376 139	1 228 744	604 157	624 587	506 481
余杭区	243 104	876 693	430 740	445 953	463 926
桐庐县	149 687	404 736	203 576	201 160	124 649
淳安县	149 214	456 564	233 066	223 498	79 218
建德市	172 139	511 623	261 526	250 097	130 055
富阳市	220 734	653 832	330 573	323 259	139 807
临安市	189 411	526 974	263 538	263 436	110 267
宁波市	2 237 911	5 764 042	2 878 994	2 885 048	2 081 751
市辖区	898 104	2 247 378	1 111 636	1 135 742	1 386 850
海曙区	112 571	300 047	147 710	152 337	300 036
江东区	105 832	278 472	137 566	140 906	278 472
江北区	99 999	240 498	118 508	121 990	155 843
北仑区	153 468	380 081	188 416	191 665	206 123
镇海区	91 916	226 140	113 959	112 181	164 720
鄞州区	334 318	822 140	405 477	416 663	281 656
象山县	189 901	541 688	275 688	266 000	112 558
宁海县	228 165	614 925	318 816	296 109	97 817
余姚市	311 331	834 611	414 333	420 278	186 617
慈溪市	427 423	1 041 503	513 813	527 690	189 741
奉化市	182 987	483 937	244 708	239 229	108 168
温州市	2 292 861	7 983 601	4 142 951	3 840 650	1 713 406
市辖区	438 832	1 478 239	746 916	731 323	677 852
鹿城区	233 097	720 614	358 797	361 817	548 864
龙湾区	85 304	341 939	177 279	164 660	65 564
瓯海区	120 431	415 686	210 840	204 846	63 424
洞头县	39 880	129 292	66 643	62 649	17 766
永嘉县	285 565	960 409	508 802	451 607	108 723
平阳县	244 007	874 542	454 697	419 845	172 508
苍南县	343 835	1 316 480	691 627	624 853	311 060
文成县	128 362	386 469	205 115	181 354	35 375
泰顺县	115 737	366 714	192 210	174 504	36 182
瑞安市	321 603	1 211 186	620 579	590 607	230 333
乐清市	375 040	1 260 270	656 362	603 908	123 607

浙江省市县人口

单位：人

地区别	总户数（户）	总人口			总人口中非农业人口
		合计	男	女	
嘉兴市	1 036 312	3 430 518	1 695 844	1 734 674	1 563 589
市辖区	275 974	842 778	417 491	425 287	438 231
南湖区	165 637	475 709	236 311	239 398	332 709
秀洲区	110 337	367 069	181 180	185 889	105 522
嘉善县	124 767	385 278	190 314	194 964	180 923
海盐县	120 934	374 661	185 583	189 078	216 966
海宁市	183 903	663 138	326 477	336 661	228 845
平湖市	146 604	487 797	239 599	248 198	233 726
桐乡市	184 130	676 866	336 380	340 486	264 898
湖州市	857 953	2 610 480	1 301 718	1 308 762	851 720
市辖区	347 057	1 093 067	541 728	551 339	454 775
吴兴区	202 907	602 038	298 744	303 294	330 650
南浔区	144 150	491 029	242 984	248 045	124 125
德清县	137 166	431 669	214 197	217 472	127 558
长兴县	218 896	626 086	316 113	309 973	163 033
安吉县	154 834	459 658	229 680	229 978	106 354
绍兴市	1 620 666	4 400 125	2 208 272	2 191 853	1 520 676
市辖区	234 517	652 593	321 074	331 519	488 726
越城区	234 517	652 593	321 074	331 519	488 726
绍兴县	254 266	725 764	358 016	367 748	315 207
新昌县	166 798	437 704	226 248	211 456	93 909
诸暨市	404 577	1 071 988	538 312	533 676	168 640
上虞市	294 128	777 433	385 648	391 785	274 478
嵊州市	266 380	734 643	378 974	355 669	179 716
金华市	1 841 536	4 690 721	2 401 063	2 289 658	1 103 582
市辖区	373 688	935 662	473 150	462 512	324 917
婺城区	243 255	623 523	315 426	308 097	290 480
金东区	130 433	312 139	157 724	154 415	34 437
武义县	134 234	338 508	173 554	164 954	55 648
浦江县	149 962	391 985	204 246	187 739	74 081
磐安县	80 803	209 914	109 138	100 776	30 739
兰溪市	229 650	666 438	347 268	319 170	131 975
义乌市	324 868	747 392	380 197	367 195	232 389
东阳市	321 994	823 384	418 289	405 095	151 192
永康市	226 337	577 438	295 221	282 217	102 641
衢州市	875 333	2 525 527	1 301 531	1 223 996	536 488
市辖区	303 658	831 879	426 994	404 885	278 569
柯城区	166 591	432 976	220 471	212 505	241 538
衢江区	137 067	398 903	206 523	192 380	37 031
常山县	103 869	334 053	174 229	159 824	44 697
开化县	114 726	354 271	183 617	170 654	44 554
龙游县	156 062	404 051	205 847	198 204	66 080

浙江省市县人口

单位：人

地区别	总户数（户）	总人口			总人口中非农业人口
		合计	男	女	
江山市	197 018	601 273	310 844	290 429	102 588
舟山市	367 593	969 870	483 046	486 824	369 071
市辖区	256 104	700 380	350 088	350 292	285 643
定海区	144 315	378 246	189 130	189 116	163 896
普陀区	111 789	322 134	160 958	161 176	121 747
岱山县	80 926	190 456	94 318	96 138	49 525
嵊泗县	30 563	79 034	38 640	40 394	33 903
台州市	1 923 036	5 867 875	3 013 526	2 854 349	1 067 573
市辖区	501 408	1 558 485	786 768	771 717	313 254
椒江区	173 144	513 780	259 411	254 369	140 132
黄岩区	192 925	598 871	302 971	295 900	109 916
路桥区	135 339	445 834	224 386	221 448	63 206
玉环县	139 648	422 477	214 470	208 007	197 664
三门县	131 905	432 290	226 695	205 595	44 971
天台县	193 844	586 223	306 659	279 564	109 807
仙居县	148 212	498 149	259 043	239 106	49 870
温岭市	423 539	1 199 321	609 471	589 850	201 768
临海市	384 480	1 170 930	610 420	560 510	150 239
丽水市	944 607	2 613 256	1 351 473	1 261 783	450 655
市辖区	165 413	390 248	197 962	192 286	124 716
莲都区	165 413	390 248	197 962	192 286	124 716
青田县	160 435	514 433	266 137	248 296	85 948
缙云县	186 266	457 030	236 098	220 932	44 968
遂昌县	82 836	231 576	120 718	110 858	38 501
松阳县	86 119	238 277	124 264	114 013	28 182
云和县	36 629	113 460	58 842	54 618	20 606
庆元县	79 579	204 956	106 218	98 738	33 912
景宁畲族自治县	55 296	173 193	91 601	81 592	31 183
龙泉市	92 034	290 083	149 633	140 450	42 639

安徽省市县人口

单位：人

地区别	总户数（户）	总人口			总人口中非农业人口
		合计	男	女	
安徽省	21 214 580	68 865 812	35 722 969	33 142 843	15 767 488
合肥市	2 286 225	7 061 288	3 664 982	3 396 306	2 598 578
市辖区	703 557	2 183 371	1 128 121	1 055 250	1 817 964
瑶海区	199 696	579 721	295 956	283 765	452 758
庐阳区	142 902	464 932	238 152	226 780	431 675
蜀山区	197 438	645 787	333 096	312 691	573 138
包河区	163 521	492 931	260 917	232 014	360 393
长丰县	248 460	773 667	401 911	371 756	102 879
肥东县	349 748	1 083 910	569 137	514 773	137 882
肥西县	293 665	938 647	488 883	449 764	138 995
庐江县	367 754	1 185 786	615 872	569 914	162 044
巢湖市	323 041	895 907	461 058	434 849	238 814
芜湖市	1 270 610	3 853 585	1 992 253	1 861 332	1 639 871
市辖区	425 870	1 240 895	635 937	604 958	1 240 895
镜湖区	162 530	468 406	237 400	231 006	468 406
弋江区	78 341	225 061	114 008	111 053	225 061
鸠江区	124 372	360 043	187 693	172 350	360 043
三山区	60 627	187 385	96 836	90 549	187 385
芜湖县	117 686	348 070	180 500	167 570	64 113
繁昌县	100 899	280 008	143 898	136 110	71 470
南陵县	187 734	555 442	286 254	269 188	83 065
无为县	438 421	1 429 170	745 664	683 506	180 328
蚌埠市	1 088 515	3 654 470	1 891 310	1 763 160	1 030 372
市辖区	312 886	927 073	468 572	458 501	661 368
龙子湖区	79 480	229 172	115 790	113 382	171 360
蚌山区	92 193	278 580	139 158	139 422	253 499
禹会区	83 532	241 643	123 075	118 568	191 192
淮上区	57 681	177 678	90 549	87 129	45 317
怀远县	379 054	1 363 284	714 680	648 604	187 295
五河县	214 297	732 197	380 552	351 645	89 744
固镇县	182 278	631 916	327 506	304 410	91 965
淮南市	780 811	2 456 407	1 277 646	1 178 761	1 137 185
市辖区	529 432	1 687 585	871 051	816 534	972 970
大通区	68 936	188 102	95 808	92 294	77 004
田家庵区	168 995	544 063	280 300	263 763	433 293
谢家集区	107 752	335 434	171 254	164 180	230 491
八公山区	55 330	169 402	86 551	82 851	143 134
潘集区	128 419	450 584	237 138	213 446	89 048
凤台县	251 379	768 822	406 595	362 227	164 215
马鞍山市	736 240	2 286 059	1 181 044	1 105 015	815 326
市辖区	208 712	639 031	323 937	315 094	532 588
金家庄区	35 651	105 992	53 877	52 115	88 522

安徽省市县人口

单位：人

地区别	总户数（户）	总人口 合计	男	女	总人口中非农业人口
花山区	87 243	268 981	135 032	133 949	241 893
雨山区	85 818	264 058	135 028	129 030	202 173
当涂县	203 494	655 717	339 006	316 711	113 296
和县	170 240	544 495	285 018	259 477	85 180
含山县	153 794	446 816	233 083	213 733	84 262
淮北市	676 464	2 218 164	1 135 486	1 082 678	960 132
市辖区	355 246	1 106 522	565 994	540 528	802 695
杜集区	116 901	341 834	174 427	167 407	280 627
相山区	125 267	409 778	207 400	202 378	335 312
烈山区	113 078	354 910	184 167	170 743	186 756
濉溪县	321 218	1 111 642	569 492	542 150	157 437
铜陵市	253 272	741 537	378 151	363 386	431 661
市辖区	148 107	448 371	228 283	220 088	388 001
铜官山区	87 156	272 400	138 675	133 725	272 336
狮子山区	34 301	99 364	51 416	47 948	67 895
郊区	26 650	76 607	38 192	38 415	47 770
铜陵县	105 165	293 166	149 868	143 298	43 660
安庆市	1 837 753	6 186 477	3 196 980	2 989 497	1 127 494
市辖区	257 549	735 024	368 507	366 517	464 818
迎江区	75 660	208 604	104 530	104 074	171 869
大观区	92 876	272 495	136 628	135 867	207 821
宜秀区	89 013	253 925	127 349	126 576	85 128
怀宁县	205 332	696 559	359 281	337 278	82 543
枞阳县	285 682	970 584	502 301	468 283	112 414
潜山县	164 192	587 107	302 462	284 645	60 750
太湖县	168 030	568 724	296 844	271 880	67 704
宿松县	247 878	836 922	445 194	391 728	107 836
望江县	177 508	632 077	324 644	307 433	66 304
岳西县	120 492	404 018	212 397	191 621	46 555
桐城市	211 090	755 462	385 350	370 112	118 570
黄山市	507 558	1 481 089	758 417	722 672	366 628
市辖区	150 011	439 223	222 384	216 839	203 103
屯溪区	58 058	175 382	86 884	88 498	136 976
黄山区	57 425	162 818	83 645	79 173	39 259
徽州区	34 528	101 023	51 855	49 168	26 868
歙县	173 893	482 937	249 957	232 980	64 943
休宁县	86 806	275 521	140 906	134 615	38 328
黟县	35 408	95 505	48 898	46 607	20 395
祁门县	61 440	187 903	96 272	91 631	39 859
滁州市	1 427 266	4 528 940	2 340 801	2 188 139	1 001 770
市辖区	198 003	538 975	272 561	266 414	261 908
琅琊区	104 611	279 093	139 828	139 265	204 338

安 徽 省 市 县 人 口

单位：人

地 区 别	总户数（户）	总人口			总人口中非农业人口
		合 计	男	女	
南谯区	93 392	259 882	132 733	127 149	57 570
来安县	165 619	501 992	257 551	244 441	82 480
全椒县	161 029	467 196	240 584	226 612	114 129
定远县	271 445	975 648	516 894	458 754	140 712
凤阳县	219 633	760 194	398 475	361 719	109 490
天长市	194 931	634 956	320 863	314 093	169 157
明光市	216 606	649 979	333 873	316 106	123 894
阜阳市	2 882 161	10 257 539	5 333 477	4 924 062	1 318 422
市辖区	580 119	2 101 128	1 085 016	1 016 112	518 978
颍州区	215 844	741 233	377 291	363 942	266 280
颍东区	168 624	647 629	338 651	308 978	131 535
颍泉区	195 651	712 266	369 074	343 192	121 163
临泉县	589 776	2 230 188	1 147 404	1 082 784	155 611
太和县	540 100	1 730 646	909 758	820 888	160 411
阜南县	459 505	1 684 570	876 765	807 805	133 223
颍上县	480 856	1 719 007	904 570	814 437	199 350
界首市	231 805	792 000	409 964	382 036	150 849
宿州市	1 840 677	6 492 323	3 337 474	3 154 849	878 041
市辖区	575 400	1 879 256	968 360	910 896	419 990
埇桥区	575 400	1 879 256	968 360	910 896	419 990
砀山县	287 289	997 282	509 633	487 649	138 615
萧县	408 686	1 436 430	736 915	699 515	148 303
灵璧县	316 516	1 243 175	642 365	600 810	94 921
泗县	252 786	936 180	480 201	455 979	76 212
六安市	2 338 318	7 095 610	3 744 133	3 351 477	995 173
市辖区	639 376	1 874 013	986 694	887 319	344 269
金安区	301 401	869 604	453 198	416 406	191 720
裕安区	337 975	1 004 409	533 496	470 913	152 549
寿县	442 631	1 375 462	729 426	646 036	167 858
霍邱县	611 564	1 812 435	959 132	853 303	217 545
舒城县	318 248	1 000 236	519 861	480 375	126 066
金寨县	208 208	667 074	358 624	308 450	84 824
霍山县	118 291	366 390	190 396	175 994	54 611
亳州市	1 766 795	6 144 172	3 217 579	2 926 593	667 216
市辖区	519 547	1 638 176	847 954	790 222	218 468
谯城区	519 547	1 638 176	847 954	790 222	218 468
涡阳县	398 453	1 588 191	828 960	759 231	157 429
蒙城县	373 049	1 331 928	701 017	630 911	157 188
利辛县	475 746	1 585 877	839 648	746 229	134 131
池州市	555 653	1 614 259	826 315	787 944	292 725
市辖区	239 406	667 493	341 099	326 394	146 126
贵池区	239 406	667 493	341 099	326 394	146 126

安徽省市县人口

单位：人

地区别	总户数（户）	总人口 合计	男	女	总人口中非农业人口
东至县	185 607	548 001	280 008	267 993	74 106
石台县	35 008	108 856	56 292	52 564	21 973
青阳县	95 632	289 909	148 916	140 993	50 520
宣城市	966 262	2 793 893	1 446 921	1 346 972	506 894
市辖区	300 507	865 870	445 607	420 263	170 318
宣州区	300 507	865 870	445 607	420 263	170 318
郎溪县	111 393	342 350	177 260	165 090	58 460
广德县	167 220	514 697	268 886	245 811	64 033
泾县	132 188	355 626	185 330	170 296	71 443
绩溪县	69 002	177 245	91 494	85 751	37 009
旌德县	46 542	150 575	78 010	72 565	24 884
宁国市	139 410	387 530	200 334	187 196	80 747

福建省市县人口

单位：人

地区别	总户数（户）	总人口			总人口中非农业人口
		合计	男	女	
福建省	10 209 631	35 517 611	18 284 654	17 232 957	12 078 339
福州市	2 007 964	6 494 105	3 344 623	3 149 482	2 677 860
市辖区	627 569	1 900 164	952 318	947 846	1 583 290
鼓楼区	174 170	578 623	291 358	287 265	578 623
台江区	120 149	327 201	164 241	162 960	327 201
仓山区	154 743	470 092	233 893	236 199	292 361
马尾区	51 255	165 140	83 452	81 688	55 336
晋安区	127 252	359 108	179 374	179 734	329 769
闽侯县	200 436	645 942	334 555	311 387	66 210
连江县	185 246	635 895	330 537	305 358	146 959
罗源县	76 288	255 912	134 051	121 861	67 739
闽清县	95 747	314 131	165 840	148 291	67 623
永泰县	112 350	362 822	193 247	169 575	60 777
平潭县	114 492	406 710	207 317	199 393	75 427
福清市	382 182	1 282 346	662 665	619 681	367 461
长乐市	213 654	690 183	364 093	326 090	242 374
厦门市	597 153	1 852 646	924 150	928 496	1 495 039
市辖区	597 153	1 852 646	924 150	928 496	1 495 039
思明区	206 277	651 141	321 734	329 407	651 141
海沧区	41 164	132 461	65 459	67 002	103 499
湖里区	76 960	232 996	118 117	114 879	232 996
集美区	62 552	208 752	105 015	103 737	147 090
同安区	109 395	328 120	164 130	163 990	147 517
翔安区	100 805	299 176	149 695	149 481	212 796
莆田市	816 219	3 264 955	1 659 374	1 605 581	635 836
市辖区	508 976	2 174 249	1 098 567	1 075 682	435 180
城厢区	88 606	384 798	193 760	191 038	130 080
涵江区	112 877	434 207	215 238	218 969	104 921
荔城区	119 746	512 025	255 984	256 041	129 717
秀屿区	187 747	843 219	433 585	409 634	70 462
仙游县	307 243	1 090 706	560 807	529 899	200 656
三明市	769 819	2 733 476	1 425 849	1 307 627	881 451
市辖区	91 673	282 168	143 390	138 778	218 906
梅列区	45 351	140 102	70 823	69 279	124 091
三元区	46 322	142 066	72 567	69 499	94 815
明溪县	34 022	116 494	60 258	56 236	31 866
清流县	42 502	146 376	76 021	70 355	34 650
宁化县	90 430	357 833	186 704	171 129	50 976
大田县	100 485	368 926	196 788	172 138	90 219
尤溪县	115 495	423 685	226 008	197 677	66 755
沙县	75 271	255 443	132 555	122 888	117 813
将乐县	46 388	175 859	91 217	84 642	46 903

福建省市县人口

单位：人

地区别	总户数（户）	总人口			总人口中非农业人口
		合计	男	女	
泰宁县	37 270	131 145	67 755	63 390	29 527
建宁县	40 654	149 914	76 760	73 154	25 863
永安市	95 629	325 633	168 393	157 240	167 973
泉州市	1 877 569	6 895 087	3 539 367	3 355 720	1 965 356
市辖区	294 129	1 031 965	520 339	511 626	625 872
鲤城区	79 324	252 725	125 537	127 188	252 725
丰泽区	67 165	219 616	107 646	111 970	219 616
洛江区	45 786	175 972	91 553	84 419	40 869
泉港区	101 854	383 652	195 603	188 049	112 662
惠安县	258 892	964 651	478 952	485 699	140 698
安溪县	300 763	1 116 462	588 171	528 291	138 719
永春县	163 997	565 844	295 718	270 126	152 744
德化县	89 214	318 664	167 411	151 253	66 888
石狮市	85 563	317 550	161 472	156 078	97 415
晋江市	288 461	1 069 677	545 135	524 542	366 756
南安市	396 550	1 510 274	782 169	728 105	376 264
漳州市	1 332 837	4 792 320	2 461 038	2 331 282	1 390 323
市辖区	176 677	560 156	279 514	280 642	363 183
芗城区	141 747	431 407	214 625	216 782	331 697
龙文区	34 930	128 749	64 889	63 860	31 486
云霄县	111 933	437 919	229 737	208 182	70 459
漳浦县	230 284	858 838	440 688	418 150	254 530
诏安县	156 535	606 513	315 495	291 018	86 871
长泰县	57 738	197 506	100 192	97 314	40 051
东山县	60 298	209 733	105 396	104 337	110 047
南靖县	96 381	353 182	180 491	172 691	92 655
平和县	169 695	581 233	309 976	271 257	155 937
华安县	50 453	163 699	84 827	78 872	56 753
龙海市	222 843	823 541	414 722	408 819	159 837
南平市	921 692	3 133 979	1 620 630	1 513 349	1 087 365
市辖区	147 464	497 340	256 748	240 592	260 245
延平区	147 464	497 340	256 748	240 592	260 245
顺昌县	72 346	239 285	122 772	116 513	67 843
浦城县	127 404	425 132	219 926	205 206	95 509
光泽县	45 697	160 206	83 429	76 777	38 655
松溪县	48 821	164 498	85 428	79 070	41 484
政和县	65 461	229 751	122 763	106 988	57 525
邵武市	92 923	303 662	156 014	147 648	134 871
武夷山市	65 047	230 359	118 006	112 353	79 989
建瓯市	162 210	540 334	278 640	261 694	163 892
建阳市	94 319	343 412	176 904	166 508	147 352
龙岩市	885 629	2 950 771	1 521 465	1 429 306	888 470

福建省市县人口

单位：人

地区别	总户数（户）	总人口			总人口中非农业人口
		合计	男	女	
市辖区	164 710	485 855	245 302	240 553	325 878
新罗区	164 710	485 855	245 302	240 553	325 878
长汀县	149 097	506 781	263 795	242 986	161 317
永定县	142 513	480 258	249 163	231 095	102 324
上杭县	136 694	493 255	250 948	242 307	84 042
武平县	106 126	372 984	192 168	180 816	75 451
连城县	104 366	330 932	172 377	158 555	54 118
漳平市	82 123	280 706	147 712	132 994	85 340
宁德市	1 000 749	3 400 272	1 788 158	1 612 114	1 056 639
市辖区	141 013	451 669	233 491	218 178	142 562
蕉城区	141 013	451 669	233 491	218 178	142 562
霞浦县	156 035	532 562	280 094	252 468	176 620
古田县	130 018	425 646	224 711	200 935	146 780
屏南县	54 922	186 360	99 745	86 615	42 728
寿宁县	75 666	265 969	141 245	124 724	52 058
周宁县	57 157	202 808	109 285	93 523	65 663
柘荣县	32 807	104 833	55 290	49 543	30 200
福安市	190 808	648 195	342 040	306 155	193 326
福鼎市	162 323	582 230	302 257	279 973	206 702

江西省市县人口

单位：人

地区别	总户数(户)	总人口			总人口中非农业人口
		合计	男	女	
江西省	14 613 992	47 525 616	24 873 907	22 651 709	12 726 331
南昌市	1 488 619	5 049 535	2 633 026	2 416 509	2 337 206
市辖区	645 806	2 179 857	1 125 127	1 054 730	1 707 064
东湖区	164 653	591 085	300 815	290 270	571 670
西湖区	144 186	443 986	222 389	221 597	439 267
青云谱区	81 418	264 560	137 619	126 941	243 491
湾里区	32 743	82 792	44 058	38 734	33 336
青山湖区	222 806	797 434	420 246	377 188	419 300
南昌县	286 599	1 008 684	530 313	478 371	192 356
新建县	203 065	745 675	391 467	354 208	183 991
安义县	91 678	285 606	151 948	133 658	73 160
进贤县	261 471	829 713	434 171	395 542	180 635
景德镇市	547 059	1 645 938	863 553	782 385	641 676
市辖区	178 571	462 763	236 587	226 176	374 542
昌江区	65 305	178 349	91 322	87 027	90 128
珠山区	113 266	284 414	145 265	139 149	284 414
浮梁县	101 739	285 252	149 180	136 072	64 803
乐平市	266 749	897 923	477 786	420 137	202 331
萍乡市	601 466	1 903 287	973 918	929 369	589 912
市辖区	287 066	862 249	436 649	425 600	444 119
安源区	153 346	454 962	226 889	228 073	336 291
湘东区	133 720	407 287	209 760	197 527	107 828
莲花县	83 733	264 543	135 232	129 311	42 209
上栗县	137 024	482 477	249 807	232 670	56 444
芦溪县	93 643	294 018	152 230	141 788	47 140
九江市	1 623 596	5 024 341	2 610 185	2 414 156	1 371 410
市辖区	238 807	642 727	324 904	317 823	485 866
庐山区	135 653	358 805	183 776	175 029	203 520
浔阳区	103 154	283 922	141 128	142 794	282 346
九江县	120 676	330 475	173 894	156 581	80 071
武宁县	118 855	384 640	198 534	186 106	77 846
修水县	225 390	832 118	435 073	397 045	103 320
永修县	138 703	386 139	199 713	186 426	114 180
德安县	90 387	240 142	124 493	115 649	87 496
星子县	76 351	264 069	139 358	124 711	44 860
都昌县	255 848	816 490	427 218	389 272	124 535
湖口县	90 028	295 179	153 243	141 936	69 690
彭泽县	121 918	381 572	196 375	185 197	64 868
瑞昌市	146 633	450 790	237 380	213 410	118 678
新余市	387 819	1 193 783	629 283	564 500	416 097
市辖区	279 326	863 166	454 037	409 129	333 480
渝水区	279 326	863 166	454 037	409 129	333 480

江 西 省 市 县 人 口

单位：人

地 区 别	总户数（户）	总人口 合计	男	女	总人口中非农业人口
分宜县	108 493	330 617	175 246	155 371	82 617
鹰潭市	352 821	1 220 244	649 007	571 237	346 455
市辖区	84 821	229 333	118 562	110 771	144 568
月湖区	84 821	229 333	118 562	110 771	144 568
余江县	98 490	379 370	201 312	178 058	82 455
贵溪市	169 510	611 541	329 133	282 408	119 432
赣州市	2 751 820	9 182 605	4 769 151	4 413 454	1 886 717
市辖区	194 737	649 406	329 173	320 233	375 241
章贡区	194 737	649 406	329 173	320 233	375 241
赣县	169 755	621 630	324 629	297 001	101 487
信丰县	226 873	736 452	380 275	356 177	109 476
大余县	115 219	307 008	158 610	148 398	89 473
上犹县	96 757	312 021	162 654	149 367	43 942
崇义县	64 088	209 487	109 140	100 347	37 353
安远县	89 016	378 492	197 588	180 904	68 396
龙南县	96 980	317 724	161 653	156 071	55 367
定南县	59 850	211 274	108 950	102 324	42 911
全南县	61 039	191 711	99 326	92 385	56 099
宁都县	270 487	787 175	415 149	372 026	138 192
于都县	271 093	1 035 553	535 927	499 626	185 141
兴国县	245 354	791 282	417 482	373 800	123 116
会昌县	143 790	507 336	263 092	244 244	80 693
寻乌县	93 885	317 115	165 642	151 473	52 228
石城县	91 300	316 806	166 772	150 034	52 703
瑞金市	181 533	674 616	352 335	322 281	133 318
南康市	280 064	817 517	420 754	396 763	141 581
吉安市	1 549 337	5 015 618	2 633 397	2 382 221	1 124 787
市辖区	163 538	550 571	284 639	265 932	247 521
吉州区	102 384	343 194	175 570	167 624	209 742
青原区	61 154	207 377	109 069	98 308	37 779
吉安县	155 415	481 510	254 312	227 198	98 042
吉水县	178 476	519 618	279 159	240 459	132 540
峡江县	65 118	176 036	93 675	82 361	42 638
新干县	112 849	328 497	174 609	153 888	70 061
永丰县	130 423	453 927	241 878	212 049	84 208
泰和县	143 607	554 573	288 338	266 235	101 261
遂川县	168 045	570 879	300 262	270 617	65 170
万安县	98 526	304 797	157 639	147 158	52 591
安福县	125 693	397 819	209 754	188 065	87 733
永新县	159 961	514 371	265 474	248 897	100 037
井冈山市	47 686	163 020	83 658	79 362	42 985
宜春市	1 812 723	5 668 485	2 992 472	2 676 013	1 592 198

江西省市县人口

单位：人

地区别	总户数（户）	总人口 合计	男	女	总人口中非农业人口
市辖区	326 460	1 076 832	565 006	511 826	267 633
袁州区	326 460	1 076 832	565 006	511 826	267 633
奉新县	102 619	321 170	166 368	154 802	83 933
万载县	151 491	526 361	277 292	249 069	96 532
上高县	119 853	359 850	189 374	170 476	96 964
宜丰县	97 242	288 472	149 788	138 684	83 362
靖安县	48 144	147 764	77 055	70 709	41 900
铜鼓县	53 184	137 888	71 367	66 521	39 001
丰城市	426 875	1 382 982	741 722	641 260	523 975
樟树市	184 379	591 560	307 755	283 805	158 293
高安市	302 476	835 606	446 745	388 861	200 605
抚州市	1 312 230	4 119 921	2 174 603	1 945 318	993 801
市辖区	386 488	1 167 334	620 786	546 548	351 147
临川区	386 488	1 167 334	620 786	546 548	351 147
南城县	86 742	323 409	167 792	155 617	72 752
黎川县	81 859	248 500	130 769	117 731	59 453
南丰县	90 808	297 336	154 844	142 492	61 805
崇仁县	97 345	362 443	194 080	168 363	71 062
乐安县	129 372	368 781	196 259	172 522	72 345
宜黄县	68 093	229 835	119 852	109 983	40 029
金溪县	98 177	305 006	160 196	144 810	58 359
资溪县	38 608	112 100	58 179	53 921	27 712
东乡县	157 737	463 130	245 544	217 586	115 713
广昌县	77 001	242 047	126 302	115 745	63 424
上饶市	2 186 502	7 501 859	3 945 312	3 556 547	1 426 072
市辖区	121 502	403 868	203 848	200 020	212 451
信州区	121 502	403 868	203 848	200 020	212 451
上饶县	231 919	794 328	416 311	378 017	102 334
广丰县	236 942	912 114	478 604	433 510	164 265
玉山县	179 302	611 315	322 477	288 838	101 674
铅山县	131 807	460 311	241 634	218 677	83 656
横峰县	66 809	217 892	115 686	102 206	39 977
弋阳县	113 219	402 957	214 616	188 341	89 747
余干县	304 711	1 041 088	549 553	491 535	146 750
鄱阳县	443 502	1 563 010	829 390	733 620	223 995
万年县	121 882	405 647	214 393	191 254	75 618
婺源县	120 695	362 200	187 258	174 942	58 942
德兴市	114 212	327 129	171 542	155 587	126 663

山东省市县人口

单位：人

地区别	总户数（户）	总人口 合计	男	女	总人口中非农业人口
山东省	30 366 475	95 909 977	48 695 906	47 214 071	39 448 864
济南市	1 936 082	6 066 360	3 021 917	3 044 443	4 334 141
市辖区	1 147 497	3 494 419	1 735 105	1 759 314	3 494 419
历下区	172 310	542 647	270 662	271 985	542 647
市中区	197 651	575 507	282 319	293 188	575 507
槐荫区	133 910	384 361	188 950	195 411	384 361
天桥区	181 958	506 925	251 334	255 591	506 925
历城区	296 085	927 590	462 878	464 712	927 590
长清区	165 583	557 389	278 962	278 427	557 389
平阴县	136 812	373 453	187 112	186 341	104 600
济阳县	163 508	555 526	279 610	275 916	101 694
商河县	182 552	625 242	316 233	309 009	209 796
章丘市	305 713	1 017 720	503 857	513 863	423 632
青岛市	2 479 406	7 663 612	3 826 931	3 836 681	4 826 811
市辖区	946 894	2 770 929	1 370 488	1 400 441	2 770 929
市南区	171 299	548 467	268 381	280 086	548 467
市北区	186 052	494 844	244 195	250 649	494 844
四方区	135 323	372 070	187 632	184 438	372 070
黄岛区	89 231	314 663	160 245	154 418	314 663
崂山区	77 127	249 130	123 140	125 990	249 130
李沧区	115 617	309 744	153 925	155 819	309 744
城阳区	172 245	482 011	232 970	249 041	482 011
胶州市	249 270	807 140	402 848	404 292	388 274
即墨市	341 361	1 131 794	565 522	566 272	499 854
平度市	423 884	1 376 204	694 838	681 366	446 083
胶南市	267 437	841 222	423 145	418 077	393 253
莱西市	250 560	736 323	370 090	366 233	328 418
淄博市	1 453 850	4 238 266	2 117 021	2 121 245	1 975 506
市辖区	982 049	2 808 282	1 398 979	1 409 303	1 617 899
淄川区	241 747	672 658	335 333	337 325	262 709
张店区	262 343	744 376	373 494	370 882	612 990
博山区	169 087	458 442	227 383	231 059	232 973
临淄区	200 436	611 409	304 912	306 497	314 720
周村区	108 436	321 397	157 857	163 540	194 507
桓台县	159 902	498 770	248 164	250 606	140 150
高青县	105 284	366 019	183 405	182 614	85 532
沂源县	206 615	565 195	286 473	278 722	131 925
枣庄市	1 189 667	3 941 781	2 057 170	1 884 611	1 368 676
市辖区	663 273	2 251 754	1 170 279	1 081 475	840 556
市中区	158 779	529 498	270 780	258 718	309 724
薛城区	144 079	508 971	264 458	244 513	206 972
峄城区	126 526	390 829	202 836	187 993	124 888

山东省市县人口

单位：人

地区别	总户数（户）	总人口			总人口中非农业人口
		合计	男	女	
台儿庄区	105 412	313 221	163 712	149 509	77 226
山亭区	128 477	509 235	268 493	240 742	121 746
滕州市	526 394	1 690 027	886 891	803 136	528 120
东营市	616 934	1 859 647	935 140	924 507	810 449
市辖区	300 908	837 989	423 445	414 544	675 483
东营区	222 348	622 349	315 591	306 758	504 150
河口区	78 560	215 640	107 854	107 786	171 333
垦利县	73 474	221 434	110 487	110 947	37 926
利津县	88 171	299 626	149 922	149 704	38 439
广饶县	154 381	500 598	251 286	249 312	58 601
烟台市	2 340 746	6 517 592	3 260 764	3 256 828	3 241 878
市辖区	649 784	1 796 372	891 648	904 724	1 364 386
芝罘区	246 003	682 700	337 761	344 939	682 700
福山区	159 233	442 760	220 390	222 370	302 304
牟平区	168 599	455 843	228 761	227 082	164 313
莱山区	75 949	215 069	104 736	110 333	215 069
长岛县	15 812	43 040	21 182	21 858	16 980
龙口市	241 566	634 970	314 291	320 679	366 040
莱阳市	290 535	873 694	444 212	429 482	293 967
莱州市	270 699	858 063	427 577	430 486	365 986
蓬莱市	171 297	450 019	224 384	225 635	178 415
招远市	207 117	570 360	283 444	286 916	255 721
栖霞市	248 849	626 075	317 790	308 285	188 214
海阳市	245 087	664 999	336 236	328 763	212 169
潍坊市	2 755 030	8 776 133	4 433 309	4 342 824	4 593 531
市辖区	587 100	1 829 130	921 159	907 971	1 623 235
潍城区	116 533	366 251	183 542	182 709	366 251
寒亭区	151 648	430 130	216 515	213 615	430 130
坊子区	163 698	537 622	272 454	265 168	331 727
奎文区	155 221	495 127	248 648	246 479	495 127
临朐县	290 744	876 545	448 784	427 761	323 340
昌乐县	191 966	615 297	311 171	304 126	258 165
青州市	281 440	917 543	462 294	455 249	317 993
诸城市	316 675	1 085 066	548 620	536 446	489 123
寿光市	324 286	1 046 317	528 076	518 241	486 157
安丘市	284 622	950 306	485 274	465 032	407 332
高密市	293 458	873 602	437 504	436 098	377 405
昌邑市	184 739	582 327	290 427	291 900	310 781
济宁市	2 485 417	8 469 791	4 349 074	4 120 717	2 682 875
市辖区	346 112	1 134 009	573 870	560 139	790 777
市中区	195 887	594 777	302 352	292 425	357 004
任城区	150 225	539 232	271 518	267 714	433 773

山东省市县人口

单位：人

地区别	总户数（户）	总人口 合计	总人口 男	总人口 女	总人口中非农业人口
微山县	194 870	722 943	378 692	344 251	174 448
鱼台县	131 587	470 830	242 320	228 510	81 839
金乡县	193 572	641 221	326 910	314 311	102 839
嘉祥县	245 888	871 920	451 111	420 809	152 979
汶上县	213 030	779 592	402 520	377 072	127 563
泗水县	194 106	623 594	322 028	301 566	169 486
梁山县	234 296	793 200	408 161	385 039	122 582
曲阜市	188 752	638 304	322 273	316 031	274 606
兖州市	196 986	636 789	321 920	314 869	287 581
邹城市	346 218	1 157 389	599 269	558 120	398 175
泰安市	1 852 520	5 595 132	2 833 061	2 762 071	1 935 879
市辖区	530 051	1 590 311	799 469	790 842	655 455
泰山区	225 301	622 370	312 522	309 848	491 995
岱岳区	304 750	967 941	486 947	480 994	163 460
宁阳县	249 633	826 860	421 363	405 497	198 170
东平县	256 910	795 249	402 085	393 164	240 162
新泰市	492 683	1 399 209	714 761	684 448	458 773
肥城市	323 243	983 503	495 383	488 120	383 319
威海市	918 227	2 538 425	1 270 505	1 267 920	1 300 735
市辖区	218 491	651 864	322 473	329 391	484 836
环翠区	218 491	651 864	322 473	329 391	484 836
文登市	247 620	644 578	323 648	320 930	253 734
荣成市	239 324	670 780	335 256	335 524	401 043
乳山市	212 792	571 203	289 128	282 075	161 122
日照市	1 004 060	2 890 286	1 468 095	1 422 191	1 030 353
市辖区	419 535	1 239 771	625 359	614 412	596 333
东港区	273 023	816 204	411 784	404 420	490 750
岚山区	146 512	423 567	213 575	209 992	105 583
五莲县	182 827	514 967	262 606	252 361	178 528
莒县	401 698	1 135 548	580 130	555 418	255 492
莱芜市	471 067	1 269 512	644 136	625 376	581 498
市辖区	471 067	1 269 512	644 136	625 376	581 498
莱城区	364 404	969 003	487 494	481 509	425 003
钢城区	106 663	300 509	156 642	143 867	156 495
临沂市	3 311 422	10 809 532	5 566 892	5 242 640	3 643 361
市辖区	749 818	2 468 527	1 269 002	1 199 525	1 607 202
兰山区	343 800	1 118 677	572 338	546 339	586 870
罗庄区	182 790	608 237	316 234	292 003	458 585
河东区	223 228	741 613	380 430	361 183	561 747
沂南县	309 097	911 055	465 391	445 664	208 326
郯城县	254 245	938 889	482 629	456 260	236 261
沂水县	380 652	1 137 737	581 578	556 159	233 600

山东省市县人口

单位：人

地区别	总户数（户）	总人口			总人口中非农业人口
		合计	男	女	
苍山县	317 423	1 306 242	676 225	630 017	197 107
费县	252 921	828 566	429 843	398 723	240 884
平邑县	314 103	1 020 775	534 971	485 804	296 599
莒南县	363 003	1 015 488	519 413	496 075	224 258
蒙阴县	176 815	548 535	279 761	268 774	173 880
临沭县	193 345	633 718	328 079	305 639	225 244
德州市	1 759 656	5 759 836	2 915 383	2 844 453	1 746 846
市辖区	202 438	605 354	303 389	301 965	428 688
德城区	202 438	605 354	303 389	301 965	428 688
陵县	175 990	593 031	298 552	294 479	118 456
宁津县	143 900	471 822	239 937	231 885	60 650
庆云县	93 195	314 164	162 326	151 838	60 821
临邑县	153 129	541 878	273 963	267 915	203 875
齐河县	190 899	627 690	316 315	311 375	162 835
平原县	148 936	465 605	233 852	231 753	130 137
夏津县	152 042	524 619	265 790	258 829	147 985
武城县	116 852	391 917	198 437	193 480	79 450
乐陵市	214 281	696 817	357 887	338 930	185 324
禹城市	167 994	526 939	264 935	262 004	168 625
聊城市	1 897 609	6 042 155	3 071 458	2 970 697	1 922 851
市辖区	350 735	1 170 541	593 626	576 915	604 020
东昌府区	350 735	1 170 541	593 626	576 915	604 020
阳谷县	232 498	812 480	413 552	398 928	184 461
莘县	313 777	1 033 435	531 153	502 282	124 420
茌平县	191 279	547 707	277 182	270 525	203 579
东阿县	131 393	403 838	204 468	199 370	121 818
冠县	251 749	810 326	416 148	394 178	187 949
高唐县	183 468	496 697	247 611	249 086	174 599
临清市	242 710	767 131	387 718	379 413	322 005
滨州市	1 196 328	3 806 768	1 920 027	1 886 741	1 398 349
市辖区	214 166	643 643	320 683	322 960	533 511
滨城区	214 166	643 643	320 683	322 960	533 511
惠民县	183 447	641 809	323 304	318 505	122 892
阳信县	146 773	452 111	229 742	222 369	94 146
无棣县	156 320	460 290	236 070	224 220	133 864
沾化县	137 829	390 135	197 007	193 128	116 565
博兴县	155 677	489 052	248 356	240 696	172 393
邹平县	202 116	729 728	364 865	364 863	224 978
菏泽市	2 698 454	9 665 149	5 005 023	4 660 126	2 055 125
市辖区	443 639	1 521 935	784 130	737 805	723 427
牡丹区	443 639	1 521 935	784 130	737 805	723 427
曹县	417 980	1 587 782	822 817	764 965	207 274

山东省市县人口

单位：人

地区别	总户数（户）	总人口			总人口中非农业人口
		合计	男	女	
单县	332 508	1 234 493	633 043	601 450	241 710
成武县	208 079	703 531	362 120	341 411	125 306
巨野县	298 493	1 021 465	529 843	491 622	252 856
郓城县	353 551	1 238 578	647 140	591 438	167 005
鄄城县	241 378	870 954	453 295	417 659	105 412
定陶县	179 547	676 018	349 577	326 441	119 137
东明县	223 279	810 393	423 058	387 335	112 998

河南省市县人口

单位：人

地区别	总户数（户）	总人口			总人口中非农业人口
		合计	男	女	
河南省	31 020 568	109 224 461	56 414 274	52 810 187	24 118 384
郑州市	2 054 592	7 589 118	3 844 588	3 744 530	3 199 064
市辖区	902 255	3 024 101	1 500 346	1 523 755	2 275 777
中原区	192 046	696 699	347 694	349 005	530 349
二七区	168 540	552 099	273 851	278 248	433 152
管城回族区	140 721	438 784	218 777	220 007	303 675
金水区	302 500	1 022 340	504 428	517 912	883 756
上街区	38 735	116 082	57 759	58 323	72 484
惠济区	59 713	198 097	97 837	100 260	52 361
中牟县	176 120	793 178	412 129	381 049	123 941
巩义市	218 215	822 014	417 079	404 935	153 132
荥阳市	177 044	659 508	334 442	325 066	105 741
新密市	212 311	876 721	455 978	420 743	184 895
新郑市	192 064	714 626	367 582	347 044	155 568
登封市	176 583	698 970	357 032	341 938	200 010
开封市	1 531 678	5 433 783	2 802 275	2 631 508	977 746
市辖区	291 924	863 708	426 413	437 295	592 933
龙亭区	41 099	121 357	60 206	61 151	66 390
顺河回族区	86 242	252 843	124 855	127 988	189 891
鼓楼区	56 696	158 052	77 444	80 608	133 100
禹王台区	48 192	135 799	66 820	68 979	95 784
金明区	59 695	195 657	97 088	98 569	107 768
杞县	342 850	1 197 789	621 519	576 270	90 718
通许县	176 905	676 915	350 328	326 587	56 778
尉氏县	254 387	997 845	524 217	473 628	81 333
开封县	209 229	790 080	411 548	378 532	55 117
兰考县	256 383	907 446	468 250	439 196	100 867
洛阳市	2 059 905	7 110 814	3 641 945	3 468 869	1 953 142
市辖区	613 812	1 946 422	982 660	963 762	1 183 652
老城区	63 394	172 287	88 646	83 641	129 844
西工区	105 210	333 916	168 612	165 304	295 951
瀍河回族区	65 896	179 890	92 356	87 534	145 970
涧西区	171 566	539 463	270 908	268 555	450 433
吉利区	21 787	69 042	34 360	34 682	34 031
洛龙区	185 959	651 824	327 778	324 046	127 423
孟津县	153 152	476 643	240 054	236 589	59 163
新安县	146 542	538 633	276 318	262 315	140 553
栾川县	104 347	342 964	178 894	164 070	45 534
嵩县	167 925	602 222	315 216	287 006	60 654
汝阳县	125 710	492 178	255 912	236 266	63 918
宜阳县	192 410	711 474	366 462	345 012	98 081
洛宁县	128 953	511 877	264 286	247 591	63 108

河南省市县人口

单位：人

地区别	总户数（户）	总人口			总人口中非农业人口
		合计	男	女	
伊川县	245 101	869 903	446 138	423 765	147 142
偃师市	181 953	618 498	316 005	302 493	91 337
平顶山市	1 553 535	5 488 473	2 867 574	2 620 899	1 346 767
市辖区	292 692	1 046 998	544 480	502 518	805 630
新华区	105 346	407 747	211 163	196 584	330 930
卫东区	89 915	322 725	167 525	155 200	282 861
石龙区	23 563	63 677	35 617	28 060	42 202
湛河区	73 868	252 849	130 175	122 674	149 637
宝丰县	162 672	537 882	279 878	258 004	72 650
叶县	254 111	894 506	467 406	427 100	84 956
鲁山县	248 690	935 458	490 697	444 761	101 642
郏县	187 533	642 227	338 239	303 988	58 924
舞钢市	107 043	342 406	178 681	163 725	108 479
汝州市	300 794	1 088 996	568 193	520 803	114 486
安阳市	1 715 152	5 908 454	3 027 171	2 881 283	1 293 698
市辖区	346 803	1 110 643	564 917	545 726	736 520
文峰区	126 805	408 553	204 710	203 843	280 360
北关区	79 456	247 682	123 077	124 605	209 314
殷都区	74 078	247 243	130 849	116 394	189 433
龙安区	66 464	207 165	106 281	100 884	57 413
安阳县	301 288	1 027 473	526 304	501 169	127 431
汤阴县	148 795	495 175	253 014	242 161	77 973
滑县	406 723	1 438 302	738 131	700 171	112 721
内黄县	197 731	766 927	392 439	374 488	57 960
林州市	313 812	1 069 934	552 366	517 568	181 093
鹤壁市	486 707	1 640 665	848 484	792 181	569 171
市辖区	207 177	627 030	323 417	303 613	426 787
鹤山区	42 507	117 178	61 822	55 356	75 229
山城区	74 928	230 247	119 441	110 806	177 407
淇滨区	89 742	279 605	142 154	137 451	174 151
浚县	194 535	726 977	375 768	351 209	75 482
淇县	84 995	286 658	149 299	137 359	66 902
新乡市	1 696 094	6 125 347	3 120 978	3 004 369	1 660 475
市辖区	307 185	1 027 666	515 493	512 173	754 428
红旗区	101 420	335 602	167 950	167 652	236 491
卫滨区	70 015	238 382	116 061	122 321	223 792
凤泉区	38 926	140 381	75 342	65 039	39 827
牧野区	96 824	313 301	156 140	157 161	254 318
新乡县	88 741	347 209	177 532	169 677	30 902
获嘉县	119 739	427 817	215 212	212 605	81 771
原阳县	179 927	751 269	388 306	362 963	59 834
延津县	132 137	498 777	255 312	243 465	74 975

河南省市县人口

单位：人

地区别	总户数（户）	总人口 合计	男	女	总人口中非农业人口
封丘县	209 249	794 673	403 564	391 109	110 943
长垣县	252 834	925 248	477 213	448 035	92 877
卫辉市	155 769	517 839	262 579	255 260	125 253
辉县市	250 513	834 849	425 767	409 082	329 492
焦作市	1 001 237	3 699 494	1 881 575	1 817 919	1 067 832
市辖区	233 609	846 934	431 493	415 441	656 829
解放区	85 831	295 569	147 961	147 608	295 569
中站区	34 529	120 802	62 053	58 749	76 013
马村区	37 178	149 164	79 051	70 113	67 517
山阳区	76 071	281 399	142 428	138 971	217 730
修武县	82 182	308 186	159 330	148 856	56 833
博爱县	123 910	454 405	233 559	220 846	72 702
武陟县	197 728	740 357	380 060	360 297	62 751
温县	142 244	469 083	236 223	232 860	69 295
沁阳市	109 161	499 815	251 318	248 497	93 809
孟州市	112 403	380 714	189 592	191 122	55 613
濮阳市	1 090 475	4 166 220	2 141 398	2 024 822	765 968
市辖区	229 440	689 651	347 783	341 868	441 506
华龙区	229 440	689 651	347 783	341 868	441 506
清丰县	183 522	733 124	378 005	355 119	70 968
南乐县	127 327	554 894	282 117	272 777	43 262
范县	158 815	583 893	302 460	281 433	64 283
台前县	95 269	403 528	208 237	195 291	32 687
濮阳县	296 102	1 201 130	622 796	578 334	113 262
许昌市	1 435 584	4 940 625	2 557 323	2 383 302	1 344 289
市辖区	143 580	416 924	207 280	209 644	416 924
魏都区	143 580	416 924	207 280	209 644	416 924
许昌县	271 505	905 930	468 350	437 580	335 093
鄢陵县	185 819	687 113	355 093	332 020	122 614
襄城县	253 808	883 607	460 310	423 297	109 905
禹州市	368 422	1 282 028	673 317	608 711	202 949
长葛市	212 450	765 023	392 973	372 050	156 804
漯河市	790 171	2 763 737	1 420 555	1 343 182	738 618
市辖区	410 247	1 408 114	717 534	690 580	563 671
源汇区	111 242	333 081	166 570	166 511	184 485
郾城区	150 918	528 031	271 136	256 895	195 831
召陵区	148 087	547 002	279 828	267 174	183 355
舞阳县	176 256	611 384	315 570	295 814	73 335
临颍县	203 668	744 239	387 451	356 788	101 612
三门峡市	726 433	2 319 284	1 193 809	1 125 475	689 687
市辖区	90 104	294 970	148 327	146 643	230 926
湖滨区	90 104	294 970	148 327	146 643	230 926

河南省市县人口

单位：人

地区别	总户数（户）	总人口			总人口中非农业人口
		合计	男	女	
渑池县	124 819	368 466	187 708	180 758	103 012
陕县	117 012	346 505	178 391	168 114	53 296
卢氏县	128 550	379 688	199 418	180 270	44 291
义马市	44 444	170 517	89 904	80 613	136 004
灵宝市	221 504	759 138	390 061	369 077	122 158
南阳市	3 629 631	12 009 223	6 294 057	5 715 166	1 843 750
市辖区	603 518	1 910 287	981 553	928 734	587 603
宛城区	289 039	904 673	464 259	440 414	262 065
卧龙区	314 479	1 005 614	517 294	488 320	325 538
南召县	220 621	655 889	349 597	306 292	97 057
方城县	344 176	1 120 971	588 584	532 387	105 052
西峡县	165 568	480 287	253 298	226 989	88 736
镇平县	301 925	1 068 095	568 547	499 548	116 502
内乡县	229 549	712 452	374 936	337 516	121 654
淅川县	228 397	762 981	398 109	364 872	114 250
社旗县	227 620	747 553	390 196	357 357	82 137
唐河县	423 710	1 432 371	755 663	676 708	135 049
新野县	230 513	837 414	433 590	403 824	119 812
桐柏县	165 435	497 104	261 663	235 441	103 063
邓州市	488 599	1 783 819	938 321	845 498	172 835
商丘市	2 612 172	9 268 373	4 785 410	4 482 963	1 749 452
市辖区	489 357	1 792 662	905 343	887 319	958 282
梁园区	249 795	905 584	459 636	445 948	607 242
睢阳区	239 562	887 078	445 707	441 371	351 040
民权县	273 728	970 815	494 790	476 025	110 965
睢县	236 160	884 071	456 687	427 384	85 180
宁陵县	172 931	673 220	343 512	329 708	83 688
柘城县	287 142	1 017 215	519 312	497 903	107 796
虞城县	346 910	1 224 451	629 027	595 424	93 650
夏邑县	373 316	1 194 607	623 877	570 730	105 664
永城市	432 628	1 511 332	812 862	698 470	204 227
信阳市	2 716 845	8 766 196	4 596 517	4 169 679	1 735 459
市辖区	484 150	1 491 327	767 656	723 671	520 260
浉河区	214 455	648 061	331 214	316 847	291 463
平桥区	269 695	843 266	436 442	406 824	228 797
罗山县	225 879	767 911	404 286	363 625	133 185
光山县	291 226	915 486	487 185	428 301	150 170
新县	146 419	386 069	206 863	179 206	118 382
商城县	232 329	767 316	405 593	361 723	104 482
固始县	538 940	1 736 091	925 732	810 359	244 596
潢川县	252 740	867 491	451 169	416 322	145 153
淮滨县	225 729	747 115	386 838	360 277	192 742

河南省市县人口

单位：人

地区别	总户数（户）	总人口 合计	总人口 男	总人口 女	总人口中非农业人口
息县	319 433	1 087 390	561 195	526 195	126 489
周口市	3 358 013	12 385 105	6 416 580	5 968 525	1 499 854
市辖区	183 596	615 337	309 896	305 441	257 965
川汇区	183 596	615 337	309 896	305 441	257 965
扶沟县	224 899	770 294	400 322	369 972	88 951
西华县	276 284	1 013 879	527 588	486 291	147 001
商水县	329 346	1 280 034	673 579	606 455	87 272
沈丘县	349 301	1 355 379	699 731	655 648	159 708
郸城县	439 192	1 574 671	819 028	755 643	151 066
淮阳县	388 600	1 485 198	761 000	724 198	132 040
太康县	407 574	1 567 461	815 133	752 328	113 283
鹿邑县	364 486	1 364 165	706 166	657 999	126 618
项城市	394 735	1 358 687	704 137	654 550	235 950
驻马店市	2 359 182	8 920 723	4 622 558	4 298 165	1 420 970
市辖区	240 663	813 290	416 984	396 306	290 400
驿城区	240 663	813 290	416 984	396 306	290 400
西平县	216 141	867 269	450 610	416 659	103 378
上蔡县	367 914	1 518 675	782 644	736 031	108 277
平舆县	256 087	981 162	511 236	469 926	284 693
正阳县	226 047	805 939	418 531	387 408	83 977
确山县	151 972	516 756	269 456	247 300	148 348
泌阳县	234 890	894 518	465 263	429 255	121 343
汝南县	217 803	849 312	444 839	404 473	96 751
遂平县	169 834	566 239	291 436	274 803	73 934
新蔡县	277 831	1 107 563	571 559	536 004	109 869
省直辖行政单位	203 162	688 827	351 477	337 350	262 442
济源市	203 162	688 827	351 477	337 350	262 442

湖北省市县人口

单位：人

地区别	总户数（户）	总人口			总人口中非农业人口
		合计	男	女	
湖北省	20 341 788	61 640 616	31 939 446	29 701 170	21 276 767
武汉市	2 765 003	8 272 385	4 242 854	4 029 531	5 630 647
市辖区	2 765 003	8 272 385	4 242 854	4 029 531	5 630 647
江岸区	256 989	683 528	340 367	343 161	683 528
江汉区	183 322	480 332	244 426	235 906	480 332
硚口区	202 996	533 257	267 068	266 189	531 166
汉阳区	204 297	527 656	269 100	258 556	527 656
武昌区	338 783	1 155 465	589 375	566 090	1 151 353
青山区	149 210	448 653	231 609	217 044	448 636
洪山区	202 687	768 708	410 277	358 431	768 708
东西湖区	100 156	268 946	135 716	133 230	85 324
汉南区	41 642	109 852	56 208	53 644	28 449
蔡甸区	158 081	472 940	239 717	233 223	150 790
江夏区	243 892	732 339	375 814	356 525	361 004
黄陂区	371 596	1 129 843	579 693	550 150	200 794
新洲区	311 352	960 866	503 484	457 382	212 907
黄石市	773 676	2 601 428	1 369 157	1 232 271	1 232 863
市辖区	209 384	635 402	325 656	309 746	597 726
黄石港区	65 901	201 689	100 893	100 796	196 586
西塞山区	73 206	225 920	115 816	110 104	198 171
下陆区	50 003	152 964	80 539	72 425	152 340
铁山区	20 274	54 829	28 408	26 421	50 629
阳新县	295 829	1 020 374	542 775	477 599	220 300
大冶市	268 463	945 652	500 726	444 926	414 837
十堰市	1 168 824	3 483 556	1 842 655	1 640 901	1 182 367
市辖区	200 375	535 911	271 449	264 462	487 304
茅箭区	101 823	273 231	138 212	135 019	257 355
张湾区	98 552	262 680	133 237	129 443	229 949
郧县	188 585	639 070	337 477	301 593	156 157
郧西县	168 410	515 341	275 366	239 975	60 780
竹山县	148 587	472 680	259 215	213 465	78 070
竹溪县	128 125	374 114	202 019	172 095	53 463
房县	174 635	486 515	258 411	228 104	152 859
丹江口市	160 107	459 925	238 718	221 207	193 734
宜昌市	1 514 610	3 988 419	2 041 205	1 947 214	1 348 963
市辖区	459 936	1 245 873	637 606	608 267	727 103
西陵区	142 882	416 012	213 822	202 190	408 621
伍家岗区	59 302	156 590	79 037	77 553	139 587
点军区	40 348	103 274	52 393	50 881	18 177
猇亭区	19 851	50 800	25 529	25 271	31 846
夷陵区	197 553	519 197	266 825	252 372	128 872
远安县	78 878	194 415	100 747	93 668	38 744

湖北省市县人口

单位：人

地区别	总户数(户)	总人口 合计	男	女	总人口中非农业人口
兴山县	68 354	175 974	91 608	84 366	43 105
秭归县	143 807	381 914	197 353	184 561	67 336
长阳土家族自治县	149 350	407 319	213 447	193 872	65 733
五峰土家族自治县	73 198	205 302	107 056	98 246	26 404
宜都市	149 997	395 596	200 226	195 370	115 026
当阳市	194 940	485 664	244 761	240 903	127 266
枝江市	196 150	496 362	248 401	247 961	138 246
襄阳市	2 093 174	5 935 912	3 045 527	2 890 385	3 013 084
市辖区	774 414	2 252 544	1 150 925	1 101 619	1 343 258
襄城区	164 619	455 277	232 033	223 244	245 668
樊城区	264 089	739 463	374 228	365 235	516 987
襄州区	345 706	1 057 804	544 664	513 140	580 603
南漳县	197 244	588 175	305 212	282 963	285 249
谷城县	216 849	588 679	303 559	285 120	268 499
保康县	105 241	280 538	148 975	131 563	112 813
老河口市	183 873	533 083	270 036	263 047	251 176
枣阳市	426 063	1 120 522	576 402	544 120	511 666
宜城市	189 490	572 371	290 418	281 953	240 423
鄂州市	370 524	1 094 323	570 544	523 779	357 091
市辖区	370 524	1 094 323	570 544	523 779	357 091
梁子湖区	53 196	186 130	98 314	87 816	17 589
华容区	87 161	257 510	132 331	125 179	23 758
鄂城区	230 167	650 683	339 899	310 784	315 744
荆门市	1 036 729	3 019 000	1 537 065	1 481 935	833 342
市辖区	292 638	703 832	358 811	345 021	347 515
东宝区	153 431	380 658	192 486	188 172	193 718
掇刀区	139 207	323 174	166 325	156 849	153 797
京山县	211 318	657 209	337 137	320 072	163 391
沙洋县	187 836	588 317	298 490	289 827	78 226
钟祥市	344 937	1 069 642	542 627	527 015	244 210
孝感市	1 648 003	5 289 138	2 758 400	2 530 738	1 365 574
市辖区	307 047	956 015	492 227	463 788	352 662
孝南区	307 047	956 015	492 227	463 788	352 662
孝昌县	198 101	676 349	355 019	321 330	96 314
大悟县	192 159	642 958	338 654	304 304	149 767
云梦县	188 618	579 913	303 714	276 199	127 559
应城市	213 538	678 626	359 517	319 109	302 147
安陆市	206 465	626 912	320 592	306 320	118 851
汉川市	342 075	1 128 365	588 677	539 688	218 274
荆州市	2 078 390	6 627 359	3 386 674	3 240 685	1 662 825
市辖区	391 782	1 127 239	565 603	561 636	642 349
沙市区	192 632	549 443	273 922	275 521	396 339

湖北省市县人口

单位：人

地区别	总户数（户）	总人口			总人口中非农业人口
		合计	男	女	
荆州区	199 150	577 796	291 681	286 115	246 010
公安县	338 597	1 058 965	532 987	525 978	196 811
监利县	421 786	1 561 590	810 917	750 673	249 311
江陵县	120 283	415 157	209 440	205 717	66 027
石首市	224 771	671 299	342 766	328 533	162 038
洪湖市	293 776	941 352	495 048	446 304	180 818
松滋市	287 395	851 757	429 913	421 844	165 471
黄冈市	2 456 208	7 462 587	3 924 652	3 537 935	1 408 758
市辖区	153 686	360 920	186 243	174 677	206 551
黄州区	153 686	360 920	186 243	174 677	206 551
团风县	127 285	378 423	198 609	179 814	48 359
红安县	194 489	664 616	348 326	316 290	118 078
罗田县	210 772	614 068	327 265	286 803	87 927
英山县	141 836	400 892	210 647	190 245	74 666
浠水县	349 200	1 030 024	539 970	490 054	158 737
蕲春县	299 265	1 032 638	540 204	492 434	164 792
黄梅县	335 548	1 029 846	540 717	489 129	174 292
麻城市	391 355	1 163 405	612 627	550 778	211 404
武穴市	252 772	787 755	420 044	367 711	163 952
咸宁市	887 148	2 952 512	1 546 277	1 406 235	797 252
市辖区	198 168	607 606	317 962	289 644	245 772
咸安区	198 168	607 606	317 962	289 644	245 772
嘉鱼县	116 812	371 731	193 040	178 691	107 737
通城县	144 987	499 821	251 975	247 846	93 383
崇阳县	133 009	477 349	257 426	219 923	79 121
通山县	138 848	473 994	252 717	221 277	96 190
赤壁市	155 324	522 011	273 157	248 854	175 049
随州市	876 395	2 568 727	1 319 134	1 249 593	507 430
市辖区	254 900	642 286	325 274	317 012	244 206
曾都区	254 900	642 286	325 274	317 012	244 206
随县	312 810	979 148	506 087	473 061	89 593
广水市	308 685	947 293	487 773	459 520	173 631
恩施土家族苗族自治州	1 357 265	4 011 592	2 098 517	1 913 075	575 410
恩施市	269 997	805 367	416 338	389 029	206 415
利川市	303 373	906 143	478 252	427 891	135 057
建始县	165 368	513 465	266 747	246 718	42 781
巴东县	177 589	494 532	259 960	234 572	56 332
宣恩县	120 133	358 518	187 118	171 400	25 762
咸丰县	139 972	384 529	206 040	178 489	40 516
来凤县	100 741	326 460	168 787	157 673	46 487
鹤峰县	80 092	222 578	115 275	107 303	22 060
省直辖行政单位	1 315 839	4 333 678	2 256 785	2 076 893	1 361 161

湖北省市县人口

单位：人

地区别	总户数（户）	总人口			总人口中非农业人口
		合计	男	女	
仙桃市	443 769	1 551 360	811 943	739 417	415 175
潜江市	335 179	1 029 660	521 264	508 396	499 272
天门市	504 867	1 672 575	880 664	791 911	416 792
神农架林区	32 024	80 083	42 914	37 169	29 922

湖南省市县人口

单位：人

地区别	总户数（户）	总人口 合计	男	女	总人口中非农业人口
湖南省	22 567 911	71 348 863	37 005 118	34 343 745	15 935 510
长沙市	2 081 880	6 566 185	3 326 741	3 239 444	2 418 105
市辖区	976 443	2 967 851	1 490 025	1 477 826	1 993 663
芙蓉区	129 787	409 726	203 966	205 760	372 622
天心区	137 841	398 395	202 381	196 014	360 766
岳麓区	207 216	662 289	331 977	330 312	376 666
开福区	163 459	426 620	209 312	217 308	341 403
雨花区	173 577	550 721	280 171	270 550	470 103
长沙县	249 771	803 861	405 436	398 425	107 363
望城区	164 563	520 100	262 218	257 882	72 103
宁乡县	442 917	1 370 949	700 430	670 519	161 671
浏阳市	412 749	1 423 524	730 850	692 674	155 408
株洲市	1 152 795	3 913 587	1 995 879	1 917 708	1 067 764
市辖区	312 023	931 648	474 322	457 326	641 788
荷塘区	72 356	210 164	107 239	102 925	155 995
芦淞区	81 387	241 165	122 766	118 399	166 303
石峰区	83 116	247 499	127 676	119 823	176 847
天元区	75 164	232 820	116 641	116 179	142 643
株洲县	101 475	343 352	177 654	165 698	43 685
攸县	226 275	791 756	400 662	391 094	108 926
茶陵县	171 469	614 340	313 274	301 066	88 485
炎陵县	58 279	188 202	95 738	92 464	32 652
醴陵市	283 274	1 044 289	534 229	510 060	152 228
湘潭市	946 330	2 903 200	1 488 151	1 415 049	803 772
市辖区	300 515	882 555	447 276	435 279	562 554
雨湖区	181 481	536 274	271 790	264 484	306 855
岳塘区	119 034	346 281	175 486	170 795	255 699
湘潭县	307 904	983 937	507 811	476 126	91 759
湘乡市	305 771	930 892	479 866	451 026	133 151
韶山市	32 140	105 816	53 198	52 618	16 308
衡阳市	2 385 222	7 844 272	4 120 994	3 723 278	1 687 912
市辖区	343 486	985 512	500 724	484 788	680 109
珠晖区	95 743	291 731	148 997	142 734	185 926
雁峰区	69 212	196 248	98 862	97 386	157 056
石鼓区	74 501	207 612	104 306	103 306	153 516
蒸湘区	83 347	233 970	120 360	113 610	161 967
南岳区	20 683	55 951	28 199	27 752	21 644
衡阳县	365 982	1 216 130	641 402	574 728	150 116
衡南县	350 065	1 105 204	584 679	520 525	146 952
衡山县	121 802	439 398	227 446	211 952	54 629
衡东县	204 439	731 111	377 976	353 135	80 246
祁东县	343 662	1 036 794	549 505	487 289	176 652

湖南省市县人口

单位：人

地区别	总户数（户）	总人口			总人口中非农业人口
		合计	男	女	
耒阳市	378 314	1 394 773	738 629	656 144	223 531
常宁市	277 472	935 350	500 633	434 717	175 677
邵阳市	2 292 414	7 976 012	4 195 063	3 780 949	1 294 081
市辖区	220 749	682 442	346 538	335 904	429 549
双清区	91 509	274 309	140 268	134 041	185 834
大祥区	97 762	316 489	160 886	155 603	193 703
北塔区	31 478	91 644	45 384	46 260	50 012
邵东县	364 311	1 298 169	686 333	611 836	167 734
新邵县	231 993	809 431	428 689	380 742	84 384
邵阳县	263 343	1 028 337	542 959	485 378	119 671
隆回县	343 682	1 211 170	648 077	563 093	102 772
洞口县	262 483	861 459	453 484	407 975	110 316
绥宁县	107 819	371 649	193 863	177 786	50 446
新宁县	177 455	618 418	322 821	295 597	73 318
城步苗族自治县	80 097	273 883	142 468	131 415	49 729
武冈市	240 482	821 054	429 831	391 223	106 162
岳阳市	1 896 290	5 683 629	2 952 986	2 730 643	1 481 305
市辖区	453 154	1 095 123	569 940	525 183	714 576
岳阳楼区	294 383	676 736	351 463	325 273	492 287
云溪区	59 896	167 751	86 632	81 119	79 379
君山区	98 875	250 636	131 845	118 791	142 910
岳阳县	240 047	722 118	376 872	345 246	116 588
华容县	249 737	736 701	378 306	358 395	118 789
湘阴县	248 023	761 176	395 507	365 669	121 585
平江县	302 179	1 086 645	565 238	521 407	113 828
汨罗市	236 542	753 512	389 388	364 124	172 090
临湘市	166 608	528 354	277 735	250 619	123 849
常德市	2 154 433	6 213 805	3 157 532	3 056 273	1 459 146
市辖区	477 059	1 420 003	711 128	708 875	531 759
武陵区	197 987	550 416	271 451	278 965	393 225
鼎城区	279 072	869 587	439 677	429 910	138 534
安乡县	212 132	602 743	306 160	296 583	122 000
汉寿县	282 933	871 364	446 601	424 763	181 355
澧县	340 146	937 539	471 614	465 925	174 594
临澧县	163 324	456 257	230 366	225 891	85 896
桃源县	332 991	980 232	507 078	473 154	145 300
石门县	238 221	679 595	351 006	328 589	104 225
津市市	107 627	266 072	133 579	132 493	114 017
张家界市	585 526	1 684 275	866 838	817 437	310 657
市辖区	190 966	517 679	264 683	252 996	163 412
永定区	172 407	463 930	237 387	226 543	135 719
武陵源区	18 559	53 749	27 296	26 453	27 693

湖南省市县人口

单位：人

地区别	总户数（户）	总人口 合计	男	女	总人口中非农业人口
慈利县	243 011	702 635	360 049	342 586	86 549
桑植县	151 549	463 961	242 106	221 855	60 696
益阳市	1 529 631	4 747 046	2 439 683	2 307 363	968 218
市辖区	421 715	1 329 333	680 120	649 213	339 335
资阳区	134 006	418 225	214 241	203 984	87 492
赫山区	287 709	911 108	465 879	445 229	251 843
南县	275 335	806 414	412 112	394 302	216 217
桃江县	269 470	872 293	452 291	420 002	110 340
安化县	305 317	1 007 373	519 865	487 508	124 729
沅江市	257 794	731 633	375 295	356 338	177 597
郴州市	1 616 917	5 065 550	2 647 957	2 417 593	1 069 396
市辖区	266 940	729 712	373 944	355 768	341 899
北湖区	135 260	361 133	184 439	176 694	198 859
苏仙区	131 680	368 579	189 505	179 074	143 040
桂阳县	267 079	886 747	464 389	422 358	137 075
宜章县	181 709	608 324	321 085	287 239	83 243
永兴县	211 153	672 044	352 828	319 216	117 881
嘉禾县	121 971	396 281	209 225	187 056	59 242
临武县	110 290	356 657	188 385	168 272	90 749
汝城县	125 486	389 450	206 087	183 363	37 819
桂东县	62 575	207 975	107 038	100 937	21 975
安仁县	137 532	446 371	234 270	212 101	54 620
资兴市	132 182	371 989	190 706	181 283	124 893
永州市	2 007 170	6 312 289	3 348 581	2 963 708	1 005 198
市辖区	399 122	1 164 937	606 577	558 360	354 753
芝山区	202 741	616 773	322 486	294 287	135 969
冷水滩区	196 381	548 164	284 091	264 073	218 784
祁阳县	352 418	1 055 632	553 168	502 464	173 737
东安县	213 604	629 049	329 729	299 320	75 909
双牌县	60 048	181 527	95 434	86 093	33 381
道县	264 988	814 061	448 852	365 209	87 989
江永县	87 144	272 871	143 230	129 641	46 089
宁远县	242 337	861 693	465 255	396 438	81 311
蓝山县	114 826	404 578	215 013	189 565	45 308
新田县	129 118	420 920	222 807	198 113	50 177
江华瑶族自治县	143 565	507 021	268 516	238 505	56 544
怀化市	1 642 266	5 188 639	2 704 546	2 484 093	951 890
市辖区	144 310	363 537	185 116	178 421	242 107
鹤城区	144 310	363 537	185 116	178 421	242 107
中方县	84 053	281 306	147 372	133 934	12 152
沅陵县	215 279	663 438	348 476	314 962	130 287
辰溪县	163 460	526 512	276 606	249 906	98 030

湖南省市县人口

单位：人

地区别	总户数（户）	总人口			总人口中非农业人口
		合计	男	女	
溆浦县	271 330	914 250	478 217	436 033	100 918
会同县	111 848	359 431	187 889	171 542	38 922
麻阳县苗族自治县	115 338	403 311	209 946	193 365	48 937
新晃侗族自治县	89 680	270 584	146 340	124 244	37 210
芷江侗族自治县	125 448	390 874	202 445	188 429	49 736
靖州苗族侗族自治县	82 438	270 026	139 660	130 366	44 161
通道侗族自治县	62 951	237 636	123 194	114 442	25 515
洪江市	176 131	507 734	259 285	248 449	123 915
娄底市	1 456 738	4 347 282	2 260 053	2 087 229	913 353
市辖区	192 955	462 501	236 199	226 302	294 163
娄星区	192 955	462 501	236 199	226 302	294 163
双峰县	315 000	946 117	490 645	455 472	115 075
新化县	399 849	1 404 462	734 399	670 063	150 770
冷水江市	147 223	365 843	191 167	174 676	188 100
涟源市	401 711	1 168 359	607 643	560 716	165 245
湘西土家族苗族自治州	820 299	2 903 092	1 500 114	1 402 978	504 713
吉首市	102 736	304 881	154 252	150 629	134 178
泸溪县	87 399	308 485	159 494	148 991	55 531
凤凰县	107 106	419 557	218 743	200 814	48 910
花垣县	76 097	302 250	155 097	147 153	46 862
保靖县	86 704	307 739	160 503	147 236	41 151
古丈县	44 003	143 725	74 792	68 933	24 212
永顺县	151 416	530 974	275 092	255 882	71 937
龙山县	164 838	585 481	302 141	283 340	81 932

广东省市县人口

单位：人

地区别	总户数（户）	总人口 合计	男	女	总人口中非农业人口
广东省	23 264 368	86 371 937	44 454 813	41 917 124	45 056 790
广州市	2 595 686	8 145 797	4 125 784	4 020 013	7 322 775
市辖区	2 197 876	6 713 181	3 396 151	3 317 030	6 713 181
荔湾区	246 610	710 425	357 416	353 009	710 425
越秀区	355 254	1 171 678	586 154	585 524	1 171 678
海珠区	337 309	967 501	490 146	477 355	967 501
天河区	228 102	785 130	406 643	378 487	785 130
白云区	285 754	846 603	426 302	420 301	846 603
黄埔区	66 677	201 479	107 851	93 628	201 479
番禺区	352 117	1 008 581	502 721	505 860	1 008 581
花都区	222 300	669 333	338 661	330 672	669 333
南沙区	49 217	156 752	79 705	77 047	156 752
萝岗区	54 536	195 699	100 552	95 147	195 699
增城市	221 341	845 790	431 983	413 807	344 387
从化市	176 469	586 826	297 650	289 176	265 207
韶关市	1 064 115	3 296 503	1 702 728	1 593 775	1 630 788
市辖区	325 928	935 115	490 091	445 024	935 115
武江区	89 902	261 905	133 325	128 580	261 905
浈江区	133 832	356 906	195 105	161 801	356 906
曲江区	102 194	316 304	161 661	154 643	316 304
始兴县	72 094	248 671	124 129	124 542	49 277
仁化县	69 206	234 616	118 750	115 866	82 068
翁源县	158 500	399 561	203 797	195 764	65 240
乳源瑶族自治县	60 168	217 995	111 778	106 217	39 517
新丰县	82 116	256 631	133 042	123 589	95 281
乐昌市	161 014	530 445	280 590	249 855	244 518
南雄市	135 089	473 469	240 551	232 918	119 772
深圳市	777 350	2 793 700	1 476 766	1 316 934	2 793 700
市辖区	777 350	2 793 700	1 476 766	1 316 934	2 793 700
罗湖区	128 304	493 639	253 577	240 062	493 639
福田区	183 583	706 777	365 409	341 368	706 777
南山区	145 793	605 533	334 332	271 201	605 533
宝安区	167 997	516 026	273 404	242 622	516 026
龙岗区	137 507	421 473	223 933	197 540	421 473
盐田区	14 166	50 252	26 111	24 141	50 252
珠海市	298 058	1 060 148	541 440	518 708	1 060 148
市辖区	298 058	1 060 148	541 440	518 708	1 060 148
香洲区	168 462	581 425	294 922	286 503	581 425
斗门区	94 225	342 619	175 429	167 190	342 619
金湾区	35 371	136 104	71 089	65 015	136 104
汕头市	1 185 980	5 294 375	2 653 466	2 640 909	5 244 670
市辖区	1 164 140	5 220 147	2 616 239	2 603 908	5 220 147

广 东 省 市 县 人 口

单位：人

地区别	总户数（户）	总人口			总人口中非农业人口
		合计	男	女	
龙湖区	108 544	403 627	200 369	203 258	403 627
金平区	210 691	755 935	373 341	382 594	755 935
濠江区	67 732	286 110	144 032	142 078	286 110
潮阳区	348 215	1 676 846	848 895	827 951	1 676 846
潮南区	244 828	1 346 480	677 818	668 662	1 346 480
澄海区	184 130	751 149	371 784	379 365	751 149
南澳县	21 840	74 228	37 227	37 001	24 523
佛山市	1 133 695	3 747 651	1 865 478	1 882 173	3 747 651
市辖区	1 133 695	3 747 651	1 865 478	1 882 173	3 747 651
禅城区	189 137	606 806	305 375	301 431	606 806
南海区	382 843	1 208 709	596 940	611 769	1 208 709
顺德区	352 450	1 238 280	615 680	622 600	1 238 280
三水区	125 347	397 150	197 389	199 761	397 150
高明区	83 918	296 706	150 094	146 612	296 706
江门市	1 191 324	3 937 096	1 986 141	1 950 955	2 212 335
市辖区	440 459	1 389 873	692 691	697 182	1 389 873
蓬江区	152 133	473 528	236 370	237 158	473 528
江海区	51 995	160 082	79 641	80 441	160 082
新会区	236 331	756 263	376 680	379 583	756 263
台山市	288 490	986 640	502 229	484 411	262 671
开平市	205 347	690 504	344 868	345 636	239 971
鹤山市	108 694	368 191	184 378	183 813	107 210
恩平市	148 334	501 888	261 975	239 913	212 610
湛江市	2 044 287	7 920 550	4 197 222	3 723 328	2 935 926
市辖区	443 767	1 560 326	813 541	746 785	1 560 326
赤坎区	69 808	243 026	124 141	118 885	243 026
霞山区	129 670	398 035	206 648	191 387	398 035
坡头区	113 615	400 536	211 745	188 791	400 536
麻章区	130 674	518 729	271 007	247 722	518 729
遂溪县	277 428	1 067 515	560 747	506 768	186 582
徐闻县	181 831	736 442	386 593	349 849	165 475
廉江市	428 926	1 722 632	928 853	793 779	368 219
雷州市	446 762	1 711 772	906 295	805 477	337 041
吴川市	265 573	1 121 863	601 193	520 670	318 283
茂名市	1 963 322	7 613 014	4 045 167	3 567 847	2 847 491
市辖区	339 505	1 357 524	712 592	644 932	1 357 524
茂南区	229 149	843 913	441 439	402 474	843 913
茂港区	110 356	513 611	271 153	242 458	513 611
电白县	363 680	1 460 237	790 977	669 260	356 659
高州市	432 131	1 726 343	915 931	810 412	495 194
化州市	426 013	1 652 505	885 609	766 896	261 898
信宜市	401 993	1 416 405	740 058	676 347	376 216

广东省市县人口

单位：人

地区别	总户数（户）	总人口			总人口中非农业人口
		合计	男	女	
肇庆市	1 197 722	4 268 970	2 203 221	2 065 749	1 195 889
市辖区	165 583	513 790	261 011	252 779	513 790
端州区	113 826	360 241	183 807	176 434	360 241
鼎湖区	51 757	153 549	77 204	76 345	153 549
广宁县	177 491	572 127	298 995	273 132	74 272
怀集县	235 450	1 062 160	548 575	513 585	124 760
封开县	130 613	506 044	261 941	244 103	73 752
德庆县	120 256	383 489	199 756	183 733	75 030
高要市	219 995	783 332	403 802	379 530	116 320
四会市	148 334	448 028	229 141	218 887	217 965
惠州市	955 953	3 430 337	1 739 755	1 690 582	2 035 056
市辖区	434 644	1 375 169	695 221	679 948	1 375 169
惠城区	257 080	913 591	461 942	451 649	913 591
惠阳区	177 564	461 578	233 279	228 299	461 578
博罗县	217 271	851 831	431 300	420 531	245 694
惠东县	200 307	851 811	434 785	417 026	297 274
龙门县	103 731	351 526	178 449	173 077	116 919
梅州市	1 363 205	5 176 015	2 647 885	2 528 130	1 340 672
市辖区	98 929	319 884	162 730	157 154	319 884
梅江区	98 929	319 884	162 730	157 154	319 884
梅县	168 014	627 427	315 547	311 880	142 671
大埔县	160 824	544 785	280 382	264 403	118 179
丰顺县	172 879	696 514	356 665	339 849	105 412
五华县	295 351	1 321 894	680 486	641 408	182 311
平远县	76 196	260 922	134 194	126 728	83 389
蕉岭县	72 724	230 466	115 508	114 958	63 365
兴宁市	318 288	1 174 123	602 373	571 750	325 461
汕尾市	729 708	3 471 796	1 810 665	1 661 131	1 707 067
市辖区	108 285	512 622	266 964	245 658	512 622
城区	108 285	512 622	266 964	245 658	512 622
海丰县	207 377	821 618	429 959	391 659	409 981
陆河县	77 398	341 887	176 583	165 304	100 669
陆丰市	336 648	1 795 669	937 159	858 510	683 795
河源市	949 808	3 667 833	1 863 649	1 804 184	820 286
市辖区	97 393	308 805	155 550	153 255	308 805
源城区	97 393	308 805	155 550	153 255	308 805
紫金县	202 673	840 369	428 166	412 203	142 927
龙川县	263 255	985 970	500 413	485 557	162 845
连平县	107 612	407 192	205 729	201 463	70 340
和平县	136 273	539 353	276 850	262 503	72 181
东源县	142 602	586 144	296 941	289 203	63 188
阳江市	786 039	2 846 145	1 511 460	1 334 685	1 173 579

广东省市县人口

单位：人

地区别	总户数（户）	总人口 合计	男	女	总人口中非农业人口
市辖区	200 471	688 362	355 274	333 088	688 362
江城区	200 471	688 362	355 274	333 088	688 362
阳西县	131 448	521 756	284 400	237 356	99 608
阳东县	140 879	490 846	264 362	226 484	85 279
阳春市	313 241	1 145 181	607 424	537 757	300 330
清远市	1 145 467	4 165 260	2 142 971	2 022 289	1 201 435
市辖区	182 757	661 569	336 469	325 100	661 569
清城区	182 757	661 569	336 469	325 100	661 569
佛冈县	85 078	328 079	168 477	159 602	62 346
阳山县	135 225	547 054	283 475	263 579	67 140
连山壮族瑶族自治县	32 272	119 379	61 723	57 656	22 541
连南瑶族自治县	44 660	165 616	85 779	79 837	25 023
清新县	195 487	693 243	357 485	335 758	75 954
英德市	316 300	1 120 176	580 614	539 562	199 885
连州市	153 688	530 144	268 949	261 195	86 977
东莞市	539 044	1 847 691	937 618	910 073	940 912
中山市	421 507	1 507 294	749 888	757 406	800 885
潮州市	634 647	2 627 799	1 329 634	1 298 165	746 358
市辖区	96 367	351 310	173 684	177 626	351 310
湘桥区	96 367	351 310	173 684	177 626	351 310
潮安县	292 731	1 253 123	633 489	619 634	163 927
饶平县	245 549	1 023 366	522 461	500 905	231 121
揭阳市	1 501 927	6 692 811	3 422 762	3 270 049	2 257 295
市辖区	167 810	705 975	359 848	346 127	705 975
榕城区	167 810	705 975	359 848	346 127	705 975
揭东县	300 378	1 299 674	669 179	630 495	259 670
揭西县	249 824	981 148	506 508	474 640	252 138
惠来县	259 180	1 344 408	686 221	658 187	352 531
普宁市	524 735	2 361 606	1 201 006	1 160 600	686 981
云浮市	785 524	2 861 152	1 501 113	1 360 039	1 041 872
市辖区	85 970	305 653	158 098	147 555	305 640
云城区	85 970	305 653	158 098	147 555	305 640
新兴县	123 163	477 175	243 898	233 277	163 902
郁南县	150 311	519 944	273 635	246 309	81 666
云安县	86 009	333 892	175 300	158 592	59 711
罗定市	340 071	1 224 488	650 182	574 306	430 953

广西壮族自治区市县人口

单位：人

地区别	总户数（户）	总人口			总人口中非农业人口
		合计	男	女	
广西壮族自治区	15 495 617	53 686 353	28 231 236	25 455 117	10 324 902
南宁市	2 145 780	7 114 879	3 719 295	3 395 584	1 929 426
市辖区	836 932	2 728 181	1 408 168	1 320 013	1 387 360
兴宁区	90 226	297 951	153 793	144 158	163 514
青秀区	187 193	622 964	314 350	308 614	436 900
江南区	147 120	456 403	239 088	217 315	206 098
西乡塘区	231 585	764 628	386 523	378 105	496 641
良庆区	78 562	245 471	131 987	113 484	37 935
邕宁区	102 246	340 764	182 427	158 337	46 272
武鸣县	232 172	688 097	358 104	329 993	119 398
隆安县	110 296	404 708	213 147	191 561	42 218
马山县	151 068	548 563	287 397	261 166	43 495
上林县	142 649	492 557	256 308	236 249	52 833
宾阳县	310 530	1 042 082	552 295	489 787	149 048
横县	362 133	1 210 691	643 876	566 815	135 074
柳州市	1 110 985	3 747 969	1 940 783	1 807 186	1 261 319
市辖区	340 339	1 058 041	538 845	519 196	884 470
城中区	42 861	134 950	67 756	67 194	111 717
鱼峰区	76 131	234 101	118 966	115 135	221 068
柳南区	111 639	343 421	175 928	167 493	272 747
柳北区	109 708	345 569	176 195	169 374	278 938
柳江县	156 407	559 668	289 941	269 727	76 808
柳城县	125 166	416 808	212 881	203 927	60 039
鹿寨县	143 057	497 401	259 998	237 403	92 794
融安县	107 480	330 514	174 512	156 002	54 562
融水苗族自治县	135 131	506 170	264 251	241 919	62 104
三江侗族自治县	103 405	379 367	200 355	179 012	30 542
桂林市	1 626 234	5 217 961	2 712 471	2 505 490	1 230 306
市辖区	248 620	760 746	376 765	383 981	637 403
秀峰区	36 901	109 697	53 129	56 568	92 322
叠彩区	44 188	140 379	69 082	71 297	138 561
象山区	86 122	236 286	116 651	119 635	234 496
七星区	62 422	198 379	100 686	97 693	163 708
雁山区	18 987	76 005	37 217	38 788	8 316
阳朔县	92 510	317 505	164 261	153 244	43 513
临桂县	135 832	491 665	255 214	236 451	58 121
灵川县	117 173	379 400	192 887	186 513	63 924
全州县	260 264	828 571	448 131	380 440	88 276
兴安县	130 436	381 747	197 175	184 572	68 359
永福县	80 501	284 697	149 907	134 790	32 442
灌阳县	99 453	289 617	156 034	133 583	29 340
龙胜各族自治县	50 806	177 556	90 816	86 740	25 950

广西壮族自治区市县人口

单位：人

地区别	总户数（户）	总人口 合计	总人口 男	总人口 女	总人口中非农业人口
资源县	58 454	174 272	90 997	83 275	29 231
平乐县	146 104	446 802	235 106	211 696	59 367
荔浦县	115 398	384 859	198 187	186 672	54 364
恭城瑶族自治县	90 683	300 524	156 991	143 533	40 016
梧州市	967 784	3 276 446	1 740 032	1 536 414	640 139
市辖区	162 184	514 430	261 546	252 884	291 895
万秀区	49 905	158 712	80 965	77 747	96 880
蝶山区	64 889	204 046	104 034	100 012	143 446
长洲区	47 390	151 672	76 547	75 125	51 569
苍梧县	172 757	608 261	325 677	282 584	67 732
藤县	285 429	1 027 196	553 758	473 438	108 017
蒙山县	73 824	219 202	115 177	104 025	29 269
岑溪市	273 590	907 357	483 874	423 483	143 226
北海市	444 206	1 678 989	881 438	797 551	499 281
市辖区	181 014	625 528	318 554	306 974	305 176
海城区	94 269	294 597	147 223	147 374	255 081
银海区	42 331	154 622	80 246	74 376	28 944
铁山港区	44 414	176 309	91 085	85 224	21 151
合浦县	263 192	1 053 461	562 884	490 577	194 105
防城港市	244 625	913 880	496 426	417 454	902 271
市辖区	142 144	541 732	293 116	248 616	537 886
港口区	39 969	128 256	67 732	60 524	127 906
防城区	102 175	413 476	225 384	188 092	409 980
上思县	65 020	239 639	133 408	106 231	232 268
东兴市	37 461	132 509	69 902	62 607	132 117
钦州市	988 858	3 911 733	2 133 806	1 777 927	432 154
市辖区	336 015	1 419 905	785 543	634 362	218 125
钦南区	161 058	657 266	355 146	302 120	177 944
钦北区	174 957	762 639	430 397	332 242	40 181
灵山县	405 524	1 581 268	857 308	723 960	130 297
浦北县	247 319	910 560	490 955	419 605	83 732
贵港市	1 568 340	5 276 854	2 786 591	2 490 263	559 601
市辖区	593 606	1 910 555	990 379	920 176	280 284
港北区	218 781	660 969	343 234	317 735	217 431
港南区	207 516	669 471	348 224	321 247	40 312
覃塘区	167 309	580 115	298 921	281 194	22 541
平南县	430 966	1 465 256	786 445	678 811	111 926
桂平市	543 768	1 901 043	1 009 767	891 276	167 391
玉林市	1 963 996	6 848 395	3 655 043	3 193 352	723 994
市辖区	287 466	1 032 812	550 135	482 677	218 987
玉州区	287 466	1 032 812	550 135	482 677	218 987
容县	276 249	823 936	436 101	387 835	80 305

广西壮族自治区市县人口

单位：人

地区别	总户数（户）	总人口 合计	男	女	总人口中非农业人口
陆川县	304 796	1 059 177	554 431	504 746	105 019
博白县	482 977	1 780 097	965 509	814 588	145 388
兴业县	216 800	753 104	405 649	347 455	37 117
北流市	395 708	1 399 269	743 218	656 051	137 178
百色市	1 100 670	4 079 986	2 109 070	1 970 916	495 765
市辖区	91 534	352 936	177 947	174 989	126 168
右江区	91 534	352 936	177 947	174 989	126 168
田阳县	103 434	349 594	176 365	173 229	41 901
田东县	113 258	426 872	220 550	206 322	57 475
平果县	145 095	506 519	262 620	243 899	63 923
德保县	105 041	366 902	194 652	172 250	33 616
靖西县	164 923	650 689	340 206	310 483	51 944
那坡县	61 505	212 799	110 996	101 803	20 126
凌云县	58 807	215 880	111 314	104 566	20 845
乐业县	47 120	171 237	88 743	82 494	14 115
田林县	66 983	254 588	130 545	124 043	24 416
隆林各族自治县	102 707	416 492	214 639	201 853	28 188
西林县	40 263	155 478	80 493	74 985	13 048
贺州市	632 171	2 332 478	1 220 770	1 111 708	307 796
市辖区	302 043	1 054 807	546 548	508 259	155 199
八步区	302 043	1 054 807	546 548	508 259	155 199
昭平县	123 392	437 624	233 974	203 650	59 515
钟山县	122 382	514 496	270 146	244 350	51 188
富川瑶族自治县	84 354	325 551	170 102	155 449	41 894
河池市	1 233 197	4 203 793	2 172 543	2 031 250	572 906
市辖区	110 829	338 406	174 431	163 975	116 264
金城江区	110 829	338 406	174 431	163 975	116 264
南丹县	95 872	312 271	162 289	149 982	66 951
天峨县	47 921	172 275	89 669	82 606	19 402
凤山县	59 045	215 552	111 759	103 793	19 237
东兰县	81 619	301 531	157 735	143 796	22 653
罗城仫佬族自治县	111 753	376 099	193 323	182 776	46 985
环江毛南族自治县	118 167	378 250	198 919	179 331	54 552
巴马瑶族自治县	76 108	282 294	145 768	136 526	26 998
都安瑶族自治县	198 434	707 392	363 015	344 377	42 517
大化瑶族自治县	132 134	456 542	234 367	222 175	53 308
宜州市	201 315	663 181	341 268	321 913	104 039
来宾市	761 725	2 617 310	1 371 060	1 246 250	380 333
市辖区	293 811	1 088 942	572 065	516 877	167 097
兴宾区	293 811	1 088 942	572 065	516 877	167 097
忻城县	130 479	418 262	217 625	200 637	36 516
象州县	105 856	370 382	194 249	176 133	43 099

广西壮族自治区市县人口

单位：人

地区别	总户数（户）	总人口			总人口中非农业人口
		合计	男	女	
武宣县	137 794	443 450	234 406	209 044	53 495
金秀瑶族自治县	50 170	155 268	80 045	75 223	20 975
合山市	43 615	141 006	72 670	68 336	59 151
崇左市	707 046	2 465 680	1 291 908	1 173 772	389 611
市辖区	107 027	365 652	194 230	171 422	71 159
江州区	107 027	365 652	194 230	171 422	71 159
扶绥县	148 711	453 338	240 628	212 710	86 507
宁明县	116 570	435 973	230 822	205 151	68 014
龙州县	80 563	273 732	139 321	134 411	52 965
大新县	100 181	373 646	192 361	181 285	47 588
天等县	120 672	451 615	237 206	214 409	30 505
凭祥市	33 322	111 724	57 340	54 384	32 873

海 南 省 市 县 人 口

单位：人

地 区 别	总户数（户）	总人口 合计	男	女	总人口中非农业人口
海南省	2 598 528	9 078 227	4 742 212	4 336 015	3 461 335
海口市	509 315	1 623 884	835 011	788 873	975 689
市辖区	509 315	1 623 884	835 011	788 873	975 689
美兰区	161 275	501 973	252 640	249 333	364 047
龙华区	139 043	444 350	229 513	214 837	310 227
秀英区	89 278	287 708	151 381	136 327	101 766
琼山区	119 719	389 853	201 477	188 376	199 649
三亚市	143 473	581 441	296 839	284 602	292 720
市辖区	143 473	581 441	296 839	284 602	292 720
三亚区	143 473	581 441	296 839	284 602	292 720
省直辖行政单位	1 945 740	6 872 902	3 610 362	3 262 540	2 192 926
五指山市	35 614	112 909	58 719	54 190	52 286
琼海市	150 529	501 717	262 759	238 958	151 296
儋州市	264 119	1 091 876	569 620	522 256	409 302
文昌市	179 262	593 905	300 519	293 386	121 653
万宁市	183 554	614 226	334 109	280 117	186 241
东方市	130 490	449 074	235 241	213 833	112 703
定安县	107 798	341 379	180 641	160 738	98 578
屯昌县	87 905	307 080	161 791	145 289	106 187
澄迈县	163 385	564 996	304 937	260 059	191 590
临高县	143 019	499 676	261 010	238 666	146 622
白沙黎族自治县	58 782	202 873	107 031	95 842	82 856
昌江黎族自治县	72 357	267 030	139 526	127 504	93 042
乐东黎族自治县	150 454	543 323	282 555	260 768	151 188
陵水黎族自治县	90 476	377 380	197 376	180 004	98 964
保亭黎族苗族自治县	54 177	173 685	90 674	83 011	80 874
琼中黎族苗族自治县	73 619	231 540	123 667	107 873	109 311
西沙群岛	200	233	187	46	233

重庆市市县人口

单位：人

地区别	总户数（户）	总人口 合计	男	女	总人口中非农业人口
重庆市	12 051 961	33 298 140	17 205 327	16 092 813	12 776 415
市辖区	6 070 848	15 778 209	8 040 703	7 737 506	8 064 631
万州区	704 663	1 745 582	890 681	854 901	771 082
涪陵区	458 893	1 165 016	593 914	571 102	478 785
渝中区	218 007	563 941	279 180	284 761	563 941
大渡口区	103 510	240 671	119 767	120 904	208 115
江北区	231 962	560 625	281 807	278 818	527 818
沙坪坝区	275 430	798 716	399 538	399 178	669 542
九龙坡区	331 527	837 444	420 975	416 469	645 268
南岸区	228 645	626 024	312 663	313 361	551 893
北碚区	247 842	634 248	318 642	315 606	346 359
万盛区	96 007	268 325	134 390	133 935	145 335
双桥区	19 983	51 135	25 782	25 353	51 135
渝北区	425 467	1 076 081	543 159	532 922	630 800
巴南区	349 689	890 648	458 242	432 406	369 042
黔江区	201 337	541 321	285 632	255 689	230 343
长寿区	359 595	906 472	461 713	444 759	289 904
江津区	605 499	1 504 096	779 485	724 611	555 632
合川区	582 158	1 559 162	808 597	750 565	494 801
永川区	379 901	1 128 802	578 642	550 160	360 442
南川区	250 733	679 900	347 894	332 006	174 394
县	5 981 113	17 519 931	9 164 624	8 355 307	4 711 784
綦江县	372 528	944 851	486 846	458 005	362 436
潼南县	311 645	941 524	497 545	443 979	150 646
铜梁县	306 369	836 395	433 922	402 473	191 151
大足县	294 958	982 803	516 793	466 010	275 037
荣昌县	300 511	835 252	428 456	406 796	382 876
璧山县	240 538	635 064	324 375	310 689	268 651
梁平县	315 157	921 327	482 112	439 215	184 880
城口县	86 868	247 238	131 816	115 422	64 002
丰都县	274 668	842 033	437 475	404 558	222 090
垫江县	331 664	965 190	502 577	462 613	212 900
武隆县	139 475	413 221	217 105	196 116	113 090
忠县	341 417	1 005 216	523 735	481 481	224 123
开县	554 585	1 647 452	865 806	781 646	486 836
云阳县	440 332	1 342 905	703 867	639 038	343 970
奉节县	348 507	1 062 635	558 787	503 848	209 451
巫山县	231 338	637 654	334 710	302 944	146 299
巫溪县	193 669	539 173	283 882	255 291	119 034
石柱土家族自治县	190 283	544 514	281 482	263 032	157 359
秀山土家族苗族自治县	211 525	650 598	339 673	310 925	215 910
酉阳土家族苗族自治县	272 433	839 422	445 645	393 777	220 017

重庆市市县人口

单位：人

地区别	总户数（户）	总人口			总人口中非农业人口
		合计	男	女	
彭水苗族土家族自治县	222 643	685 464	368 015	317 449	161 026

四川省市县人口

单位：人

地区别	总户数（户）	总人口			总人口中非农业人口
		合计	男	女	
四川省	31 121 316	90 583 928	46 655 879	43 928 049	24 627 120
成都市	4 396 936	11 632 763	5 820 488	5 812 275	7 056 606
市辖区	2 053 665	5 447 824	2 712 281	2 735 543	4 516 128
锦江区	162 282	438 597	215 479	223 118	438 597
青羊区	200 475	585 986	289 098	296 888	585 986
金牛区	274 495	722 676	362 779	359 897	722 676
武侯区	350 776	959 385	477 392	481 993	959 385
成华区	253 054	660 479	335 189	325 290	660 479
龙泉驿区	224 936	598 804	297 049	301 755	301 179
青白江区	171 203	413 876	208 398	205 478	153 291
新都区	271 004	690 471	342 458	348 013	394 905
温江区	145 440	377 550	184 439	193 111	299 630
金堂县	334 798	889 013	458 666	430 347	231 530
双流县	338 949	942 146	468 051	474 095	598 449
郫县	186 835	513 484	253 549	259 935	214 441
大邑县	203 053	518 612	263 305	255 307	205 788
蒲江县	115 809	263 696	132 248	131 448	73 413
新津县	140 223	308 723	152 905	155 818	108 874
都江堰市	240 803	611 791	304 795	306 996	396 554
彭州市	294 100	805 259	403 337	401 922	265 338
邛崃市	232 336	660 452	333 938	326 514	246 271
崇州市	256 365	671 763	337 413	334 350	199 820
自贡市	1 054 511	3 271 118	1 670 800	1 600 318	1 083 000
市辖区	500 201	1 498 359	758 605	739 754	646 523
自流井区	119 431	353 224	174 874	178 350	282 924
贡井区	102 049	296 231	150 773	145 458	103 744
大安区	159 246	458 364	232 623	225 741	171 240
沿滩区	119 475	390 540	200 335	190 205	88 615
荣县	236 000	695 655	357 206	338 449	184 902
富顺县	318 310	1 077 104	554 989	522 115	251 575
攀枝花市	354 973	1 117 281	572 485	544 796	600 216
市辖区	224 780	690 639	355 330	335 309	538 258
东区	100 354	315 717	163 953	151 764	305 980
西区	54 183	151 329	78 230	73 099	141 028
仁和区	70 243	223 593	113 147	110 446	91 250
米易县	66 073	217 543	109 840	107 703	32 083
盐边县	64 120	209 099	107 315	101 784	29 875
泸州市	1 452 614	5 030 089	2 607 584	2 422 505	944 842
市辖区	460 106	1 471 930	748 342	723 588	518 260
江阳区	192 339	641 150	323 081	318 069	277 369
纳溪区	151 254	482 303	252 062	230 241	94 652
龙马潭区	116 513	348 477	173 199	175 278	146 239

四川省市县人口

单位：人

地区别	总户数（户）	总人口			总人口中非农业人口
		合计	男	女	
泸县	312 114	1 086 940	562 765	524 175	104 758
合江县	280 729	903 898	473 067	430 831	125 257
叙永县	197 823	718 167	377 376	340 791	110 859
古蔺县	201 842	849 154	446 034	403 120	85 708
德阳市	1 502 583	3 905 044	2 001 856	1 903 188	1 072 573
市辖区	271 028	676 475	344 473	332 002	394 529
旌阳区	271 028	676 475	344 473	332 002	394 529
中江县	504 853	1 431 968	757 063	674 905	182 862
罗江县	92 275	249 112	127 568	121 544	51 365
广汉市	226 561	604 625	300 703	303 922	213 707
什邡市	175 302	436 902	217 871	219 031	96 738
绵竹市	232 564	505 962	254 178	251 784	133 372
绵阳市	1 953 013	5 433 564	2 801 270	2 632 294	1 504 305
市辖区	460 039	1 230 017	623 614	606 403	684 527
涪城区	255 309	684 804	344 720	340 084	488 295
游仙区	204 730	545 213	278 894	266 319	196 232
三台县	498 058	1 473 935	774 636	699 299	211 844
盐亭县	213 067	596 647	308 831	287 816	106 149
安县	178 578	440 022	224 696	215 326	67 432
梓潼县	142 712	384 158	198 042	186 116	65 280
北川县	82 868	240 671	124 074	116 597	73 827
平武县	61 923	184 871	96 325	88 546	29 947
江油市	315 768	883 243	451 052	432 191	265 299
广元市	1 119 897	3 112 547	1 596 384	1 516 163	700 443
市辖区	343 978	928 142	473 060	455 082	335 929
市中区	199 201	480 594	241 980	238 614	295 560
元坝区	79 665	240 403	123 590	116 813	23 927
朝天区	65 112	207 145	107 490	99 655	16 442
旺苍县	172 962	459 451	237 072	222 379	113 033
青川县	94 292	242 943	125 915	117 028	41 754
剑阁县	242 371	689 477	355 991	333 486	83 827
苍溪县	266 294	792 534	404 346	388 188	125 900
遂宁市	1 336 656	3 827 147	1 973 742	1 853 405	884 180
市辖区	521 418	1 517 665	780 112	737 553	424 643
船山区	271 669	699 252	352 528	346 724	366 980
安居区	249 749	818 413	427 584	390 829	57 663
蓬溪县	259 074	740 197	386 508	353 689	109 489
射洪县	369 841	1 014 775	521 792	492 983	246 729
大英县	186 323	554 510	285 330	269 180	103 319
内江市	1 547 096	4 261 036	2 200 612	2 060 424	927 183
市辖区	489 018	1 419 501	727 148	692 353	370 459
市中区	185 789	533 493	269 969	263 524	227 690

四川省市县人口

单位：人

地区别	总户数（户）	总人口 合计	男	女	总人口中非农业人口
东兴区	303 229	886 008	457 179	428 829	142 769
威远县	303 312	747 902	385 082	362 820	179 660
资中县	448 717	1 308 834	686 690	622 144	183 768
隆昌县	306 049	784 799	401 692	383 107	193 296
乐山市	1 265 825	3 544 239	1 810 109	1 734 130	1 112 862
市辖区	434 039	1 155 435	581 884	573 551	520 842
市中区	218 490	593 800	294 300	299 500	300 348
沙湾区	72 045	190 811	100 231	90 580	71 043
五通桥区	123 438	317 764	159 777	157 987	134 648
金口河区	20 066	53 060	27 576	25 484	14 803
犍为县	200 869	569 744	294 895	274 849	138 864
井研县	152 312	416 519	214 278	202 241	92 414
夹江县	126 582	351 669	177 688	173 981	75 180
沐川县	81 949	257 855	136 491	121 364	42 960
峨边彝族自治县	47 008	149 079	77 487	71 592	26 176
马边彝族自治县	64 481	209 443	107 997	101 446	33 972
峨眉山市	158 585	434 495	219 389	215 106	182 454
南充市	2 603 584	7 562 051	3 932 379	3 629 672	1 693 657
市辖区	654 685	1 944 146	1 006 089	938 057	646 719
顺庆区	229 604	648 368	328 882	319 486	378 560
高坪区	196 412	598 972	310 983	287 989	153 784
嘉陵区	228 669	696 806	366 224	330 582	114 375
南部县	451 831	1 307 536	677 586	629 950	233 236
营山县	289 182	944 315	494 760	449 555	159 653
蓬安县	252 216	711 040	372 911	338 129	119 584
仪陇县	373 878	1 123 412	591 540	531 872	177 867
西充县	261 185	657 749	342 619	315 130	131 141
阆中市	320 607	873 853	446 874	426 979	225 457
眉山市	1 252 658	3 508 097	1 793 279	1 714 818	938 913
市辖区	336 888	861 749	433 597	428 152	336 686
东坡区	336 888	861 749	433 597	428 152	336 686
仁寿县	563 467	1 601 095	830 011	771 084	308 808
彭山县	118 295	335 669	169 714	165 955	126 719
洪雅县	114 765	348 718	177 095	171 623	95 085
丹棱县	53 167	163 616	83 025	80 591	35 094
青神县	66 076	197 250	99 837	97 413	36 521
宜宾市	1 684 029	5 429 182	2 831 349	2 597 833	1 033 645
市辖区	266 148	813 604	413 171	400 433	380 596
翠屏区	266 148	813 604	413 171	400 433	380 596
宜宾县	322 591	1 022 239	535 904	486 335	121 060
南溪县	142 702	428 084	221 791	206 293	86 762
江安县	172 085	554 075	289 637	264 438	80 608

四川省市县人口

单位：人

地区别	总户数（户）	总人口			总人口中非农业人口
		合计	男	女	
长宁县	141 478	453 383	240 202	213 181	55 804
高县	164 389	533 866	278 170	255 696	66 839
珙县	141 136	424 677	222 632	202 045	92 049
筠连县	113 243	421 982	221 458	200 524	54 936
兴文县	133 359	469 080	248 239	220 841	56 181
屏山县	86 898	308 192	160 145	148 047	38 810
广安市	1 570 001	4 685 015	2 455 989	2 229 026	854 272
市辖区	406 336	1 255 695	655 314	600 381	285 015
广安区	406 336	1 255 695	655 314	600 381	285 015
岳池县	387 271	1 188 307	626 545	561 762	169 809
武胜县	301 791	847 665	442 130	405 535	126 120
邻水县	333 866	1 030 972	542 928	488 044	166 380
华蓥市	140 737	362 376	189 072	173 304	106 948
达州市	2 458 915	6 907 372	3 618 275	3 289 097	1 333 497
市辖区	170 802	431 705	217 553	214 152	274 599
通川区	170 802	431 705	217 553	214 152	274 599
达县	496 298	1 372 015	715 724	656 291	239 718
宣汉县	406 807	1 310 947	691 087	619 860	204 018
开江县	237 458	603 378	321 113	282 265	98 527
大竹县	394 469	1 112 116	593 971	518 145	204 209
渠县	513 983	1 479 114	765 392	713 722	214 548
万源市	239 098	598 097	313 435	284 662	97 878
雅安市	553 416	1 557 560	797 682	759 878	386 096
市辖区	136 466	346 991	176 860	170 131	165 641
雨城区	136 466	346 991	176 860	170 131	165 641
名山县	88 733	276 242	142 412	133 830	36 914
荥经县	63 205	151 220	76 875	74 345	40 305
汉源县	108 934	327 407	167 115	160 292	32 546
石棉县	44 948	122 883	62 633	60 250	39 717
天全县	50 846	154 084	79 554	74 530	27 704
芦山县	41 724	120 106	61 809	58 297	30 760
宝兴县	18 560	58 627	30 424	28 203	12 509
巴中市	1 267 212	3 893 643	2 024 992	1 868 651	694 546
市辖区	444 929	1 383 289	718 850	664 439	281 566
巴州区	444 929	1 383 289	718 850	664 439	281 566
通江县	250 183	771 169	398 957	372 212	124 915
南江县	221 955	685 353	358 725	326 628	106 122
平昌县	350 145	1 053 832	548 460	505 372	181 943
资阳市	1 764 902	5 038 561	2 622 586	2 415 975	848 268
市辖区	425 116	1 095 210	568 544	526 666	250 318
雁江区	425 116	1 095 210	568 544	526 666	250 318
安岳县	538 259	1 606 477	842 002	764 475	192 662

四川省市县人口

单位：人

地区别	总户数（户）	总人口 合计	总人口 男	总人口 女	总人口中非农业人口
乐至县	304 109	860 542	449 105	411 437	147 848
简阳市	497 418	1 476 332	762 935	713 397	257 440
阿坝藏族羌族自治州	281 024	907 021	463 300	443 721	203 869
汶川县	38 285	101 085	52 566	48 519	36 335
理县	15 410	45 761	23 312	22 449	10 776
茂县	35 385	110 421	56 508	53 913	28 120
松潘县	21 911	74 888	38 360	36 528	17 448
九寨沟县	20 921	66 246	33 682	32 564	20 116
金川县	24 276	73 414	37 310	36 104	11 901
小金县	26 390	80 865	41 935	38 930	11 735
黑水县	18 673	61 118	30 767	30 351	8 951
马尔康县	19 868	55 965	28 856	27 109	24 408
壤塘县	12 039	41 257	20 802	20 455	6 441
阿坝县	16 000	74 936	38 507	36 429	7 661
若尔盖县	18 200	76 477	38 400	38 077	9 955
红原县	13 666	44 588	22 295	22 293	10 022
甘孜藏族自治州	287 853	1 088 082	550 602	537 480	162 965
康定县	32 414	111 627	57 280	54 347	39 548
泸定县	29 210	86 056	43 377	42 679	19 493
丹巴县	17 314	60 279	30 874	29 405	10 084
九龙县	20 366	64 667	33 035	31 632	9 128
雅江县	11 682	49 474	25 317	24 157	6 629
道孚县	14 748	55 290	27 958	27 332	8 365
炉霍县	12 168	45 960	23 158	22 802	6 362
甘孜县	16 707	67 501	33 465	34 036	6 899
新龙县	10 147	49 833	24 944	24 889	8 472
德格县	21 981	83 495	42 330	41 165	5 922
白玉县	12 326	53 571	26 913	26 658	4 952
石渠县	30 721	106 292	54 088	52 204	5 340
色达县	12 864	49 919	25 069	24 850	4 961
理塘县	15 828	64 637	32 507	32 130	7 440
巴塘县	12 383	52 141	26 000	26 141	6 692
乡城县	4 976	29 824	15 297	14 527	4 556
稻城县	6 998	31 557	15 803	15 754	4 416
得荣县	5 020	25 959	13 187	12 772	3 706
凉山彝族自治州	1 413 618	4 872 516	2 510 116	2 362 400	591 182
西昌市	223 722	625 443	318 903	306 540	197 800
木里藏族自治县	34 113	137 262	70 077	67 185	16 157
盐源县	100 443	381 088	197 391	183 697	27 180
德昌县	67 095	205 147	104 535	100 612	25 862
会理县	136 603	458 517	236 817	221 700	76 675
会东县	117 095	412 340	220 402	191 938	30 238

四川省市县人口

单位：人

地区别	总户数（户）	总人口			总人口中非农业人口
		合计	男	女	
宁南县	50 953	187 418	97 009	90 409	19 028
普格县	49 014	175 987	91 944	84 043	16 488
布拖县	47 909	176 659	90 975	85 684	13 245
金阳县	46 813	185 605	95 471	90 134	12 889
昭觉县	79 357	291 767	148 537	143 230	20 816
喜德县	61 273	212 433	107 398	105 035	19 018
冕宁县	113 921	377 984	193 565	184 419	37 310
越西县	94 783	327 607	167 393	160 214	28 045
甘洛县	57 822	215 318	112 028	103 290	16 433
美姑县	62 360	245 887	124 870	121 017	13 630
雷波县	70 342	256 054	132 801	123 253	20 368

贵州省市县人口

单位：人

地区别	总户数（户）	总人口			总人口中非农业人口
		合计	男	女	
贵州省	12 043 654	42 384 388	22 057 631	20 326 757	6 872 567
贵阳市	1 121 258	3 761 241	1 920 549	1 840 692	1 862 933
市辖区	650 217	2 237 447	1 132 154	1 105 293	1 613 922
南明区	171 287	561 736	280 796	280 940	503 281
云岩区	187 256	645 479	324 829	320 650	598 937
花溪区	77 345	325 912	167 515	158 397	104 590
乌当区	104 805	337 570	170 465	167 105	143 876
白云区	56 340	200 370	101 892	98 478	126 345
小河区	53 184	166 380	86 657	79 723	136 893
开阳县	143 887	437 376	227 332	210 044	67 717
息烽县	85 225	259 876	135 632	124 244	33 698
修文县	91 802	310 061	160 644	149 417	40 866
清镇市	150 127	516 481	264 787	251 694	106 730
六盘水市	965 467	3 214 067	1 689 491	1 524 576	725 729
市辖区	325 600	1 193 200	626 105	567 095	460 207
钟山区	137 519	497 341	260 985	236 356	318 354
六枝特区	188 081	695 859	365 120	330 739	141 853
水城县	233 439	833 383	438 084	395 299	28 377
盘县	406 428	1 187 484	625 302	562 182	237 145
遵义市	2 215 966	7 719 370	4 003 351	3 716 019	1 274 330
市辖区	303 693	874 805	438 162	436 643	459 871
红花岗区	180 705	517 514	257 642	259 872	300 096
汇川区	122 988	357 291	180 520	176 771	159 775
遵义县	366 990	1 214 258	631 504	582 754	172 536
桐梓县	192 241	710 058	371 367	338 691	94 978
绥阳县	150 967	541 963	283 797	258 166	49 290
正安县	170 526	641 318	338 050	303 268	45 486
道真仡佬族苗族自治县	100 036	342 361	179 624	162 737	39 212
务川仡佬族苗族自治县	122 770	456 048	237 829	218 219	35 996
凤冈县	118 981	437 863	228 256	209 607	38 360
湄潭县	148 049	494 642	253 199	241 443	63 413
余庆县	99 202	303 045	156 771	146 274	33 529
习水县	179 818	721 467	377 510	343 957	71 540
赤水市	100 250	311 493	160 208	151 285	73 518
仁怀市	162 443	670 049	347 074	322 975	96 601
安顺市	807 830	2 822 554	1 457 372	1 365 182	415 227
市辖区	240 109	875 078	442 874	432 204	222 888
西秀区	240 109	875 078	442 874	432 204	222 888
平坝县	112 086	354 999	182 586	172 413	64 581
普定县	141 847	466 568	241 038	225 530	33 883
镇宁布依族苗族自治县	106 197	384 234	201 159	183 075	35 125
关岭布依族苗族自治县	105 469	370 616	193 793	176 823	34 961

贵州省市县人口

单位：人

地　区　别	总户数（户）	总人口			总人口中非农业人口
		合　计	男	女	
紫云苗族布依族自治县	102 122	371 059	195 922	175 137	23 789
铜仁地区	1 218 453	4 271 992	2 238 137	2 033 855	510 423
铜仁市	122 788	389 277	201 370	187 907	139 198
江口县	73 156	237 341	126 816	110 525	28 745
玉屏侗族自治县	50 276	152 871	81 691	71 180	32 116
石阡县	113 884	410 233	215 565	194 668	35 003
思南县	190 004	677 053	351 919	325 134	56 034
印江土家族苗族自治县	133 819	435 890	229 434	206 456	36 127
德江县	150 204	531 773	275 658	256 115	58 980
沿河土家族自治县	176 987	660 965	344 485	316 480	54 039
松桃苗族自治县	184 806	710 932	376 224	334 708	51 543
万山特区	22 529	65 657	34 975	30 682	18 638
黔西南州	988 982	3 447 395	1 775 300	1 672 095	345 802
兴义市	263 021	821 975	423 307	398 668	149 159
兴仁县	149 102	529 334	274 304	255 030	51 536
普安县	93 819	331 867	173 053	158 814	24 881
晴隆县	97 050	335 328	173 147	162 181	25 146
贞丰县	108 043	408 468	209 806	198 662	28 714
望谟县	76 820	320 567	162 410	158 157	17 118
册亨县	63 157	236 683	120 725	115 958	14 282
安龙县	137 970	463 173	238 548	224 625	34 966
毕节地区	2 259 517	8 517 303	4 446 844	4 070 459	627 993
毕节市	374 962	1 513 990	787 802	726 188	189 810
大方县	305 727	1 098 394	575 729	522 665	57 468
黔西县	250 885	934 622	486 681	447 941	75 958
金沙县	212 695	678 469	355 496	322 973	67 540
织金县	335 194	1 116 525	585 682	530 843	78 047
纳雍县	244 104	960 415	497 667	462 748	51 172
威宁彝族回族苗族自治县	339 754	1 431 243	749 261	681 982	58 569
赫章县	196 196	783 645	408 526	375 119	49 429
黔东南苗族侗族自治州	1 271 835	4 581 782	2 425 572	2 156 210	552 230
凯里市	146 733	501 022	260 346	240 676	184 604
黄平县	105 872	386 492	200 780	185 712	30 274
施秉县	47 091	168 139	87 774	80 365	17 049
三穗县	69 295	220 647	116 016	104 631	25 208
镇远县	79 580	268 430	142 095	126 335	38 380
岑巩县	64 339	226 513	122 008	104 505	19 824
天柱县	122 798	406 199	215 902	190 297	32 248
锦屏县	62 500	227 336	120 289	107 047	26 193
剑河县	67 815	254 967	136 694	118 273	21 088
台江县	43 323	159 913	84 844	75 069	18 729
黎平县	141 003	527 595	279 912	247 683	39 059

贵州省市县人口

单位：人

地区别	总户数（户）	总人口			总人口中非农业人口
		合计	男	女	
榕江县	85 814	354 703	188 552	166 151	27 919
从江县	89 525	344 558	182 506	162 052	21 707
雷山县	43 049	152 489	83 664	68 825	15 408
麻江县	58 660	214 572	112 631	101 941	17 532
丹寨县	44 438	168 207	91 559	76 648	17 008
黔南布依族苗族自治州	1 194 346	4 048 684	2 101 015	1 947 669	557 900
都匀市	147 832	482 618	247 624	234 994	166 942
福泉市	117 448	328 317	169 857	158 460	63 225
荔波县	53 959	175 030	90 386	84 644	16 863
贵定县	86 185	291 109	149 799	141 310	44 595
瓮安县	146 506	465 023	243 134	221 889	48 852
独山县	100 096	349 421	180 591	168 830	40 051
平塘县	88 050	322 634	170 049	152 585	21 079
罗甸县	91 585	340 158	176 870	163 288	26 370
长顺县	72 133	258 488	135 635	122 853	25 207
龙里县	70 487	222 741	114 847	107 894	32 774
惠水县	121 794	452 767	233 919	218 848	46 399
三都水族自治县	98 271	360 378	188 304	172 074	25 543

云南省市县人口

单位：人

地区别	总户数（户）	总人口			总人口中非农业人口
		合计	男	女	
云南省	13 468 356	45 622 875	23 504 135	22 118 740	7 564 766
昆明市	1 960 695	5 440 428	2 757 033	2 683 395	2 285 385
市辖区	981 398	2 540 513	1 289 509	1 251 004	1 856 355
五华区	239 324	650 580	327 906	322 674	597 715
盘龙区	191 023	515 374	262 957	252 417	406 978
官渡区	220 267	551 849	281 336	270 513	375 923
西山区	227 229	507 880	254 025	253 855	401 906
东川区	103 555	314 830	163 285	151 545	73 833
呈贡县	64 789	194 419	96 341	98 078	52 258
晋宁县	116 613	279 432	138 929	140 503	45 850
富民县	52 353	149 437	74 296	75 141	18 848
宜良县	159 666	451 900	224 803	227 097	43 734
石林彝族自治县	86 499	244 366	122 797	121 569	28 601
嵩明县	92 420	297 009	149 593	147 416	32 341
禄劝彝族苗族自治县	143 992	476 376	246 248	230 128	26 916
寻甸回族彝族自治县	149 319	541 958	278 812	263 146	36 233
安宁市	113 646	265 018	135 705	129 313	144 249
曲靖市	1 849 928	6 322 691	3 313 743	3 008 948	786 765
市辖区	241 678	705 062	359 616	345 446	258 318
麒麟区	241 678	705 062	359 616	345 446	258 318
马龙县	55 281	204 631	105 223	99 408	20 994
陆良县	218 116	664 506	347 569	316 937	79 126
师宗县	107 020	416 223	216 875	199 348	41 973
罗平县	172 804	613 253	324 747	288 506	54 971
富源县	197 531	787 630	409 153	378 477	64 391
会泽县	291 479	1 014 224	545 151	469 073	74 402
沾益县	118 802	423 848	216 764	207 084	47 383
宣威市	447 217	1 493 314	788 645	704 669	145 207
玉溪市	721 763	2 134 735	1 073 825	1 060 910	386 573
市辖区	158 221	426 095	210 406	215 689	144 465
红塔区	158 221	426 095	210 406	215 689	144 465
江川县	93 882	274 935	138 136	136 799	32 801
澄江县	52 978	140 708	70 143	70 565	19 847
通海县	93 012	282 201	139 365	142 836	38 444
华宁县	68 470	210 955	107 854	103 101	22 448
易门县	57 573	168 500	85 908	82 592	33 604
峨山彝族自治县	51 174	152 179	76 353	75 826	30 012
新平彝族傣族自治县	84 283	273 611	140 071	133 540	37 292
元江哈尼族彝族傣族自治县	62 170	205 551	105 589	99 962	27 660
保山市	684 334	2 541 999	1 299 307	1 242 692	276 647
市辖区	254 778	905 324	455 885	449 439	127 452
隆阳区	254 778	905 324	455 885	449 439	127 452

云南省市县人口

单位：人

地区别	总户数（户）	总人口 合计	男	女	总人口中非农业人口
施甸县	89 929	341 134	173 704	167 430	29 718
腾冲县	167 964	658 207	339 194	319 013	60 897
龙陵县	77 306	289 006	152 511	136 495	26 547
昌宁县	94 357	348 328	178 013	170 315	32 033
昭通市	1 617 077	5 792 863	3 051 439	2 741 424	476 833
市辖区	255 376	845 882	439 165	406 717	125 136
昭阳区	255 376	845 882	439 165	406 717	125 136
鲁甸县	116 797	432 257	226 876	205 381	28 663
巧家县	173 868	580 117	315 502	264 615	28 017
盐津县	109 758	389 358	206 125	183 233	35 547
大关县	82 385	282 449	149 997	132 452	20 540
永善县	136 185	458 243	243 627	214 616	26 845
绥江县	45 877	166 811	86 095	80 716	24 875
镇雄县	392 168	1 519 230	798 336	720 894	90 689
彝良县	151 644	587 004	310 815	276 189	31 276
威信县	117 883	427 374	221 409	205 965	37 333
水富县	35 136	104 138	53 492	50 646	27 912
丽江市	373 182	1 211 867	614 826	597 041	178 763
市辖区	45 156	152 947	76 181	76 766	67 223
古城区	45 156	152 947	76 181	76 766	67 223
玉龙纳西族自治县	61 375	219 686	111 547	108 139	14 035
永胜县	128 876	402 355	203 246	199 109	38 054
华坪县	56 162	164 869	84 029	80 840	31 245
宁蒗彝族自治县	81 613	272 010	139 823	132 187	28 206
普洱市	722 423	2 505 059	1 303 455	1 201 604	340 480
市辖区	70 690	220 927	111 578	109 349	93 582
思茅区	70 690	220 927	111 578	109 349	93 582
宁洱哈尼族彝族自治县	56 547	194 306	99 747	94 559	33 086
墨江哈尼族自治县	97 250	370 656	199 995	170 661	34 011
景东彝族自治县	105 659	364 117	189 175	174 942	28 822
景谷傣族彝族自治县	89 209	315 516	165 194	150 322	34 435
镇沅彝族哈尼族拉祜族自治县	64 568	212 043	112 480	99 563	23 248
江城哈尼族彝族自治县	33 171	109 495	56 209	53 286	20 214
孟连傣族拉祜族佤族自治县	36 738	126 719	63 889	62 830	18 281
澜沧拉祜族自治县	137 879	496 226	256 066	240 160	41 588
西盟佤族自治县	30 712	95 054	49 122	45 932	13 213
临沧市	643 538	2 356 887	1 221 986	1 134 901	253 549
市辖区	90 506	316 032	161 631	154 401	57 987
临翔区	90 506	316 032	161 631	154 401	57 987
凤庆县	115 624	438 048	226 449	211 599	33 246
云县	124 801	445 265	232 858	212 407	33 913
永德县	92 467	352 249	186 005	166 244	29 445

云南省市县人口

单位：人

地区别	总户数（户）	总人口 合计	总人口 男	总人口 女	总人口中非农业人口
镇康县	44 612	176 592	93 341	83 251	14 149
双江拉祜族佤族布朗族傣族自治县	46 691	170 821	88 352	82 469	19 802
耿马傣族佤族自治县	79 384	284 911	144 010	140 901	41 983
沧源佤族自治县	49 453	172 969	89 340	83 629	23 024
楚雄彝族自治州	796 191	2 624 912	1 340 395	1 284 517	392 283
楚雄市	161 685	514 053	262 376	251 677	157 721
双柏县	47 428	154 727	80 804	73 923	17 316
牟定县	60 845	205 280	104 979	100 301	19 496
南华县	69 447	239 849	121 921	117 928	25 865
姚安县	59 989	207 773	105 693	102 080	16 692
大姚县	86 884	283 139	144 747	138 392	26 110
永仁县	33 637	106 344	54 818	51 526	15 011
元谋县	65 236	214 851	109 554	105 297	24 758
武定县	78 127	274 598	139 801	134 797	20 430
禄丰县	132 913	424 298	215 702	208 596	68 884
红河哈尼族彝族自治州	1 270 006	4 435 723	2 283 080	2 152 643	749 452
个旧市	136 017	393 205	197 038	196 167	211 693
开远市	90 851	281 012	141 060	139 952	105 657
蒙自县	114 821	376 155	187 404	188 751	81 084
屏边苗族自治县	41 725	156 978	81 636	75 342	18 235
建水县	161 632	527 031	265 681	261 350	73 321
石屏县	94 439	309 099	156 414	152 685	35 915
弥勒县	156 118	525 570	268 593	256 977	61 593
泸西县	121 151	418 226	223 196	195 030	41 698
元阳县	99 604	428 758	230 047	198 711	21 292
红河县	75 288	319 070	166 384	152 686	16 606
金平苗族瑶族傣族自治县	93 860	379 700	198 661	181 039	25 977
绿春县	51 945	230 846	121 709	109 137	18 728
河口瑶族自治县	32 555	90 073	45 257	44 816	37 653
文山壮族苗族自治州	958 942	3 736 988	1 950 105	1 786 883	353 608
文山县	143 512	483 350	246 268	237 082	108 582
砚山县	122 803	499 709	257 667	242 042	44 234
西畴县	69 758	259 458	136 647	122 811	24 785
麻栗坡县	75 745	292 057	154 041	138 016	25 111
马关县	103 409	376 713	197 565	179 148	37 014
丘北县	135 521	530 393	278 661	251 732	38 534
广南县	199 657	850 466	450 620	399 846	44 074
富宁县	108 537	444 842	228 636	216 206	31 274
西双版纳傣族自治州	272 573	951 758	477 341	474 417	284 230
景洪市	122 943	403 538	201 080	202 458	163 400
勐海县	79 744	322 253	161 794	160 459	46 877
勐腊县	69 886	225 967	114 467	111 500	73 953

云南省市县人口

单位：人

地区别	总户数（户）	总人口			总人口中非农业人口
		合计	男	女	
大理白族自治州	1 043 346	3 547 070	1 791 410	1 755 660	460 918
大理市	194 114	609 867	302 818	307 049	212 228
漾濞彝族自治县	32 868	105 409	53 797	51 612	12 003
祥云县	139 589	471 770	238 314	233 456	41 650
宾川县	99 811	355 013	180 293	174 720	29 975
弥渡县	95 672	327 305	166 090	161 215	22 411
南涧彝族自治县	64 046	227 025	116 382	110 643	15 454
巍山彝族回族自治县	88 557	315 990	159 726	156 264	22 815
永平县	56 746	183 493	93 397	90 096	20 042
云龙县	63 562	207 117	106 889	100 228	19 864
洱源县	80 586	289 819	145 480	144 339	22 697
剑川县	50 229	179 436	90 208	89 228	17 390
鹤庆县	77 566	274 826	138 016	136 810	24 389
德宏傣族景颇族自治州	301 564	1 135 805	575 109	560 696	214 178
瑞丽市	40 346	127 090	62 115	64 975	47 963
潞西市	94 912	369 688	187 055	182 633	80 990
梁河县	43 271	166 637	86 192	80 445	17 430
盈江县	73 304	289 196	147 407	141 789	36 210
陇川县	49 731	183 194	92 340	90 854	31 585
怒江傈僳族自治州	156 553	523 572	267 850	255 722	77 780
泸水县	52 917	174 482	89 543	84 939	31 116
福贡县	29 311	102 229	52 074	50 155	11 487
贡山独龙族怒族自治县	12 314	36 091	18 231	17 860	6 253
兰坪白族普米族自治县	62 011	210 770	108 002	102 768	28 924
迪庆藏族自治州	96 241	360 518	183 231	177 287	47 322
香格里拉县	39 902	145 265	73 496	71 769	27 025
德钦县	13 812	60 256	30 235	30 021	7 454
维西傈僳族自治县	42 527	154 997	79 500	75 497	12 843

西藏自治区市县人口

单位：人

地区别	总户数（户）	总人口 合计	男	女	总人口中非农业人口
西藏自治区	765 746	3 022 736	1 516 338	1 506 398	524 310
拉萨市	167 465	493 769	243 770	249 999	211 455
市辖区	95 299	187 759	92 538	95 221	187 759
城关区	95 299	187 759	92 538	95 221	187 759
林周县	12 283	60 479	29 937	30 542	3 995
当雄县	11 072	49 327	24 581	24 746	4 088
尼木县	6 872	33 076	16 256	16 820	2 177
曲水县	9 580	35 114	17 264	17 850	2 529
堆龙德庆县	14 496	48 096	23 427	24 669	5 536
达孜县	7 923	29 583	14 658	14 925	2 267
墨竹工卡县	9 940	50 335	25 109	25 226	3 104
昌都地区	132 597	683 928	345 150	338 778	44 566
昌都县	24 215	99 130	50 466	48 664	16 638
江达县	18 843	95 141	48 378	46 763	3 629
贡觉县	8 407	46 587	23 414	23 173	2 432
类乌齐县	9 304	45 888	23 067	22 821	2 891
丁青县	13 108	69 672	35 522	34 150	3 222
察雅县	12 195	60 354	30 137	30 217	2 968
八宿县	8 909	44 424	22 123	22 301	2 662
左贡县	9 510	49 141	25 064	24 077	2 208
芒康县	12 937	88 552	44 322	44 230	4 279
洛隆县	8 135	46 490	23 427	23 063	2 650
边坝县	7 034	38 549	19 230	19 319	987
山南地区	110 957	358 138	177 700	180 438	47 812
乃东县	23 576	61 188	30 610	30 578	23 516
扎囊县	9 481	39 505	19 459	20 046	2 972
贡嘎县	12 917	50 262	25 057	25 205	4 296
桑日县	4 952	17 327	8 791	8 536	1 610
琼结县	6 003	18 913	9 160	9 753	1 996
曲松县	5 373	17 168	8 570	8 598	1 885
措美县	4 631	14 644	7 272	7 372	1 579
洛扎县	6 026	19 776	9 733	10 043	1 897
加查县	6 514	21 078	10 488	10 590	2 011
隆子县	12 102	35 635	17 483	18 152	2 686
错那县	9 765	25 790	12 559	13 231	1 291
浪卡子县	9 617	36 852	18 518	18 334	2 073
日喀则地区	164 403	737 673	372 744	364 929	91 340
日喀则市	28 001	110 613	55 087	55 526	43 027
南木林县	18 599	82 848	41 435	41 413	4 221
江孜县	14 934	67 225	33 355	33 870	7 790
定日县	10 692	52 012	26 419	25 593	2 974
萨迦县	11 050	50 479	25 459	25 020	2 363

西藏自治区市县人口

单位：人

地区别	总户数（户）	总人口			总人口中非农业人口
		合计	男	女	
拉孜县	12 500	53 976	27 286	26 690	2 850
昂仁县	11 822	55 721	28 259	27 462	2 648
谢通门县	10 317	47 158	23 732	23 426	2 893
白朗县	8 186	48 417	26 451	21 966	1 995
仁布县	5 510	32 509	16 421	16 088	1 943
康马县	3 736	21 995	10 932	11 063	1 665
定结县	4 853	21 166	10 760	10 406	2 339
仲巴县	4 990	22 181	11 092	11 089	1 421
亚东县	4 090	12 642	6 286	6 356	5 597
吉隆县	3 762	14 996	7 498	7 498	1 408
聂拉木县	4 335	18 480	9 482	8 998	3 055
萨嘎县	3 842	14 420	7 332	7 088	1 701
岗巴县	3 184	10 835	5 458	5 377	1 450
那曲地区	111 021	474 561	239 352	235 209	62 965
那曲县	28 325	104 706	53 129	51 577	33 098
嘉黎县	6 481	32 140	16 275	15 865	2 440
比如县	14 218	65 214	32 785	32 429	5 147
聂荣县	7 884	34 251	16 989	17 262	2 796
安多县	9 547	39 227	19 665	19 562	5 784
申扎县	4 593	19 712	10 049	9 663	2 087
索县	9 626	46 903	23 945	22 958	2 500
班嘎县	8 909	39 241	19 272	19 969	3 554
巴青县	11 078	52 465	26 779	25 686	3 098
尼玛县	10 360	40 702	20 464	20 238	2 461
阿里地区	27 834	94 085	47 206	46 879	18 768
普兰县	2 486	9 135	4 510	4 625	1 275
札达县	2 313	7 356	3 478	3 878	1 356
噶尔县	6 254	16 172	8 260	7 912	9 343
日土县	2 586	9 390	4 738	4 652	1 248
革吉县	4 254	15 394	7 718	7 676	2 401
改则县	6 006	22 538	11 336	11 202	1 902
措勤县	3 935	14 100	7 166	6 934	1 243
林芝地区	51 469	180 582	90 416	90 166	47 404
林芝县	16 089	41 243	20 560	20 683	24 122
工布江达县	8 349	31 047	15 582	15 465	3 868
米林县	5 554	21 360	10 338	11 022	4 850
墨脱县	2 835	12 272	6 601	5 671	1 678
波密县	8 120	31 126	15 651	15 475	7 311
察隅县	5 686	26 763	13 233	13 530	3 224
朗县	4 836	16 771	8 451	8 320	2 351

陕西省市县人口

单位：人

地区别	总户数（户）	总人口 合计	男	女	总人口中非农业人口
陕西省	12 249 020	39 086 765	20 217 274	18 869 491	13 905 853
西安市	2 343 397	7 918 272	4 025 220	3 893 052	3 913 061
市辖区	1 709 204	5 687 675	2 868 491	2 819 184	3 563 927
新城区	168 602	504 683	256 300	248 383	504 683
碑林区	206 196	724 747	375 639	349 108	724 747
莲湖区	218 583	644 598	325 971	318 627	644 598
灞桥区	169 986	516 168	255 315	260 853	246 377
未央区	167 061	537 349	267 667	269 682	381 610
雁塔区	230 517	802 085	402 372	399 713	689 469
阎良区	74 371	254 941	128 613	126 328	88 294
临潼区	194 436	703 953	356 016	347 937	119 533
长安区	279 452	999 151	500 598	498 553	164 616
蓝田县	183 083	647 426	335 532	311 894	58 977
周至县	174 109	673 932	355 468	318 464	63 795
户县	183 180	600 675	311 380	289 295	113 746
高陵县	93 821	308 564	154 349	154 215	112 616
铜川市	275 472	854 604	446 557	408 047	437 127
市辖区	243 885	759 844	396 658	363 186	405 892
王益区	71 325	207 881	106 439	101 442	170 693
印台区	71 330	228 149	122 630	105 519	145 730
耀州区	101 230	323 814	167 589	156 225	89 469
宜君县	31 587	94 760	49 899	44 861	31 235
宝鸡市	1 132 526	3 831 930	1 985 198	1 846 732	1 852 106
市辖区	433 121	1 432 785	736 990	695 795	829 298
渭滨区	144 424	440 524	225 943	214 581	353 841
金台区	126 700	387 590	197 103	190 487	298 986
陈仓区	161 997	604 671	313 944	290 727	176 471
凤翔县	155 132	521 267	267 616	253 651	242 095
岐山县	138 266	472 825	244 539	228 286	230 738
扶风县	118 974	445 914	233 218	212 696	176 040
眉县	92 433	320 105	165 519	154 586	143 480
陇县	76 790	265 165	139 564	125 601	107 333
千阳县	40 558	133 685	70 018	63 667	17 613
麟游县	25 925	88 210	47 986	40 224	24 820
凤县	33 422	100 435	52 345	48 090	63 386
太白县	17 905	51 539	27 403	24 136	17 303
咸阳市	1 587 254	5 446 452	2 813 692	2 632 760	1 778 681
市辖区	320 480	1 095 965	556 557	539 408	672 517
秦都区	148 386	494 435	249 581	244 854	306 987
杨陵区	49 601	189 295	97 278	92 017	116 062
渭城区	122 493	412 235	209 698	202 537	249 468
三原县	142 680	424 807	214 188	210 619	86 993

陕西省市县人口

单位：人

地区别	总户数（户）	总人口 合计	男	女	总人口中非农业人口
泾阳县	146 020	523 639	267 215	256 424	79 796
乾县	169 943	595 852	311 973	283 879	57 053
礼泉县	162 862	501 622	260 034	241 588	66 990
永寿县	60 290	208 486	109 191	99 295	28 195
彬县	98 422	354 914	186 462	168 452	140 366
长武县	51 846	184 524	97 215	87 309	19 214
旬邑县	83 427	291 414	153 574	137 840	97 251
淳化县	61 363	204 997	106 650	98 347	26 428
武功县	129 609	455 617	235 910	219 707	167 119
兴平市	160 312	604 615	314 723	289 892	336 759
渭南市	1 765 601	5 646 810	2 862 928	2 783 882	1 877 443
市辖区	317 771	985 085	494 826	490 259	414 729
临渭区	317 771	985 085	494 826	490 259	414 729
华县	107 764	349 994	178 599	171 395	103 138
潼关县	53 081	166 938	84 497	82 441	75 242
大荔县	203 604	722 960	364 838	358 122	153 073
合阳县	142 865	456 936	230 894	226 042	171 302
澄城县	133 617	406 630	206 585	200 045	112 760
蒲城县	225 478	788 080	398 826	389 254	146 697
白水县	108 527	297 978	153 128	144 850	103 393
富平县	262 586	799 459	404 753	394 706	219 518
韩城市	125 522	403 958	209 128	194 830	236 196
华阴市	84 786	268 792	136 854	131 938	141 395
延安市	818 473	2 329 147	1 202 084	1 127 063	778 364
市辖区	173 853	462 389	233 147	229 242	236 027
宝塔区	173 853	462 389	233 147	229 242	236 027
延长县	61 321	157 205	81 967	75 238	41 726
延川县	67 667	194 358	101 058	93 300	41 796
子长县	87 937	273 190	140 398	132 792	57 196
安塞县	62 776	188 240	97 541	90 699	28 492
志丹县	59 474	155 417	80 977	74 440	75 468
吴旗县	43 689	137 411	71 471	65 940	35 972
甘泉县	33 451	87 813	45 517	42 296	24 685
富县	51 045	153 781	80 494	73 287	42 373
洛川县	72 223	218 755	114 390	104 365	73 803
宜川县	41 340	120 451	61 827	58 624	39 894
黄龙县	19 031	51 581	27 119	24 462	18 293
黄陵县	44 666	128 556	66 178	62 378	62 639
汉中市	1 275 936	3 823 203	2 001 677	1 821 526	815 157
市辖区	200 952	555 058	283 933	271 125	269 636
汉台区	200 952	555 058	283 933	271 125	269 636
南郑县	185 714	555 568	288 527	267 041	99 192

陕西省市县人口

单位：人

地区别	总户数（户）	总人口 合计	男	女	总人口中非农业人口
城固县	178 859	532 880	276 117	256 763	94 286
洋县	139 206	444 984	235 878	209 106	75 181
西乡县	143 322	413 321	219 904	193 417	61 214
勉县	141 538	424 474	218 817	205 657	74 418
宁强县	109 878	333 425	174 854	158 571	33 493
略阳县	65 954	196 821	106 720	90 101	55 325
镇巴县	84 332	290 032	155 645	134 387	38 117
留坝县	14 820	43 591	23 274	20 317	7 779
佛坪县	11 361	33 049	18 008	15 041	6 516
榆林市	1 297 251	3 706 911	1 933 234	1 773 677	1 043 410
市辖区	209 330	534 304	273 482	260 822	193 768
榆阳区	209 330	534 304	273 482	260 822	193 768
神木县	164 527	418 024	220 364	197 660	416 728
府谷县	90 369	241 851	127 435	114 416	66 538
横山县	99 864	366 580	191 558	175 022	49 464
靖边县	102 165	338 160	174 548	163 612	48 577
定边县	99 644	334 716	173 700	161 016	49 951
绥德县	130 992	363 124	188 747	174 377	63 850
米脂县	78 829	222 593	115 972	106 621	38 257
佳县	94 061	265 944	140 164	125 780	31 981
吴堡县	34 715	86 596	44 987	41 609	29 107
清涧县	79 504	219 498	116 500	102 998	29 792
子洲县	113 251	315 521	165 777	149 744	25 397
安康市	1 005 444	3 050 703	1 639 280	1 411 423	491 382
市辖区	325 110	1 012 605	538 853	473 752	222 563
汉滨区	325 110	1 012 605	538 853	473 752	222 563
汉阴县	102 417	306 117	165 237	140 880	33 721
石泉县	64 469	182 097	98 310	83 787	29 625
宁陕县	25 445	74 387	39 997	34 390	14 884
紫阳县	107 316	342 416	186 028	156 388	40 957
岚皋县	63 177	171 814	93 608	78 206	24 512
平利县	90 575	236 237	127 745	108 492	34 283
镇坪县	20 131	59 162	31 411	27 751	9 032
旬阳县	143 831	454 170	243 859	210 311	57 844
白河县	62 973	211 698	114 232	97 466	23 961
商洛市	747 666	2 478 733	1 307 404	1 171 329	919 122
市辖区	153 171	554 694	289 960	264 734	191 243
商州区	153 171	554 694	289 960	264 734	191 243
洛南县	140 216	456 509	237 528	218 981	184 026
丹凤县	95 397	307 354	161 983	145 371	113 057
商南县	83 798	242 003	127 034	114 969	99 600
山阳县	138 442	462 157	246 639	215 518	186 721

陕西省市县人口

单位：人

地区别	总户数（户）	总人口			总人口中非农业人口
		合计	男	女	
镇安县	85 940	298 881	160 737	138 144	80 897
柞水县	50 702	157 135	83 523	73 612	63 578

甘肃省市县人口

单位：人

地区别	总户数（户）	总人口			总人口中非农业人口
		合计	男	女	
甘肃省	7 929 200	27 288 792	14 070 877	13 217 915	7 145 770
兰州市	1 020 027	3 232 994	1 643 481	1 589 513	2 026 660
市辖区	685 544	2 090 599	1 056 646	1 033 953	1 872 471
城关区	305 196	932 620	462 093	470 527	918 537
七里河区	156 928	472 902	245 144	227 758	387 336
西固区	112 371	329 254	167 145	162 109	271 325
安宁区	60 576	213 279	108 725	104 554	200 341
红古区	50 473	142 544	73 539	69 005	94 932
永登县	156 133	522 951	269 299	253 652	75 165
皋兰县	58 705	182 736	93 255	89 481	30 841
榆中县	119 645	436 708	224 281	212 427	48 183
嘉峪关市	62 634	194 506	103 774	90 732	194 506
市辖区	62 634	194 506	103 774	90 732	194 506
嘉峪关区	62 634	194 506	103 774	90 732	194 506
金昌市	160 924	460 833	239 540	221 293	225 798
市辖区	75 847	207 183	107 166	100 017	159 489
金川区	75 847	207 183	107 166	100 017	159 489
永昌县	85 077	253 650	132 374	121 276	66 309
白银市	535 407	1 810 491	934 738	875 753	487 040
市辖区	164 370	501 734	265 287	236 447	327 355
白银区	97 862	287 641	147 856	139 785	217 021
平川区	66 508	214 093	117 431	96 662	110 334
靖远县	138 832	481 100	246 061	235 039	54 905
会宁县	162 495	586 612	299 645	286 967	54 948
景泰县	69 710	241 045	123 745	117 300	49 832
天水市	992 882	3 695 822	1 896 239	1 799 583	1 015 930
市辖区	372 275	1 310 025	673 741	636 284	648 862
秦州区	194 367	686 871	353 126	333 745	341 081
麦积区	177 908	623 154	320 615	302 539	307 781
清水县	84 440	323 025	167 943	155 082	28 762
秦安县	159 073	616 360	313 434	302 926	143 231
甘谷县	166 617	634 259	323 302	310 957	60 389
武山县	124 665	458 094	237 215	220 879	83 199
张家川回族自治县	85 812	354 059	180 604	173 455	51 487
武威市	553 428	1 920 448	990 481	929 967	349 776
市辖区	300 481	1 028 385	531 940	496 445	230 989
凉州区	300 481	1 028 385	531 940	496 445	230 989
民勤县	78 175	277 920	142 950	134 970	40 550
古浪县	109 802	398 036	203 159	194 877	34 043
天祝藏族自治县	64 970	216 107	112 432	103 675	44 194
张掖市	435 661	1 309 114	673 957	635 157	363 002
市辖区	171 016	517 036	264 708	252 328	189 455

甘肃省市县人口

单位：人

地区别	总户数（户）	总人口			总人口中非农业人口
		合计	男	女	
甘州区	171 016	517 036	264 708	252 328	189 455
肃南裕固族自治县	14 301	37 284	18 870	18 414	11 887
民乐县	77 239	245 247	128 366	116 881	37 898
临泽县	51 347	150 081	77 401	72 680	25 078
高台县	54 429	158 765	81 325	77 440	27 856
山丹县	67 329	200 701	103 287	97 414	70 828
平凉市	676 086	2 321 990	1 194 070	1 127 920	426 300
市辖区	158 991	518 488	262 488	256 000	172 556
崆峒区	158 991	518 488	262 488	256 000	172 556
泾川县	103 261	352 478	181 858	170 620	34 289
灵台县	72 809	232 212	121 344	110 868	23 861
崇信县	30 288	99 337	51 405	47 932	17 393
华亭县	62 026	186 699	98 014	88 685	91 282
庄浪县	118 589	445 691	229 301	216 390	34 696
静宁县	130 122	487 085	249 660	237 425	52 223
酒泉市	333 413	1 014 925	514 921	500 004	358 990
市辖区	129 984	406 392	203 932	202 460	176 682
肃州区	129 984	406 392	203 932	202 460	176 682
金塔县	49 198	150 241	77 280	72 961	31 373
瓜州县	39 942	128 126	66 308	61 818	26 492
肃北蒙古族自治县	4 905	11 608	5 847	5 761	5 807
阿克塞哈萨克族自治县	15 247	32 757	15 778	16 979	29 773
玉门市	44 894	143 858	74 762	69 096	48 188
敦煌市	49 243	141 943	71 014	70 929	40 675
庆阳市	762 085	2 619 612	1 361 522	1 258 090	324 805
市辖区	111 522	365 741	186 703	179 038	109 757
西峰区	111 522	365 741	186 703	179 038	109 757
庆城县	90 272	286 633	150 082	136 551	44 692
环县	93 494	349 104	183 426	165 678	27 375
华池县	40 870	130 369	68 751	61 618	18 889
合水县	52 430	172 518	90 544	81 974	22 034
正宁县	72 922	241 200	126 260	114 940	28 896
宁县	154 178	552 186	285 730	266 456	37 356
镇原县	146 397	521 861	270 026	251 835	35 806
定西市	836 308	3 022 924	1 568 047	1 454 877	359 240
市辖区	138 054	469 831	248 434	221 397	96 733
安定区	138 054	469 831	248 434	221 397	96 733
通渭县	118 768	443 011	229 092	213 919	42 401
陇西县	142 111	514 148	267 607	246 541	80 240
渭源县	101 342	355 914	185 148	170 766	24 856
临洮县	156 148	549 060	279 677	269 383	55 179
漳县	54 525	207 536	107 498	100 038	20 255

甘肃省市县人口

单位：人

地区别	总户数（户）	总人口			总人口中非农业人口
		合计	男	女	
岷县	125 360	483 424	250 591	232 833	39 576
陇南市	790 450	2 814 559	1 472 861	1 341 698	455 593
市辖区	169 728	579 176	302 008	277 168	137 850
武都区	169 728	579 176	302 008	277 168	137 850
宕昌县	78 800	303 418	158 759	144 659	25 144
成县	79 692	262 450	137 071	125 379	100 969
康县	60 740	197 927	105 920	92 007	19 975
文县	81 444	246 908	128 748	118 160	37 000
西和县	109 333	433 843	226 316	207 527	46 186
礼县	127 670	520 763	272 730	248 033	44 861
两当县	16 871	49 942	26 704	23 238	10 882
徽县	66 172	220 132	114 605	105 527	32 726
临夏回族自治州	562 618	2 139 877	1 104 360	1 035 517	388 970
临夏市	71 271	238 168	117 938	120 230	149 652
临夏县	101 440	392 762	204 908	187 854	25 993
康乐县	67 792	270 371	139 597	130 774	22 066
永靖县	63 278	204 548	105 312	99 236	44 335
广河县	56 171	247 369	126 295	121 074	25 431
和政县	60 119	209 478	109 232	100 246	50 488
东乡族自治县	77 981	320 253	166 738	153 515	46 249
积石山保安族东乡族撒拉族自治县	64 566	256 928	134 340	122 588	24 756
甘南藏族自治州	207 277	730 697	372 886	357 811	169 160
合作市	27 600	91 394	46 115	45 279	55 936
临潭县	44 795	156 428	80 412	76 016	20 849
卓尼县	29 874	108 166	55 595	52 571	17 373
舟曲县	41 343	141 225	72 672	68 553	20 843
迭部县	16 852	59 073	30 632	28 441	18 275
玛曲县	15 580	51 652	26 234	25 418	9 453
碌曲县	9 405	34 938	17 397	17 541	8 335
夏河县	21 828	87 821	43 829	43 992	18 096

青海省市县人口

单位：人

地区别	总户数（户）	总人口			总人口中非农业人口
		合计	男	女	
青海省	1 664 530	5 575 850	2 832 075	2 743 775	1 864 078
西宁市	583 535	1 974 175	998 602	975 573	919 786
市辖区	285 717	909 526	451 221	458 305	755 273
城东区	77 160	250 702	125 490	125 212	216 492
城中区	76 305	232 678	114 594	118 084	193 565
城西区	64 605	211 259	103 357	107 902	192 094
城北区	67 647	214 887	107 780	107 107	153 122
大通回族土族自治县	120 582	455 356	234 161	221 195	93 165
湟中县	134 755	472 841	243 299	229 542	40 296
湟源县	42 481	136 452	69 921	66 531	31 052
海东地区	460 717	1 648 876	847 661	801 215	343 467
平安县	41 206	124 022	62 745	61 277	40 994
民和县	107 845	421 314	217 106	204 208	85 485
乐都县	91 468	285 404	146 658	138 746	50 859
互助县	108 452	387 431	203 131	184 300	104 045
化隆县	72 301	284 550	144 667	139 883	38 133
循化县	39 445	146 155	73 354	72 801	23 951
海北藏族自治州	86 585	285 471	144 979	140 492	71 315
门源县	43 913	155 767	79 737	76 030	27 680
祁连县	15 791	49 734	24 714	25 020	13 375
海晏县	11 934	35 579	18 034	17 545	15 905
刚察县	14 947	44 391	22 494	21 897	14 355
黄南藏族自治州	79 921	257 974	129 146	128 828	52 654
同仁县	29 137	91 994	46 058	45 936	26 375
尖扎县	19 615	57 889	28 626	29 263	12 835
泽库县	20 244	70 664	35 590	35 074	7 366
河南县	10 925	37 427	18 872	18 555	6 078
海南藏族自治州	135 042	450 677	226 820	223 857	106 496
共和县	43 461	134 053	68 133	65 920	45 575
同德县	16 107	58 269	29 297	28 972	11 247
贵德县	33 357	106 009	53 255	52 754	20 160
兴海县	20 241	75 116	37 668	37 448	10 546
贵南县	21 876	77 230	38 467	38 763	18 968
果洛藏族自治州	54 692	177 705	90 172	87 533	32 021
玛沁县	15 316	47 159	23 948	23 211	14 151
班玛县	7 496	26 384	13 442	12 942	4 491
甘德县	9 785	33 655	17 213	16 442	3 863
达日县	10 858	32 952	16 621	16 331	3 779
久治县	5 985	23 810	11 884	11 926	2 510
玛多县	5 252	13 745	7 064	6 681	3 227
玉树藏族自治州	116 724	385 084	192 557	192 527	60 941
玉树县	32 278	104 361	52 048	52 313	23 399

青 海 省 市 县 人 口

单位：人

地区别	总户数（户）	总人口			总人口中非农业人口
		合计	男	女	
杂多县	12 584	57 999	29 114	28 885	5 797
称多县	23 263	59 216	29 685	29 531	11 587
治多县	11 917	33 136	16 639	16 497	4 646
囊谦县	25 979	99 425	49 497	49 928	10 070
曲麻莱县	10 703	30 947	15 574	15 373	5 442
海西蒙古族藏族自治州	147 314	395 888	202 138	193 750	277 398
格尔木市	47 981	125 140	64 288	60 852	119 441
德令哈市	26 745	73 982	37 983	35 999	56 298
乌兰县	41 891	102 809	51 777	51 032	79 056
都兰县	23 609	72 654	37 482	35 172	16 065
天峻县	7 088	21 303	10 608	10 695	6 538

宁夏回族自治区市县人口

单位：人

地区别	总户数（户）	总人口			总人口中非农业人口
		合计	男	女	
宁夏回族自治区	2 118 925	6 516 310	3 312 257	3 204 053	2 532 460
银川市	579 945	1 622 293	812 482	809 811	1 088 536
市辖区	341 787	972 170	481 544	490 626	846 540
兴庆区	187 491	528 191	258 227	269 964	472 312
西夏区	75 875	233 923	119 043	114 880	202 278
金凤区	78 421	210 056	104 274	105 782	171 950
永宁县	72 255	216 179	109 926	106 253	61 081
贺兰县	75 303	200 592	100 898	99 694	63 501
灵武市	90 600	233 352	120 114	113 238	117 414
石嘴山市	276 106	750 477	380 851	369 626	468 528
市辖区	165 653	456 683	231 929	224 754	379 204
大武口区	91 894	269 637	137 353	132 284	237 870
惠农区	73 759	187 046	94 576	92 470	141 334
平罗县	110 453	293 794	148 922	144 872	89 324
吴忠市	454 784	1 398 107	709 430	688 677	428 691
市辖区	133 793	394 221	196 657	197 564	191 668
利通区	133 793	394 221	196 657	197 564	191 668
盐池县	60 515	167 938	85 982	81 956	33 614
同心县	116 862	397 006	202 105	194 901	95 328
红寺堡	45 190	168 652	86 697	81 955	21 600
青铜峡市	98 424	270 290	137 989	132 301	86 481
固原市	438 441	1 553 000	800 260	752 740	243 849
市辖区	141 536	458 670	233 876	224 794	125 524
原州区	141 536	458 670	233 876	224 794	125 524
西吉县	132 786	515 772	265 912	249 860	48 040
隆德县	53 700	183 106	94 794	88 312	27 024
泾源县	36 380	128 951	67 235	61 716	11 643
彭阳县	74 039	266 501	138 443	128 058	31 618
中卫市	369 649	1 192 433	609 234	583 199	302 856
市辖区	140 005	397 175	202 526	194 649	152 685
城区	140 005	397 175	202 526	194 649	152 685
中宁县	99 519	324 932	165 039	159 893	99 266
海原县	130 125	470 326	241 669	228 657	50 905

新疆维吾尔自治区市县人口

单位：人

地区别	总户数（户）	总人口 合计	男	女	总人口中非农业人口
新疆维吾尔自治区	6 636 966	22 026 630	11 217 352	10 809 278	9 435 996
乌鲁木齐市	845 917	2 493 517	1 289 496	1 204 021	1 833 036
市辖区	826 458	2 435 700	1 260 544	1 175 156	1 822 778
天山区	178 402	557 883	281 118	276 765	466 362
沙依巴克区	179 273	527 404	272 612	254 792	450 449
新市区	174 765	528 815	274 893	253 922	371 566
水磨沟区	100 596	281 956	148 050	133 906	190 112
头屯河区	81 491	219 538	116 323	103 215	175 637
达坂城区	15 121	44 377	24 037	20 340	18 777
米东区	96 810	275 727	143 511	132 216	149 875
乌鲁木齐县	19 459	57 817	28 952	28 865	10 258
克拉玛依市	105 611	282 267	143 856	138 411	278 443
市辖区	105 611	282 267	143 856	138 411	278 443
独山子区	20 800	56 038	29 123	26 915	56 031
克拉玛依区	68 753	182 602	92 156	90 446	180 555
白碱滩区	15 219	41 367	21 398	19 969	41 122
乌尔禾区	839	2 260	1 179	1 081	735
吐鲁番地区	186 595	631 883	318 384	313 499	180 585
吐鲁番市	78 661	283 536	143 435	140 101	86 037
鄯善县	72 283	229 467	114 773	114 694	60 069
托克逊县	35 651	118 880	60 176	58 704	34 479
哈密地区	207 712	583 861	299 117	284 744	339 719
哈密市	162 540	457 903	235 153	222 750	297 832
巴里坤哈萨克自治县	37 158	103 179	52 291	50 888	32 924
伊吾县	8 014	22 779	11 673	11 106	8 963
昌吉回族自治州	469 265	1 394 568	709 369	685 199	693 468
昌吉市	121 350	363 270	183 829	179 441	234 310
阜康市	56 548	167 560	85 538	82 022	96 024
呼图壁县	77 462	218 054	110 817	107 237	126 855
玛纳斯县	62 335	176 047	88 803	87 244	76 494
奇台县	75 051	239 696	122 226	117 470	89 434
吉木萨尔县	47 938	140 627	72 203	68 424	47 342
木垒哈萨克自治县	28 581	89 314	45 953	43 361	23 009
博尔塔拉蒙古自治州	173 310	487 304	249 572	237 732	265 172
博乐市	95 229	266 887	136 793	130 094	164 405
精河县	49 770	144 423	73 951	70 472	62 715
温泉县	28 311	75 994	38 828	37 166	38 052
巴音郭楞蒙古自治州	433 021	1 366 011	703 103	662 908	651 626
库尔勒市	178 977	541 951	278 794	263 157	338 987
轮台县	32 799	116 082	58 731	57 351	28 284
尉犁县	37 970	109 744	56 240	53 504	55 584
若羌县	10 879	33 565	17 213	16 352	16 523

新疆维吾尔自治区市县人口

单位：人

地区别	总户数（户）	总人口			总人口中非农业人口
		合计	男	女	
且末县	17 896	65 448	33 537	31 911	22 593
焉耆回族自治县	43 478	168 663	87 386	81 277	56 936
和静县	66 474	194 212	100 548	93 664	83 478
和硕县	25 514	75 292	39 314	35 978	31 083
博湖县	19 034	61 054	31 340	29 714	18 158
阿克苏地区	631 304	2 389 717	1 219 173	1 170 544	749 916
阿克苏市	146 315	496 183	252 388	243 795	267 655
温宿县	66 761	245 677	126 052	119 625	71 347
库车县	111 984	469 339	241 705	227 634	165 131
沙雅县	68 270	258 613	129 306	129 307	54 993
新和县	47 662	169 647	85 551	84 096	34 380
拜城县	65 741	230 948	118 716	112 232	50 298
乌什县	54 409	217 456	111 198	106 258	37 571
阿瓦提县	58 515	252 689	129 012	123 677	54 733
柯坪县	11 647	49 165	25 245	23 920	13 808
克孜勒苏柯尔克孜自治州	140 362	554 281	281 562	272 719	164 767
阿图什市	59 247	250 881	127 562	123 319	85 859
阿克陶县	51 292	202 330	102 925	99 405	35 981
阿合奇县	11 508	42 661	21 421	21 240	16 932
乌恰县	18 315	58 409	29 654	28 755	25 995
喀什地区	1 014 042	4 102 044	2 066 251	2 035 793	928 789
喀什市	137 886	480 202	238 414	241 788	286 617
疏附县	81 226	335 781	172 011	163 770	34 485
疏勒县	85 874	343 262	173 507	169 755	50 264
英吉沙县	64 327	273 987	139 393	134 594	41 513
泽普县	63 206	208 863	104 833	104 030	60 859
莎车县	174 205	813 782	407 727	406 055	127 192
叶城县	109 838	457 122	230 138	226 984	86 482
麦盖提县	64 868	256 055	129 529	126 526	78 156
岳普湖县	42 219	160 048	81 304	78 744	33 509
伽师县	95 111	398 622	201 473	197 149	46 519
巴楚县	83 957	336 195	168 654	167 541	71 579
塔什库尔干塔吉克自治县	11 325	38 125	19 268	18 857	11 614
和田地区	557 825	2 075 811	1 056 594	1 019 217	350 095
和田市	87 221	321 366	162 143	159 223	138 008
和田县	62 997	271 541	138 287	133 254	13 260
墨玉县	136 339	531 124	271 150	259 974	46 278
皮山县	71 820	265 564	135 693	129 871	57 457
洛浦县	62 549	240 649	122 504	118 145	27 105
策勒县	49 900	155 281	78 910	76 371	23 703
于田县	74 513	252 716	128 854	123 862	33 558
民丰县	12 486	37 570	19 053	18 517	10 726

新疆维吾尔自治区市县人口

单位：人

地区别	总户数（户）	总人口 合计	男	女	总人口中非农业人口
伊犁哈萨克自治州	921 817	2 884 689	1 466 253	1 418 436	1 201 012
奎屯市	110 641	307 457	155 025	152 432	277 349
伊宁市	161 373	503 944	250 521	253 423	336 128
伊宁县	114 758	426 834	218 342	208 492	70 588
察布查尔锡伯自治县	63 996	192 961	98 472	94 489	64 318
巩留县	62 390	201 062	103 046	98 016	43 055
新源县	98 332	311 569	159 064	152 505	88 284
昭苏县	62 514	184 616	94 171	90 445	70 903
特克斯县	54 529	167 824	85 568	82 256	47 916
尼勒克县	53 456	184 266	94 184	90 082	49 934
霍城县	139 828	404 156	207 860	196 296	152 537
塔城地区	350 602	1 044 843	529 031	515 812	551 418
塔城市	56 863	170 441	85 764	84 677	106 935
乌苏市	73 232	227 711	116 549	111 162	80 146
额敏县	78 795	217 925	110 235	107 690	130 414
沙湾县	72 099	216 086	109 082	107 004	133 663
托里县	29 589	100 179	50 346	49 833	41 008
裕民县	20 407	59 121	30 023	29 098	29 707
和布克赛尔蒙古自治县	19 617	53 380	27 032	26 348	29 545
阿勒泰地区	211 451	668 891	338 135	330 756	332 299
阿勒泰市	75 239	234 845	118 937	115 908	152 433
布尔津县	23 882	72 157	36 349	35 808	27 407
富蕴县	27 625	95 307	48 051	47 256	39 683
福海县	23 449	75 436	38 533	36 903	39 104
哈巴河县	27 897	87 470	44 330	43 140	30 728
青河县	18 764	64 273	32 284	31 989	23 121
吉木乃县	14 595	39 403	19 651	19 752	19 823
直辖行政单位	388 132	1 066 943	547 456	519 487	915 651
石河子市	231 439	624 435	317 191	307 244	568 590
阿拉尔市	74 552	190 978	101 101	89 877	119 862
图木舒克市	46 371	160 512	83 159	77 353	139 956
五家渠市	35 770	91 018	46 005	45 013	87 243

各省、自治区、直辖市镇人口

北京市镇人口

单位：人

地区别	总户数（户）	总人口			总人口中非农业人口
		合计	男	女	
北京市	1 848 506	3 926 525	1 959 527	1 966 998	1 658 848
市辖区	1 563 756	3 353 813	1 672 047	1 681 766	1 482 272
丰台区	14 957	31 849	14 888	16 961	-
海淀区	80 790	168 232	82 413	85 819	92 932
门头沟区	69 711	127 763	64 138	63 625	70 877
房山区	222 884	460 827	231 427	229 400	173 648
通州区	252 874	502 599	247 744	254 855	191 059
顺义区	236 945	518 490	256 155	262 335	242 414
昌平区	202 833	437 373	220 847	216 526	242 004
大兴区	246 913	601 881	300 436	301 445	293 123
怀柔区	96 463	185 804	92 627	93 177	45 709
平谷区	139 386	318 995	161 372	157 623	130 506
县	284 750	572 712	287 480	285 232	176 576
密云县	161 262	319 336	159 624	159 712	63 600
延庆县	123 488	253 376	127 856	125 520	112 976

天 津 市 镇 人 口

单位：人

地区别	总户数（户）	总人口			总人口中非农业人口
		合计	男	女	
天津市	1 318 636	3 902 427	1 965 615	1 936 812	816 905
市辖区	789 714	2 303 235	1 152 216	1 151 019	464 852
西青区	115 417	299 479	148 955	150 524	84 833
津南区	148 235	421 269	209 831	211 438	129 196
北辰区	114 666	312 291	154 676	157 615	114 199
武清区	175 869	564 265	282 713	281 552	54 450
宝坻区	164 385	515 254	260 679	254 575	45 401
滨海新区	71 142	190 677	95 362	95 315	36 773
县	528 922	1 599 192	813 399	785 793	352 053
宁河县	113 177	330 267	167 119	163 148	99 507
静海县	184 142	526 925	268 516	258 409	110 374
蓟县	231 603	742 000	377 764	364 236	142 172

河北省镇人口

单位：人

地区别	总户数（户）	总人口 合计	男	女	总人口中非农业人口
河北省	12 330 400	39 625 275	20 200 088	19 425 187	11 450 568
石家庄市	1 496 907	5 138 738	2 595 899	2 542 839	1 757 902
市辖区	98 598	356 098	174 921	181 177	356 098
长安区	29 880	105 270	50 771	54 499	105 270
桥东区	9 322	34 529	17 422	17 107	34 529
新华区	15 842	53 253	26 040	27 213	53 253
井陉矿区	13 659	47 107	24 485	22 622	47 107
裕华区	29 895	115 939	56 203	59 736	115 939
井陉县	83 580	252 820	130 119	122 701	70 208
正定县	72 852	260 837	127 264	133 573	107 326
栾城县	61 575	214 599	107 520	107 079	68 575
行唐县	51 344	150 597	76 045	74 552	54 572
灵寿县	55 100	175 795	89 267	86 528	66 804
高邑县	18 450	53 030	27 671	25 359	53 030
深泽县	31 051	92 473	47 049	45 424	31 290
赞皇县	33 396	87 745	46 109	41 636	32 702
无极县	85 985	304 840	155 019	149 821	71 179
平山县	103 504	322 281	164 564	157 717	65 120
元氏县	51 908	224 465	115 301	109 164	75 909
赵县	113 842	394 956	205 169	189 787	82 468
辛集市	133 866	401 039	200 632	200 407	237 755
藁城市	175 907	679 240	340 576	338 664	167 444
晋州市	135 864	480 059	244 810	235 249	81 902
新乐市	84 428	329 239	167 394	161 845	39 451
鹿泉市	105 657	358 625	176 469	182 156	96 069
唐山市	1 458 434	4 827 992	2 450 999	2 376 993	972 110
市辖区	436 730	1 463 505	735 517	727 988	397 396
路南区	22 009	75 983	38 346	37 637	65 185
古冶区	26 848	85 534	43 290	42 244	39 281
开平区	59 539	170 491	83 223	87 268	65 102
丰润区	206 334	701 884	355 038	346 846	143 650
丰南区	122 000	429 613	215 620	213 993	84 178
滦县	160 215	553 817	282 984	270 833	95 975
滦南县	168 748	568 400	288 389	280 011	84 307
乐亭县	138 386	424 637	213 778	210 859	81 541
迁西县	65 576	243 190	124 945	118 245	16 555
玉田县	159 470	534 354	272 039	262 315	105 503
唐海县	17 338	53 315	26 694	26 621	13 259

河北省镇人口

单位：人

地区别	总户数（户）	总人口			总人口中非农业人口
		合计	男	女	
遵化市	133 742	434 201	220 885	213 316	40 084
迁安市	178 229	552 573	285 768	266 805	137 490
秦皇岛市	648 484	1 708 641	868 075	840 566	622 139
市辖区	78 165	208 043	99 831	108 212	208 038
海港区	41 596	111 388	53 698	57 690	111 388
山海关区	18 773	54 509	26 335	28 174	54 504
北戴河区	17 796	42 146	19 798	22 348	42 146
青龙满族自治县	121 837	357 682	188 872	168 810	81 634
昌黎县	180 347	444 078	223 879	220 199	151 228
抚宁县	176 295	445 799	225 687	220 112	96 831
卢龙县	91 840	253 039	129 806	123 233	84 408
邯郸市	1 276 028	4 559 774	2 342 436	2 217 338	1 601 569
市辖区	178 340	577 967	304 138	273 829	354 623
邯山区	21 571	68 290	34 444	33 846	36 435
峰峰矿区	156 769	509 677	269 694	239 983	318 188
邯郸县	40 460	186 747	93 219	93 528	51 540
临漳县	81 108	307 638	157 621	150 017	107 604
成安县	61 963	229 108	115 855	113 253	34 484
大名县	84 224	306 777	156 613	150 164	92 256
涉县	96 305	258 148	134 272	123 876	44 839
磁县	126 070	417 723	215 570	202 153	72 098
肥乡县	31 445	123 302	62 301	61 001	71 021
永年县	106 442	394 824	202 561	192 263	195 679
丘县	29 893	109 848	56 087	53 761	35 117
鸡泽县	30 793	149 939	77 429	72 510	97 356
广平县	27 248	107 263	54 225	53 038	27 525
馆陶县	46 348	186 288	95 663	90 625	51 908
魏县	109 217	437 725	225 389	212 336	156 184
曲周县	66 087	244 884	125 927	118 957	42 718
武安市	160 085	521 593	265 566	256 027	166 617
邢台市	1 140 136	3 779 522	1 937 007	1 842 515	910 470
市辖区	38 915	126 374	62 710	63 664	65 852
桥东区	21 174	62 960	31 890	31 070	2 438
桥西区	17 741	63 414	30 820	32 594	63 414
邢台县	105 394	306 692	153 939	152 753	56 416
临城县	45 894	118 486	60 736	57 750	25 006
内邱县	64 377	212 352	108 504	103 848	43 666
柏乡县	41 248	121 987	63 389	58 598	26 909

河北省镇人口

单位：人

地区别	总户数（户）	总人口			总人口中非农业人口
		合计	男	女	
隆尧县	88 904	304 432	156 350	148 082	66 804
任县	36 469	145 143	75 098	70 045	81 484
南和县	48 915	161 915	83 016	78 899	53 738
宁晋县	188 497	633 673	327 042	306 631	117 255
巨鹿县	71 883	221 031	112 636	108 395	42 191
新河县	25 185	71 560	36 165	35 395	14 565
广宗县	20 102	54 511	28 166	26 345	15 076
平乡县	38 713	131 093	67 459	63 634	42 482
威县	68 092	215 187	111 299	103 888	105 920
清河县	114 670	406 542	210 614	195 928	47 509
临西县	46 337	162 695	84 219	78 476	61 760
南宫市	55 252	218 386	111 506	106 880	22 541
沙河市	41 289	167 463	84 159	83 304	21 296
保定市	1 832 431	6 030 158	3 066 387	2 963 771	1 541 011
满城县	86 726	276 042	139 543	136 499	45 658
清苑县	91 376	341 188	173 309	167 879	103 231
涞水县	95 385	219 748	111 330	108 418	60 158
阜平县	45 388	125 251	63 291	61 960	38 518
徐水县	140 718	434 244	219 460	214 784	113 344
定兴县	74 361	256 606	129 664	126 942	95 589
唐县	92 722	294 473	151 295	143 178	39 154
高阳县	62 781	193 913	98 467	95 446	68 206
容城县	59 006	193 754	98 910	94 844	85 236
涞源县	60 227	171 365	89 416	81 949	76 031
望都县	27 503	86 709	43 697	43 012	57 115
安新县	114 121	360 662	184 257	176 405	62 070
易县	65 522	217 589	112 006	105 583	36 785
曲阳县	87 193	290 283	147 168	143 115	98 587
蠡县	108 576	392 565	201 739	190 826	96 177
顺平县	55 823	192 749	98 229	94 520	44 005
博野县	41 452	147 631	75 221	72 410	44 669
雄县	90 035	300 486	153 206	147 280	107 877
涿州市	74 642	237 973	119 980	117 993	15 498
定州市	219 903	801 482	406 212	395 270	129 624
安国市	71 957	225 955	113 493	112 462	70 795
高碑店市	67 014	269 490	136 494	132 996	52 684
张家口市	938 383	2 394 578	1 235 771	1 158 807	752 978
市辖区	44 761	116 131	57 867	58 264	35 558

河北省镇人口

单位：人

地区别	总户数（户）	总人口 合计	男	女	总人口中非农业人口
桥东区	19 420	47 836	23 023	24 813	9 645
桥西区	14 116	41 915	20 792	21 123	13 440
宣化区	11 225	26 380	14 052	12 328	12 473
宣化县	84 061	210 870	109 792	101 078	42 415
张北县	57 952	133 341	68 106	65 235	68 237
康保县	62 329	161 885	82 851	79 034	45 037
沽源县	41 651	104 225	53 710	50 515	22 623
尚义县	44 342	113 118	57 815	55 303	45 881
蔚县	117 575	336 633	176 856	159 777	73 306
阳原县	66 787	169 242	87 203	82 039	76 457
怀安县	64 745	162 672	83 106	79 566	77 418
万全县	43 865	113 894	58 274	55 620	38 003
怀来县	115 718	303 585	155 471	148 114	103 721
涿鹿县	89 772	221 282	114 828	106 454	54 628
赤城县	80 080	190 584	100 570	90 014	43 109
崇礼县	24 745	57 116	29 322	27 794	26 585
承德市	737 244	2 078 117	1 065 215	1 012 902	826 133
市辖区	110 038	307 598	152 368	155 230	237 843
双桥区	69 984	196 803	97 462	99 341	145 835
双滦区	14 775	44 334	21 054	23 280	31 405
鹰手营子矿区	25 279	66 461	33 852	32 609	60 603
承德县	68 534	186 166	96 166	90 000	56 413
兴隆县	71 814	194 717	99 070	95 647	71 387
平泉县	113 423	331 056	170 544	160 512	128 332
滦平县	66 982	181 209	92 178	89 031	65 907
隆化县	90 938	268 750	140 433	128 317	75 055
丰宁满族自治县	88 289	236 729	121 450	115 279	65 200
宽城满族自治县	56 049	177 174	92 418	84 756	46 352
围场满族蒙古族自治县	71 177	194 718	100 588	94 130	79 644
沧州市	1 146 001	3 679 775	1 889 157	1 790 618	1 038 627
市辖区	9 726	38 417	18 731	19 686	38 417
运河区	9 726	38 417	18 731	19 686	38 417
沧县	52 242	172 178	88 300	83 878	33 380
青县	97 749	297 698	151 950	145 748	116 454
东光县	82 176	247 004	125 511	121 493	67 918
海兴县	45 383	140 103	72 208	67 895	42 833
盐山县	84 379	271 577	140 606	130 971	102 102
肃宁县	88 016	257 259	131 399	125 860	70 432

河 北 省 镇 人 口

单位：人

地区别	总户数（户）	总人口			总人口中非农业人口
		合计	男	女	
南皮县	83 560	264 886	136 969	127 917	58 490
吴桥县	63 733	163 170	82 087	81 083	45 431
献县	98 245	331 008	169 699	161 309	80 258
孟村回族自治县	51 235	149 331	77 326	72 005	65 303
泊头市	132 375	431 206	220 843	210 363	97 132
任丘市	79 597	281 069	145 172	135 897	13 919
黄骅市	71 091	270 258	141 020	129 238	41 489
河间市	106 494	364 611	187 336	177 275	165 069
廊坊市	842 202	2 831 667	1 434 817	1 396 850	838 025
市辖区	71 721	257 907	131 296	126 611	107 111
安次区	46 557	157 521	80 740	76 781	6 725
广阳区	25 164	100 386	50 556	49 830	100 386
固安县	95 609	316 099	159 509	156 590	81 353
永清县	59 684	192 167	96 989	95 178	36 423
香河县	94 948	280 096	139 332	140 764	67 573
大城县	97 913	350 599	181 545	169 054	55 408
文安县	133 099	463 966	239 806	224 160	53 298
大厂回族自治县	30 449	76 454	37 827	38 627	31 221
霸州市	112 237	377 390	192 007	185 383	231 935
三河市	146 542	516 989	256 506	260 483	173 703
衡水市	814 150	2 596 313	1 314 325	1 281 988	589 604
市辖区	26 696	81 505	40 116	41 389	5 631
桃城区	26 696	81 505	40 116	41 389	5 631
枣强县	79 597	264 293	133 773	130 520	62 295
武邑县	78 535	257 442	130 344	127 098	43 343
武强县	38 731	121 374	61 486	59 888	30 940
饶阳县	34 625	121 852	61 826	60 026	38 929
安平县	51 228	172 481	87 526	84 955	89 934
故城县	124 958	399 672	202 892	196 780	83 211
景县	104 738	359 456	181 891	177 565	62 247
阜城县	77 747	232 215	117 933	114 282	37 713
冀州市	91 670	257 636	128 839	128 797	62 481
深州市	105 625	328 387	167 699	160 688	72 880

山西省镇人口

单位：人

地区别	总户数（户）	总人口			总人口中非农业人口
		合计	男	女	
山西省	6 157 758	16 708 709	8 572 457	8 136 252	3 942 832
太原市	155 858	425 843	216 081	209 762	150 272
清徐县	68 575	202 171	100 262	101 909	63 627
阳曲县	39 787	97 251	50 139	47 112	30 433
娄烦县	26 974	69 491	35 670	33 821	20 474
古交市	20 522	56 930	30 010	26 920	35 738
大同市	455 709	1 045 599	540 790	504 809	358 646
市辖区	44 316	104 712	54 597	50 115	52 990
矿区	10 131	27 737	14 536	13 201	27 737
南郊区	22 415	53 138	27 314	25 824	12 832
新荣区	11 770	23 837	12 747	11 090	12 421
阳高县	88 956	205 094	104 987	100 107	48 799
天镇县	59 794	130 493	66 621	63 872	37 764
广灵县	38 039	83 475	44 483	38 992	33 851
灵丘县	62 682	147 134	76 329	70 805	38 916
浑源县	79 654	201 471	103 303	98 168	62 744
左云县	37 404	77 988	40 347	37 641	42 289
大同县	44 864	95 232	50 123	45 109	41 293
阳泉市	280 272	637 606	322 600	315 006	173 860
市辖区	67 910	137 669	68 532	69 137	44 105
郊区	67 910	137 669	68 532	69 137	44 105
平定县	112 070	262 335	133 154	129 181	69 487
盂县	100 292	237 602	120 914	116 688	60 268
长治市	651 261	1 903 307	982 003	921 304	456 828
市辖区	61 928	199 157	100 544	98 613	75 564
郊区	61 928	199 157	100 544	98 613	75 564
长治县	79 686	223 593	112 264	111 329	47 240
襄垣县	75 325	237 123	129 577	107 546	74 853
屯留县	57 216	173 705	89 108	84 597	44 895
平顺县	31 356	86 054	44 147	41 907	15 996
黎城县	50 341	133 313	69 211	64 102	37 165
壶关县	61 393	168 676	85 562	83 114	27 821
长子县	85 057	248 294	125 711	122 583	35 487
武乡县	46 496	129 387	68 692	60 695	30 082
沁县	40 552	123 949	64 924	59 025	41 664
沁源县	35 919	92 691	48 126	44 565	24 546
潞城市	25 992	87 365	44 137	43 228	1 515
晋城市	548 678	1 482 161	746 335	735 826	269 339

山西省镇人口

单位：人

地区别	总户数（户）	总人口 合计	男	女	总人口中非农业人口
市辖区	29 858	80 349	41 734	38 615	58 438
城区	29 858	80 349	41 734	38 615	58 438
沁水县	79 350	159 923	80 770	79 153	41 759
阳城县	125 894	287 580	143 565	144 015	62 734
陵川县	68 868	207 337	106 417	100 920	29 375
泽洲县	152 559	451 865	227 467	224 398	52 286
高平市	92 149	295 107	146 382	148 725	24 747
朔州市	226 694	549 780	286 943	262 837	194 576
市辖区	40 962	107 832	56 367	51 465	32 353
朔城区	18 136	51 310	26 221	25 089	1 930
平鲁区	22 826	56 522	30 146	26 376	30 423
山阴县	21 786	57 842	29 383	28 459	4 421
应县	58 022	135 215	70 994	64 221	44 782
右玉县	29 403	69 435	35 492	33 943	19 610
怀仁县	76 521	179 456	94 707	84 749	93 410
晋中市	713 418	1 810 984	932 096	878 888	458 308
市辖区	56 532	147 542	75 827	71 715	7 806
榆次区	56 532	147 542	75 827	71 715	7 806
榆社县	37 947	97 706	51 383	46 323	26 483
左权县	41 555	107 726	56 026	51 700	29 814
和顺县	40 617	105 146	54 362	50 784	28 672
昔阳县	58 895	140 725	73 173	67 552	32 895
寿阳县	58 969	153 245	79 713	73 532	42 736
太谷县	54 300	137 962	68 731	69 231	58 334
祁县	96 316	237 822	121 514	116 308	64 242
平遥县	98 290	252 086	129 325	122 761	70 808
灵石县	81 916	207 334	106 432	100 902	84 224
介休市	88 081	223 690	115 610	108 080	12 294
运城市	869 839	2 795 293	1 425 294	1 369 999	452 226
市辖区	44 714	159 399	80 213	79 186	5 706
盐湖区	44 714	159 399	80 213	79 186	5 706
芮城县	109 612	302 894	154 571	148 323	45 685
临猗县	75 497	235 349	118 555	116 794	50 700
万荣县	59 607	173 340	89 057	84 283	38 668
新绛县	80 266	277 964	141 149	136 815	42 655
稷山县	80 342	268 970	138 387	130 583	37 421
闻喜县	94 277	307 258	156 072	151 186	60 347
夏县	68 708	237 257	123 375	113 882	32 547

山西省镇人口

单位：人

地区别	总户数（户）	总人口			总人口中非农业人口
		合计	男	女	
绛县	74 468	254 214	128 861	125 353	56 246
平陆县	47 208	130 837	66 743	64 094	30 503
垣曲县	34 045	92 760	47 411	45 349	37 453
永济市	73 177	255 061	128 755	126 306	9 342
河津市	27 918	99 990	52 145	47 845	4 953
忻州市	596 095	1 383 854	719 953	663 901	410 897
市辖区	48 238	123 099	62 666	60 433	9 002
忻府区	48 238	123 099	62 666	60 433	9 002
定襄县	51 888	112 367	57 550	54 817	35 839
五台县	65 954	148 273	75 909	72 364	39 575
代县	61 310	144 291	75 227	69 064	43 917
繁峙县	51 432	124 263	64 026	60 237	33 210
宁武县	46 694	103 090	54 842	48 248	45 210
静乐县	25 182	68 827	36 386	32 441	21 523
神池县	25 241	49 964	26 017	23 947	19 429
五寨县	26 172	52 259	26 695	25 564	21 883
岢岚县	18 649	40 944	21 658	19 286	16 437
河曲县	39 013	81 823	42 669	39 154	29 042
保德县	34 314	79 746	41 708	38 038	25 100
偏关县	20 435	46 242	24 393	21 849	19 812
原平市	81 573	208 666	110 207	98 459	50 918
临汾市	809 948	2 306 808	1 173 706	1 133 102	525 380
市辖区	133 056	335 142	167 499	167 643	22 288
尧都区	133 056	335 142	167 499	167 643	22 288
翼城县	73 129	219 807	109 951	109 856	63 697
襄汾县	106 764	347 620	174 528	173 092	52 087
洪洞县	182 212	557 425	282 635	274 790	97 212
古县	27 954	70 569	36 125	34 444	21 342
安泽县	26 174	63 892	32 673	31 219	18 696
浮山县	21 806	55 651	28 728	26 923	23 805
吉县	23 264	63 537	32 779	30 758	16 761
乡宁县	39 544	106 974	55 981	50 993	44 116
大宁县	14 973	42 537	21 991	20 546	20 352
隰县	30 331	85 416	43 869	41 547	27 255
永和县	11 166	29 686	15 465	14 221	11 787
蒲县	25 872	79 795	40 996	38 799	24 333
汾西县	36 248	101 060	52 716	48 344	24 627

山西省镇人口

单位：人

地区别	总户数（户）	总人口			总人口中非农业人口
		合计	男	女	
霍州市	57 455	147 697	77 770	69 927	57 022
吕梁市	849 986	2 367 474	1 226 656	1 140 818	492 500
市辖区	9 938	27 630	14 776	12 854	1 279
离石区	9 938	27 630	14 776	12 854	1 279
文水县	110 571	334 507	170 401	164 106	52 250
交城县	67 056	178 071	90 575	87 496	61 826
兴县	66 977	190 501	98 801	91 700	33 411
临县	151 320	430 769	224 078	206 691	48 717
柳林县	85 723	227 484	117 840	109 644	57 979
石楼县	25 637	74 009	38 506	35 503	20 048
岚县	36 310	95 053	49 865	45 188	24 391
方山县	50 934	132 477	69 705	62 772	29 100
中阳县	42 410	122 908	64 262	58 646	50 442
交口县	30 039	83 210	42 835	40 375	22 762
孝义市	82 309	218 317	114 189	104 128	72 422
汾阳市	90 762	252 538	130 823	121 715	17 873

内蒙古自治区镇人口

单位：人

地区别	总户数（户）	总人口			总人口中非农业人口
		合计	男	女	
内蒙古自治区	5 733 816	15 380 217	7 884 754	7 495 463	4 565 258
呼和浩特市	328 284	879 211	453 821	425 390	223 270
市辖区	98 457	257 106	131 161	125 945	60 816
回民区	16 406	37 033	18 590	18 443	6 931
玉泉区	14 728	37 989	19 086	18 903	4 058
赛罕区	67 323	182 084	93 485	88 599	49 827
土默特左旗	59 219	167 394	87 891	79 503	42 598
托克托县	78 848	207 109	105 790	101 319	46 938
和林格尔县	28 775	75 238	38 929	36 309	25 270
清水河县	30 419	81 102	42 007	39 095	19 496
武川县	32 566	91 262	48 043	43 219	28 152
包头市	320 780	818 665	421 658	397 007	167 218
市辖区	93 811	244 870	123 414	121 456	44 749
东河区	29 820	80 927	40 830	40 097	10 553
昆都伦区	20 659	53 509	26 745	26 764	23 529
青山区	9 607	24 206	12 101	12 105	4 070
石拐区	10 562	26 202	13 859	12 343	1 705
九原区	23 163	60 026	29 879	30 147	4 892
土默特右旗	102 456	251 786	130 337	121 449	55 981
固阳县	83 457	212 526	111 393	101 133	35 756
达尔罕茂明安联合旗	41 056	109 483	56 514	52 969	30 732
乌海市	30 498	75 520	41 616	33 904	75 411
市辖区	30 498	75 520	41 616	33 904	75 411
海勃湾区	5 196	13 548	9 122	4 426	13 548
海南区	25 302	61 972	32 494	29 478	61 863
赤峰市	1 250 764	3 355 177	1 725 933	1 629 244	717 988
市辖区	218 533	638 141	328 014	310 127	205 972
元宝山区	111 879	325 255	165 188	160 067	180 424
松山区	106 654	312 886	162 826	150 060	25 548
阿鲁科尔沁旗	85 423	199 015	100 806	98 209	51 614
巴林左旗	124 420	324 880	165 228	159 652	56 738
巴林右旗	64 478	149 649	75 909	73 740	54 651
林西县	90 224	217 386	109 780	107 606	58 895
克什克腾旗	80 495	203 618	104 044	99 574	49 236
翁牛特旗	145 493	400 609	207 176	193 433	57 443

内蒙古自治区镇人口

单位：人

地区别	总户数（户）	总人口			总人口中非农业人口
		合计	男	女	
喀喇沁旗	130 319	351 941	183 236	168 705	44 891
宁城县	177 158	501 912	261 339	240 573	76 476
敖汉旗	134 221	368 026	190 401	177 625	62 072
通辽市	842 648	2 507 870	1 276 669	1 231 201	758 321
市辖区	141 301	462 132	233 709	228 423	102 535
科尔沁区	141 301	462 132	233 709	228 423	102 535
科尔沁左翼中旗	175 255	537 787	274 410	263 377	119 323
科尔沁左翼后旗	119 699	354 306	181 555	172 751	114 433
开鲁县	141 526	397 279	201 364	195 915	130 629
库伦旗	54 907	167 963	86 570	81 393	39 570
奈曼旗	119 780	364 373	185 897	178 476	129 848
扎鲁特旗	86 111	214 384	108 115	106 269	112 347
霍林郭勒市	4 069	9 646	5 049	4 597	9 636
鄂尔多斯市	498 702	1 199 023	611 487	587 536	302 534
市辖区	9 575	24 980	12 739	12 241	1 122
东胜区	9 575	24 980	12 739	12 241	1 122
达拉特旗	153 445	368 664	188 798	179 866	67 303
准格尔旗	113 414	264 924	134 101	130 823	78 737
鄂托克前旗	27 893	76 085	38 600	37 485	21 589
鄂托克旗	34 345	82 773	41 954	40 819	38 855
杭锦旗	50 837	117 784	60 591	57 193	28 001
乌审旗	36 979	96 809	49 393	47 416	25 650
伊金霍洛旗	72 214	167 004	85 311	81 693	41 277
呼伦贝尔市	593 544	1 604 470	825 881	778 589	932 647
市辖区	20 675	64 633	31 970	32 663	50 642
海拉尔区	20 675	64 633	31 970	32 663	50 642
阿荣旗	91 376	258 282	132 836	125 446	76 222
莫力达瓦达斡尔族自治旗	89 615	252 755	130 405	122 350	57 531
鄂伦春自治旗	92 007	239 188	122 601	116 587	182 343
鄂温克族自治旗	44 194	122 408	64 029	58 379	120 319
新巴尔虎右旗	7 345	18 702	9 615	9 087	15 837
新巴尔虎左旗	8 740	20 048	9 957	10 091	16 028
陈巴尔虎旗	14 430	37 375	19 348	18 027	34 027
满洲里市	3 426	7 425	3 870	3 555	7 267
扎兰屯市	79 341	232 638	121 453	111 185	33 123
牙克石市	98 843	233 190	119 032	114 158	222 726

内蒙古自治区镇人口

单位：人

地区别	总户数（户）	总人口			总人口中非农业人口
		合计	男	女	
根河市	33 393	92 769	47 843	44 926	92 767
额尔古纳市	10 159	25 057	12 922	12 135	23 815
乌兰察布市	735 384	1 816 404	938 513	877 891	383 827
市辖区	4 569	11 431	5 537	5 894	745
集宁区	4 569	11 431	5 537	5 894	745
卓资县	80 287	186 302	98 596	87 706	42 498
化德县	58 495	139 260	70 360	68 900	29 336
商都县	114 410	283 830	145 520	138 310	56 201
兴和县	90 373	235 548	121 450	114 098	49 691
凉城县	80 427	194 126	102 154	91 972	41 796
察哈尔右翼前旗	84 210	195 680	99 831	95 849	48 966
察哈尔右翼中旗	59 381	140 906	73 743	67 163	29 516
察哈尔右翼后旗	65 491	168 985	86 188	82 797	36 886
四子王旗	41 869	110 818	57 097	53 721	41 293
丰镇市	55 872	149 518	78 037	71 481	6 899
兴安盟	274 727	777 885	397 210	380 675	261 872
乌兰浩特市	37 771	105 603	53 742	51 861	31 736
阿尔山市	18 009	41 633	21 030	20 603	41 633
科尔沁右翼前旗	62 368	179 941	92 567	87 374	19 550
科尔沁右翼中旗	24 050	84 958	42 849	42 109	50 715
扎赉特旗	69 836	192 027	98 406	93 621	57 030
突泉县	62 693	173 723	88 616	85 107	61 208
锡林郭勒盟	256 785	660 320	335 226	325 094	261 380
锡林浩特市	1 654	3 208	1 567	1 641	253
阿巴嘎旗	12 473	33 567	16 989	16 578	19 490
苏尼特左旗	8 621	25 948	12 952	12 996	14 171
苏尼特右旗	22 853	59 091	29 774	29 317	37 070
东乌珠穆沁旗	21 499	59 000	29 461	29 539	36 876
西乌珠穆沁旗	23 775	66 446	33 253	33 193	30 949
太仆寺旗	78 350	192 976	99 196	93 780	38 952
镶黄旗	10 070	26 007	12 882	13 125	13 526
正镶白旗	23 189	59 554	30 525	29 029	16 387
正蓝旗	22 319	55 420	28 086	27 334	22 509
多伦县	31 982	79 103	40 541	38 562	31 197
巴彦淖尔盟	538 697	1 532 783	779 288	753 495	371 065
临河市	91 802	288 196	146 585	141 611	10 265

内蒙古自治区镇人口

单位：人

地区别	总户数（户）	总人口			总人口中非农业人口
		合计	男	女	
五原县	106 450	298 970	152 190	146 780	71 353
磴口县	35 813	104 395	52 908	51 487	44 983
乌拉特前旗	121 025	331 053	169 609	161 444	90 134
乌拉特中旗	49 664	123 670	62 884	60 786	38 338
乌拉特后旗	23 261	60 170	30 762	29 408	33 445
杭锦后旗	110 682	326 329	164 350	161 979	82 547
阿拉善盟	63 003	152 889	77 452	75 437	109 725
阿拉善左旗	50 762	122 463	62 199	60 264	84 133
阿拉善右旗	7 402	18 741	9 416	9 325	14 576
额济纳旗	4 839	11 685	5 837	5 848	11 016

辽宁省镇人口

单位：人

地区别	总户数（户）	总人口			总人口中非农业人口
		合计	男	女	
辽宁省	5 560 492	16 585 459	8 436 996	8 148 463	3 484 052
沈阳市	618 454	1 765 519	889 865	875 654	389 892
市辖区	192 513	545 960	270 027	275 933	117 560
铁西区	5 346	19 313	9 478	9 835	2 092
苏家屯区	57 837	161 925	81 200	80 725	50 839
东陵区	61 182	164 574	80 658	83 916	35 284
沈北新区	25 118	73 830	36 509	37 321	11 544
于洪区	43 030	126 318	62 182	64 136	17 801
辽中县	169 407	469 327	238 717	230 610	103 749
康平县	73 660	203 900	102 448	101 452	73 586
法库县	73 873	228 565	117 159	111 406	67 052
新民市	109 001	317 767	161 514	156 253	27 945
大连市	451 345	1 389 754	704 654	685 100	191 590
长海县	15 985	43 677	21 869	21 808	41 929
瓦房店市	142 303	411 238	208 655	202 583	54 519
普兰店市	115 875	352 015	179 826	172 189	46 641
庄河市	177 182	582 824	294 304	288 520	48 501
鞍山市	577 263	1 840 655	938 139	902 516	287 317
市辖区	79 946	237 986	116 806	121 180	47 092
立山区	3 674	11 328	5 351	5 977	1 145
千山区	76 272	226 658	111 455	115 203	45 947
台安县	134 276	379 652	192 663	186 989	74 044
岫岩县	142 439	481 503	246 975	234 528	104 040
海城市	220 602	741 514	381 695	359 819	62 141
抚顺市	241 856	675 071	342 319	332 752	221 793
市辖区	44 802	122 256	61 325	60 931	35 628
东洲区	13 191	39 682	20 115	19 567	5 676
望花区	23 718	61 170	30 611	30 559	25 849
顺城区	7 893	21 404	10 599	10 805	4 103
抚顺县	15 432	40 832	20 943	19 889	5 656
新宾县	80 411	235 828	119 604	116 224	79 512
清原县	101 211	276 155	140 447	135 708	100 997
本溪市	180 352	518 492	264 338	254 154	165 457
市辖区	33 297	95 529	47 893	47 636	42 359
平山区	6 748	19 260	9 651	9 609	7 747
溪湖区	15 827	44 070	21 945	22 125	28 509
明山区	6 480	19 842	9 936	9 906	4 015
南芬区	4 242	12 357	6 361	5 996	2 088

辽宁省镇人口

单位：人

地区别	总户数（户）	总人口 合计	男	女	总人口中非农业人口
本溪满族自治县	68 231	203 388	104 050	99 338	49 989
桓仁满族自治县	78 824	219 575	112 395	107 180	73 109
丹东市	466 483	1 431 397	728 158	703 239	268 855
市辖区	70 226	203 350	101 749	101 601	50 933
元宝区	9 497	27 548	13 737	13 811	11 354
振兴区	21 767	64 592	32 063	32 529	16 056
振安区	38 962	111 210	55 949	55 261	23 523
宽甸县	129 565	399 348	204 433	194 915	105 975
东港市	144 706	450 322	227 655	222 667	50 504
凤城市	121 986	378 377	194 321	184 056	61 443
锦州市	490 891	1 488 706	755 774	732 932	314 221
市辖区	28 627	79 545	39 532	40 013	15 875
凌河区	28 627	79 545	39 532	40 013	15 875
黑山县	182 813	514 340	260 132	254 208	166 293
义县	80 741	254 445	130 387	124 058	72 703
凌海市	92 643	285 000	144 735	140 265	15 342
北镇市	106 067	355 376	180 988	174 388	44 008
营口市	392 875	1 161 846	594 230	567 616	178 631
市辖区	97 696	261 449	131 638	129 811	119 908
鲅鱼圈区	62 109	170 205	86 697	83 508	106 192
老边区	35 587	91 244	44 941	46 303	13 716
盖州市	141 257	451 031	231 616	219 415	26 398
大石桥市	153 922	449 366	230 976	218 390	32 325
阜新市	270 972	813 312	408 883	404 429	184 809
市辖区	39 742	113 196	55 822	57 374	34 116
海州区	6 794	19 898	9 841	10 057	5 802
新邱区	9 975	26 304	12 829	13 475	8 932
太平区	7 279	18 846	9 407	9 439	7 626
清河门区	7 714	24 423	12 094	12 329	1 290
细河区	7 980	23 725	11 651	12 074	10 466
阜新蒙古族自治县	160 242	505 122	254 564	250 558	80 718
彰武县	70 988	194 994	98 497	96 497	69 975
辽阳市	343 128	958 778	490 276	468 502	142 736
市辖区	25 085	72 484	35 446	37 038	9 019
宏伟区	16 515	45 876	22 503	23 373	6 607
太子河区	8 570	26 608	12 943	13 665	2 412
辽阳县	186 689	519 555	266 528	253 027	91 482
灯塔市	131 354	366 739	188 302	178 437	42 235

辽宁省镇人口

单位：人

地区别	总户数（户）	总人口			总人口中非农业人口
		合计	男	女	
盘锦市	177 984	488 312	245 166	243 146	371 744
大洼县	104 671	268 635	135 103	133 532	243 161
盘山县	73 313	219 677	110 063	109 614	128 583
铁岭市	545 747	1 589 587	807 349	782 238	320 008
市辖区	6 447	20 736	10 517	10 219	820
清河区	6 447	20 736	10 517	10 219	820
铁岭县	83 252	227 347	115 309	112 038	22 586
西丰县	80 260	219 378	112 314	107 064	63 592
昌图县	265 350	786 282	397 774	388 508	175 112
调兵山市	34 986	93 132	47 162	45 970	44 719
开原市	75 452	242 712	124 273	118 439	13 179
朝阳市	464 694	1 447 378	745 547	701 831	243 980
市辖区	55 400	185 129	93 102	92 027	24 089
双塔区	14 063	47 745	23 989	23 756	2 907
龙城区	41 337	137 384	69 113	68 271	21 182
朝阳县	72 962	237 075	122 740	114 335	93 213
建平县	104 008	316 959	163 961	152 998	20 371
喀喇沁左翼蒙古族自治县	96 644	290 548	150 396	140 152	80 946
北票市	50 819	135 772	68 486	67 286	10 285
凌源市	84 861	281 895	146 862	135 033	15 076
葫芦岛市	338 448	1 016 652	522 298	494 354	203 019
市辖区	77 359	235 003	119 589	115 414	16 453
连山区	54 140	164 277	83 557	80 720	10 267
南票区	23 219	70 726	36 032	34 694	6 186
绥中县	157 531	453 684	232 779	220 905	113 275
建昌县	63 146	208 386	109 502	98 884	61 076
兴城市	40 412	119 579	60 428	59 151	12 215

吉林省镇人口

单位：人

地区别	总户数（户）	总人口			总人口中非农业人口
		合计	男	女	
吉林省	4 776 078	13 882 504	7 082 828	6 799 676	4 146 784
长春市	1 030 198	3 254 085	1 657 101	1 596 984	523 525
市辖区	284 492	839 918	422 812	417 106	126 264
南关区	22 321	71 195	35 307	35 888	14 436
宽城区	90 529	275 659	139 235	136 424	48 069
朝阳区	17 364	47 675	24 085	23 590	4 394
二道区	72 108	211 662	105 436	106 226	35 836
绿园区	34 583	86 547	42 918	43 629	15 621
双阳区	47 587	147 180	75 831	71 349	7 908
农安县	249 014	744 784	380 026	364 758	306 707
九台市	128 321	424 782	218 497	206 285	20 810
榆树市	240 431	782 762	400 333	382 429	46 731
德惠市	127 940	461 839	235 433	226 406	23 013
吉林市	610 704	1 810 661	929 654	881 007	365 797
市辖区	128 206	384 256	196 445	187 811	56 899
昌邑区	31 658	95 443	48 375	47 068	15 743
龙潭区	57 625	166 106	85 048	81 058	28 369
船营区	32 279	102 929	52 804	50 125	10 219
丰满区	6 644	19 778	10 218	9 560	2 568
永吉县	121 993	355 994	181 378	174 616	88 583
蛟河市	67 266	208 544	108 212	100 332	51 700
桦甸市	61 236	165 147	85 340	79 807	51 460
舒兰市	105 041	306 699	156 746	149 953	40 495
磐石市	126 962	390 021	201 533	188 488	76 660
四平市	727 862	2 192 216	1 118 537	1 073 679	893 723
市辖区	34 475	94 512	48 608	45 904	38 112
铁东区	34 475	94 512	48 608	45 904	38 112
梨树县	232 920	652 471	333 541	318 930	159 014
伊通满族自治县	147 363	427 897	220 197	207 700	82 549
公主岭市	232 585	795 578	403 308	392 270	581 623
双辽市	80 519	221 758	112 883	108 875	32 425
辽源市	241 913	699 270	359 599	339 671	175 804
市辖区	26 121	74 590	38 302	36 288	11 748
龙山区	14 029	39 006	19 949	19 057	5 436
西安区	12 092	35 584	18 353	17 231	6 312
东丰县	114 652	345 043	177 172	167 871	100 144
东辽县	101 140	279 637	144 125	135 512	63 912
通化市	477 652	1 371 551	702 467	669 084	503 316

吉林省镇人口

单位：人

地区别	总户数（户）	总人口			总人口中非农业人口
		合计	男	女	
市辖区	26 736	66 187	33 411	32 776	38 889
东昌区	4 965	15 035	7 590	7 445	3 573
二道江区	21 771	51 152	25 821	25 331	35 316
通化县	72 680	190 254	97 385	92 869	79 302
辉南县	110 189	328 147	167 200	160 947	152 201
柳河县	114 673	335 862	172 706	163 156	101 632
梅河口市	102 108	310 357	159 391	150 966	93 248
集安市	51 266	140 744	72 374	68 370	38 044
白山市	319 192	738 274	381 341	356 933	442 479
市辖区	86 212	200 066	102 370	97 696	120 150
浑江区	19 026	53 379	27 574	25 805	16 282
江源区	67 186	146 687	74 796	71 891	103 868
抚松县	114 525	269 389	141 731	127 658	187 845
靖宇县	57 229	128 567	65 583	62 984	68 317
长白县	34 778	75 354	38 147	37 207	44 353
临江市	26 448	64 898	33 510	31 388	21 814
松原市	563 436	1 745 297	884 893	860 404	427 283
市辖区	46 850	147 928	74 097	73 831	7 839
宁江区	46 850	147 928	74 097	73 831	7 839
前郭尔罗斯县	106 383	305 243	155 106	150 137	120 189
长岭县	135 975	477 860	241 609	236 251	107 062
乾安县	93 725	231 656	118 013	113 643	86 434
扶余县	180 503	582 610	296 068	286 542	105 759
白城市	387 358	963 623	490 550	473 073	299 655
市辖区	50 401	126 601	63 969	62 632	25 498
洮北区	50 401	126 601	63 969	62 632	25 498
镇赉县	101 083	235 741	121 575	114 166	101 868
通榆县	105 717	260 488	131 294	129 194	110 194
洮南市	61 393	153 209	77 957	75 252	23 748
大安市	68 764	187 584	95 755	91 829	38 347
延边州	417 763	1 107 527	558 686	548 841	515 202
延吉市	41 214	111 826	55 234	56 592	45 404
图们市	19 996	52 165	25 878	26 287	26 007
敦化市	88 968	250 370	128 001	122 369	88 011
珲春市	20 590	59 200	30 089	29 111	26 296
龙井市	32 946	83 765	41 978	41 787	34 060
和龙市	46 554	118 334	59 829	58 505	44 616
汪清县	95 963	233 953	117 490	116 463	141 208
安图县	71 532	197 914	100 187	97 727	109 600

黑龙江省镇人口

单位：人

地区别	总户数（户）	总人口			总人口中非农业人口
		合计	男	女	
黑龙江省	5 958 311	16 231 194	8 241 565	7 989 629	5 491 747
哈尔滨市	1 510 895	4 154 123	2 109 553	2 044 570	1 223 104
市辖区	316 234	864 685	434 926	429 759	152 047
道里区	10 656	29 573	14 973	14 600	2 195
南岗区	18 829	41 458	20 415	21 043	16 152
道外区	41 955	110 597	55 025	55 572	16 043
松北区	75 163	197 013	98 876	98 137	58 323
香坊区	33 113	75 435	37 192	38 243	25 439
平房区	10 051	25 984	12 676	13 308	2 398
呼兰区	75 039	246 023	124 661	121 362	4 655
阿城区	51 428	138 602	71 108	67 494	26 842
依兰县	107 192	292 155	149 158	142 997	110 581
方正县	43 585	101 289	51 640	49 649	55 042
宾县	176 138	491 307	250 336	240 971	107 941
巴彦县	157 744	450 785	229 305	221 480	117 690
木兰县	83 103	231 425	118 838	112 587	65 467
通河县	66 332	160 947	81 577	79 370	59 826
延寿县	66 841	174 844	89 158	85 686	62 112
双城市	159 402	435 487	220 113	215 374	163 249
尚志市	138 769	399 647	204 056	195 591	155 916
五常市	195 555	551 552	280 446	271 106	173 233
齐齐哈尔市	1 005 338	2 738 230	1 395 579	1 342 651	760 654
市辖区	51 819	132 783	67 540	65 243	15 014
昂昂溪区	16 175	39 690	20 288	19 402	9 630
梅里斯达斡尔族区	35 644	93 093	47 252	45 841	5 384
龙江县	128 524	367 206	187 774	179 432	103 040
依安县	79 759	228 630	116 429	112 201	73 877
泰来县	97 425	280 846	142 359	138 487	68 987
甘南县	81 982	223 032	113 500	109 532	65 321
富裕县	66 396	173 318	87 440	85 878	94 173
克山县	83 815	222 281	113 243	109 038	83 294
克东县	70 983	190 614	97 189	93 425	57 074
拜泉县	112 815	336 792	171 653	165 139	75 568
讷河市	231 820	582 728	298 452	284 276	124 306
鸡西市	189 630	496 080	251 825	244 255	168 688
鸡东县	87 016	236 311	120 404	115 907	79 260
虎林市	55 926	129 771	65 279	64 492	69 056

黑龙江省镇人口

单位：人

地区别	总户数（户）	总人口			总人口中非农业人口
		合计	男	女	
密山市	46 688	129 998	66 142	63 856	20 372
鹤岗市	88 935	239 166	121 365	117 801	84 020
市辖区	6 967	18 223	9 317	8 906	4 289
兴安区	6 967	18 223	9 317	8 906	4 289
萝北县	31 923	85 955	43 469	42 486	39 411
绥滨县	50 045	134 988	68 579	66 409	40 320
双鸭山市	205 763	548 526	277 517	271 009	242 345
市辖区	7 035	17 583	8 907	8 676	886
四方台区	7 035	17 583	8 907	8 676	886
集贤县	77 450	213 713	108 481	105 232	91 240
友谊县	21 656	49 308	24 642	24 666	44 914
宝清县	87 872	239 596	121 225	118 371	81 989
饶河县	11 750	28 326	14 262	14 064	23 316
大庆市	395 732	1 048 650	527 753	520 897	370 599
市辖区	80 326	218 008	107 239	110 769	71 098
龙凤区	13 914	34 685	16 906	17 779	16 429
让胡路区	14 033	40 750	20 017	20 733	14 681
红岗区	12 672	32 341	15 749	16 592	2 811
大同区	39 707	110 232	54 567	55 665	37 177
肇州县	107 514	299 956	152 670	147 286	88 467
肇源县	114 707	300 497	151 708	148 789	95 123
林甸县	41 756	104 629	53 158	51 471	56 025
杜尔伯特蒙古族自治县	51 429	125 560	62 978	62 582	59 886
伊春市	143 530	344 889	173 086	171 803	262 229
市辖区	16 582	38 361	19 518	18 843	28 984
南岔区	16 582	38 361	19 518	18 843	28 984
嘉荫县	14 174	34 962	17 798	17 164	21 772
铁力市	112 774	271 566	135 770	135 796	211 473
佳木斯市	431 232	1 177 460	598 484	578 976	392 282
市辖区	32 356	91 234	46 652	44 582	15 899
郊区	32 356	91 234	46 652	44 582	15 899
桦南县	100 442	298 789	152 273	146 516	94 458
桦川县	46 804	125 663	63 764	61 899	37 542
汤原县	55 653	140 853	71 818	69 035	66 105
抚远县	17 129	43 661	22 229	21 432	26 567
同江市	32 740	79 511	40 274	39 237	42 454
富锦市	146 108	397 749	201 474	196 275	109 257

黑龙江省镇人口

单位：人

地区别	总户数（户）	总人口			总人口中非农业人口
		合计	男	女	
七台河市	78 564	226 055	117 524	108 531	29 243
市辖区	42 558	110 494	58 513	51 981	18 724
新兴区	6 310	20 974	11 047	9 927	845
桃山区	9 932	23 368	12 343	11 025	15 673
茄子河区	26 316	66 152	35 123	31 029	2 206
勃利县	36 006	115 561	59 011	56 550	10 519
牡丹江市	527 189	1 432 225	724 789	707 436	508 231
市辖区	75 425	209 286	105 978	103 308	51 660
东安区	15 798	42 392	21 218	21 174	11 176
阳明区	46 460	131 810	67 039	64 771	26 251
西安区	13 167	35 084	17 721	17 363	14 233
东宁县	69 494	181 566	91 489	90 077	72 314
林口县	98 861	281 531	144 186	137 345	89 922
绥芬河市	26 418	66 691	33 533	33 158	55 211
海林市	105 700	274 594	138 909	135 685	115 898
宁安市	104 548	283 177	142 030	141 147	95 919
穆棱市	46 743	135 380	68 664	66 716	27 307
黑河市	162 066	441 983	224 536	217 447	85 541
市辖区	9 338	25 446	12 747	12 699	6 291
爱辉区	9 338	25 446	12 747	12 699	6 291
嫩江县	61 590	171 825	87 663	84 162	15 019
逊克县	15 363	35 178	17 529	17 649	24 483
孙吴县	2 858	7 751	3 879	3 872	36
北安市	52 692	150 404	76 531	73 873	28 958
五大连池市	20 225	51 379	26 187	25 192	10 754
绥化市	1 051 733	2 958 102	1 503 434	1 454 668	961 354
市辖区	118 996	389 592	196 941	192 651	22 757
北林区	118 996	389 592	196 941	192 651	22 757
望奎县	97 720	287 012	145 876	141 136	81 672
兰西县	90 658	243 390	123 447	119 943	94 521
青冈县	89 070	248 645	127 704	120 941	104 943
庆安县	86 349	221 412	111 584	109 828	88 717
明水县	74 676	213 492	109 684	103 808	70 348
绥棱县	76 374	183 583	92 501	91 082	127 109
安达市	160 481	435 188	221 930	213 258	194 359
肇东市	129 976	374 517	190 166	184 351	33 659
海伦市	127 433	361 271	183 601	177 670	143 269

黑龙江省镇人口

单位：人

地区别	总户数（户）	总人口			总人口中非农业人口
		合计	男	女	
大兴安岭地区	167 704	425 705	216 120	209 585	403 457
呼玛县	114 945	286 979	144 816	142 163	273 010
塔河县	23 049	60 767	31 107	29 660	58 688
漠河县	29 710	77 959	40 197	37 762	71 759

上 海 市 镇 人 口

单位：人

地 区 别	总户数（户）	总人口			总人口中非农业人口
		合 计	男	女	
上海市	2 387 504	6 213 325	3 089 332	3 123 993	4 767 346
市辖区	2 103 866	5 569 607	2 773 006	2 796 601	4 501 644
徐汇区	13 497	31 918	15 957	15 961	31 916
长宁区	36 325	88 166	43 555	44 611	88 154
普陀区	123 107	313 734	158 132	155 602	313 635
闸北区	34 189	85 074	42 571	42 503	85 074
杨浦区	40 931	105 497	52 657	52 840	105 486
闵行区	293 055	743 367	370 962	372 405	681 967
宝山区	228 561	595 835	304 548	291 287	545 154
嘉定区	136 747	401 160	198 603	202 557	320 804
浦东区	636 861	1 623 040	805 893	817 147	1 324 079
金山区	153 131	459 208	226 440	232 768	279 742
松江区	113 014	336 194	165 762	170 432	238 084
青浦区	113 624	324 972	159 455	165 517	195 586
奉贤区	180 824	461 442	228 471	232 971	291 963
县	283 638	643 718	316 326	327 392	265 702
崇明县	283 638	643 718	316 326	327 392	265 702

江苏省镇人口

单位：人

地区别	总户数（户）	总人口			总人口中非农业人口
		合计	男	女	
江苏省	17 105 343	53 524 347	27 211 323	26 313 024	23 130 679
南京市	429 173	1 299 432	660 731	638 701	409 167
市辖区	146 735	477 955	239 404	238 551	107 341
浦口区	41 367	128 766	64 579	64 187	41 883
六合区	105 368	349 189	174 825	174 364	65 458
溧水县	133 141	390 420	199 385	191 035	146 007
高淳县	149 297	431 057	221 942	209 115	155 819
无锡市	630 108	1 958 898	973 837	985 061	873 655
市辖区	138 381	449 932	220 215	229 717	354 946
锡山区	81 466	278 319	135 692	142 627	183 333
惠山区	44 724	137 079	67 714	69 365	137 079
滨湖区	12 191	34 534	16 809	17 725	34 534
江阴市	213 798	724 974	364 152	360 822	218 397
宜兴市	277 929	783 992	389 470	394 522	300 312
徐州市	2 271 750	8 341 577	4 319 196	4 022 381	4 831 334
市辖区	154 549	567 601	293 643	273 958	390 042
鼓楼区	33 546	126 610	63 548	63 062	126 597
贾汪区	121 003	440 991	230 095	210 896	263 445
丰县	310 019	1 150 811	600 331	550 480	646 320
沛县	340 431	1 174 790	604 207	570 583	628 584
铜山县	367 272	1 260 413	647 424	612 989	733 513
睢宁县	335 106	1 354 605	704 386	650 219	745 129
新沂市	318 078	1 047 009	541 479	505 530	585 941
邳州市	446 295	1 786 348	927 726	858 622	1 101 805
常州市	746 063	2 129 465	1 063 600	1 065 865	366 384
市辖区	448 406	1 288 897	637 187	651 710	248 235
新北区	111 953	356 690	176 469	180 221	52 382
武进区	336 453	932 207	460 718	471 489	195 853
溧阳市	182 130	542 258	276 490	265 768	60 613
金坛市	115 527	298 310	149 923	148 387	57 536
苏州市	1 580 752	4 789 879	2 354 911	2 434 968	2 770 972
市辖区	293 303	919 740	451 618	468 122	919 740
虎丘区	121 318	377 038	185 855	191 183	377 038
吴中区	113 232	370 142	181 364	188 778	370 142
相城区	58 753	172 560	84 399	88 161	172 560
常熟市	334 107	1 067 183	519 492	547 691	561 859
张家港市	330 675	886 962	437 017	449 945	393 967
昆山市	244 096	723 644	361 197	362 447	421 611

江苏省镇人口

单位：人

地区别	总户数（户）	总人口			总人口中非农业人口
		合计	男	女	
吴江市	255 870	801 784	396 376	405 408	330 374
太仓市	122 701	390 566	189 211	201 355	143 421
南通市	2 500 827	6 768 905	3 346 496	3 422 409	2 796 298
海安县	347 212	937 136	465 082	472 054	516 518
如东县	376 028	1 047 540	517 985	529 555	175 426
启东市	459 788	1 120 410	549 988	570 422	317 516
如皋市	457 888	1 422 619	710 537	712 082	869 296
通州市	481 190	1 252 545	615 193	637 352	489 552
海门市	378 721	988 655	487 711	500 944	427 990
连云港市	889 023	3 191 812	1 670 128	1 521 684	1 346 040
市辖区	63 186	224 101	115 191	108 910	67 966
连云区	6 566	20 321	10 317	10 004	5 079
新浦区	18 800	69 874	36 064	33 810	9 047
海州区	37 820	133 906	68 810	65 096	53 840
赣榆县	341 932	1 140 671	598 016	542 655	515 733
东海县	219 294	865 639	449 836	415 803	332 775
灌云县	113 063	412 320	216 838	195 482	161 175
灌南县	151 548	549 081	290 247	258 834	268 391
淮安市	1 130 620	3 769 205	1 944 834	1 824 371	1 116 144
市辖区	523 308	1 759 915	913 414	846 501	448 237
楚州区	281 437	965 282	501 819	463 463	194 599
淮阴区	220 757	716 259	371 481	344 778	248 378
清浦区	21 114	78 374	40 114	38 260	5 260
涟水县	178 788	659 328	342 849	316 479	173 240
洪泽县	124 255	383 170	193 526	189 644	197 186
盱眙县	177 747	616 932	319 788	297 144	191 763
金湖县	126 522	349 860	175 257	174 603	105 718
盐城市	2 487 517	7 351 458	3 789 359	3 562 099	2 773 296
市辖区	315 863	906 275	471 462	434 813	298 711
亭湖区	112 264	338 756	174 843	163 913	68 373
盐都区	203 599	567 519	296 619	270 900	230 338
响水县	166 309	582 531	304 106	278 425	255 311
滨海县	346 076	1 192 419	625 126	567 293	288 567
阜宁县	367 171	1 103 717	576 579	527 138	369 164
射阳县	316 951	947 856	486 111	461 745	450 005
建湖县	305 690	804 856	415 633	389 223	405 610
东台市	396 069	1 109 629	558 516	551 113	451 026
大丰市	273 388	704 175	351 826	352 349	254 902

江 苏 省 镇 人 口

单位：人

地 区 别	总户数（户）	总人口 合计	男	女	总人口中非农业人口
扬州市	1 277 658	3 876 419	1 945 318	1 931 101	1 981 659
市辖区	152 457	497 957	247 985	249 972	497 957
广陵区	65 966	211 931	105 336	106 595	211 931
邗江区	86 491	286 026	142 649	143 377	286 026
宝应县	294 635	914 207	462 224	451 983	315 939
仪征市	203 753	598 348	302 162	296 186	300 844
高邮市	257 829	797 348	397 464	399 884	294 748
江都市	368 984	1 068 559	535 483	533 076	572 171
镇江市	640 374	1 739 078	862 388	876 690	615 362
市辖区	114 111	314 166	154 130	160 036	71 165
京口区	36 479	97 611	47 254	50 357	23 141
丹徒区	77 632	216 555	106 876	109 679	48 024
丹阳市	242 685	691 196	342 958	348 238	219 361
扬中市	97 893	249 985	123 355	126 630	77 937
句容市	185 685	483 731	241 945	241 786	246 899
泰州市	1 322 521	3 956 903	2 027 805	1 929 098	1 211 096
市辖区	71 156	234 073	119 281	114 792	145 736
海陵区	32 387	104 664	52 769	51 895	16 327
高港区	38 769	129 409	66 512	62 897	129 409
兴化市	483 911	1 429 036	745 759	683 277	286 485
靖江市	107 042	345 048	173 688	171 360	66 778
泰兴市	383 495	1 154 269	587 736	566 533	434 622
姜堰市	276 917	794 477	401 341	393 136	277 475
宿迁市	1 198 957	4 351 316	2 252 720	2 098 596	2 039 272
市辖区	312 135	1 156 717	601 740	554 977	841 970
宿城区	137 124	514 152	266 418	247 734	514 152
宿豫区	175 011	642 565	335 322	307 243	327 818
沭阳县	436 960	1 602 312	829 762	772 550	430 698
泗阳县	233 621	844 695	438 219	406 476	436 163
泗洪县	216 241	747 592	382 999	364 593	330 441

浙江省镇人口

单位：人

地区别	总户数（户）	总人口 合计	男	女	总人口中非农业人口
浙江省	9 533 065	28 402 758	14 474 568	13 928 190	4 721 517
杭州市	937 709	2 951 175	1 479 208	1 471 967	850 863
市辖区	386 878	1 325 219	654 182	671 037	616 315
江干区	36 583	145 619	71 477	74 142	138 219
拱墅区	32 232	112 293	57 172	55 121	112 263
西湖区	35 360	136 725	69 261	67 464	86 158
萧山区	215 575	704 907	345 034	359 873	194 829
余杭区	67 128	225 675	111 238	114 437	84 846
桐庐县	80 746	224 064	112 681	111 383	42 290
淳安县	105 625	322 212	164 855	157 357	75 647
建德市	126 864	386 279	197 524	188 755	52 110
富阳市	115 415	350 116	177 604	172 512	34 578
临安市	122 181	343 285	172 362	170 923	29 923
宁波市	1 244 453	3 174 895	1 588 424	1 586 471	480 593
市辖区	322 783	769 065	378 977	390 088	167 286
江北区	26 495	57 935	28 402	29 533	20 871
北仑区	26 183	65 820	32 321	33 499	10 300
镇海区	19 881	44 343	21 763	22 580	12 340
鄞州区	250 224	600 967	296 491	304 476	123 775
象山县	116 844	333 038	170 462	162 576	38 871
宁海县	126 155	352 962	184 861	168 101	18 344
余姚市	160 418	433 420	215 766	217 654	43 672
慈溪市	427 423	1 041 503	513 813	527 690	189 741
奉化市	90 830	244 907	124 545	120 362	22 679
温州市	1 572 327	5 503 452	2 884 462	2 618 990	762 385
市辖区	44 138	143 157	74 114	69 043	8 479
鹿城区	26 119	83 406	42 786	40 620	6 033
瓯海区	18 019	59 751	31 328	28 423	2 446
洞头县	7 774	26 253	13 846	12 407	1 798
永嘉县	191 006	649 494	347 304	302 190	23 645
平阳县	241 429	863 734	448 904	414 830	172 166
苍南县	340 601	1 303 955	685 006	618 949	310 678
文成县	126 692	381 278	202 335	178 943	35 251
泰顺县	114 744	363 772	190 627	173 145	36 075
瑞安市	176 660	684 037	355 841	328 196	56 623
乐清市	329 283	1 087 772	566 485	521 287	117 670
嘉兴市	596 632	2 108 553	1 040 134	1 068 419	241 624

浙江省镇人口

单位：人

地区别	总户数（户）	总人口			总人口中非农业人口
		合计	男	女	
市辖区	144 135	480 684	236 798	243 886	76 137
南湖区	60 106	185 110	91 156	93 954	42 110
秀洲区	84 029	295 574	145 642	149 932	34 027
嘉善县	69 050	224 531	111 148	113 383	20 176
海盐县	50 339	164 460	81 061	83 399	6 765
海宁市	124 794	473 365	232 788	240 577	39 072
平湖市	87 053	303 381	148 662	154 719	49 310
桐乡市	121 261	462 132	229 677	232 455	50 164
湖州市	676 734	2 085 121	1 040 271	1 044 850	571 723
市辖区	226 852	758 628	375 825	382 803	179 655
吴兴区	82 702	267 599	132 841	134 758	55 530
南浔区	144 150	491 029	242 984	248 045	124 125
德清县	126 324	394 789	195 859	198 930	126 057
长兴县	186 315	528 989	267 013	261 976	160 630
安吉县	137 243	402 715	201 574	201 141	105 381
绍兴市	1 031 564	2 833 882	1 427 920	1 405 962	546 597
市辖区	118 544	325 150	159 359	165 791	173 363
越城区	118 544	325 150	159 359	165 791	173 363
绍兴县	186 953	543 098	268 698	274 400	178 779
新昌县	74 636	192 047	100 637	91 410	8 821
诸暨市	287 783	780 491	393 382	387 109	47 835
上虞市	194 344	525 629	261 499	264 130	96 847
嵊州市	169 304	467 467	244 345	223 122	40 952
金华市	1 012 570	2 540 893	1 307 931	1 232 962	242 090
市辖区	202 020	499 919	253 865	246 054	36 299
婺城区	97 770	249 504	126 886	122 618	21 711
金东区	104 250	250 415	126 979	123 436	14 588
武义县	65 900	165 991	85 590	80 401	7 892
浦江县	72 667	192 724	101 501	91 223	11 282
磐安县	55 840	143 974	74 591	69 383	27 898
兰溪市	87 121	255 013	134 854	120 159	12 998
义乌市	182 447	403 715	206 867	196 848	65 828
东阳市	197 317	502 371	255 949	246 422	61 821
永康市	149 258	377 186	194 714	182 472	18 072
衢州市	477 316	1 436 743	742 258	694 485	129 138
市辖区	118 687	348 349	179 889	168 460	14 976
柯城区	29 101	81 961	41 567	40 394	3 306
衢江区	89 586	266 388	138 322	128 066	11 670

浙江省镇人口

单位：人

地区别	总户数（户）	总人口			总人口中非农业人口
		合计	男	女	
常山县	74 064	237 384	123 386	113 998	42 806
开化县	79 242	235 491	121 702	113 789	42 989
龙游县	77 287	206 391	105 143	101 248	10 467
江山市	128 036	409 128	212 138	196 990	17 900
舟山市	343 254	904 562	450 938	453 624	364 377
市辖区	244 130	667 877	334 079	333 798	283 402
定海区	136 492	358 147	179 172	178 975	162 223
普陀区	107 638	309 730	154 907	154 823	121 179
岱山县	77 601	182 269	90 365	91 904	48 571
嵊泗县	21 523	54 416	26 494	27 922	32 404
台州市	1 100 897	3 398 750	1 760 671	1 638 079	273 532
市辖区	131 328	434 800	221 645	213 155	32 942
椒江区	1 596	3 728	1 892	1 836	874
黄岩区	61 555	201 203	102 698	98 505	15 506
路桥区	68 177	229 869	117 055	112 814	16 562
玉环县	55 638	165 168	83 814	81 354	34 774
三门县	112 955	367 831	192 791	175 040	42 915
天台县	109 704	337 456	177 574	159 882	15 442
仙居县	73 840	244 186	126 399	117 787	7 592
温岭市	333 352	960 354	490 311	470 043	111 012
临海市	284 080	888 955	468 137	420 818	28 855
丽水市	539 609	1 464 732	752 351	712 381	258 595
市辖区	58 758	137 078	68 832	68 246	5 664
莲都区	58 758	137 078	68 832	68 246	5 664
青田县	97 614	305 010	155 205	149 805	79 944
缙云县	148 968	363 199	186 507	176 692	43 003
遂昌县	59 815	163 949	84 911	79 038	37 039
松阳县	47 069	124 637	64 400	60 237	27 346
云和县	13 493	46 713	24 864	21 849	785
庆元县	49 643	123 137	62 650	60 487	32 949
景宁畲族自治县	28 762	82 108	43 242	38 866	27 366
龙泉市	35 487	118 901	61 740	57 161	4 499

安徽省镇人口

单位：人

地区别	总户数（户）	总人口			总人口中非农业人口
		合计	男	女	
安徽省	14 249 964	46 876 225	24 364 662	22 511 563	6 581 870
合肥市	1 353 974	4 152 275	2 154 387	1 997 888	678 083
市辖区	100 322	251 383	128 255	123 128	117 000
瑶海区	35 519	75 448	38 354	37 094	24 893
庐阳区	15 000	33 119	16 619	16 500	22 387
蜀山区	29 066	86 968	44 907	42 061	54 946
包河区	20 737	55 848	28 375	27 473	14 774
长丰县	167 592	507 114	261 675	245 439	92 974
肥东县	291 834	878 741	460 241	418 500	130 211
肥西县	239 656	753 044	391 303	361 741	130 913
庐江县	367 754	1 185 786	615 872	569 914	162 044
巢湖市	186 816	576 207	297 041	279 166	44 941
芜湖市	800 161	2 457 889	1 275 213	1 182 676	393 568
芜湖县	117 686	348 070	180 500	167 570	64 113
繁昌县	100 899	280 008	143 898	136 110	71 470
南陵县	187 734	555 442	286 254	269 188	83 065
无为县	393 842	1 274 369	664 561	609 808	174 920
蚌埠市	648 521	2 204 734	1 146 164	1 058 570	390 725
市辖区	72 657	219 372	112 258	107 114	51 355
龙子湖区	14 506	43 579	22 289	21 290	5 150
禹会区	16 219	47 639	25 323	22 316	6 618
淮上区	41 932	128 154	64 646	63 508	39 587
怀远县	235 719	821 029	430 228	390 801	164 358
五河县	201 449	691 605	359 396	332 209	88 228
固镇县	138 696	472 728	244 282	228 446	86 784
淮南市	374 754	1 118 163	582 811	535 352	375 108
市辖区	218 159	684 725	353 654	331 071	241 611
大通区	37 776	105 009	52 972	52 037	47 149
田家庵区	28 837	95 772	49 578	46 194	41 988
谢家集区	53 568	166 226	84 888	81 338	82 955
八公山区	19 788	60 256	30 511	29 745	34 276
潘集区	78 190	257 462	135 705	121 757	35 243
凤台县	156 595	433 438	229 157	204 281	133 497
马鞍山市	522 091	1 623 070	844 547	778 523	315 987
市辖区	21 205	62 536	32 671	29 865	38 521
雨山区	21 205	62 536	32 671	29 865	38 521
当涂县	176 852	569 223	293 775	275 448	108 024
和县	170 240	544 495	285 018	259 477	85 180

安徽省镇人口

单位：人

地区别	总户数（户）	总人口 合计	男	女	总人口中非农业人口
含山县	153 794	446 816	233 083	213 733	84 262
淮北市	443 510	1 506 601	769 904	736 697	359 923
市辖区	148 539	486 937	247 840	239 097	205 946
杜集区	64 027	190 026	97 566	92 460	135 317
相山区	18 927	72 081	36 402	35 679	12 806
烈山区	65 585	224 830	113 872	110 958	57 823
濉溪县	294 971	1 019 664	522 064	497 600	153 977
铜陵市	79 824	220 107	111 505	108 602	61 174
市辖区	15 192	41 899	20 785	21 114	22 747
郊区	15 192	41 899	20 785	21 114	22 747
铜陵县	64 632	178 208	90 720	87 488	38 427
安庆市	1 226 330	4 227 663	2 184 767	2 042 896	533 833
市辖区	44 533	152 326	76 499	75 827	16 318
大观区	11 858	45 067	22 787	22 280	2 219
宜秀区	32 675	107 259	53 712	53 547	14 099
怀宁县	170 626	575 592	296 360	279 232	77 620
枞阳县	215 264	732 572	378 319	354 253	101 677
潜山县	138 121	493 590	253 814	239 776	58 020
太湖县	130 575	434 661	226 702	207 959	62 644
宿松县	127 798	431 509	227 416	204 093	68 894
望江县	150 694	534 651	274 643	260 008	62 876
岳西县	82 974	276 794	144 958	131 836	42 157
桐城市	165 745	595 968	306 056	289 912	43 627
黄山市	299 536	850 049	433 791	416 258	171 506
市辖区	54 728	161 151	81 113	80 038	22 221
黄山区	31 312	90 532	45 880	44 652	10 500
徽州区	23 416	70 619	35 233	35 386	11 721
歙县	118 622	317 610	163 634	153 976	58 226
休宁县	59 123	182 040	92 596	89 444	35 710
黟县	28 394	74 586	38 027	36 559	19 252
祁门县	38 669	114 662	58 421	56 241	36 097
滁州市	1 073 693	3 474 630	1 800 498	1 674 132	603 167
市辖区	93 392	259 882	132 733	127 149	57 570
南谯区	93 392	259 882	132 733	127 149	57 570
来安县	125 954	375 745	191 973	183 772	78 939
全椒县	145 825	429 356	221 193	208 163	112 197
定远县	216 492	783 618	414 787	368 831	133 348

安徽省镇人口

单位：人

地区别	总户数（户）	总人口			总人口中非农业人口
		合计	男	女	
凤阳县	195 002	671 632	351 745	319 887	107 362
天长市	152 406	513 477	260 029	253 448	80 751
明光市	144 622	440 920	228 038	212 882	33 000
阜阳市	1 995 965	7 073 889	3 691 267	3 382 622	683 985
市辖区	225 418	892 353	467 697	424 656	62 806
颍东区	111 970	464 007	243 001	221 006	43 750
颍泉区	113 448	428 346	224 696	203 650	19 056
临泉县	422 902	1 616 153	830 976	785 177	136 169
太和县	477 179	1 529 775	804 151	725 624	155 503
阜南县	334 633	1 188 998	619 914	569 084	121 032
颍上县	383 651	1 324 103	696 839	627 264	189 837
界首市	152 182	522 507	271 690	250 817	18 638
宿州市	1 386 898	4 930 339	2 537 077	2 393 262	547 074
市辖区	302 016	1 011 797	525 796	486 001	105 121
埇桥区	302 016	1 011 797	525 796	486 001	105 121
砀山县	287 289	997 282	509 633	487 649	138 615
萧县	341 254	1 183 566	606 388	577 178	142 601
灵璧县	243 301	955 294	493 851	461 443	87 861
泗县	213 038	782 400	401 409	380 991	72 876
六安市	1 616 939	4 956 928	2 615 026	2 341 902	638 399
市辖区	375 100	1 146 104	605 628	540 476	86 370
金安区	168 055	507 056	265 006	242 050	39 377
裕安区	207 045	639 048	340 622	298 426	46 993
寿县	391 574	1 233 164	653 531	579 633	148 967
霍邱县	370 651	1 090 080	576 422	513 658	158 600
舒城县	246 981	763 875	396 399	367 476	120 083
金寨县	134 142	420 612	225 563	195 049	72 485
霍山县	98 491	303 093	157 483	145 610	51 894
亳州市	1 398 554	5 023 932	2 637 947	2 385 985	386 772
市辖区	367 433	1 181 232	616 291	564 941	34 292
谯城区	367 433	1 181 232	616 291	564 941	34 292
涡阳县	379 857	1 517 994	792 543	725 451	154 917
蒙城县	294 838	1 100 793	580 530	520 263	136 308
利辛县	356 426	1 223 913	648 583	575 330	61 255
池州市	357 441	1 103 285	565 658	537 627	152 588
市辖区	82 750	286 773	148 564	138 209	12 830
贵池区	82 750	286 773	148 564	138 209	12 830
东至县	170 910	501 860	255 769	246 091	72 210

安徽省镇人口

单位：人

地区别	总户数（户）	总人口			总人口中非农业人口
		合计	男	女	
石台县	27 894	85 740	44 221	41 519	20 378
青阳县	75 887	228 912	117 104	111 808	47 170
宣城市	671 773	1 952 671	1 014 100	938 571	289 978
市辖区	188 900	566 593	294 553	272 040	40 100
宣州区	188 900	566 593	294 553	272 040	40 100
郎溪县	85 018	259 177	133 727	125 450	51 944
广德县	119 597	361 309	187 485	173 824	56 157
泾县	114 529	306 091	159 208	146 883	68 962
绩溪县	53 287	134 862	69 420	65 442	35 280
旌德县	33 527	109 460	56 305	53 155	23 181
宁国市	76 915	215 179	113 402	101 777	14 354

福建省镇人口

单位：人

地区别	总户数（户）	总人口			总人口中非农业人口
		合计	男	女	
福建省	6 487 948	23 218 666	11 966 766	11 251 900	5 122 479
福州市	1 227 112	4 059 725	2 097 057	1 962 668	948 681
市辖区	224 148	676 183	335 548	340 635	384 284
鼓楼区	26 870	79 082	39 682	39 400	79 082
仓山区	74 878	239 343	118 220	121 123	69 045
马尾区	40 879	131 059	65 429	65 630	21 255
晋安区	81 521	226 699	112 217	114 482	214 902
闽侯县	133 519	428 314	218 350	209 964	22 123
连江县	153 910	526 611	273 500	253 111	143 331
罗源县	51 069	171 197	89 505	81 692	67 739
闽清县	77 692	252 892	133 022	119 870	67 623
永泰县	76 270	244 658	129 731	114 927	60 777
平潭县	80 306	285 775	145 964	139 811	75 427
福清市	285 098	985 193	511 015	474 178	70 308
长乐市	145 100	488 902	260 422	228 480	57 069
厦门市	202 836	612 376	305 497	306 879	254 769
市辖区	202 836	612 376	305 497	306 879	254 769
海沧区	9 569	31 714	15 187	16 527	2 752
集美区	26 237	84 844	41 391	43 453	23 182
同安区	72 847	218 664	109 831	108 833	38 061
翔安区	94 183	277 154	139 088	138 066	190 774
莆田市	665 326	2 757 277	1 403 818	1 353 459	274 213
市辖区	408 803	1 828 670	926 253	902 417	156 134
城厢区	52 133	268 905	135 760	133 145	14 187
涵江区	88 558	356 644	176 870	179 774	43 325
荔城区	90 315	410 468	205 904	204 564	28 160
秀屿区	177 797	792 653	407 719	384 934	70 462
仙游县	256 523	928 607	477 565	451 042	118 079
三明市	381 220	1 346 729	703 147	643 582	441 374
市辖区	12 975	45 434	23 493	21 941	4 811
梅列区	2 857	9 802	5 026	4 776	2 426
三元区	10 118	35 632	18 467	17 165	2 385
明溪县	21 675	70 571	36 248	34 323	31 852
清流县	27 709	92 612	47 831	44 781	34 650
宁化县	32 828	117 729	60 885	56 844	50 976
大田县	65 784	240 437	127 784	112 653	90 219
尤溪县	70 654	252 716	133 851	118 865	66 755
沙县	36 189	125 996	66 032	59 964	28 057

福建省镇人口

单位：人

地区别	总户数（户）	总人口 合计	男	女	总人口中非农业人口
将乐县	27 896	101 303	52 058	49 245	46 903
泰宁县	21 228	69 442	35 800	33 642	29 527
建宁县	26 143	93 989	47 659	46 330	25 863
永安市	38 139	136 500	71 506	64 994	31 761
泉州市	1 415 045	5 255 774	2 696 186	2 559 588	878 569
市辖区	119 337	455 679	234 425	221 254	62 007
洛江区	34 741	135 778	71 150	64 628	13 096
泉港区	84 596	319 901	163 275	156 626	48 911
惠安县	254 806	949 196	471 267	477 929	140 698
安溪县	204 503	753 273	395 572	357 701	138 719
永春县	154 635	533 025	277 863	255 162	152 744
德化县	65 004	227 900	119 278	108 622	66 888
石狮市	66 134	253 514	128 912	124 602	33 379
晋江市	224 180	835 001	424 029	410 972	132 080
南安市	326 446	1 248 186	644 840	603 346	152 054
漳州市	1 055 967	3 859 818	1 983 465	1 876 353	1 021 589
市辖区	77 580	270 036	136 705	133 331	73 067
芗城区	42 650	141 287	71 816	69 471	41 581
龙文区	34 930	128 749	64 889	63 860	31 486
云霄县	77 476	300 045	155 800	144 245	70 459
漳浦县	204 529	768 705	394 015	374 690	248 508
诏安县	123 903	483 851	252 230	231 621	86 871
长泰县	45 143	153 155	77 943	75 212	36 550
东山县	60 298	209 733	105 396	104 337	110 047
南靖县	96 381	353 182	180 491	172 691	92 655
平和县	140 382	477 673	253 947	223 726	155 937
华安县	44 301	142 656	73 658	68 998	56 753
龙海市	185 974	700 782	353 280	347 502	90 742
南平市	476 261	1 693 885	880 344	813 541	318 777
市辖区	73 906	279 310	145 860	133 450	66 608
延平区	73 906	279 310	145 860	133 450	66 608
顺昌县	35 029	117 237	60 390	56 847	10 807
浦城县	74 289	253 308	131 303	122 005	26 447
光泽县	23 539	76 353	39 204	37 149	38 655
松溪县	14 103	48 441	25 402	23 039	7 317
政和县	27 889	99 295	52 796	46 499	17 346
邵武市	50 174	179 770	93 008	86 762	37 076
武夷山市	19 458	70 223	36 045	34 178	4 430

福 建 省 镇 人 口

单位：人

地区别	总户数（户）	总人口			总人口中非农业人口
		合计	男	女	
建瓯市	102 059	361 265	187 410	173 855	61 393
建阳市	55 815	208 683	108 926	99 757	48 698
龙岩市	505 981	1 710 105	883 865	826 240	513 782
市辖区	49 555	163 336	83 122	80 214	31 374
新罗区	49 555	163 336	83 122	80 214	31 374
长汀县	125 064	419 974	218 905	201 069	151 004
永定县	91 006	305 269	157 942	147 327	102 324
上杭县	73 775	261 865	132 962	128 903	84 042
武平县	56 022	194 972	100 371	94 601	75 451
连城县	67 819	210 557	109 193	101 364	49 697
漳平市	42 740	154 132	81 370	72 762	19 890
宁德市	558 200	1 922 977	1 013 387	909 590	470 725
市辖区	82 372	281 898	146 437	135 461	27 922
蕉城区	82 372	281 898	146 437	135 461	27 922
霞浦县	76 460	264 478	140 560	123 918	45 226
古田县	66 207	221 099	116 856	104 243	41 742
屏南县	27 832	93 219	49 554	43 665	42 728
寿宁县	30 895	101 725	53 056	48 669	52 058
周宁县	44 848	158 915	85 056	73 859	65 663
柘荣县	12 759	37 665	19 373	18 292	30 200
福安市	115 096	392 985	207 776	185 209	103 527
福鼎市	101 731	370 993	194 719	176 274	61 659

江西省镇人口

单位：人

地区别	总户数（户）	总人口			总人口中非农业人口
		合计	男	女	
江西省	8 827 685	28 526 208	14 960 473	13 565 735	6 473 368
南昌市	712 054	2 431 378	1 275 663	1 155 715	783 950
市辖区	182 763	640 698	334 662	306 036	273 636
西湖区	7 137	24 654	12 078	12 576	23 404
青云谱区	8 602	29 582	14 707	14 875	9 147
湾里区	20 070	59 306	31 055	28 251	9 850
青山湖区	146 954	527 156	276 822	250 334	231 235
南昌县	182 766	643 825	338 202	305 623	155 304
新建县	110 710	421 975	222 092	199 883	126 248
安义县	76 930	237 591	126 276	111 315	68 382
进贤县	158 885	487 289	254 431	232 858	160 380
景德镇市	277 234	904 083	479 895	424 188	87 415
市辖区	18 073	50 706	26 098	24 608	8 822
昌江区	18 073	50 706	26 098	24 608	8 822
浮梁县	61 603	172 858	90 176	82 682	29 828
乐平市	197 558	680 519	363 621	316 898	48 765
萍乡市	366 510	1 177 294	603 897	573 397	249 167
市辖区	152 508	470 204	241 123	229 081	126 993
安源区	44 681	135 594	69 329	66 265	68 182
湘东区	107 827	334 610	171 794	162 816	58 811
莲花县	49 938	153 398	78 224	75 174	36 929
上栗县	92 190	328 486	169 078	159 408	43 238
芦溪县	71 874	225 206	115 472	109 734	42 007
九江市	945 489	2 915 389	1 517 196	1 398 193	726 623
市辖区	46 711	131 259	67 531	63 728	42 258
庐山区	46 711	131 259	67 531	63 728	42 258
九江县	88 999	235 127	123 380	111 747	73 674
武宁县	76 358	237 847	122 131	115 716	67 434
修水县	160 813	582 430	303 138	279 292	95 894
永修县	94 325	259 139	133 236	125 903	81 659
德安县	46 633	126 252	64 805	61 447	58 267
星子县	52 116	174 382	91 916	82 466	42 155
都昌县	160 594	484 723	254 635	230 088	112 758
湖口县	54 034	167 937	86 994	80 943	65 748
彭泽县	103 585	319 769	165 997	153 772	62 813
瑞昌市	61 321	196 524	103 433	93 091	23 963
新余市	227 935	724 256	384 945	339 311	134 230
市辖区	135 265	446 608	238 105	208 503	53 610
渝水区	135 265	446 608	238 105	208 503	53 610
分宜县	92 670	277 648	146 840	130 808	80 620
鹰潭市	168 411	620 052	332 347	287 705	86 700

江西省镇人口

单位：人

地区别	总户数（户）	总人口			总人口中非农业人口
		合计	男	女	
市辖区	7 155	23 274	12 322	10 952	683
月湖区	7 155	23 274	12 322	10 952	683
余江县	67 753	253 333	134 227	119 106	66 327
贵溪市	93 503	343 445	185 798	157 647	19 690
赣州市	1 769 967	5 782 881	3 002 339	2 780 542	1 374 367
市辖区	97 656	322 376	164 414	157 962	75 220
章贡区	97 656	322 376	164 414	157 962	75 220
赣县	100 419	370 281	192 914	177 367	90 376
信丰县	213 693	690 240	356 182	334 058	107 997
大余县	108 116	286 438	147 871	138 567	87 717
上犹县	54 554	167 530	86 888	80 642	39 213
崇义县	37 326	116 706	60 807	55 899	33 637
安远县	60 339	256 739	134 214	122 525	64 012
龙南县	70 881	228 082	116 060	112 022	51 241
定南县	59 850	211 274	108 950	102 324	42 911
全南县	49 891	156 046	80 762	75 284	52 848
宁都县	198 500	554 787	290 970	263 817	127 653
于都县	149 294	570 209	297 079	273 130	168 339
兴国县	121 135	341 765	179 990	161 775	103 737
会昌县	94 174	320 441	166 127	154 314	70 510
寻乌县	64 886	209 792	110 008	99 784	49 209
石城县	67 837	236 457	124 247	112 210	49 271
瑞金市	113 616	407 904	213 088	194 816	122 201
南康市	107 800	335 814	171 768	164 046	38 275
吉安市	1 025 621	3 270 285	1 717 207	1 553 078	817 466
市辖区	49 440	172 846	91 502	81 344	16 146
吉州区	13 417	50 844	26 889	23 955	1 888
青原区	36 023	122 002	64 613	57 389	14 258
吉安县	116 116	352 351	184 653	167 698	92 846
吉水县	163 640	472 201	253 553	218 648	131 007
峡江县	52 556	138 159	73 379	64 780	40 071
新干县	68 674	195 902	103 266	92 636	63 673
永丰县	79 652	272 984	145 793	127 191	76 781
泰和县	115 850	466 454	242 388	224 066	94 317
遂川县	115 395	383 932	201 201	182 731	58 937
万安县	78 448	238 613	122 955	115 658	49 204
安福县	68 374	203 996	108 379	95 617	81 289
永新县	98 359	310 695	158 066	152 629	92 793
井冈山市	19 117	62 152	32 072	30 080	20 402
宜春市	1 102 079	3 480 643	1 847 724	1 632 919	597 775
市辖区	166 644	589 166	313 711	275 455	29 480

江西省镇人口

单位：人

地区别	总户数（户）	总人口 合计	男	女	总人口中非农业人口
袁州区	166 644	589 166	313 711	275 455	29 480
奉新县	88 477	279 849	144 919	134 930	76 242
万载县	72 323	256 966	136 331	120 635	18 782
上高县	65 279	191 355	101 052	90 303	16 372
宜丰县	67 119	202 052	104 547	97 505	63 533
靖安县	29 975	91 353	47 309	44 044	37 094
铜鼓县	45 676	115 878	59 749	56 129	36 740
丰城市	284 113	915 778	491 511	424 267	217 019
樟树市	76 791	240 837	126 328	114 509	29 030
高安市	205 682	597 409	322 267	275 142	73 483
抚州市	922 353	2 892 283	1 526 292	1 365 991	720 566
市辖区	221 092	700 889	377 145	323 744	111 415
临川区	221 092	700 889	377 145	323 744	111 415
南城县	72 964	271 206	140 240	130 966	71 505
黎川县	54 921	158 697	83 017	75 680	56 343
南丰县	72 765	233 824	121 012	112 812	60 422
崇仁县	64 811	239 784	128 007	111 777	65 573
乐安县	96 196	270 873	143 982	126 891	68 238
宜黄县	49 174	164 335	85 391	78 944	36 670
金溪县	70 002	208 974	109 523	99 451	55 686
资溪县	31 725	91 403	47 344	44 059	26 784
东乡县	130 433	376 813	199 621	177 192	107 783
广昌县	58 270	175 485	91 010	84 475	60 147
上饶市	1 310 032	4 327 664	2 272 968	2 054 696	895 109
市辖区	22 760	84 569	43 820	40 749	7 618
信州区	22 760	84 569	43 820	40 749	7 618
上饶县	118 965	390 225	204 947	185 278	21 584
广丰县	166 504	618 798	326 682	292 116	47 377
玉山县	134 775	452 655	237 887	214 768	96 638
铅山县	82 634	281 990	147 010	134 980	68 037
横峰县	33 546	97 471	51 233	46 238	37 088
弋阳县	76 467	266 149	140 705	125 444	72 712
余干县	144 362	428 060	223 654	204 406	115 699
鄱阳县	276 838	959 942	507 322	452 620	183 962
万年县	77 574	249 995	131 722	118 273	70 435
婺源县	95 018	281 268	144 975	136 293	56 465
德兴市	80 589	216 542	113 011	103 531	117 494

山东省镇人口

单位：人

地区别	总户数（户）	总人口			总人口中非农业人口
		合计	男	女	
山东省	17 981 643	58 392 783	29 734 572	28 658 211	7 521 811
济南市	816 513	2 667 416	1 332 496	1 334 920	1 121 871
市辖区	252 945	832 634	416 127	416 507	832 634
槐荫区	28 442	96 982	46 877	50 105	96 982
天桥区	25 828	88 978	43 649	45 329	88 978
历城区	107 547	335 011	169 147	165 864	335 011
长清区	91 128	311 663	156 454	155 209	311 663
平阴县	136 812	373 453	187 112	186 341	104 600
济阳县	163 508	555 526	279 610	275 916	101 694
商河县	86 329	308 508	155 375	153 133	24 896
章丘市	176 919	597 295	294 272	303 023	58 047
青岛市	1 018 895	3 310 114	1 667 797	1 642 317	473 313
胶州市	139 172	470 132	235 611	234 521	51 266
即墨市	223 073	743 626	372 186	371 440	111 686
平度市	343 715	1 117 392	565 704	551 688	187 271
胶南市	157 581	502 389	253 509	248 880	54 420
莱西市	155 354	476 575	240 787	235 788	68 670
淄博市	954 296	2 820 414	1 411 888	1 408 526	557 700
市辖区	553 396	1 587 120	792 758	794 362	396 783
淄川区	185 066	516 515	258 079	258 436	106 566
张店区	100 438	280 426	141 931	138 495	149 040
博山区	100 567	270 659	134 142	136 517	45 236
临淄区	118 252	365 852	182 718	183 134	69 163
周村区	49 073	153 668	75 888	77 780	26 778
桓台县	111 502	371 169	184 032	187 137	12 549
高青县	82 783	296 930	148 625	148 305	16 443
沂源县	206 615	565 195	286 473	278 722	131 925
枣庄市	777 577	2 719 145	1 422 661	1 296 484	275 952
市辖区	380 882	1 364 515	710 764	653 751	83 229
市中区	41 289	147 555	75 551	72 004	15 214
薛城区	86 254	312 529	162 981	149 548	21 952
峄城区	78 223	275 099	142 451	132 648	9 158
台儿庄区	80 112	255 962	133 087	122 875	19 967
山亭区	95 004	373 370	196 694	176 676	16 938
滕州市	396 695	1 354 630	711 897	642 733	192 723
东营市	296 886	946 353	473 004	473 349	136 232
市辖区	90 793	259 807	129 666	130 141	97 301
东营区	45 155	132 767	66 312	66 455	14 568

山东省镇人口

单位：人

地区别	总户数（户）	总人口 合计	男	女	总人口中非农业人口
河口区	45 638	127 040	63 354	63 686	82 733
垦利县	47 858	146 208	72 694	73 514	10 247
利津县	55 145	203 803	101 797	102 006	10 560
广饶县	103 090	336 535	168 847	167 688	18 124
烟台市	1 310 746	3 641 482	1 836 010	1 805 472	379 264
市辖区	169 604	460 983	231 885	229 098	28 997
福山区	55 634	150 612	74 711	75 901	10 156
牟平区	113 970	310 371	157 174	153 197	18 841
长岛县	10 879	29 544	14 501	15 043	16 980
龙口市	113 436	295 965	146 256	149 709	27 035
莱阳市	204 326	618 297	315 909	302 388	38 570
莱州市	184 820	566 818	283 803	283 015	74 741
蓬莱市	113 267	293 412	146 632	146 780	21 808
招远市	146 082	407 826	203 693	204 133	93 187
栖霞市	186 412	480 669	244 319	236 350	42 808
海阳市	181 920	487 968	249 012	238 956	35 138
潍坊市	1 382 615	4 558 842	2 304 830	2 254 012	376 240
市辖区	69 482	225 430	113 254	112 176	19 535
坊子区	69 482	225 430	113 254	112 176	19 535
临朐县	197 813	623 998	319 697	304 301	70 793
昌乐县	113 224	380 071	192 231	187 840	22 939
青州市	182 078	628 418	317 438	310 980	28 868
诸城市	189 181	652 662	331 582	321 080	56 719
寿光市	187 628	610 598	306 344	304 254	50 438
安丘市	178 633	614 789	314 149	300 640	71 815
高密市	167 655	515 781	257 584	258 197	19 584
昌邑市	96 921	307 095	152 551	154 544	35 549
济宁市	1 646 462	5 774 000	2 972 291	2 801 709	718 763
市辖区	91 581	364 336	184 734	179 602	23 135
市中区	62 379	249 222	125 693	123 529	13 480
任城区	29 202	115 114	59 041	56 073	9 655
微山县	132 041	497 561	261 762	235 799	28 005
鱼台县	123 222	439 468	226 404	213 064	81 839
金乡县	132 634	444 650	226 540	218 110	35 815
嘉祥县	139 779	506 835	261 000	245 835	48 655
汶上县	185 201	676 605	349 382	327 223	127 563
泗水县	139 581	461 100	238 455	222 645	33 325
梁山县	205 057	693 481	357 258	336 223	122 582

山东省镇人口

单位：人

地区别	总户数（户）	总人口			总人口中非农业人口
		合计	男	女	
曲阜市	113 938	391 604	198 035	193 569	27 906
兖州市	119 418	397 443	201 092	196 351	48 235
邹城市	264 010	900 917	467 629	433 288	141 703
泰安市	1 180 128	3 725 324	1 883 927	1 841 397	440 595
市辖区	285 350	925 205	463 317	461 888	82 136
泰山区	40 935	130 855	64 201	66 654	12 593
岱岳区	244 415	794 350	399 116	395 234	69 543
宁阳县	184 924	628 473	319 704	308 769	93 629
东平县	132 417	435 220	219 610	215 610	32 527
新泰市	358 868	1 051 586	535 818	515 768	147 647
肥城市	218 569	684 840	345 478	339 362	84 656
威海市	609 896	1 631 548	824 190	807 358	393 858
市辖区	75 834	210 353	104 567	105 786	43 325
环翠区	75 834	210 353	104 567	105 786	43 325
文登市	178 206	456 057	230 848	225 209	65 213
荣成市	187 012	513 675	257 496	256 179	243 938
乳山市	168 844	451 463	231 279	220 184	41 382
日照市	677 765	1 934 871	982 145	952 726	174 672
市辖区	241 974	683 742	344 713	339 029	43 484
东港区	125 569	348 276	175 695	172 581	24 129
岚山区	116 405	335 466	169 018	166 448	19 355
五莲县	111 614	328 121	166 409	161 712	26 419
莒县	324 177	923 008	471 023	451 985	104 769
莱芜市	298 306	808 990	406 391	402 599	120 976
市辖区	298 306	808 990	406 391	402 599	120 976
莱城区	219 920	590 230	293 495	296 735	46 230
钢城区	78 386	218 760	112 896	105 864	74 746
临沂市	2 182 062	7 195 492	3 703 102	3 492 390	469 983
市辖区	274 911	906 561	467 512	439 049	45 236
兰山区	175 619	556 513	285 749	270 764	24 706
罗庄区	41 233	157 259	82 559	74 700	7 607
河东区	58 059	192 789	99 204	93 585	12 923
沂南县	241 508	724 375	370 050	354 325	55 888
郯城县	157 084	593 256	303 957	289 299	36 519
沂水县	313 304	936 878	478 943	457 935	68 567
苍山县	263 792	1 111 922	574 692	537 230	49 006
费县	173 229	559 849	290 880	268 969	31 659
平邑县	243 870	815 731	425 874	389 857	91 555

山东省镇人口

单位：人

地区别	总户数（户）	总人口			总人口中非农业人口
		合计	男	女	
莒南县	271 069	752 958	384 601	368 357	41 098
蒙阴县	111 944	355 490	180 065	175 425	20 457
临沭县	131 351	438 472	226 528	211 944	29 998
德州市	1 084 510	3 600 957	1 819 345	1 781 612	348 594
市辖区	74 590	215 215	107 589	107 626	39 155
德城区	74 590	215 215	107 589	107 626	39 155
陵县	141 135	480 627	242 406	238 221	85 695
宁津县	126 472	415 422	211 240	204 182	60 650
庆云县	48 267	167 357	85 859	81 498	7 186
临邑县	89 091	333 444	168 494	164 950	23 941
齐河县	108 070	352 981	177 189	175 792	14 814
平原县	87 782	288 124	144 376	143 748	24 040
夏津县	107 835	363 491	183 101	180 390	32 797
武城县	79 377	263 867	133 539	130 328	19 581
乐陵市	131 140	427 793	219 103	208 690	23 323
禹城市	90 751	292 636	146 449	146 187	17 412
聊城市	1 076 279	3 552 297	1 802 648	1 749 649	286 820
市辖区	161 438	534 547	271 683	262 864	27 506
东昌府区	161 438	534 547	271 683	262 864	27 506
阳谷县	152 585	551 009	280 445	270 564	31 578
莘县	237 471	774 596	398 865	375 731	124 420
茌平县	88 678	272 289	136 247	136 042	24 500
东阿县	80 548	270 588	135 909	134 679	15 192
冠县	101 835	337 994	173 169	164 825	19 574
高唐县	111 238	344 403	170 285	174 118	22 305
临清市	142 486	466 871	236 045	230 826	21 745
滨州市	699 133	2 317 676	1 168 609	1 149 067	142 523
市辖区	29 147	90 257	45 128	45 129	1 916
滨城区	29 147	90 257	45 128	45 129	1 916
惠民县	145 312	516 510	259 976	256 534	27 954
阳信县	86 891	270 536	137 071	133 465	8 873
无棣县	99 663	303 406	155 794	147 612	31 879
沾化县	87 787	256 798	129 472	127 326	13 141
博兴县	103 198	338 650	170 785	167 865	21 991
邹平县	147 135	541 519	270 383	271 136	36 769
菏泽市	1 969 574	7 187 862	3 723 238	3 464 624	1 104 455
市辖区	214 414	818 772	424 956	393 816	59 317
牡丹区	214 414	818 772	424 956	393 816	59 317

山东省镇人口

单位：人

地区别	总户数（户）	总人口			总人口中非农业人口
		合计	男	女	
曹县	283 444	1 127 560	584 718	542 842	88 310
单县	306 532	1 131 655	579 635	552 020	241 710
成武县	208 079	703 531	362 120	341 411	125 306
巨野县	244 223	853 869	442 440	411 429	85 260
郓城县	239 387	818 334	427 715	390 619	167 005
鄄城县	169 405	606 785	315 559	291 226	105 412
定陶县	158 078	610 354	315 902	294 452	119 137
东明县	146 012	517 002	270 193	246 809	112 998

河南省镇人口

单位：人

地区别	总户数（户）	总人口			总人口中非农业人口
		合计	男	女	
河南省	14 100 317	49 885 608	25 842 378	24 043 230	8 442 228
郑州市	914 308	3 673 579	1 879 522	1 794 057	448 446
市辖区	86 225	298 962	147 624	151 338	67 837
中原区	28 703	99 993	49 187	50 806	22 544
二七区	6 108	25 780	12 859	12 921	759
管城回族区	9 380	30 703	15 457	15 246	785
金水区	17 594	51 641	25 420	26 221	35 907
上街区	10 365	38 399	18 631	19 768	3 842
惠济区	14 075	52 446	26 070	26 376	4 000
中牟县	167 734	754 080	391 680	362 400	121 982
巩义市	176 143	674 502	343 499	331 003	64 501
荥阳市	117 948	446 553	227 168	219 385	24 823
新密市	156 839	673 051	345 703	327 348	48 354
新郑市	114 623	437 900	224 824	213 076	46 666
登封市	94 796	388 531	199 024	189 507	74 283
开封市	611 598	2 174 996	1 130 269	1 044 727	316 469
市辖区	5 612	21 885	11 324	10 561	730
金明区	5 612	21 885	11 324	10 561	730
杞县	161 167	538 161	279 472	258 689	71 270
通许县	105 217	395 855	204 623	191 232	50 045
尉氏县	138 124	524 107	274 298	249 809	70 412
开封县	83 863	306 861	159 217	147 644	42 688
兰考县	117 615	388 127	201 335	186 792	81 324
洛阳市	1 060 687	3 650 724	1 866 715	1 784 009	758 843
市辖区	171 919	601 327	302 341	298 986	86 693
老城区	13 197	39 682	18 957	20 725	3 849
涧西区	12 395	45 342	22 471	22 871	2 107
洛龙区	146 327	516 303	260 913	255 390	80 737
孟津县	144 507	448 428	225 637	222 791	57 961
新安县	139 910	517 645	265 138	252 507	138 247
栾川县	74 001	241 445	125 693	115 752	41 272
嵩县	65 958	224 433	116 861	107 572	42 252
汝阳县	48 546	186 358	96 848	89 510	51 666
宜阳县	101 041	358 216	184 084	174 132	85 559
洛宁县	23 701	80 574	41 629	38 945	49 420
伊川县	148 090	504 106	258 603	245 503	119 234
偃师市	143 014	488 192	249 881	238 311	86 539
平顶山市	534 146	1 849 259	962 344	886 915	330 149

河南省镇人口

单位：人

地区别	总户数（户）	总人口 合计	男	女	总人口中非农业人口
市辖区	42 573	153 109	75 291	77 818	35 422
新华区	27 271	101 407	49 919	51 488	27 914
湛河区	15 302	51 702	25 372	26 330	7 508
宝丰县	114 155	374 145	194 292	179 853	66 650
叶县	81 825	268 895	139 681	129 214	63 910
鲁山县	81 153	295 580	154 433	141 147	77 617
郏县	110 109	374 224	197 079	177 145	47 306
舞钢市	26 325	81 511	42 876	38 635	5 905
汝州市	78 006	301 795	158 692	143 103	33 339
安阳市	757 139	2 612 932	1 342 258	1 270 674	246 939
市辖区	24 874	86 677	44 767	41 910	3 448
文峰区	13 643	53 891	27 676	26 215	1 680
龙安区	11 231	32 786	17 091	15 695	1 768
安阳县	140 258	480 586	247 631	232 955	30 626
汤阴县	88 998	293 355	149 754	143 601	70 162
滑县	211 330	744 162	381 372	362 790	89 239
内黄县	64 192	231 007	118 430	112 577	9 466
林州市	227 487	777 145	400 304	376 841	43 998
鹤壁市	225 928	835 427	432 406	403 021	132 112
市辖区	26 396	96 451	49 971	46 480	15 496
淇滨区	26 396	96 451	49 971	46 480	15 496
浚县	157 114	590 632	305 013	285 619	66 482
淇县	42 418	148 344	77 422	70 922	50 134
新乡市	762 662	2 807 194	1 439 747	1 367 447	636 957
市辖区	43 615	163 083	86 270	76 813	49 448
红旗区	25 349	90 990	46 436	44 554	46 003
凤泉区	11 752	51 188	29 431	21 757	3 445
牧野区	6 514	20 905	10 403	10 502	0
新乡县	75 598	297 943	152 488	145 455	25 540
获嘉县	91 317	312 985	156 818	156 167	71 574
原阳县	58 049	238 880	124 219	114 661	49 496
延津县	35 959	136 432	70 324	66 108	62 474
封丘县	105 075	391 622	200 249	191 373	98 074
长垣县	133 913	484 340	250 317	234 023	26 194
卫辉市	81 115	280 051	142 821	137 230	59 810
辉县市	138 021	501 858	256 241	245 617	194 347
焦作市	477 649	1 756 530	894 756	861 774	267 099
修武县	45 486	170 809	88 750	82 059	51 596

河 南 省 镇 人 口

单位：人

地区别	总户数（户）	总人口			总人口中非农业人口
		合计	男	女	
博爱县	95 647	351 770	181 234	170 536	67 527
武陟县	108 789	389 141	200 032	189 109	54 925
温县	112 041	361 396	182 352	179 044	65 254
沁阳市	55 547	266 484	134 542	131 942	19 811
孟州市	60 139	216 930	107 846	109 084	7 986
濮阳市	354 477	1 381 927	716 426	665 501	262 650
市辖区	12 013	50 154	25 482	24 672	1 410
华龙区	12 013	50 154	25 482	24 672	1 410
清丰县	62 264	236 209	122 877	113 332	59 460
南乐县	43 956	196 053	99 881	96 172	34 861
范县	63 876	217 029	113 143	103 886	53 281
台前县	24 934	111 116	57 930	53 186	22 859
濮阳县	147 434	571 366	297 113	274 253	90 779
许昌市	560 376	1 941 078	1 006 902	934 176	420 681
许昌县	131 938	430 023	221 473	208 550	143 714
鄢陵县	86 244	285 926	147 416	138 510	110 072
襄城县	87 732	287 228	149 771	137 457	70 419
禹州市	136 090	482 181	253 301	228 880	47 629
长葛市	118 372	455 720	234 941	220 779	48 847
漯河市	427 960	1 566 260	810 715	755 545	307 694
市辖区	190 220	731 389	377 980	353 409	151 051
源汇区	10 956	40 750	21 090	19 660	1 930
郾城区	101 821	360 300	186 124	174 176	113 056
召陵区	77 443	330 339	170 766	159 573	36 065
舞阳县	88 231	304 853	157 145	147 708	63 120
临颍县	149 509	530 018	275 590	254 428	93 523
三门峡市	341 808	1 078 360	554 902	523 458	190 776
渑池县	72 839	206 311	105 406	100 905	81 445
陕县	60 752	173 640	89 548	84 092	46 239
卢氏县	72 779	209 910	109 545	100 365	39 066
灵宝市	135 438	488 499	250 403	238 096	24 026
南阳市	2 051 550	7 009 130	3 694 117	3 315 013	786 860
市辖区	228 852	804 755	419 972	384 783	82 851
宛城区	100 198	319 242	165 980	153 262	65 493
卧龙区	128 654	485 513	253 992	231 521	17 358
南召县	131 965	370 843	197 228	173 615	73 443
方城县	185 682	593 584	311 466	282 118	90 781
西峡县	106 680	329 687	174 124	155 563	24 635

河南省镇人口

单位：人

地区别	总户数（户）	总人口			总人口中非农业人口
		合计	男	女	
镇平县	195 543	656 695	349 984	306 711	99 568
内乡县	172 021	524 156	275 356	248 800	114 020
淅川县	152 818	563 953	293 360	270 593	43 778
社旗县	158 484	529 349	276 819	252 530	68 533
唐河县	233 674	882 614	466 823	415 791	36 215
新野县	127 455	472 190	253 735	218 455	18 979
桐柏县	132 337	392 899	206 414	186 485	97 899
邓州市	226 039	888 405	468 836	419 569	36 158
商丘市	993 966	3 490 928	1 809 537	1 681 391	860 635
市辖区	109 870	434 188	219 739	214 449	221 498
梁园区	50 425	214 283	108 815	105 468	214 283
睢阳区	59 445	219 905	110 924	108 981	7 215
民权县	136 160	468 391	236 306	232 085	96 189
睢县	98 381	365 368	188 859	176 509	67 408
宁陵县	57 323	215 536	110 114	105 422	64 664
柘城县	108 684	377 666	193 827	183 839	73 518
虞城县	132 886	439 997	227 151	212 846	79 410
夏邑县	143 478	459 125	240 392	218 733	83 429
永城市	207 184	730 657	393 149	337 508	174 519
信阳市	1 185 034	3 619 162	1 895 530	1 723 632	874 243
市辖区	133 198	425 176	221 081	204 095	65 892
浉河区	39 391	128 437	67 204	61 233	9 905
平桥区	93 807	296 739	153 877	142 862	55 987
罗山县	141 114	468 620	246 217	222 403	103 400
光山县	171 289	523 652	276 792	246 860	126 071
新县	87 132	215 054	113 677	101 377	95 381
商城县	110 613	346 938	180 998	165 940	73 313
固始县	199 261	572 581	304 251	268 330	157 927
潢川县	101 052	351 741	184 323	167 418	16 696
淮滨县	109 399	323 509	167 635	155 874	129 963
息县	131 976	391 891	200 556	191 335	105 600
周口市	1 722 888	6 245 825	3 232 369	3 013 456	876 249
扶沟县	144 851	494 438	256 959	237 479	71 368
西华县	156 082	564 068	293 111	270 957	110 874
商水县	186 414	688 434	362 400	326 034	74 702
沈丘县	200 948	717 218	368 491	348 727	140 216
郸城县	230 902	790 255	405 151	385 104	129 486
淮阳县	148 237	537 344	274 048	263 296	107 684

河南省镇人口

单位：人

地区别	总户数（户）	总人口			总人口中非农业人口
		合计	男	女	
太康县	227 180	849 567	441 827	407 740	100 083
鹿邑县	193 207	701 298	361 572	339 726	102 778
项城市	235 067	903 203	468 810	434 393	39 058
驻马店市	969 543	3 695 688	1 920 282	1 775 406	655 202
市辖区	46 343	171 537	90 653	80 884	11 131
驿城区	46 343	171 537	90 653	80 884	11 131
西平县	46 982	185 346	96 763	88 583	7 558
上蔡县	160 506	644 984	331 300	313 684	87 388
平舆县	152 093	618 908	320 921	297 987	94 273
正阳县	91 441	318 112	164 262	153 850	67 946
确山县	121 172	407 499	212 892	194 607	121 440
泌阳县	95 991	342 511	178 715	163 796	92 003
汝南县	96 199	373 287	197 447	175 840	80 633
遂平县	41 848	170 707	88 920	81 787	5 517
新蔡县	116 968	462 797	238 409	224 388	87 313
省直辖行政单位	148 598	496 609	253 581	243 028	70 224
济源市	148 598	496 609	253 581	243 028	70 224

湖北省镇人口

单位：人

地区别	总户数（户）	总人口			总人口中非农业人口
		合计	男	女	
湖北省	11 771 949	37 206 164	19 359 957	17 846 207	7 069 634
武汉市	126 367	400 791	208 009	192 782	149 676
市辖区	126 367	400 791	208 009	192 782	149 676
洪山区	18 755	58 994	30 117	28 877	58 994
蔡甸区	25 216	76 819	39 229	37 590	32 751
江夏区	32 009	101 167	52 175	48 992	47 637
黄陂区	10 153	28 444	14 454	13 990	1 657
新洲区	40 234	135 367	72 034	63 333	8 637
黄石市	466 009	1 624 140	861 642	762 498	325 534
市辖区	6 079	21 723	11 309	10 414	3 283
西塞山区	6 079	21 723	11 309	10 414	3 283
阳新县	291 230	1 005 077	534 876	470 201	213 765
大冶市	168 700	597 340	315 457	281 883	108 486
十堰市	717 789	2 181 867	1 157 162	1 024 705	538 411
市辖区	14 560	43 773	22 044	21 729	11 320
茅箭区	1 771	5 765	2 975	2 790	709
张湾区	12 789	38 008	19 069	18 939	10 611
郧县	169 354	571 323	300 615	270 708	156 157
郧西县	114 332	340 356	180 197	160 159	60 780
竹山县	103 097	321 955	175 377	146 578	78 070
竹溪县	91 774	265 364	142 447	122 917	53 463
房县	145 566	393 351	206 930	186 421	152 859
丹江口市	79 106	245 745	129 552	116 193	25 762
宜昌市	888 874	2 369 446	1 214 676	1 154 770	395 112
市辖区	122 560	327 363	167 511	159 852	40 397
点军区	13 443	36 697	18 428	18 269	3 175
夷陵区	109 117	290 666	149 083	141 583	37 222
远安县	73 170	178 901	92 494	86 407	38 033
兴山县	59 137	149 274	77 358	71 916	41 501
秭归县	114 242	301 140	155 096	146 044	63 431
长阳土家族自治县	125 908	342 406	178 824	163 582	61 362
五峰土家族自治县	54 606	150 593	78 338	72 255	23 598
宜都市	91 898	254 284	129 120	125 164	44 881
当阳市	107 674	283 218	143 814	139 404	35 247
枝江市	139 679	382 267	192 121	190 146	46 662
襄阳市	1 455 690	4 343 577	2 240 829	2 102 748	1 598 410
市辖区	438 670	1 376 394	707 086	669 308	567 951
襄城区	55 689	168 997	86 597	82 400	19 206

湖北省镇人口

单位：人

地区别	总户数（户）	总人口			总人口中非农业人口
		合计	男	女	
樊城区	103 467	302 729	154 779	147 950	80 253
襄州区	279 514	904 668	465 710	438 958	468 492
南漳县	197 244	588 175	305 212	282 963	285 249
谷城县	212 392	575 743	296 184	279 559	268 499
保康县	101 801	270 453	143 519	126 934	110 080
老河口市	93 432	314 626	161 570	153 056	83 056
枣阳市	295 139	836 752	433 104	403 648	227 896
宜城市	117 012	381 434	194 154	187 280	55 679
鄂州市	221 289	700 549	363 509	337 040	76 144
市辖区	221 289	700 549	363 509	337 040	76 144
梁子湖区	53 196	186 130	98 314	87 816	17 589
华容区	68 474	196 981	100 630	96 351	21 107
鄂城区	99 619	317 438	164 565	152 873	37 448
荆门市	755 987	2 362 485	1 204 804	1 157 681	390 032
市辖区	96 084	249 228	127 939	121 289	23 435
东宝区	57 468	171 591	87 106	84 485	16 604
掇刀区	38 616	77 637	40 833	36 804	6 831
京山县	211 318	657 209	337 137	320 072	163 391
沙洋县	187 836	588 317	298 490	289 827	78 226
钟祥市	260 749	867 731	441 238	426 493	124 980
孝感市	989 812	3 308 608	1 727 913	1 580 695	469 875
市辖区	137 666	454 797	235 896	218 901	30 255
孝南区	137 666	454 797	235 896	218 901	30 255
孝昌县	116 892	407 558	214 035	193 523	47 772
大悟县	161 734	532 768	280 226	252 542	142 640
云梦县	159 520	481 866	252 356	229 510	120 142
应城市	113 377	408 585	214 394	194 191	34 026
安陆市	100 157	337 304	173 101	164 203	16 551
汉川市	200 466	685 730	357 905	327 825	78 489
荆州市	1 495 310	4 941 622	2 533 993	2 407 629	796 586
市辖区	147 575	464 946	234 326	230 620	65 965
沙市区	42 616	135 002	68 064	66 938	22 370
荆州区	104 959	329 944	166 262	163 682	43 595
公安县	311 059	964 845	484 824	480 021	190 592
监利县	337 689	1 253 744	653 695	600 049	217 515
江陵县	88 614	305 855	154 326	151 529	53 301
石首市	137 790	459 983	235 959	224 024	38 488
洪湖市	196 872	680 702	361 477	319 225	67 174

湖北省镇人口

单位：人

地区别	总户数（户）	总人口 合计	男	女	总人口中非农业人口
松滋市	275 711	811 547	409 386	402 161	163 551
黄冈市	1 943 601	6 059 758	3 188 432	2 871 326	918 731
市辖区	32 614	92 010	48 025	43 985	8 787
黄州区	32 614	92 010	48 025	43 985	8 787
团风县	114 952	337 478	176 504	160 974	46 224
红安县	175 701	603 306	316 301	287 005	113 984
罗田县	151 575	426 393	227 014	199 379	80 545
英山县	121 327	336 053	176 488	159 565	72 348
浠水县	340 712	1 001 855	525 163	476 692	157 123
蕲春县	278 860	958 201	501 306	456 895	159 554
黄梅县	283 932	866 624	455 247	411 377	154 807
麻城市	278 824	875 192	463 398	411 794	80 354
武穴市	165 104	562 646	298 986	263 660	45 005
咸宁市	625 342	2 124 252	1 112 144	1 012 108	425 956
市辖区	92 831	314 493	165 368	149 125	29 143
咸安区	92 831	314 493	165 368	149 125	29 143
嘉鱼县	116 812	371 731	193 040	178 691	107 737
通城县	120 530	405 112	204 623	200 489	88 609
崇阳县	107 677	378 639	203 388	175 251	75 794
通山县	102 297	348 864	185 305	163 559	89 501
赤壁市	85 195	305 413	160 420	144 993	35 172
随州市	547 342	1 760 354	910 014	850 340	154 927
市辖区	103 204	321 735	164 485	157 250	35 404
曾都区	103 204	321 735	164 485	157 250	35 404
随县	303 338	952 675	492 992	459 683	84 914
广水市	140 800	485 944	252 537	233 407	34 609
恩施土家族苗族自治州	668 878	1 962 529	1 029 915	932 614	272 617
恩施市	44 733	135 414	70 070	65 344	9 385
利川市	156 914	491 157	260 698	230 459	35 012
建始县	91 506	280 259	145 079	135 180	42 781
巴东县	153 969	424 942	223 732	201 210	56 332
宣恩县	47 227	137 653	71 275	66 378	25 762
咸丰县	82 265	223 386	120 641	102 745	34 798
来凤县	57 566	179 658	92 095	87 563	46 487
鹤峰县	34 698	90 060	46 325	43 735	22 060
省直辖行政单位	869 659	3 066 186	1 606 915	1 459 271	557 623
仙桃市	325 830	1 207 112	635 600	571 512	201 311
潜江市	154 061	541 250	274 675	266 575	161 804
天门市	364 032	1 255 678	663 542	592 136	166 005
神农架林区	25 736	62 146	33 098	29 048	28 503

湖南省镇人口

单位：人

地区别	总户数（户）	总人口			总人口中非农业人口
		合计	男	女	
湖南省	13 339 443	42 498 605	22 083 653	20 414 952	7 009 660
长沙市	1 119 889	3 617 301	1 840 265	1 777 036	476 545
市辖区	277 882	860 265	431 629	428 636	188 813
天心区	20 593	55 480	28 189	27 291	28 885
岳麓区	77 478	239 003	119 819	119 184	30 590
开福区	32 629	81 534	39 850	41 684	14 876
雨花区	12 010	65 313	32 981	32 332	45 844
长沙县	206 300	653 982	329 683	324 299	102 949
望城区	135 172	418 935	210 790	208 145	68 618
宁乡县	313 551	972 514	497 110	475 404	121 235
浏阳市	322 156	1 130 540	581 843	548 697	63 548
株洲市	622 583	2 188 542	1 115 984	1 072 558	300 888
市辖区	54 582	178 310	90 181	88 129	35 361
荷塘区	6 060	20 927	10 494	10 433	539
芦淞区	8 390	27 579	14 067	13 512	1 767
石峰区	4 398	15 004	7 485	7 519	2 567
天元区	35 734	114 800	58 135	56 665	30 488
株洲县	34 646	104 817	53 425	51 392	35 810
攸县	172 805	589 083	297 973	291 110	103 758
茶陵县	120 948	430 088	219 670	210 418	72 014
炎陵县	41 273	129 809	65 605	64 204	30 200
醴陵市	198 329	756 435	389 130	367 305	23 745
湘潭市	519 997	1 622 401	838 530	783 871	202 605
市辖区	47 379	134 010	69 650	64 360	63 065
雨湖区	34 901	100 211	52 305	47 906	48 001
岳塘区	12 478	33 799	17 345	16 454	15 064
湘潭县	247 307	776 912	400 662	376 250	85 128
湘乡市	210 689	667 247	345 617	321 630	40 915
韶山市	14 622	44 232	22 601	21 631	13 497
衡阳市	1 505 385	4 908 128	2 585 334	2 322 794	757 753
市辖区	55 355	169 549	86 734	82 815	44 493
珠晖区	19 823	68 741	35 805	32 936	13 388
雁峰区	6 885	21 112	10 467	10 645	4 476
蒸湘区	9 419	28 877	14 902	13 975	5 012
南岳区	19 228	50 819	25 560	25 259	21 617
衡阳县	246 500	782 410	411 623	370 787	139 191
衡南县	323 975	1 014 819	536 946	477 873	140 891
衡山县	77 607	267 144	137 714	129 430	49 570

湖南省镇人口

单位：人

地区别	总户数（户）	总人口			总人口中非农业人口
		合计	男	女	
衡东县	158 901	554 093	286 174	267 919	79 085
祁东县	326 265	981 157	519 309	461 848	174 923
耒阳市	155 123	569 910	301 481	268 429	52 176
常宁市	161 659	569 046	305 353	263 693	77 424
邵阳市	1 460 840	5 068 864	2 671 074	2 397 790	728 877
市辖区	24 083	76 893	39 357	37 536	15 989
双清区	13 600	45 064	23 263	21 801	5 485
大祥区	6 512	21 470	11 017	10 453	1 317
北塔区	3 971	10 359	5 077	5 282	9 187
邵东县	271 976	957 484	504 987	452 497	157 330
新邵县	194 198	673 965	355 938	318 027	79 427
邵阳县	197 314	763 538	402 568	360 970	112 712
隆回县	231 850	806 608	431 479	375 129	93 872
洞口县	212 320	675 805	355 644	320 161	108 357
绥宁县	46 593	147 936	77 331	70 605	38 775
新宁县	107 753	359 790	186 909	172 881	65 525
城步苗族自治县	63 071	212 072	110 023	102 049	46 580
武冈市	111 682	394 773	206 838	187 935	10 310
岳阳市	1 186 655	3 647 702	1 894 356	1 753 346	762 104
市辖区	129 417	343 858	180 205	163 653	173 098
岳阳楼区	6 524	19 831	10 305	9 526	841
云溪区	36 477	103 595	53 464	50 131	50 234
君山区	86 416	220 432	116 436	103 996	122 023
岳阳县	176 928	515 977	269 275	246 702	108 370
华容县	181 211	511 348	262 324	249 024	108 628
湘阴县	205 379	623 538	323 733	299 805	113 321
平江县	226 807	804 203	417 407	386 796	106 866
汨罗市	171 268	524 179	270 543	253 636	124 590
临湘市	95 645	324 599	170 869	153 730	27 231
常德市	1 061 444	3 062 760	1 557 868	1 504 892	551 163
市辖区	196 914	633 643	319 472	314 171	63 211
武陵区	17 854	53 286	25 492	27 794	22 188
鼎城区	179 060	580 357	293 980	286 377	41 023
安乡县	67 926	205 566	104 663	100 903	23 131
汉寿县	119 937	377 690	194 007	183 683	58 352
澧县	202 848	519 610	260 101	259 509	149 177
临澧县	71 545	201 139	101 374	99 765	26 881
桃源县	211 770	594 817	307 053	287 764	127 322

湖南省镇人口

单位：人

地区别	总户数（户）	总人口			总人口中非农业人口
		合计	男	女	
石门县	151 235	422 429	217 054	205 375	88 686
津市市	39 269	107 866	54 144	53 722	14 403
张家界市	276 713	781 059	399 785	381 274	141 743
市辖区	52 846	159 758	81 796	77 962	11 648
永定区	47 501	144 094	73 864	70 230	4 377
武陵源区	5 345	15 664	7 932	7 732	7 271
慈利县	156 129	432 281	220 103	212 178	77 683
桑植县	67 738	189 020	97 886	91 134	52 412
益阳市	1 159 395	3 670 475	1 888 952	1 781 523	556 455
市辖区	266 059	890 698	458 096	432 602	56 159
资阳区	89 075	301 182	155 292	145 890	17 417
赫山区	176 984	589 516	302 804	286 712	38 742
南县	209 760	595 895	304 040	291 855	199 235
桃江县	227 301	731 984	379 319	352 665	105 410
安化县	267 159	870 936	448 296	422 640	119 440
沅江市	189 116	580 962	299 201	281 761	76 211
郴州市	755 495	2 268 608	1 180 242	1 088 366	658 832
市辖区	100 284	270 386	137 037	133 349	47 954
北湖区	35 067	96 742	48 534	48 208	7 948
苏仙区	65 217	173 644	88 503	85 141	40 006
桂阳县	137 998	441 294	230 508	210 786	121 921
宜章县	97 402	315 080	165 786	149 294	73 686
永兴县	109 288	321 640	167 594	154 046	108 513
嘉禾县	63 836	203 774	107 059	96 715	53 399
临武县	38 598	116 474	60 953	55 521	77 883
汝城县	55 634	156 959	82 038	74 921	30 816
桂东县	22 159	69 341	35 592	33 749	18 993
安仁县	61 395	184 856	96 805	88 051	49 982
资兴市	68 901	188 804	96 870	91 934	75 685
永州市	1 432 863	4 592 966	2 438 911	2 154 055	551 982
市辖区	194 610	625 828	328 559	297 269	36 764
芝山区	94 956	311 562	164 212	147 350	17 755
冷水滩区	99 654	314 266	164 347	149 919	19 009
祁阳县	352 418	1 055 632	553 168	502 464	173 737
东安县	193 239	559 955	293 495	266 460	74 225
双牌县	29 171	80 590	41 866	38 724	29 557
道县	138 256	456 119	253 683	202 436	17 886
江永县	58 737	181 077	94 701	86 376	33 611

湖南省镇人口

单位：人

地区别	总户数（户）	总人口			总人口中非农业人口
		合计	男	女	
宁远县	219 307	783 430	422 812	360 618	78 283
蓝山县	66 354	246 728	130 829	115 899	6 775
新田县	70 830	219 571	115 251	104 320	46 855
江华瑶族自治县	109 941	384 036	204 547	179 489	54 289
怀化市	785 368	2 391 016	1 240 741	1 150 275	624 071
市辖区	4 690	15 283	8 073	7 210	676
鹤城区	4 690	15 283	8 073	7 210	676
中方县	45 043	146 690	75 941	70 749	8 331
沅陵县	118 642	360 516	188 549	171 967	103 450
辰溪县	72 815	202 924	105 709	97 215	82 854
溆浦县	163 784	535 231	278 312	256 919	93 258
会同县	55 575	170 192	88 325	81 867	32 064
麻阳县苗族自治县	53 529	169 794	88 117	81 677	43 911
新晃侗族自治县	43 024	121 161	64 651	56 510	33 306
芷江侗族自治县	46 517	129 663	66 310	63 353	45 158
靖州苗族侗族自治县	44 719	136 851	71 205	65 646	39 762
通道侗族自治县	40 539	144 775	74 944	69 831	24 222
洪江市	96 491	257 936	130 605	127 331	117 079
娄底市	1 013 568	3 130 584	1 631 829	1 498 755	414 147
市辖区	28 530	69 617	35 547	34 070	11 894
娄星区	28 530	69 617	35 547	34 070	11 894
双峰县	274 902	818 928	424 752	394 176	109 796
新化县	335 963	1 173 082	612 922	560 160	134 583
冷水江市	59 343	149 798	79 535	70 263	50 900
涟源市	314 830	919 159	479 073	440 086	106 974
湘西土家族苗族自治州	439 248	1 548 199	799 782	748 417	282 495
吉首市	18 202	71 452	36 550	34 902	2 552
泸溪县	62 455	215 991	111 176	104 815	51 906
凤凰县	62 335	228 651	118 755	109 896	44 034
花垣县	49 109	189 848	96 658	93 190	43 976
保靖县	67 519	235 146	122 681	112 465	39 103
古丈县	24 561	69 808	35 762	34 046	21 501
永顺县	90 644	299 703	154 965	144 738	64 817
龙山县	64 423	237 600	123 235	114 365	14 606

广 东 省 镇 人 口

单位：人

地 区 别	总户数（户）	总人口			总人口中非农业人口
		合 计	男	女	
广东省	15 362 220	60 270 584	31 100 198	29 170 386	20 881 795
广州市	906 623	2 910 048	1 466 272	1 443 776	2 088 691
市辖区	664 656	1 965 344	984 182	981 162	1 965 344
白云区	134 069	426 352	212 100	214 252	426 352
番禺区	246 626	653 192	324 358	328 834	653 192
花都区	222 300	669 333	338 661	330 672	669 333
南沙区	42 690	136 356	69 181	67 175	136 356
萝岗区	18 971	80 111	39 882	40 229	80 111
增城市	148 984	596 917	305 784	291 133	95 514
从化市	92 983	347 787	176 306	171 481	27 833
韶关市	773 537	2 526 447	1 304 126	1 222 321	866 041
市辖区	172 196	539 614	284 739	254 875	539 614
武江区	30 506	100 712	50 299	50 413	100 712
浈江区	60 546	177 267	103 271	73 996	177 267
曲江区	81 144	261 635	131 169	130 466	261 635
始兴县	70 425	243 186	121 195	121 991	49 101
仁化县	46 813	169 152	85 663	83 489	16 604
翁源县	158 500	399 561	203 797	195 764	65 240
乳源瑶族自治县	60 168	217 995	111 778	106 217	39 517
新丰县	48 790	171 099	89 121	81 978	9 749
乐昌市	116 056	405 805	213 346	192 459	119 878
南雄市	100 589	380 035	194 487	185 548	26 338
珠海市	153 441	582 172	298 217	283 955	582 172
市辖区	153 441	582 172	298 217	283 955	582 172
香洲区	23 845	103 449	51 699	51 750	103 449
斗门区	94 225	342 619	175 429	167 190	342 619
金湾区	35 371	136 104	71 089	65 015	136 104
汕头市	627 521	3 120 646	1 572 336	1 548 310	3 073 736
市辖区	606 422	3 049 259	1 536 496	1 512 763	3 049 259
龙湖区	33 139	151 656	75 114	76 542	151 656
潮阳区	249 134	1 267 868	643 197	624 671	1 267 868
潮南区	203 262	1 127 972	569 021	558 951	1 127 972
澄海区	120 887	501 763	249 164	252 599	501 763
南澳县	21 099	71 387	35 840	35 547	24 477
佛山市	572 950	1 954 255	969 905	984 350	1 954 255
市辖区	572 950	1 954 255	969 905	984 350	1 954 255
禅城区	25 993	82 542	41 884	40 658	82 542
南海区	279 408	906 245	447 048	459 197	906 245

广东省镇人口

单位：人

地区别	总户数（户）	总人口			总人口中非农业人口
		合计	男	女	
顺德区	167 611	617 186	306 779	310 407	617 186
三水区	59 967	200 820	99 213	101 607	200 820
高明区	39 971	147 462	74 981	72 481	147 462
江门市	974 613	3 259 001	1 641 386	1 617 615	1 534 240
市辖区	345 205	1 094 844	544 646	550 198	1 094 844
蓬江区	72 738	224 602	111 489	113 113	224 602
江海区	36 136	113 979	56 477	57 502	113 979
新会区	236 331	756 263	376 680	379 583	756 263
台山市	288 490	986 640	502 229	484 411	262 671
开平市	132 770	489 129	243 152	245 977	38 596
鹤山市	108 694	368 191	184 378	183 813	107 210
恩平市	99 454	320 197	166 981	153 216	30 919
湛江市	1 573 761	6 468 411	3 430 413	3 037 998	1 554 102
市辖区	220 085	849 370	445 754	403 616	849 370
坡头区	89 411	330 641	174 747	155 894	330 641
麻章区	130 674	518 729	271 007	247 722	518 729
遂溪县	277 428	1 067 515	560 747	506 768	186 582
徐闻县	137 799	578 527	302 904	275 623	77 833
廉江市	365 949	1 544 524	832 426	712 098	190 111
雷州市	383 835	1 558 802	822 240	736 562	184 071
吴川市	188 665	869 673	466 342	403 331	66 135
茂名市	1 612 624	6 491 092	3 445 718	3 045 374	1 726 845
市辖区	199 427	882 271	459 365	422 906	882 271
茂南区	105 296	447 120	229 537	217 583	447 120
茂港区	94 131	435 151	229 828	205 323	435 151
电白县	358 135	1 443 499	781 430	662 069	339 921
高州市	337 079	1 402 552	743 879	658 673	171 403
化州市	408 283	1 601 182	855 527	745 655	211 851
信宜市	309 700	1 161 588	605 517	556 071	121 399
肇庆市	989 778	3 650 959	1 888 396	1 762 563	577 878
市辖区	53 532	165 168	84 665	80 503	165 168
端州区	24 132	71 942	37 697	34 245	71 942
鼎湖区	29 400	93 226	46 968	46 258	93 226
广宁县	177 491	572 127	298 995	273 132	74 272
怀集县	235 450	1 062 160	548 575	513 585	124 760
封开县	130 613	506 044	261 941	244 103	73 752
德庆县	120 256	383 489	199 756	183 733	75 030
高要市	197 086	718 110	369 449	348 661	51 098

广 东 省 镇 人 口

单位：人

地区别	总户数（户）	总人口			总人口中非农业人口
		合计	男	女	
四会市	75 350	243 861	125 015	118 846	13 798
惠州市	568 657	2 216 558	1 121 509	1 095 049	831 664
市辖区	119 951	426 794	213 349	213 445	426 794
惠城区	70 665	261 605	131 259	130 346	261 605
惠阳区	49 286	165 189	82 090	83 099	165 189
博罗县	215 087	842 353	426 582	415 771	236 216
惠东县	159 568	686 431	349 240	337 191	131 894
龙门县	74 051	260 980	132 338	128 642	36 760
梅州市	1 186 657	4 682 894	2 393 007	2 289 887	847 551
市辖区	29 960	104 775	50 911	53 864	104 775
梅江区	29 960	104 775	50 911	53 864	104 775
梅县	156 537	606 315	305 056	301 259	121 559
大埔县	160 824	544 785	280 382	264 403	118 179
丰顺县	172 878	696 513	356 664	339 849	105 411
五华县	295 351	1 321 894	680 486	641 408	182 311
平远县	76 195	260 884	134 159	126 725	83 351
蕉岭县	72 724	230 466	115 508	114 958	63 365
兴宁市	222 188	917 262	469 841	447 421	68 600
汕尾市	648 900	3 078 068	1 605 441	1 472 627	1 347 646
市辖区	37 571	180 329	93 413	86 916	180 329
城区	37 571	180 329	93 413	86 916	180 329
海丰县	203 903	809 500	423 562	385 938	406 698
陆河县	77 398	341 887	176 583	165 304	100 669
陆丰市	330 028	1 746 352	911 883	834 469	659 950
河源市	872 177	3 433 811	1 744 962	1 688 849	588 439
市辖区	21 055	79 117	39 183	39 934	79 117
源城区	21 055	79 117	39 183	39 934	79 117
紫金县	202 673	840 369	428 166	412 203	142 927
龙川县	263 255	985 970	500 413	485 557	162 845
连平县	107 612	407 192	205 729	201 463	70 340
和平县	136 273	539 353	276 850	262 503	72 181
东源县	141 309	581 810	294 621	287 189	61 029
阳江市	600 059	2 221 588	1 188 934	1 032 654	549 022
市辖区	74 686	273 280	142 313	130 967	273 280
江城区	74 686	273 280	142 313	130 967	273 280
阳西县	131 448	521 756	284 400	237 356	99 608
阳东县	140 879	490 846	264 362	226 484	85 279
阳春市	253 046	935 706	497 859	437 847	90 855

广东省镇人口

单位：人

地区别	总户数（户）	总人口			总人口中非农业人口
		合计	男	女	
清远市	985 575	3 661 050	1 887 113	1 773 937	763 982
市辖区	80 263	314 830	161 343	153 487	314 830
清城区	80 263	314 830	161 343	153 487	314 830
佛冈县	85 078	328 079	168 477	159 602	62 346
阳山县	130 948	529 538	274 279	255 259	65 896
连山壮族瑶族自治县	32 272	119 379	61 723	57 656	22 541
连南瑶族自治县	44 660	165 616	85 779	79 837	25 023
清新县	195 487	693 243	357 485	335 758	75 954
英德市	267 588	996 875	517 454	479 421	111 129
连州市	149 279	513 490	260 573	252 917	86 263
潮州市	550 552	2 322 623	1 178 547	1 144 076	442 489
市辖区	12 730	47 873	23 551	24 322	47 873
湘桥区	12 730	47 873	23 551	24 322	47 873
潮安县	292 731	1 253 123	633 489	619 634	163 927
饶平县	245 091	1 021 627	521 507	500 120	230 689
揭阳市	1 127 231	5 331 913	2 726 838	2 605 075	1 013 261
市辖区	27 035	113 951	58 484	55 467	113 951
榕城区	27 035	113 951	58 484	55 467	113 951
揭东县	274 286	1 202 573	619 379	583 194	162 569
揭西县	196 142	816 838	422 046	394 792	163 775
惠来县	259 180	1 344 408	686 221	658 187	352 531
普宁市	370 588	1 854 143	940 708	913 435	220 435
云浮市	637 564	2 359 048	1 237 078	1 121 970	539 781
市辖区	28 687	105 379	53 982	51 397	105 379
云城区	28 687	105 379	53 982	51 397	105 379
新兴县	123 163	477 175	243 898	233 277	163 902
郁南县	150 311	519 944	273 635	246 309	81 666
云安县	86 009	333 892	175 300	158 592	59 711
罗定市	249 394	922 658	490 263	432 395	129 123

广西壮族自治区镇人口

单位：人

地区别	总户数（户）	总人口 合计	男	女	总人口中非农业人口
广西壮族自治区	11 178 509	38 743 473	20 465 365	18 278 108	5 960 539
南宁市	1 523 888	5 070 451	2 672 695	2 397 756	635 496
市辖区	369 495	1 213 252	641 785	571 467	155 733
兴宁区	42 736	148 552	77 841	70 711	22 008
青秀区	45 734	151 973	79 886	72 087	7 343
江南区	74 819	237 840	126 045	111 795	43 330
西乡塘区	63 992	213 932	110 949	102 983	26 469
良庆区	62 608	200 548	108 904	91 644	12 987
邕宁区	79 606	260 407	138 160	122 247	43 596
武鸣县	213 591	646 063	336 889	309 174	78 619
隆安县	82 913	297 695	157 036	140 659	38 876
马山县	118 804	435 027	227 876	207 151	39 349
上林县	108 275	361 258	187 548	173 710	44 348
宾阳县	302 749	1 016 730	538 027	478 703	148 063
横县	328 061	1 100 426	583 534	516 892	130 508
柳州市	544 868	1 840 740	949 303	891 437	384 544
市辖区	36 757	123 040	61 248	61 792	50 068
柳南区	9 761	33 739	16 196	17 543	10 888
柳北区	26 996	89 301	45 052	44 249	39 180
柳江县	150 997	539 018	278 967	260 051	75 527
柳城县	101 704	335 715	171 555	164 160	54 835
鹿寨县	107 231	366 670	190 947	175 723	84 359
融安县	75 512	230 536	120 603	109 933	50 455
融水苗族自治县	46 202	157 286	80 339	76 947	48 693
三江侗族自治县	26 465	88 475	45 644	42 831	20 607
桂林市	946 914	3 045 634	1 584 605	1 461 029	534 183
市辖区	13 872	56 079	27 227	28 852	7 646
雁山区	13 872	56 079	27 227	28 852	7 646
阳朔县	76 146	259 968	134 058	125 910	41 602
临桂县	95 537	341 989	176 777	165 212	53 636
灵川县	88 834	278 201	140 654	137 547	60 700
全州县	159 883	504 161	271 107	233 054	81 025
兴安县	105 370	306 056	158 077	147 979	64 434
永福县	45 717	159 218	83 140	76 078	27 836
灌阳县	52 663	154 654	83 038	71 616	23 505
龙胜各族自治县	20 936	67 342	33 809	33 533	19 751
资源县	17 656	49 840	25 935	23 905	16 994
平乐县	117 035	359 748	188 661	171 087	56 122

广西壮族自治区镇人口

单位：人

地区别	总户数（户）	总人口			总人口中非农业人口
		合计	男	女	
荔浦县	105 753	351 782	180 776	171 006	53 180
恭城瑶族自治县	47 512	156 596	81 346	75 250	27 752
梧州市	846 286	2 919 534	1 557 184	1 362 350	354 365
市辖区	56 860	214 676	110 173	104 503	8 071
万秀区	15 329	63 947	32 918	31 029	2 115
蝶山区	17 056	63 317	32 692	30 625	2 717
长洲区	24 475	87 412	44 563	42 849	3 239
苍梧县	172 757	608 261	325 677	282 584	67 732
藤县	276 886	993 303	534 946	458 357	106 830
蒙山县	66 193	195 937	102 514	93 423	28 506
岑溪市	273 590	907 357	483 874	423 483	143 226
北海市	341 014	1 346 537	712 891	633 646	244 778
市辖区	91 377	347 388	179 329	168 059	52 478
海城区	4 632	16 457	7 998	8 459	2 383
银海区	42 331	154 622	80 246	74 376	28 944
铁山港区	44 414	176 309	91 085	85 224	21 151
合浦县	249 637	999 149	533 562	465 587	192 300
防城港市	159 406	604 788	325 251	279 537	599 584
市辖区	93 639	367 889	197 286	170 603	365 170
港口区	23 362	82 386	42 286	40 100	82 079
防城区	70 277	285 503	155 000	130 503	283 091
上思县	28 306	104 390	58 063	46 327	102 297
东兴市	37 461	132 509	69 902	62 607	132 117
钦州市	940 786	3 727 584	2 037 068	1 690 516	280 141
市辖区	287 943	1 235 756	688 805	546 951	66 112
钦南区	112 986	473 117	258 408	214 709	25 931
钦北区	174 957	762 639	430 397	332 242	40 181
灵山县	405 524	1 581 268	857 308	723 960	130 297
浦北县	247 319	910 560	490 955	419 605	83 732
贵港市	1 302 185	4 363 099	2 306 704	2 056 395	519 129
市辖区	436 089	1 379 084	715 021	664 063	248 627
港北区	168 840	480 048	249 429	230 619	210 498
港南区	158 512	521 083	271 367	249 716	21 229
覃塘区	108 737	377 953	194 225	183 728	16 900
平南县	387 312	1 316 883	705 597	611 286	108 442
桂平市	478 784	1 667 132	886 086	781 046	162 060
玉林市	1 825 224	6 386 490	3 412 763	2 973 727	573 977
市辖区	232 708	858 876	461 049	397 827	74 517

广西壮族自治区镇人口

单位：人

地区别	总户数（户）	总人口			总人口中非农业人口
		合计	男	女	
玉州区	232 708	858 876	461 049	397 827	74 517
容县	248 219	742 591	393 054	349 537	78 683
陆川县	272 271	945 964	494 349	451 615	102 911
博白县	459 518	1 686 686	915 444	771 242	143 571
兴业县	216 800	753 104	405 649	347 455	37 117
北流市	395 708	1 399 269	743 218	656 051	137 178
百色市	603 578	2 147 765	1 108 333	1 039 432	339 298
市辖区	23 648	100 317	50 901	49 416	9 952
右江区	23 648	100 317	50 901	49 416	9 952
田阳县	81 475	267 579	133 770	133 809	40 229
田东县	103 908	387 601	200 394	187 207	56 957
平果县	117 164	406 684	211 621	195 063	60 812
德保县	52 252	165 449	87 281	78 168	29 958
靖西县	78 673	305 259	158 152	147 107	47 170
那坡县	22 805	72 953	37 678	35 275	14 967
凌云县	27 932	92 945	48 225	44 720	15 347
乐业县	18 339	59 752	31 179	28 573	10 941
田林县	23 410	89 276	46 150	43 126	18 570
隆林各族自治县	35 706	132 934	67 641	65 293	23 255
西林县	18 266	67 016	35 341	31 675	11 140
贺州市	568 765	2 094 567	1 094 432	1 000 135	299 920
市辖区	296 151	1 033 847	535 532	498 315	154 290
八步区	296 151	1 033 847	535 532	498 315	154 290
昭平县	85 300	297 887	158 512	139 375	54 825
钟山县	116 514	489 830	257 599	232 231	50 160
富川瑶族自治县	70 800	273 003	142 789	130 214	40 645
河池市	644 186	2 082 283	1 074 013	1 008 270	503 582
市辖区	94 426	281 568	144 896	136 672	114 080
金城江区	94 426	281 568	144 896	136 672	114 080
南丹县	71 997	227 532	118 176	109 356	64 485
天峨县	19 814	65 333	34 026	31 307	15 795
凤山县	13 849	45 405	23 522	21 883	14 903
东兰县	46 331	169 166	87 898	81 268	20 112
罗城仫佬族自治县	94 268	314 247	161 290	152 957	45 007
环江毛南族自治县	81 026	255 588	134 456	121 132	40 558
巴马瑶族自治县	19 670	68 890	35 947	32 943	21 177
都安瑶族自治县	40 876	140 588	70 327	70 261	27 567
大化瑶族自治县	47 555	158 692	81 987	76 705	45 910

广西壮族自治区镇人口

单位：人

地区别	总户数（户）	总人口			总人口中非农业人口
		合计	男	女	
宜州市	114 374	355 274	181 488	173 786	93 988
来宾市	473 809	1 576 335	823 578	752 757	339 741
市辖区	145 457	522 419	272 981	249 438	146 684
兴宾区	145 457	522 419	272 981	249 438	146 684
忻城县	82 041	266 725	138 432	128 293	30 803
象州县	76 930	262 105	136 648	125 457	38 753
武宣县	113 489	354 412	187 823	166 589	50 072
金秀瑶族自治县	30 476	90 135	45 975	44 160	17 320
合山市	25 416	80 539	41 719	38 820	56 109
崇左市	457 600	1 537 666	806 545	731 121	351 801
市辖区	102 998	350 709	186 407	164 302	70 497
江州区	102 998	350 709	186 407	164 302	70 497
扶绥县	118 956	361 562	192 011	169 551	83 124
宁明县	47 038	171 248	90 243	81 005	52 636
龙州县	46 621	149 508	76 127	73 381	46 788
大新县	54 822	197 062	101 713	95 349	42 539
天等县	53 843	195 853	102 704	93 149	23 344
凭祥市	33 322	111 724	57 340	54 384	32 873

海南省镇人口

单位：人

地区别	总户数（户）	总人口 合计	男	女	总人口中非农业人口
海南省	1 904 992	6 904 933	3 603 612	3 301 321	1 532 312
海口市	256 575	844 494	433 935	410 559	237 839
市辖区	256 575	844 494	433 935	410 559	237 839
美兰区	46 848	147 390	72 452	74 938	27 721
龙华区	36 774	131 999	68 604	63 395	8 819
秀英区	70 712	235 437	122 420	113 017	54 456
琼山区	102 241	329 668	170 459	159 209	146 843
三亚市	70 276	319 181	161 761	157 420	52 224
市辖区	70 276	319 181	161 761	157 420	52 224
三亚区	70 276	319 181	161 761	157 420	52 224
省直辖行政单位	1 578 141	5 741 258	3 007 916	2 733 342	1 242 249
五指山市	28 430	90 319	47 003	43 316	43 988
琼海市	131 199	444 066	232 224	211 842	100 553
儋州市	207 540	894 220	464 530	429 690	216 710
文昌市	168 167	564 718	285 646	279 072	92 466
万宁市	141 367	503 464	275 042	228 422	75 479
东方市	113 865	397 388	208 198	189 190	89 700
定安县	92 308	297 326	157 298	140 028	54 599
屯昌县	66 171	242 311	126 771	115 540	46 297
澄迈县	132 495	459 655	248 281	211 374	93 368
临高县	127 836	444 678	232 268	212 410	95 292
白沙黎族自治县	25 937	96 157	50 302	45 855	25 612
昌江黎族自治县	67 876	254 128	132 562	121 566	80 407
乐东黎族自治县	132 487	490 383	253 726	236 657	100 610
陵水黎族自治县	73 384	317 039	165 912	151 127	64 336
保亭黎族苗族自治县	28 570	101 137	52 483	48 654	26 634
琼中黎族苗族自治县	40 509	144 269	75 670	68 599	36 198

重庆市镇人口

单位：人

地区别	总户数（户）	总人口			总人口中非农业人口
		合计	男	女	
重庆市	7 367 199	20 588 000	10 744 965	9 843 035	4 853 927
市辖区	3 122 621	8 111 492	4 190 444	3 921 048	2 175 239
万州区	435 590	1 051 086	545 556	505 530	272 606
涪陵区	200 640	529 507	273 800	255 707	98 771
大渡口区	32 360	67 970	32 518	35 452	35 730
江北区	23 933	60 028	30 306	29 722	38 095
沙坪坝区	102 330	293 223	146 588	146 635	167 383
九龙坡区	152 938	367 738	182 685	185 053	175 562
南岸区	90 243	217 512	106 362	111 150	155 720
北碚区	160 536	394 038	200 034	194 004	135 674
万盛区	70 260	196 528	97 958	98 570	73 538
双桥区	13 935	35 840	17 842	17 998	35 840
渝北区	216 024	557 865	286 327	271 538	159 406
巴南区	159 843	426 891	222 940	203 951	71 733
黔江区	76 314	207 923	110 657	97 266	55 434
长寿区	232 386	597 217	307 354	289 863	70 651
江津区	458 973	1 165 740	611 485	554 255	281 968
合川区	375 420	1 007 429	532 393	475 036	205 295
永川区	211 882	637 877	332 503	305 374	91 733
南川区	109 014	297 080	153 136	143 944	50 100
县	4 244 578	12 476 508	6 554 521	5 921 987	2 678 688
綦江县	279 010	713 266	370 530	342 736	197 290
潼南县	222 074	686 578	366 329	320 249	55 640
铜梁县	236 247	641 537	337 169	304 368	67 145
大足县	254 899	848 309	449 825	398 484	175 337
荣昌县	150 467	442 075	231 238	210 837	98 328
璧山县	105 346	280 588	146 894	133 694	52 261
梁平县	231 792	691 041	365 436	325 605	89 126
城口县	27 072	74 099	39 507	34 592	16 785
丰都县	190 329	585 824	307 098	278 726	78 634
垫江县	290 522	841 013	437 345	403 668	197 843
武隆县	99 308	286 035	149 464	136 571	92 602
忠县	310 381	910 446	473 420	437 026	217 640
开县	397 882	1 197 751	633 718	564 033	289 399
云阳县	312 507	943 088	496 062	447 026	183 706
奉节县	286 868	866 886	454 464	412 422	193 972
巫山县	166 854	453 838	237 068	216 770	131 479
巫溪县	121 392	337 722	178 312	159 410	58 988

重庆市镇人口

单位：人

地区别	总户数（户）	总人口 合计	男	女	总人口中非农业人口
石柱土家族自治县	146 482	417 677	214 687	202 990	139 771
秀山土家族苗族自治县	148 199	446 025	234 668	211 357	134 091
酉阳土家族苗族自治县	165 251	497 783	261 412	236 371	155 311
彭水苗族土家族自治县	101 696	314 927	169 875	145 052	53 340

四川省镇人口

单位：人

地区别	总户数（户）	总人口			总人口中非农业人口
		合计	男	女	
四川省	19 292 220	54 683 985	28 140 292	26 543 693	13 237 140
成都市	2 529 022	6 636 209	3 326 656	3 309 553	2 487 820
市辖区	513 073	1 291 484	640 475	651 009	547 332
龙泉驿区	85 564	230 107	114 314	115 793	47 231
青白江区	109 856	254 596	126 675	127 921	57 967
新都区	239 097	619 594	307 879	311 715	324 028
温江区	78 556	187 187	91 607	95 580	118 106
金堂县	310 057	824 843	425 360	399 483	221 455
双流县	193 622	566 083	283 182	282 901	222 386
郫县	186 835	513 484	253 549	259 935	214 441
大邑县	192 932	492 648	249 457	243 191	201 969
蒲江县	104 428	234 163	116 974	117 189	68 971
新津县	135 315	297 801	147 461	150 340	104 916
都江堰市	166 116	434 619	215 787	218 832	237 723
彭州市	294 100	805 259	403 337	401 922	265 338
邛崃市	207 543	591 084	297 674	293 410	230 929
崇州市	225 001	584 741	293 400	291 341	172 360
自贡市	815 166	2 562 849	1 315 086	1 247 763	633 760
市辖区	304 772	936 259	479 949	456 310	202 391
自流井区	21 757	64 619	32 846	31 773	14 025
贡井区	73 211	215 988	110 760	105 228	42 812
大安区	103 340	313 391	161 217	152 174	58 451
沿滩区	106 464	342 261	175 126	167 135	87 103
荣县	218 986	643 640	329 693	313 947	182 853
富顺县	291 408	982 950	505 444	477 506	248 516
攀枝花市	136 070	421 157	212 444	208 713	147 188
市辖区	61 567	185 991	93 800	92 191	93 241
东区	9 436	28 291	14 582	13 709	18 554
西区	8 582	22 520	11 374	11 146	12 219
仁和区	43 549	135 180	67 844	67 336	62 468
米易县	48 784	155 889	78 646	77 243	29 305
盐边县	25 719	79 277	39 998	39 279	24 642
泸州市	1 033 431	3 592 052	1 864 604	1 727 448	489 417
市辖区	264 092	880 104	454 045	426 059	100 801
江阳区	70 814	254 339	130 893	123 446	22 876
纳溪区	128 867	424 715	222 679	202 036	38 530
龙马潭区	64 411	201 050	100 473	100 577	39 395
泸县	312 114	1 086 940	562 765	524 175	104 758

四川省镇人口

单位：人

地区别	总户数（户）	总人口			总人口中非农业人口
		合计	男	女	
合江县	201 376	643 784	335 602	308 182	115 606
叙永县	121 890	423 692	220 388	203 304	95 726
古蔺县	133 959	557 532	291 804	265 728	72 526
德阳市	1 223 787	3 139 057	1 605 037	1 534 020	661 379
市辖区	150 034	353 658	179 240	174 418	92 901
旌阳区	150 034	353 658	179 240	174 418	92 901
中江县	399 078	1 122 663	592 036	530 627	170 470
罗江县	92 275	249 112	127 568	121 544	51 365
广汉市	214 381	567 518	282 834	284 684	191 077
什邡市	138 722	348 814	173 479	175 335	22 654
绵竹市	229 297	497 292	249 880	247 412	132 912
绵阳市	1 329 719	3 632 134	1 867 932	1 764 202	905 337
市辖区	210 589	543 066	275 037	268 029	140 422
涪城区	102 283	260 528	131 844	128 684	84 867
游仙区	108 306	282 538	143 193	139 345	55 555
三台县	404 212	1 185 499	620 841	564 658	201 133
盐亭县	136 605	381 843	196 955	184 888	94 458
安县	162 535	398 880	203 288	195 592	64 570
梓潼县	79 946	204 286	104 171	100 115	59 506
北川县	50 024	131 537	66 687	64 850	60 037
平武县	43 076	125 777	65 167	60 610	27 400
江油市	242 732	661 246	335 786	325 460	257 811
广元市	673 617	1 818 966	930 002	888 964	439 861
市辖区	142 550	392 281	201 059	191 222	100 749
市中区	73 554	194 825	99 542	95 283	68 080
元坝区	39 194	109 944	56 233	53 711	18 380
朝天区	29 802	87 512	45 284	42 228	14 289
旺苍县	129 902	320 446	163 976	156 470	110 166
青川县	44 245	99 841	51 191	48 650	33 698
剑阁县	148 322	403 631	207 208	196 423	76 363
苍溪县	208 598	602 767	306 568	296 199	118 885
遂宁市	937 213	2 727 210	1 407 718	1 319 492	513 211
市辖区	267 374	850 761	443 032	407 729	72 496
船山区	72 390	204 022	105 776	98 246	21 672
安居区	194 984	646 739	337 256	309 483	50 824
蓬溪县	192 667	545 364	282 956	262 408	100 504
射洪县	311 251	837 234	428 443	408 791	239 262
大英县	165 921	493 851	253 287	240 564	100 949

四川省镇人口

单位：人

地区别	总户数（户）	总人口			总人口中非农业人口
		合计	男	女	
内江市	1 283 546	3 501 478	1 813 383	1 688 095	651 287
市辖区	234 141	683 393	352 244	331 149	96 443
市中区	74 919	216 272	111 019	105 253	40 747
东兴区	159 222	467 121	241 225	225 896	55 696
威远县	303 312	747 902	385 082	362 820	179 660
资中县	448 717	1 308 834	686 690	622 144	183 768
隆昌县	297 376	761 349	389 367	371 982	191 416
乐山市	826 463	2 233 279	1 134 098	1 099 181	776 187
市辖区	282 144	732 895	371 105	361 790	261 732
市中区	92 232	244 345	121 366	122 979	49 379
沙湾区	58 167	153 851	80 957	72 894	64 911
五通桥区	119 776	306 370	153 839	152 531	134 111
金口河区	11 969	28 329	14 943	13 386	13 331
犍为县	135 200	370 002	189 296	180 706	119 245
井研县	90 795	242 987	123 585	119 402	74 124
夹江县	91 474	248 892	124 813	124 079	69 222
沐川县	42 985	129 528	67 847	61 681	34 493
峨边彝族自治县	29 748	88 874	46 506	42 368	23 341
马边彝族自治县	17 865	51 706	26 381	25 325	19 763
峨眉山市	136 252	368 395	184 565	183 830	174 267
南充市	1 347 652	3 857 450	2 008 320	1 849 130	773 938
市辖区	253 464	766 056	400 077	365 979	112 729
顺庆区	35 317	104 016	54 384	49 632	9 855
高坪区	107 343	327 235	168 877	158 358	64 963
嘉陵区	110 804	334 805	176 816	157 989	37 911
南部县	215 486	618 254	322 516	295 738	88 638
营山县	171 680	551 982	285 319	266 663	146 557
蓬安县	150 099	404 109	210 184	193 925	105 522
仪陇县	268 481	783 453	411 148	372 305	165 181
西充县	139 876	331 556	171 015	160 541	112 138
阆中市	148 566	402 040	208 061	193 979	43 173
眉山市	820 291	2 300 918	1 168 810	1 132 108	709 714
市辖区	196 607	523 815	263 515	260 300	152 233
东坡区	196 607	523 815	263 515	260 300	152 233
仁寿县	330 187	910 859	467 729	443 130	280 045
彭山县	97 430	272 353	137 315	135 038	119 552
洪雅县	99 188	297 357	150 695	146 662	88 158
丹棱县	48 910	149 986	75 793	74 193	34 580

四川省镇人口

单位：人

地区别	总户数（户）	总人口			总人口中非农业人口
		合计	男	女	
青神县	47 969	146 548	73 763	72 785	35 146
宜宾市	1 177 065	3 779 521	1 969 234	1 810 287	642 387
市辖区	78 682	263 759	135 584	128 175	37 603
翠屏区	78 682	263 759	135 584	128 175	37 603
宜宾县	259 822	815 509	426 637	388 872	109 811
南溪县	115 726	340 188	175 358	164 830	82 674
江安县	142 610	458 526	239 230	219 296	74 958
长宁县	101 925	320 740	168 505	152 235	52 226
高县	135 061	432 739	224 894	207 845	63 621
珙县	112 559	323 215	168 120	155 095	89 205
筠连县	88 661	324 922	169 253	155 669	52 732
兴文县	86 020	302 190	159 082	143 108	46 178
屏山县	55 999	197 733	102 571	95 162	33 379
广安市	1 033 494	3 030 109	1 585 866	1 444 243	549 884
市辖区	224 227	687 965	361 841	326 124	81 342
广安区	224 227	687 965	361 841	326 124	81 342
岳池县	289 459	852 490	447 176	405 314	160 212
武胜县	208 915	574 875	297 202	277 673	115 734
邻水县	224 947	679 190	355 285	323 905	149 368
华蓥市	85 946	235 589	124 362	111 227	43 228
达州市	1 363 277	3 595 948	1 868 117	1 727 831	956 757
市辖区	64 142	160 649	80 774	79 875	50 698
通川区	64 142	160 649	80 774	79 875	50 698
达县	271 738	721 929	372 589	349 340	191 890
宣汉县	256 957	794 345	415 029	379 316	183 138
开江县	170 635	427 934	226 283	201 651	89 432
大竹县	215 498	579 941	306 836	273 105	169 709
渠县	258 005	652 455	331 868	320 587	188 549
万源市	126 302	258 695	134 738	123 957	83 341
雅安市	262 069	704 954	359 142	345 812	229 149
市辖区	64 868	156 700	79 998	76 702	36 813
雨城区	64 868	156 700	79 998	76 702	36 813
名山县	54 849	164 943	84 642	80 301	33 639
荥经县	23 062	49 320	24 214	25 106	36 071
汉源县	45 614	127 725	64 491	63 234	27 255
石棉县	19 016	46 302	23 770	22 532	34 367
天全县	20 004	57 718	29 368	28 350	22 168
芦山县	23 625	67 545	34 691	32 854	28 144

四川省镇人口

单位：人

地区别	总户数（户）	总人口			总人口中非农业人口
		合计	男	女	
宝兴县	11 031	34 701	17 968	16 733	10 692
巴中市	694 792	2 068 463	1 073 706	994 757	434 735
市辖区	233 133	766 659	400 214	366 445	68 994
巴州区	233 133	766 659	400 214	366 445	68 994
通江县	143 093	397 733	204 763	192 970	110 919
南江县	102 604	288 628	150 099	138 529	90 664
平昌县	215 962	615 443	318 630	296 813	164 158
资阳市	1 158 745	3 239 907	1 680 870	1 559 037	599 440
市辖区	310 511	829 458	433 969	395 489	77 041
雁江区	310 511	829 458	433 969	395 489	77 041
安岳县	262 033	741 550	383 250	358 300	152 481
乐至县	245 659	691 610	359 781	331 829	139 084
简阳市	340 542	977 289	503 870	473 419	230 834
阿坝藏族羌族自治州	119 839	296 485	152 666	143 819	170 924
汶川县	29 503	72 222	37 795	34 427	34 182
理县	8 217	22 053	11 202	10 851	9 134
茂县	16 699	45 514	22 943	22 571	22 960
松潘县	5 738	14 932	7 444	7 488	10 304
九寨沟县	8 770	22 486	11 283	11 203	15 034
金川县	7 342	17 060	8 897	8 163	10 180
小金县	7 299	17 790	9 025	8 765	9 309
黑水县	6 234	15 298	7 954	7 344	8 381
马尔康县	12 891	28 951	15 100	13 851	22 955
壤塘县	2 548	4 975	2 701	2 274	4 975
阿坝县	4 373	11 351	6 055	5 296	7 374
若尔盖县	4 102	9 550	4 975	4 575	7 214
红原县	6 123	14 303	7 292	7 011	8 922
甘孜藏族自治州	89 651	243 130	125 632	117 498	136 112
康定县	17 337	48 556	24 994	23 562	37 259
泸定县	17 867	48 039	24 175	23 864	17 878
丹巴县	3 902	8 769	4 849	3 920	8 127
九龙县	4 512	12 562	6 440	6 122	6 215
雅江县	2 968	8 311	4 343	3 968	5 305
道孚县	5 592	13 914	7 152	6 762	6 833
炉霍县	3 926	9 224	4 933	4 291	5 435
甘孜县	4 527	11 723	6 011	5 712	6 302
新龙县	2 091	6 032	3 044	2 988	4 511
德格县	3 595	8 879	4 719	4 160	4 150

四川省镇人口

单位：人

地区别	总户数（户）	总人口			总人口中非农业人口
		合计	男	女	
白玉县	2 447	5 858	3 147	2 711	3 788
石渠县	4 288	11 109	5 683	5 426	4 211
色达县	3 388	9 691	5 032	4 659	3 984
理塘县	4 283	10 587	5 563	5 024	6 546
巴塘县	3 707	10 932	5 429	5 503	5 348
乡城县	1 660	7 432	4 082	3 350	4 016
稻城县	2 218	6 928	3 625	3 303	3 286
得荣县	1 343	4 584	2 411	2 173	2 918
凉山彝族自治州	437 311	1 302 709	670 969	631 740	328 653
西昌市	53 743	147 414	75 815	71 599	30 469
木里藏族自治县	9 564	28 711	14 808	13 903	12 002
盐源县	47 131	164 113	84 414	79 699	22 937
德昌县	25 969	68 061	34 319	33 742	21 354
会理县	36 825	104 223	54 632	49 591	41 064
会东县	25 188	49 251	25 719	23 532	21 145
宁南县	23 160	75 429	38 237	37 192	16 394
普格县	14 848	44 282	23 127	21 155	12 539
布拖县	14 579	47 490	24 710	22 780	11 792
金阳县	12 814	45 207	23 544	21 663	11 109
昭觉县	10 419	28 956	14 991	13 965	16 789
喜德县	30 537	98 407	50 085	48 322	16 177
冕宁县	48 059	142 101	72 428	69 673	30 625
越西县	33 181	91 458	46 964	44 494	24 671
甘洛县	29 762	101 717	53 013	48 704	14 772
美姑县	6 499	20 227	10 364	9 863	9 924
雷波县	15 033	45 662	23 799	21 863	14 890

贵州省镇人口

单位：人

地区别	总户数（户）	总人口 合计	总人口 男	总人口 女	总人口中非农业人口
贵州省	6 827 701	23 765 167	12 334 555	11 430 612	3 204 138
贵阳市	346 926	1 140 154	578 563	561 591	249 478
市辖区	84 673	315 257	156 265	158 992	87 316
云岩区	15 834	55 818	26 966	28 852	27 490
花溪区	12 893	55 598	27 787	27 811	7 067
乌当区	38 496	127 479	63 951	63 528	29 596
白云区	17 450	76 362	37 561	38 801	23 163
开阳县	88 627	255 704	131 589	124 115	60 326
息烽县	50 478	145 037	74 734	70 303	29 499
修文县	54 060	183 370	93 412	89 958	37 265
清镇市	69 088	240 786	122 563	118 223	35 072
六盘水市	409 043	1 260 049	663 256	596 793	425 679
市辖区	139 878	493 090	261 019	232 071	202 027
钟山区	57 107	195 745	105 650	90 095	73 677
六枝特区	82 771	297 345	155 369	141 976	128 350
水城县	9 184	33 297	16 361	16 936	4 633
盘县	259 981	733 662	385 876	347 786	219 019
遵义市	1 688 744	5 882 719	3 050 225	2 832 494	735 052
市辖区	156 875	478 465	240 690	237 775	68 264
红花岗区	86 392	254 880	127 249	127 631	37 462
汇川区	70 483	223 585	113 441	110 144	30 802
遵义县	356 704	1 181 587	614 042	567 545	170 736
桐梓县	156 445	569 755	296 696	273 059	92 554
绥阳县	136 066	483 458	252 347	231 111	48 145
正安县	125 224	464 980	243 577	221 403	41 480
道真仡佬族苗族自治县	81 850	279 006	146 015	132 991	37 091
务川仡佬族苗族自治县	94 274	345 180	179 654	165 526	33 753
凤冈县	86 494	316 189	164 343	151 846	35 209
湄潭县	107 362	349 589	178 205	171 384	59 069
余庆县	94 255	287 709	148 759	138 950	32 755
习水县	128 743	517 870	270 213	247 657	66 228
赤水市	59 731	197 534	103 005	94 529	19 489
仁怀市	104 721	411 397	212 679	198 718	30 279
安顺市	481 796	1 646 493	846 728	799 765	239 793
市辖区	133 326	501 831	255 258	246 573	68 626
西秀区	133 326	501 831	255 258	246 573	68 626
平坝县	75 946	232 260	118 857	113 403	58 536
普定县	87 480	281 830	144 343	137 487	28 949

贵州省镇人口

单位：人

地区别	总户数（户）	总人口			总人口中非农业人口
		合计	男	女	
镇宁布依族苗族自治县	50 058	166 934	86 015	80 919	30 410
关岭布依族苗族自治县	70 237	241 735	125 768	115 967	32 644
紫云苗族布依族自治县	64 749	221 903	116 487	105 416	20 628
铜仁地区	652 015	2 227 327	1 161 017	1 066 310	320 715
铜仁市	26 885	85 684	45 872	39 812	6 392
江口县	27 043	80 817	41 839	38 978	21 584
玉屏侗族自治县	43 864	130 751	69 792	60 959	31 177
石阡县	65 283	225 336	117 415	107 921	29 784
思南县	121 490	425 682	220 413	205 269	48 295
印江土家族苗族自治县	87 156	279 502	146 141	133 361	31 777
德江县	60 950	203 353	103 860	99 493	48 439
沿河土家族自治县	105 460	382 007	198 178	183 829	44 982
松桃苗族自治县	106 305	397 411	209 266	188 145	42 023
万山特区	7 579	16 784	8 241	8 543	16 262
黔西南州	620 771	2 211 462	1 138 342	1 073 120	171 875
兴义市	125 929	471 494	244 822	226 672	27 473
兴仁县	84 775	297 976	154 310	143 666	13 396
普安县	67 900	232 472	120 907	111 565	22 502
晴隆县	65 745	217 323	111 957	105 366	22 435
贞丰县	67 222	246 232	125 600	120 632	24 927
望谟县	48 738	195 310	98 902	96 408	15 348
册亨县	46 642	173 400	88 496	84 904	13 089
安龙县	113 820	377 255	193 348	183 907	32 705
毕节地区	1 225 136	4 608 213	2 395 458	2 212 755	397 234
毕节市	267 625	1 097 282	573 623	523 659	30 207
大方县	122 318	442 006	230 172	211 834	42 675
黔西县	117 201	432 860	223 244	209 616	65 634
金沙县	98 643	297 337	153 723	143 614	56 737
织金县	168 673	528 635	274 960	253 675	67 482
纳雍县	132 278	507 539	261 756	245 783	42 815
威宁彝族回族苗族自治县	242 534	1 023 010	533 743	489 267	52 221
赫章县	75 864	279 544	144 237	135 307	39 463
黔东南苗族侗族自治州	735 520	2 588 961	1 366 646	1 222 315	341 323
凯里市	69 732	249 847	132 268	117 579	18 426
黄平县	58 805	210 612	109 275	101 337	25 916
施秉县	33 345	117 936	60 910	57 026	15 695
三穗县	47 774	146 027	76 201	69 826	23 167
镇远县	54 660	180 387	94 729	85 658	35 450

贵州省镇人口

单位：人

地区别	总户数（户）	总人口			总人口中非农业人口
		合计	男	女	
岑巩县	30 122	102 088	54 571	47 517	16 125
天柱县	96 698	318 665	168 513	150 152	29 916
锦屏县	37 383	132 134	69 509	62 625	23 530
剑河县	37 810	136 626	73 370	63 256	18 214
台江县	19 106	64 191	33 658	30 533	15 992
黎平县	80 482	290 400	153 475	136 925	33 599
榕江县	42 031	176 006	93 279	82 727	23 856
从江县	35 498	130 648	68 440	62 208	17 403
雷山县	27 836	96 569	52 727	43 842	13 934
麻江县	34 713	127 402	66 738	60 664	14 881
丹寨县	29 525	109 423	58 983	50 440	15 219
黔南布依族苗族自治州	667 750	2 199 789	1 134 320	1 065 469	322 989
都匀市	49 698	179 264	93 509	85 755	10 171
福泉市	68 303	197 931	103 012	94 919	17 802
荔波县	28 628	91 908	47 280	44 628	14 494
贵定县	52 714	166 637	84 108	82 529	41 584
瓮安县	89 138	268 379	138 427	129 952	44 274
独山县	66 780	223 924	114 543	109 381	37 560
平塘县	58 165	210 331	110 735	99 596	18 551
罗甸县	39 751	138 496	70 536	67 960	23 157
长顺县	44 345	154 915	80 891	74 024	22 486
龙里县	45 175	132 258	67 225	65 033	29 410
惠水县	62 983	218 125	111 047	107 078	41 598
三都水族自治县	62 070	217 621	113 007	104 614	21 902

云南省镇人口

单位：人

地区别	总户数（户）	总人口			总人口中非农业人口
		合计	男	女	
云南省	7 076 318	23 707 197	12 146 160	11 561 037	3 230 560
昆明市	794 096	2 399 671	1 213 033	1 186 638	277 666
市辖区	121 947	377 575	194 356	183 219	76 369
盘龙区	20 904	71 156	35 604	35 552	2 885
东川区	101 043	306 419	158 752	147 667	73 484
晋宁县	105 268	246 503	122 284	124 219	44 635
富民县	52 353	149 437	74 296	75 141	18 848
宜良县	148 221	414 000	205 491	208 509	42 690
石林彝族自治县	80 772	227 070	113 941	113 129	28 040
嵩明县	92 420	297 009	149 593	147 416	32 341
禄劝彝族苗族自治县	107 592	362 359	185 683	176 676	24 145
寻甸回族彝族自治县	85 523	325 718	167 389	158 329	10 598
曲靖市	1 195 620	4 091 861	2 141 231	1 950 630	417 531
市辖区	63 478	223 818	116 121	107 697	15 024
麒麟区	63 478	223 818	116 121	107 697	15 024
马龙县	39 785	145 490	74 116	71 374	19 085
陆良县	201 470	607 879	317 572	290 307	73 242
师宗县	72 892	277 019	143 332	133 687	36 044
罗平县	131 700	455 260	240 036	215 224	48 612
富源县	167 094	653 173	338 899	314 274	59 783
会泽县	179 671	606 203	321 036	285 167	62 783
沾益县	56 317	176 799	89 744	87 055	40 003
宣威市	283 213	946 220	500 375	445 845	62 955
玉溪市	537 216	1 573 786	786 216	787 570	242 826
市辖区	87 058	265 992	129 973	136 019	15 895
红塔区	87 058	265 992	129 973	136 019	15 895
江川县	87 572	254 520	127 674	126 846	32 183
澄江县	52 978	140 708	70 143	70 565	19 847
通海县	87 182	262 073	129 344	132 729	37 588
华宁县	54 976	164 944	83 948	80 996	21 499
易门县	37 265	101 089	51 065	50 024	30 288
峨山彝族自治县	35 699	99 451	49 758	49 693	27 620
新平彝族傣族自治县	57 157	172 975	87 633	85 342	33 757
元江哈尼族彝族傣族自治县	37 329	112 034	56 678	55 356	24 149
保山市	310 000	1 124 851	568 220	556 631	136 161
市辖区	105 879	389 267	195 326	193 941	18 237
隆阳区	105 879	389 267	195 326	193 941	18 237

云南省镇人口

单位：人

地区别	总户数（户）	总人口			总人口中非农业人口
		合计	男	女	
施甸县	59 355	214 595	108 124	106 471	25 759
腾冲县	60 978	223 730	113 229	110 501	45 908
龙陵县	31 408	110 658	56 953	53 705	19 504
昌宁县	52 380	186 601	94 588	92 013	26 753
昭通市	790 371	2 755 594	1 446 653	1 308 941	293 398
市辖区	37 667	125 458	65 026	60 432	3 703
昭阳区	37 667	125 458	65 026	60 432	3 703
鲁甸县	46 873	159 213	83 206	76 007	20 536
巧家县	95 790	303 605	164 274	139 331	23 369
盐津县	53 926	185 513	97 972	87 541	25 228
大关县	61 525	205 821	109 196	96 625	17 918
永善县	84 135	272 861	143 544	129 317	23 419
绥江县	40 257	145 101	74 451	70 650	24 385
镇雄县	286 218	1 091 616	572 186	519 430	81 869
彝良县	30 362	108 409	56 459	51 950	21 243
威信县	36 895	116 090	59 372	56 718	29 043
水富县	16 723	41 907	20 967	20 940	22 685
丽江市	159 896	470 676	237 299	233 377	86 637
玉龙纳西族自治县	17 907	60 099	30 345	29 754	8 396
永胜县	88 621	261 715	131 171	130 544	33 138
华坪县	34 589	95 667	48 443	47 224	26 605
宁蒗彝族自治县	18 779	53 195	27 340	25 855	18 498
普洱市	357 046	1 167 399	598 780	568 619	268 289
市辖区	50 937	154 675	77 879	76 796	69 795
思茅区	50 937	154 675	77 879	76 796	69 795
宁洱哈尼族彝族自治县	28 981	94 094	46 891	47 203	27 369
墨江哈尼族自治县	45 060	159 232	84 250	74 982	26 757
景东彝族自治县	52 343	171 339	87 709	83 630	23 344
景谷傣族彝族自治县	57 309	196 095	101 640	94 455	29 946
镇沅彝族哈尼族拉祜族自治县	38 219	119 858	62 794	57 064	19 381
江城哈尼族彝族自治县	8 277	22 489	11 291	11 198	13 766
孟连傣族拉祜族佤族自治县	20 137	65 905	33 187	32 718	16 526
澜沧拉祜族自治县	46 657	157 347	79 606	77 741	30 821
西盟佤族自治县	9 126	26 365	13 533	12 832	10 584
临沧市	343 922	1 238 984	637 329	601 655	161 010
市辖区	9 344	32 911	16 648	16 263	1 614
临翔区	9 344	32 911	16 648	16 263	1 614
凤庆县	84 507	319 101	164 352	154 749	29 892

云南省镇人口

单位：人

地区别	总户数（户）	总人口			总人口中非农业人口
		合计	男	女	
云县	85 794	304 391	157 584	146 807	29 333
永德县	36 341	129 901	67 655	62 246	22 466
镇康县	25 614	99 414	52 434	46 980	11 770
双江拉祜族佤族布朗族傣族自治县	19 885	66 266	33 752	32 514	16 030
耿马傣族佤族自治县	51 654	186 737	93 450	93 287	29 755
沧源佤族自治县	30 783	100 263	51 454	48 809	20 150
楚雄彝族自治州	479 145	1 541 131	785 915	755 216	286 547
楚雄市	102 093	317 840	161 655	156 185	109 296
双柏县	39 821	128 578	67 045	61 533	16 136
牟定县	37 332	122 809	62 336	60 473	15 139
南华县	53 398	182 480	92 625	89 855	23 435
姚安县	51 159	173 933	88 150	85 783	15 682
大姚县	33 919	101 018	51 862	49 156	19 230
永仁县	18 236	54 804	28 267	26 537	12 926
元谋县	37 020	113 492	57 904	55 588	21 889
武定县	36 395	121 834	61 764	60 070	17 368
禄丰县	69 772	224 343	114 307	110 036	35 446
红河哈尼族彝族自治州	629 743	2 076 300	1 057 675	1 018 625	322 024
个旧市	72 814	219 311	110 438	108 873	58 495
开远市	17 910	62 259	31 585	30 674	11 887
蒙自县	82 658	264 439	131 108	133 331	55 169
屏边苗族自治县	11 309	31 605	15 892	15 713	13 288
建水县	100 196	329 797	166 105	163 692	33 257
石屏县	86 053	280 337	141 415	138 922	35 074
弥勒县	116 265	397 813	203 484	194 329	30 320
泸西县	91 672	309 805	163 777	146 028	38 558
元阳县	17 468	61 242	32 371	28 871	15 527
红河县	11 360	34 389	17 389	17 000	12 438
金平苗族瑶族傣族自治县	6 332	27 180	14 117	13 063	922
绿春县	12 506	52 266	27 153	25 113	12 563
河口瑶族自治县	3 200	5 857	2 841	3 016	4 526
文山壮族苗族自治州	447 263	1 674 618	866 495	808 123	227 810
文山县	75 799	264 141	134 974	129 167	53 009
砚山县	53 924	205 945	104 292	101 653	35 763
西畴县	27 060	95 153	49 140	46 013	17 525
麻栗坡县	14 628	55 715	29 043	26 672	2 035
马关县	67 241	243 436	126 868	116 568	30 284
丘北县	46 336	165 966	85 816	80 150	27 781

云南省镇人口

单位：人

地区别	总户数（户）	总人口 合计	男	女	总人口中非农业人口
广南县	104 670	422 263	221 898	200 365	36 524
富宁县	57 605	221 999	114 464	107 535	24 889
西双版纳傣族自治州	103 732	366 882	182 538	184 344	102 521
景洪市	43 590	138 463	68 613	69 850	50 298
勐海县	44 298	174 834	86 833	88 001	39 144
勐腊县	15 844	53 585	27 092	26 493	13 079
大理白族自治州	704 043	2 421 980	1 219 863	1 202 117	253 270
大理市	113 282	371 914	184 060	187 854	61 908
漾濞彝族自治县	21 067	66 554	33 644	32 910	10 250
祥云县	96 261	342 425	172 955	169 470	13 481
宾川县	94 413	335 646	170 136	165 510	29 459
弥渡县	41 858	138 610	69 877	68 733	16 738
南涧彝族自治县	48 167	168 697	86 593	82 104	13 697
巍山彝族回族自治县	61 892	218 456	109 776	108 680	20 415
永平县	38 257	120 945	61 159	59 786	16 736
云龙县	31 566	99 871	51 532	48 339	14 394
洱源县	64 164	228 374	114 249	114 125	20 547
剑川县	39 259	138 660	69 459	69 201	14 841
鹤庆县	53 857	191 828	96 423	95 405	20 804
德宏傣族景颇族自治州	121 727	464 922	233 377	231 545	73 158
瑞丽市	12 582	38 847	18 974	19 873	8 836
潞西市	31 427	129 706	64 233	65 473	15 019
梁河县	17 377	69 021	35 864	33 157	12 289
盈江县	32 339	131 101	66 448	64 653	12 680
陇川县	28 002	96 247	47 858	48 389	24 334
怒江傈僳族自治州	65 522	208 544	105 683	102 861	43 327
泸水县	22 134	64 529	32 795	31 734	26 025
福贡县	8 626	29 376	14 909	14 467	6 970
贡山独龙族怒族自治县	2 643	7 933	3 871	4 062	49
兰坪白族普米族自治县	32 119	106 706	54 108	52 598	10 283
迪庆藏族自治州	36 976	129 998	65 853	64 145	38 385
香格里拉县	25 270	85 634	43 293	42 341	24 416
德钦县	4 252	18 048	9 136	8 912	5 261
维西傈僳族自治县	7 454	26 316	13 424	12 892	8 708

西藏自治区镇人口

单位：人

地区别	总户数（户）	总人口			总人口中非农业人口
		合计	男	女	
西藏自治区	250 837	882 998	443 419	439 579	214 047
拉萨市	22 989	70 072	35 145	34 927	19 414
林周县	2 217	10 750	5 451	5 299	2 523
当雄县	3 358	11 359	6 181	5 178	3 103
尼木县	2 013	7 858	3 858	4 000	1 567
曲水县	2 826	8 937	4 469	4 468	2 016
堆龙德庆县	7 698	20 465	9 922	10 543	5 209
达孜县	1 415	2 532	1 274	1 258	2 215
墨竹工卡县	3 462	8 171	3 990	4 181	2 781
昌都地区	46 076	206 275	103 171	103 104	36 855
昌都县	11 453	38 521	19 226	19 295	16 149
江达县	2 800	10 482	5 313	5 169	3 060
贡觉县	2 135	11 628	5 862	5 766	1 777
类乌齐县	4 134	16 988	8 559	8 429	2 463
丁青县	4 163	20 034	10 086	9 948	2 526
察雅县	5 273	23 406	11 414	11 992	2 368
八宿县	3 060	13 632	6 709	6 923	1 984
左贡县	3 257	16 103	8 188	7 915	1 371
芒康县	3 080	17 778	8 857	8 921	2 519
洛隆县	4 668	26 144	13 173	12 971	2 333
边坝县	2 053	11 559	5 784	5 775	305
山南地区	61 356	178 546	88 824	89 722	43 908
乃东县	16 591	37 379	18 868	18 511	23 182
扎囊县	4 746	16 262	8 097	8 165	2 867
贡嘎县	9 329	35 945	17 784	18 161	3 966
桑日县	2 019	5 944	2 998	2 946	1 336
琼结县	2 358	5 896	2 974	2 922	1 701
曲松县	3 249	9 386	4 713	4 673	1 862
措美县	3 359	10 690	5 294	5 396	1 364
洛扎县	2 698	7 908	3 911	3 997	1 436
加查县	2 911	8 626	4 267	4 359	1 622
隆子县	5 748	16 455	8 032	8 423	2 087
错那县	5 226	13 761	6 693	7 068	1 040
浪卡子县	3 122	10 294	5 193	5 101	1 445
日喀则地区	41 137	149 801	76 682	73 119	37 677
南木林县	3 169	11 377	5 687	5 690	2 694
江孜县	4 992	12 771	6 432	6 339	7 239
定日县	3 820	17 074	8 713	8 361	2 202

西藏自治区镇人口

单位：人

地区别	总户数（户）	总人口			总人口中非农业人口
		合计	男	女	
萨迦县	3 099	12 088	6 092	5 996	1 533
拉孜县	3 516	12 798	6 414	6 384	2 079
昂仁县	3 851	14 300	7 435	6 865	2 183
谢通门县	2 222	7 689	3 844	3 845	1 865
白朗县	2 950	16 488	9 074	7 414	1 511
仁布县	1 329	5 741	3 021	2 720	1 612
康马县	475	3 266	1 710	1 556	1 093
定结县	1 951	7 194	3 712	3 482	1 680
仲巴县	413	2 024	1 022	1 002	85
亚东县	2 143	5 557	2 711	2 846	5 250
吉隆县	2 474	8 815	4 412	4 403	1 317
聂拉木县	2 011	5 994	3 060	2 934	2 790
萨嘎县	1 153	3 054	1 510	1 544	1 336
岗巴县	1 569	3 571	1 833	1 738	1 208
那曲地区	35 771	150 225	75 430	74 795	16 840
那曲县	8 374	30 481	15 145	15 336	7 811
嘉黎县	1 317	6 246	3 106	3 140	388
比如县	4 519	19 754	9 902	9 852	1 019
聂荣县	436	2 786	1 553	1 233	643
安多县	4 771	20 447	10 371	10 076	2 342
申扎县	1 865	7 202	3 736	3 466	1 767
索县	3 484	16 028	7 820	8 208	246
班嘎县	4 255	17 279	8 449	8 830	1 165
巴青县	4 512	21 695	10 999	10 696	302
尼玛县	2 238	8 307	4 349	3 958	1 157
阿里地区	10 799	28 354	14 533	13 821	15 242
普兰县	1 685	5 930	2 905	3 025	1 251
札达县	753	1 970	969	1 001	1 015
噶尔县	4 579	9 161	4 837	4 324	9 161
日土县	875	2 362	1 209	1 153	1 159
改则县	1 671	5 243	2 674	2 569	1 690
措勤县	1 236	3 688	1 939	1 749	966
林芝地区	32 709	99 725	49 634	50 091	44 111
林芝县	14 587	34 709	17 292	17 417	23 761
工布江达县	4 035	13 596	6 834	6 762	3 302
米林县	3 578	11 624	5 542	6 082	4 476
墨脱县	837	3 098	1 675	1 423	1 259

西藏自治区镇人口

单位：人

地区别	总户数（户）	总人口			总人口中非农业人口
		合计	男	女	
波密县	4 180	15 745	7 899	7 846	6 514
察隅县	3 316	13 990	6 910	7 080	2 897
朗县	2 176	6 963	3 482	3 481	1 902

陕西省镇人口

单位：人

地区别	总户数（户）	总人口			总人口中非农业人口
		合计	男	女	
陕西省	7 465 759	23 639 269	12 291 924	11 347 345	6 815 727
西安市	526 358	1 815 769	936 766	879 003	339 198
市辖区	76 648	289 219	146 277	142 942	8 888
阎良区	26 275	94 484	47 658	46 826	3 474
临潼区	28 242	111 163	56 176	54 987	2 287
长安区	22 131	83 572	42 443	41 129	3 127
蓝田县	120 734	411 040	212 011	199 029	53 806
周至县	111 005	419 354	220 725	198 629	56 285
户县	151 133	481 763	250 241	231 522	111 055
高陵县	66 838	214 393	107 512	106 881	109 164
铜川市	150 695	476 225	252 864	223 361	192 999
市辖区	130 000	416 803	221 556	195 247	168 533
王益区	12 045	36 639	18 659	17 980	13 109
印台区	44 758	146 234	80 560	65 674	88 414
耀州区	73 197	233 930	122 337	111 593	67 010
宜君县	20 695	59 422	31 308	28 114	24 466
宝鸡市	863 165	2 995 007	1 553 423	1 441 584	1 266 286
市辖区	233 735	861 136	443 416	417 720	277 363
渭滨区	40 394	145 876	73 671	72 205	59 194
金台区	31 344	110 589	55 801	54 788	41 698
陈仓区	161 997	604 671	313 944	290 727	176 471
凤翔县	129 934	423 027	217 314	205 713	240 044
岐山县	138 266	472 825	244 539	228 286	230 738
扶风县	105 784	394 726	206 506	188 220	163 437
眉县	87 022	300 351	155 132	145 219	140 039
陇县	64 063	215 072	113 012	102 060	93 451
千阳县	28 826	93 317	48 697	44 620	17 317
麟游县	25 925	88 210	47 986	40 224	24 820
凤县	33 422	100 435	52 345	48 090	63 386
太白县	16 188	45 908	24 476	21 432	15 691
咸阳市	1 023 754	3 485 077	1 806 349	1 678 728	802 946
市辖区	44 374	174 274	88 504	85 770	10 366
秦都区	19 595	72 418	36 682	35 736	2 466
杨陵区	19 681	80 782	41 317	39 465	7 549
渭城区	5 098	21 074	10 505	10 569	351
三原县	115 525	337 693	170 088	167 605	77 117
泾阳县	146 020	523 639	267 215	256 424	79 796
乾县	144 655	505 061	264 305	240 756	54 644

陕西省镇人口

单位：人

地区别	总户数（户）	总人口			总人口中非农业人口
		合计	男	女	
礼泉县	138 201	418 255	217 662	200 593	59 290
永寿县	45 741	156 200	81 711	74 489	26 519
彬县	71 592	249 367	130 678	118 689	126 439
长武县	46 303	164 193	86 557	77 636	18 878
旬邑县	72 128	246 980	129 910	117 070	87 987
淳化县	34 442	104 727	55 162	49 565	23 587
武功县	99 732	335 537	174 150	161 387	121 320
兴平市	65 041	269 151	140 407	128 744	117 003
渭南市	1 228 965	3 911 172	1 985 304	1 925 868	1 259 212
市辖区	175 554	626 116	312 595	313 521	55 760
临渭区	175 554	626 116	312 595	313 521	55 760
华县	85 547	271 265	139 040	132 225	103 138
潼关县	36 963	108 694	55 177	53 517	69 028
大荔县	130 456	441 991	222 516	219 475	153 073
合阳县	142 865	456 936	230 894	226 042	171 302
澄城县	114 752	340 169	173 273	166 896	112 478
蒲城县	151 854	512 552	259 669	252 883	146 697
白水县	64 741	155 602	80 596	75 006	78 400
富平县	202 218	597 833	303 409	294 424	217 124
韩城市	80 309	263 884	137 855	126 029	96 122
华阴市	43 706	136 130	70 280	65 850	56 090
延安市	536 526	1 487 903	766 897	721 006	591 088
市辖区	72 253	201 432	101 600	99 832	59 496
宝塔区	72 253	201 432	101 600	99 832	59 496
延长县	44 349	109 423	56 633	52 790	40 357
延川县	46 577	133 088	69 201	63 887	41 106
子长县	69 438	211 755	108 541	103 214	56 808
安塞县	48 154	140 133	72 437	67 696	26 987
志丹县	45 683	112 545	58 542	54 003	75 468
吴旗县	25 442	70 247	36 742	33 505	33 087
甘泉县	22 287	54 917	28 254	26 663	24 685
富县	40 001	117 629	61 378	56 251	41 931
洛川县	46 415	130 865	68 198	62 667	73 803
宜川县	28 421	76 756	39 346	37 410	37 095
黄龙县	10 965	27 582	14 269	13 313	17 626
黄陵县	36 541	101 531	51 756	49 775	62 639
汉中市	953 300	2 840 442	1 485 772	1 354 670	564 672
市辖区	70 639	213 329	109 992	103 337	36 439

陕西省镇人口

单位：人

地区别	总户数（户）	总人口			总人口中非农业人口
		合计	男	女	
汉台区	70 639	213 329	109 992	103 337	36 439
南郑县	153 008	449 804	233 228	216 576	97 453
城固县	153 903	452 731	234 648	218 083	92 878
洋县	117 649	372 036	196 885	175 151	73 813
西乡县	126 768	360 218	190 419	169 799	60 144
勉县	123 615	367 545	188 475	179 070	73 111
宁强县	84 077	246 537	129 033	117 504	32 196
略阳县	52 824	152 425	82 833	69 592	54 547
镇巴县	54 426	180 434	96 074	84 360	30 881
留坝县	11 051	31 242	16 594	14 648	7 540
佛坪县	5 340	14 141	7 591	6 550	5 670
榆林市	802 564	2 272 404	1 187 032	1 085 372	730 097
市辖区	70 147	204 516	105 120	99 396	6 483
榆阳区	70 147	204 516	105 120	99 396	6 483
神木县	137 287	345 026	181 740	163 286	343 993
府谷县	51 363	130 226	68 903	61 323	66 538
横山县	70 461	251 684	131 829	119 855	47 358
靖边县	69 010	214 906	110 709	104 197	48 577
定边县	66 275	204 929	106 120	98 809	47 328
绥德县	80 983	219 210	114 171	105 039	49 844
米脂县	54 833	152 651	79 300	73 351	35 826
佳县	54 151	145 943	77 082	68 861	26 909
吴堡县	23 988	57 288	29 700	27 588	29 107
清涧县	44 060	129 075	68 663	60 412	3 901
子洲县	80 006	216 950	113 695	103 255	24 233
安康市	705 387	2 119 751	1 137 815	981 936	302 510
市辖区	165 519	529 947	283 582	246 365	45 108
汉滨区	165 519	529 947	283 582	246 365	45 108
汉阴县	88 922	262 962	141 469	121 493	33 142
石泉县	48 411	133 285	70 944	62 341	28 756
宁陕县	22 276	63 877	34 096	29 781	14 692
紫阳县	84 549	262 772	142 298	120 474	39 591
岚皋县	40 129	107 500	58 119	49 381	22 761
平利县	79 764	206 083	111 273	94 810	32 842
镇坪县	13 542	38 213	20 085	18 128	8 452
旬阳县	114 497	357 465	190 928	166 537	55 120
白河县	47 778	157 647	85 021	72 626	22 046
商洛市	675 045	2 235 519	1 179 702	1 055 817	766 719

陕西省镇人口

单位：人

地区别	总户数（户）	总人口			总人口中非农业人口
		合计	男	女	
市辖区	80 550	311 480	162 258	149 222	38 840
商州区	80 550	311 480	162 258	149 222	38 840
洛南县	140 216	456 509	237 528	218 981	184 026
丹凤县	95 397	307 354	161 983	145 371	113 057
商南县	83 798	242 003	127 034	114 969	99 600
山阳县	138 442	462 157	246 639	215 518	186 721
镇安县	85 940	298 881	160 737	138 144	80 897
柞水县	50 702	157 135	83 523	73 612	63 578

甘肃省镇人口

单位：人

地区别	总户数（户）	总人口			总人口中非农业人口
		合计	男	女	
甘肃省	3 797 655	12 880 176	6 649 390	6 230 786	2 981 222
兰州市	298 925	973 741	498 901	474 840	261 826
市辖区	73 030	223 499	114 329	109 170	117 545
七里河区	26 684	96 480	50 705	45 775	39 417
西固区	18 034	47 058	23 476	23 582	28 915
红古区	28 312	79 961	40 148	39 813	49 213
永登县	126 819	417 873	214 388	203 485	73 057
皋兰县	42 539	129 324	66 050	63 274	28 549
榆中县	56 537	203 045	104 134	98 911	42 675
嘉峪关市	4 817	16 122	7 910	8 212	16 122
市辖区	4 817	16 122	7 910	8 212	16 122
嘉峪关区	4 817	16 122	7 910	8 212	16 122
金昌市	81 588	237 260	123 464	113 796	66 654
市辖区	16 809	48 961	25 385	23 576	1 267
金川区	16 809	48 961	25 385	23 576	1 267
永昌县	64 779	188 299	98 079	90 220	65 387
白银市	172 934	559 590	287 244	272 346	143 182
市辖区	30 846	106 006	55 556	50 450	12 868
白银区	10 655	35 261	18 200	17 061	0
平川区	20 191	70 745	37 356	33 389	12 868
靖远县	47 253	152 355	77 569	74 786	39 691
会宁县	46 353	140 696	71 454	69 242	40 791
景泰县	48 482	160 533	82 665	77 868	49 832
天水市	521 118	1 944 372	997 720	946 652	609 247
市辖区	185 626	737 684	379 863	357 821	281 289
秦州区	80 097	338 767	174 629	164 138	110 064
麦积区	105 529	398 917	205 234	193 683	171 225
清水县	41 813	147 068	76 548	70 520	24 433
秦安县	67 957	242 724	122 651	120 073	124 881
甘谷县	104 769	384 865	195 939	188 926	52 464
武山县	82 730	289 859	149 868	139 991	78 870
张家川回族自治县	38 223	142 172	72 851	69 321	47 310
武威市	311 580	1 104 780	569 701	535 079	153 909
市辖区	155 715	574 059	296 757	277 302	43 707
凉州区	155 715	574 059	296 757	277 302	43 707
民勤县	36 726	120 314	61 574	58 740	36 776
古浪县	73 820	264 221	135 480	128 741	31 446
天祝藏族自治县	45 319	146 186	75 890	70 296	41 980

甘肃省镇人口

单位：人

地区别	总户数（户）	总人口			总人口中非农业人口
		合计	男	女	
张掖市	226 378	683 745	354 433	329 312	185 028
市辖区	74 595	239 032	123 734	115 298	36 595
甘州区	74 595	239 032	123 734	115 298	36 595
肃南裕固族自治县	6 927	17 971	9 100	8 871	10 517
民乐县	45 100	139 230	73 074	66 156	34 772
临泽县	41 535	119 507	61 646	57 861	24 237
高台县	22 468	60 670	31 313	29 357	27 124
山丹县	35 753	107 335	55 566	51 769	51 783
平凉市	308 245	1 010 874	523 310	487 564	214 340
市辖区	41 688	151 638	77 480	74 158	5 501
崆峒区	41 688	151 638	77 480	74 158	5 501
泾川县	62 668	202 771	104 817	97 954	29 150
灵台县	42 148	131 188	68 630	62 558	19 091
崇信县	18 458	56 460	29 416	27 044	15 999
华亭县	45 726	131 845	69 625	62 220	75 694
庄浪县	54 681	191 207	98 753	92 454	27 573
静宁县	42 876	145 765	74 589	71 176	41 332
酒泉市	148 492	461 945	235 332	226 613	94 531
市辖区	44 731	151 479	77 546	73 933	6 202
肃州区	44 731	151 479	77 546	73 933	6 202
金塔县	22 839	72 275	37 162	35 113	2 344
瓜州县	19 047	51 690	26 529	25 161	24 096
肃北蒙古族自治县	4 435	10 446	5 273	5 173	5 707
阿克塞哈萨克族自治县	2 581	6 757	3 439	3 318	5 766
玉门市	11 594	47 330	24 387	22 943	9 741
敦煌市	43 265	121 968	60 996	60 972	40 675
庆阳市	355 757	1 161 744	605 163	556 581	181 624
市辖区	29 768	106 851	54 542	52 309	5 629
西峰区	29 768	106 851	54 542	52 309	5 629
庆城县	53 372	154 132	80 533	73 599	41 240
环县	35 445	118 033	62 040	55 993	22 046
华池县	17 110	46 461	24 554	21 907	15 648
合水县	18 682	56 390	29 981	26 409	16 685
正宁县	43 488	140 538	73 631	66 907	23 430
宁县	81 560	279 966	145 515	134 451	28 422
镇原县	76 332	259 373	134 367	125 006	28 524
定西市	608 454	2 139 815	1 107 554	1 032 261	335 204
市辖区	114 824	384 556	204 037	180 519	95 001

甘肃省镇人口

单位：人

地区别	总户数（户）	总人口 合计	总人口 男	总人口 女	总人口中非农业人口
安定区	114 824	384 556	204 037	180 519	95 001
通渭县	65 956	239 101	124 035	115 066	34 855
陇西县	116 851	412 944	214 004	198 940	77 660
渭源县	70 675	238 632	123 933	114 699	22 532
临洮县	130 762	457 394	231 655	225 739	52 601
漳县	26 706	94 848	48 953	45 895	17 224
岷县	82 680	312 340	160 937	151 403	35 331
陇南市	402 585	1 345 376	699 470	645 906	397 125
市辖区	97 443	314 902	162 055	152 847	119 350
武都区	97 443	314 902	162 055	152 847	119 350
宕昌县	36 208	133 436	69 153	64 283	21 953
成县	70 763	229 978	119 665	110 313	100 185
康县	33 194	102 729	55 167	47 562	16 975
文县	23 357	64 296	33 042	31 254	29 008
西和县	51 337	186 682	97 692	88 990	36 913
礼县	40 946	158 489	82 168	76 321	33 516
两当县	7 793	21 292	11 242	10 050	9 705
徽县	41 544	133 572	69 286	64 286	29 520
临夏回族自治州	286 378	1 034 582	533 383	501 199	232 579
临夏市	27 673	110 819	54 743	56 076	22 303
临夏县	36 317	125 197	65 846	59 351	19 294
康乐县	29 699	108 780	56 246	52 534	17 539
永靖县	49 166	160 099	82 017	78 082	42 127
广河县	46 626	202 824	103 670	99 154	23 735
和政县	37 425	110 160	57 140	53 020	42 965
东乡族自治县	35 526	130 632	68 001	62 631	46 249
积石山保安族东乡族撒拉族自治县	23 946	86 071	45 720	40 351	18 367
甘南藏族自治州	70 404	206 230	105 805	100 425	89 851
临潭县	20 241	63 000	32 261	30 739	17 062
卓尼县	12 137	36 813	19 019	17 794	13 738
舟曲县	11 171	29 909	15 529	14 380	13 230
迭部县	7 748	20 221	10 670	9 551	14 527
玛曲县	5 884	14 926	7 611	7 315	8 735
碌曲县	4 948	15 339	7 737	7 602	7 007
夏河县	8 275	26 022	12 978	13 044	15 552

青海省镇人口

单位：人

地区别	总户数（户）	总人口			总人口中非农业人口
		合计	男	女	
青海省	873 439	2 819 232	1 436 097	1 383 135	896 323
西宁市	251 917	873 423	447 721	425 702	200 771
市辖区	26 507	95 939	48 415	47 524	40 620
城东区	8 229	24 404	12 290	12 114	17 840
城西区	4 805	18 603	9 245	9 358	5 347
城北区	13 473	52 932	26 880	26 052	17 433
大通回族土族自治县	85 687	311 332	159 985	151 347	90 587
湟中县	117 745	405 915	209 240	196 675	38 521
湟源县	21 978	60 237	30 081	30 156	31 043
海东地区	282 038	956 217	488 380	467 837	291 246
平安县	28 379	78 293	39 151	39 142	39 922
民和县	58 834	219 388	112 800	106 588	64 569
乐都县	61 120	183 034	92 907	90 127	47 283
互助县	63 134	213 215	110 958	102 257	85 542
化隆县	47 229	178 654	90 557	88 097	34 006
循化县	23 342	83 633	42 007	41 626	19 924
海北藏族自治州	57 225	181 086	91 478	89 608	59 633
门源县	29 936	102 098	51 989	50 109	23 962
祁连县	11 549	34 611	17 200	17 411	10 489
海晏县	7 296	19 277	9 760	9 517	15 439
刚察县	8 444	25 100	12 529	12 571	9 743
黄南藏族自治州	41 973	115 870	58 064	57 806	48 034
同仁县	16 679	42 599	21 254	21 345	26 375
尖扎县	13 217	37 010	18 365	18 645	11 198
泽库县	7 162	22 553	11 525	11 028	5 256
河南县	4 915	13 708	6 920	6 788	5 205
海南藏族自治州	90 032	280 446	141 102	139 344	98 661
共和县	32 808	96 429	49 095	47 334	44 258
同德县	9 949	35 342	17 771	17 571	10 268
贵德县	22 893	70 943	35 470	35 473	17 683
兴海县	12 045	40 106	20 039	20 067	9 855
贵南县	12 337	37 626	18 727	18 899	16 597
果洛藏族自治州	23 138	64 444	33 026	31 418	30 477
玛沁县	9 728	28 221	14 382	13 839	13 634
班玛县	2 490	6 513	3 398	3 115	4 163
甘德县	3 385	9 677	4 979	4 698	3 863
达日县	2 567	6 680	3 379	3 301	3 767

青海省镇人口

单位：人

地区别	总户数（户）	总人口			总人口中非农业人口
		合计	男	女	
久治县	2 072	6 452	3 297	3 155	2 273
玛多县	2 896	6 901	3 591	3 310	2 777
玉树藏族自治州	57 338	160 290	80 635	79 655	58 640
玉树县	18 864	55 889	28 133	27 756	23 399
杂多县	3 461	12 602	6 427	6 175	5 797
称多县	19 176	47 300	23 682	23 618	10 961
治多县	4 347	10 811	5 477	5 334	4 646
囊谦县	7 913	24 464	12 231	12 233	8 395
曲麻莱县	3 577	9 224	4 685	4 539	5 442
海西蒙古族藏族自治州	69 778	187 456	95 691	91 765	108 861
格尔木市	3 110	8 779	4 429	4 350	6 943
德令哈市	8 126	25 640	13 509	12 131	9 699
乌兰县	41 891	102 809	51 777	51 032	79 056
都兰县	12 085	38 176	19 954	18 222	7 010
天峻县	4 566	12 052	6 022	6 030	6 153

宁夏回族自治区镇人口

单位：人

地区别	总户数（户）	总人口 合计	总人口 男	总人口 女	总人口中非农业人口
宁夏回族自治区	1 094 864	3 315 537	1 689 290	1 626 247	1 016 282
银川市	178 957	504 163	256 908	247 255	116 520
市辖区	44 473	124 146	62 358	61 788	31 242
兴庆区	21 959	52 806	25 904	26 902	19 458
西夏区	10 344	34 709	17 751	16 958	5 540
金凤区	12 170	36 631	18 703	17 928	6 244
永宁县	52 359	161 950	82 287	79 663	28 223
贺兰县	33 103	91 501	46 211	45 290	8 995
灵武市	49 022	126 566	66 052	60 514	48 060
石嘴山市	93 328	238 312	120 506	117 806	115 503
市辖区	19 398	47 177	23 754	23 423	32 339
惠农区	19 398	47 177	23 754	23 423	32 339
平罗县	73 930	191 135	96 752	94 383	83 164
吴忠市	354 693	1 087 129	551 070	536 059	359 693
市辖区	104 239	310 196	154 445	155 751	170 532
利通区	104 239	310 196	154 445	155 751	170 532
盐池县	41 421	112 147	57 179	54 968	31 081
同心县	111 956	379 995	193 422	186 573	94 306
红寺堡	17 796	58 781	30 551	28 230	21 573
青铜峡市	79 281	226 010	115 473	110 537	42 201
固原市	214 681	715 197	368 341	346 856	147 287
市辖区	89 033	295 364	151 760	143 604	44 925
原州区	89 033	295 364	151 760	143 604	44 925
西吉县	47 743	167 052	85 882	81 170	40 411
隆德县	20 417	61 895	31 445	30 450	22 749
泾源县	22 889	77 120	40 346	36 774	11 339
彭阳县	34 599	113 766	58 908	54 858	27 863
中卫市	253 205	770 736	392 465	378 271	277 279
市辖区	136 941	387 514	197 569	189 945	152 243
城区	136 941	387 514	197 569	189 945	152 243
中宁县	52 893	162 822	82 202	80 620	80 851
海原县	63 371	220 400	112 694	107 706	44 185

新疆维吾尔自治区镇人口

单位：人

地区别	总户数（户）	总人口 合计	男	女	总人口中非农业人口
新疆维吾尔自治区	2 069 024	6 595 017	3 353 191	3 241 826	3 408 637
乌鲁木齐市	50 798	149 091	75 951	73 140	20 144
市辖区	45 661	135 699	69 438	66 261	15 456
高新区(新市区)	7 614	23 123	11 542	11 581	5 214
达坂城区	2 855	11 529	6 343	5 186	2 682
米东区	35 192	101 047	51 553	49 494	7 560
乌鲁木齐县	5 137	13 392	6 513	6 879	4 688
克拉玛依市	3 762	9 736	5 011	4 725	9 734
市辖区	3 762	9 736	5 011	4 725	9 734
克拉玛依区	3 762	9 736	5 011	4 725	9 734
吐鲁番地区	59 998	183 540	91 526	92 014	84 810
吐鲁番市	6 756	17 513	8 940	8 573	14 790
鄯善县	45 452	141 703	70 590	71 113	48 097
托克逊县	7 790	24 324	11 996	12 328	21 923
哈密地区	49 420	140 925	72 639	68 286	75 947
哈密市	27 015	83 015	42 972	40 043	53 495
巴里坤哈萨克自治县	18 420	47 317	24 198	23 119	15 830
伊吾县	3 985	10 593	5 469	5 124	6 622
昌吉回族自治州	265 845	783 135	399 144	383 991	343 149
昌吉市	36 838	113 303	58 592	54 711	22 809
阜康市	27 195	81 273	41 396	39 877	29 756
呼图壁县	71 967	202 674	102 982	99 692	119 924
玛纳斯县	36 972	105 799	53 219	52 580	40 164
奇台县	51 476	159 217	81 269	77 948	82 255
吉木萨尔县	28 787	81 631	41 513	40 118	29 450
木垒哈萨克自治县	12 610	39 238	20 173	19 065	18 791
博尔塔拉蒙古自治州	46 723	137 872	70 319	67 553	38 840
博乐市	20 694	64 925	33 293	31 632	5 957
精河县	17 034	49 742	25 265	24 477	20 864
温泉县	8 995	23 205	11 761	11 444	12 019
巴音郭楞蒙古自治州	189 623	578 546	296 395	282 151	326 686
库尔勒市	29 828	83 881	42 925	40 956	59 319
轮台县	20 122	70 430	35 415	35 015	23 809
尉犁县	24 130	61 945	31 512	30 433	49 991
若羌县	6 368	17 241	8 820	8 421	13 944
且末县	5 807	18 585	9 268	9 317	15 979
焉耆回族自治县	30 798	119 094	61 828	57 266	51 413
和静县	49 915	143 944	74 002	69 942	70 760

新疆维吾尔自治区镇人口

单位：人

地区别	总户数（户）	总人口			总人口中非农业人口
		合计	男	女	
和硕县	12 211	32 008	16 598	15 410	25 389
博湖县	10 444	31 418	16 027	15 391	16 082
阿克苏地区	267 817	1 045 823	531 235	514 588	396 799
阿克苏市	16 925	79 696	40 986	38 710	3 990
温宿县	35 274	135 070	69 068	66 002	46 286
库车县	79 916	335 238	173 019	162 219	150 619
沙雅县	49 981	185 061	91 572	93 489	51 816
新和县	16 300	52 998	26 101	26 897	26 827
拜城县	25 653	81 087	40 871	40 216	40 837
乌什县	8 943	29 752	14 792	14 960	24 369
阿瓦提县	32 256	138 213	70 410	67 803	45 273
柯坪县	2 569	8 708	4 416	4 292	6 782
克孜勒苏柯尔克孜自治州	22 920	72 000	36 503	35 497	51 422
阿克陶县	12 123	41 209	20 839	20 370	23 341
阿合奇县	4 062	12 504	6 240	6 264	9 794
乌恰县	6 735	18 287	9 424	8 863	18 287
喀什地区	256 117	971 983	485 916	486 067	463 275
喀什市	27 494	97 433	48 372	49 061	48 572
疏附县	9 463	32 115	16 792	15 323	20 355
疏勒县	27 362	98 107	48 977	49 130	30 178
英吉沙县	10 660	38 688	19 460	19 228	29 477
泽普县	3 055	9 254	4 648	4 606	1 630
莎车县	81 610	361 277	181 093	180 184	108 595
叶城县	21 130	75 263	37 260	38 003	71 694
麦盖提县	11 001	35 409	17 653	17 756	34 691
岳普湖县	11 529	41 540	20 769	20 771	19 919
伽师县	14 912	45 877	22 597	23 280	31 956
巴楚县	32 445	122 582	60 615	61 967	54 594
塔什库尔干塔吉克自治县	5 456	14 438	7 680	6 758	11 614
和田地区	98 586	330 359	167 685	162 674	110 280
和田市	11 340	50 554	25 656	24 898	7 572
和田县	13 439	58 108	29 647	28 461	3 681
墨玉县	7 898	18 900	9 849	9 051	18 900
皮山县	17 136	54 431	27 626	26 805	19 881
洛浦县	11 545	39 259	19 747	19 512	16 603
策勒县	10 087	28 684	14 309	14 375	14 333
于田县	22 950	68 393	34 846	33 547	21 901
民丰县	4 191	12 030	6 005	6 025	7 409

新疆维吾尔自治区镇人口

单位：人

地区别	总户数（户）	总人口			总人口中非农业人口
		合计	男	女	
伊犁哈萨克自治州	297 190	863 616	443 038	420 578	467 281
奎屯市	60 668	172 021	88 082	83 939	146 114
伊宁市	8 455	32 633	16 604	16 029	9 339
伊宁县	19 454	54 591	27 924	26 667	27 567
察布查尔锡伯自治县	24 404	64 950	33 316	31 634	48 147
新疆巩留县	15 363	39 229	19 852	19 377	30 541
新源县	52 909	172 175	88 207	83 968	46 898
昭苏县	22 429	57 360	29 258	28 102	49 337
特克斯县	16 384	40 927	20 635	20 292	30 944
尼勒克县	11 759	35 291	18 004	17 287	27 147
霍城县	65 365	194 439	101 156	93 283	51 247
塔城地区	173 162	512 823	259 443	253 380	324 036
塔城市	14 043	38 539	19 693	18 846	26 039
乌苏市	31 916	109 027	56 037	52 990	12 811
额敏县	36 031	91 972	45 928	46 044	87 530
沙湾县	61 633	184 466	93 149	91 317	122 769
托里县	13 517	44 417	22 204	22 213	35 651
裕民县	7 218	20 142	10 136	10 006	19 599
和布克赛尔蒙古自治县	8 804	24 260	12 296	11 964	19 637
阿勒泰地区	61 111	184 836	92 906	91 930	149 349
阿勒泰市	18 899	58 811	29 775	29 036	35 553
布尔津县	6 946	20 070	9 860	10 210	19 302
富蕴县	10 470	30 498	15 356	15 142	26 673
福海县	7 654	23 323	11 919	11 404	23 007
哈巴河县	6 503	19 296	9 665	9 631	17 980
青河县	5 862	19 288	9 640	9 648	15 158
吉木乃县	4 777	13 550	6 691	6 859	11 676
直辖行政单位	225 952	630 732	325 480	305 252	546 885
图木舒克市	45 703	158 177	81 777	76 400	139 024
阿拉尔市	55 906	143 771	75 863	67 908	98 776
石河子市	124 343	328 784	167 840	160 944	309 085

行 政 区 划

单位：个

地区别	地区	县	市			市辖区	建制镇
			合计	地级市	县级市		
全国	51	1 632	651	282	369	853	19 268
北京市	—	2	—	—	—	16	142
天津市	—	3	—	—	—	13	116
河北省	—	114	33	11	22	36	942
山西省	—	85	22	11	11	23	560
内蒙古自治区	4	69	20	8	12	20	458
辽宁省	—	27	31	14	17	56	593
吉林省	1	20	28	8	20	20	423
黑龙江省	1	46	30	12	18	64	467
上海市	—	1	—	—	—	17	109
江苏省	—	25	40	13	27	55	913
浙江省	—	36	33	11	22	32	737
安徽省	—	56	22	17	5	44	906
福建省	—	44	23	9	14	26	595
江西省	—	70	21	11	10	19	763
山东省	—	60	48	17	31	49	1 110
河南省	—	88	38	17	21	50	890
湖北省	1	40	36	12	24	38	737
湖南省	1	71	29	13	16	34	1 095
广东省	—	44	44	21	23	54	1 139
广西壮族自治区	—	68	21	14	7	34	705
海南省	—	10	8	2	6	4	180
重庆市	—	21	—	—	—	19	575
四川省	3	124	32	18	14	43	1 828
贵州省	5	67	13	4	9	10	697
云南省	8	108	17	8	9	11	580
西藏自治区	6	71	2	1	1	1	140
陕西省	—	80	13	10	3	24	910
甘肃省	2	65	16	12	4	17	462
青海省	7	37	3	1	2	4	132
宁夏回族自治区	—	12	7	5	2	9	96
新疆维吾尔自治区	12	68	21	2	19	11	230

主要指标解释

1. 户数：指家庭户和集体户数。

2. 人口数：指一定时点、一定地区范围内的有生命的个人的总和。本资料人口数指2011年12月31日24时的人口数。

3. 市：指经国务院批准设立市建制的市。本资料中市的各项数字除有特殊说明外，均不包括市辖县的数字。

4. 镇：指经省级人民政府批准设置的建制镇。

5. 性别比：反映人口性别构成的指标，指在总人口中或各年龄人口中，男性人数与女性人数之比。通常以每100个女性人口相对应的男性人口数表示。计算公式如下：

$$性别比=\frac{男性人口}{女性人口}\times 100$$

6. 出生率（又称粗出生率）：指在一定时期内（通常为一年）一定地区的出生人数与同期平均人数（或期中人数）之比，一般用千分率表示。本资料中的出生率指年出生率，其计算公式如下：

$$出生率=\frac{年出生人数}{年平均人数}\times 1000‰$$

7. 死亡率：指在一定时期内（通常为一年）一定地区的死亡人数与同期平均人数（或期中人数）之比，一般用千分率表示。本资料中的死亡率指年死亡率，其计算公式如下：

$$死亡率=\frac{年死亡人数}{年平均人数}\times 1000‰$$

8. 自然增长率：在一定时期内（通常为一年）人口自然增长数（出生人数减死亡人数）与平均人数（或期中人数）之比，一般用千分率表示。计算公式如下：

$$人口自然增长率=\frac{本年出生人口数-本年死亡人口数}{年平均人数}\times 1000‰$$

$$人口自然增长率=人口出生率-人口死亡率$$